Heinz Dürr

In der ersten Reihe

Aufzeichnungen eines Unerschrockenen

wjs

Für meine vier wunderbaren Frauen, die mir gezeigt haben,
dass es nicht nur Männer gibt.

Die Idee zu einem eigenen Buch hatte ich schon seit vielen Jahren. Konkret wurde es, als mich der Verleger Wolf Jobst Siedler jr. und der Dahlemer Buchhändler Christian Richter nach einigen Flaschen Tignanello dazu brachten, zur Feder zu greifen. Ich tat es, ohne zu wissen, was für eine Arbeit mich erwartete. Hilfreich war, dass ich mir in all den Jahren immer Notizen gemacht habe, teilweise sehr detailliert, bis zur wörtlichen Rede meiner Gesprächspartner.

Ohne meine Frau Heide und meine drei Töchter Nicole, Alexandra und Karoline wäre dieses Buch ein anderes geworden. Meine Sekretärin Patrizia Doyl-Berger hat alle Fassungen und Änderungen geduldig und immer termingemäß geschrieben. Mein Mitarbeiter Werner Heilemann hat wichtige Anregungen für die Zeitabschnitte gegeben, die er selbst miterlebt hat.

Allen Genannten gilt mein Dank.

Zu nennen ist auch Thomas Bernhard, dessen Schlüsselwort *naturgemäß* ich 57 Mal verwendet habe. Dieses Adjektiv ist in der Zwischenzeit bei Autoren und im Alltag angekommen. Man könnte sagen, »naturgemäß« ist etwas, wenn es wider Erwarten abläuft oder die Erwartungen widernatürlich waren. Ich habe das Wort verwendet, wenn ich sagen wollte: Das ist so, kann aber auch anders sein. Natur ist Leben und Tod. Oder umgekehrt. Es ist eben so.

Heinz Dürr, im Sommer 2008

»Was wäre das Leben, hätten wir nicht den Mut,
etwas zu riskieren?«
Vincent van Gogh

Festversammlung im Hotel Adlon

Es ist der 22. Juli 1997. Hotel Adlon in Berlin. Festveranstaltung der Deutschen Bahn AG. Ich sitze in der ersten Reihe, neben mir meine Frau Heide. Neben und hinter mir Ministerpräsidenten, Bundesminister, Abgeordnete, Exzellenzen, Vorstandsvorsitzende, Vorstände aus Unternehmen, Vertreter der Kirche, viele Eisenbahner aus aller Welt und naturgemäß meine engsten Mitarbeiter aus der Deutschen Bahn AG.

Vor mir, am hell angestrahlten Rednerpult, über dem das rote DB auf weißem Grund prangt, steht der Bundeskanzler der Bundesrepublik Deutschland, Helmut Kohl: »Es ist mir wichtig, dies schlicht so zu formulieren: Sie haben Ihre Pflicht getan. Damit sind Sie ein Beispiel. Sie haben Ihre Pflicht getan in einer Zeit, die für unser Vaterland von ganz entscheidender Bedeutung war.« Und dann dankt er mir »im Namen der Bundesregierung und stellvertretend für viele Menschen in unserem Land sehr herzlich«.

Das habe ich erwartet, den Dank der vielen Menschen im Lande, sonst gäbe es die ganze Veranstaltung nicht, diese Stellvertreterdankesveranstaltung. Dass ich meine Pflicht getan habe, das war in Ordnung, das akzeptierte ich. Aber welche Pflicht? Die Pflicht, dem geleisteten Amtseid Genüge zu tun, der da lautete: »Ich schwöre, dass ich meine Kraft dem Wohle des deutschen Volkes widmen, seinen Nutzen mehren, Schaden von ihm wenden, das Grundgesetz und die Gesetze des Bundes wahren und verteidigen, meine Pflichten gewissenhaft erfüllen und Gerechtigkeit gegen jedermann üben werde. So wahr mir Gott helfe.« Oder habe ich meine Pflicht erfüllt, indem ich jeden Tag zwölf Stunden für die Bahn da war? Etwas anderes kam für mich doch ohnehin nicht infrage, so war ich erzogen und geschult worden, davon war ich im tiefsten Grunde meiner Seele überzeugt.

Dass diese Pflichterfüllung auch mein Ansehen, meine Bekanntheit gefördert und also auch mein Ego gestärkt hat, kann der Bundeskanzler naturgemäß nicht sagen.

Heute ist Großes angesagt und deshalb findet die Festveranstaltung im großen, etwas düsteren, eigentlich ziemlich hässlichen Ballsaal des Hotel Adlon statt, einem klassizistisch nachempfundenen, mit Balkonen, Spiegeln und Glasmalereien ausgestatteten Saal, der eben so aussieht, wie man sich den Wiederaufbau (warum eigentlich »Wieder-«?) nach der Wende vorgestellt hatte. Hier hatte Roman Herzog seine »Ruck-Rede« gehalten. Jetzt wurde der »Ruck« der Bahn gefeiert.

Eisenbahner im vornehmen Ballsaal des Hotel Adlon? Das erscheint mir etwas übertrieben. Aber mein Nachfolger im Amt des Vorstandsvorsitzenden der Deutschen Bahn AG, Johannes Ludewig, wollte einen »würdevollen und feierlichen Rahmen« beim Führungswechsel bei der Deutschen Bahn AG. Würdevoll und feierlich, das waren seine Worte, er wiederholte sie mehrfach bei unseren Vorbesprechungen. Ich wäre lieber in ein Ausbesserungswerk der Bahn gegangen, mit Lokomotiven, Waggons und Maschinen im Hintergrund – und mit Eisenbahnern, Werkern und Zugbegleitern, mit denen ich nach der Veranstaltung hätte reden und ein Bier trinken können. Aber es sollte würdevoll und feierlich zugehen, wenn er, der Staatssekretär a. D., zu meinem Nachfolger als Vorstandsvorsitzender ernannt würde, während ich in den Aufsichtsrat wechselte und meinen Freund Günther Sassmannshausen als Aufsichtsratsvorsitzenden ablöste. Würdevoll und feierlich wollte es auch das Protokoll der Bundesregierung. Da wusste der Staatssekretär a. D. natürlich bestens Bescheid.

Ich sitze in der ersten Reihe und lausche den Reden. Es sind Reden, wie sie bei einer solchen Festveranstaltung fast immer gehalten werden. Ich lausche wirklich, ich höre nicht nur zu, denn was da über mich gesagt wird, bedarf mehr als nur schlichten Zuhörens. Es sind nicht nur Reden, wie sie einer zu hören bekommt, der aus Altersgründen, aus persönlichen, familiären oder diplomatischen Gründen verabschiedet wird. Nein, heute weht »der Hauch der Geschichte durch den Ballsaal«, wie sich der Bundeskanzler, vom Blatt lesend, ausdrückt. Auch ich fühle mich umweht, fast spüre ich den Hauch, hier in der ersten Reihe neben meiner Frau Heide sitzend. »Sie haben nicht danach gefragt, was bringt das für mich, sondern Sie haben auch gefragt, was kann ich für das Land tun. Und so ist ein erfolgreicher Unternehmer, ein realistischer Optimist zur Bahn gegangen. Nach Art des Wanderpredigers haben Sie alles auf den Weg gebracht. Sie haben eingebracht, was die Bahn dringend braucht. Heimatbezogenheit und Weltoffenheit.«

Ich frage mich, woher er das hat, der Herr Bundeskanzler, das mit der Heimatbezogenheit. Oder ist es nur sein übliches Strickmuster, dass einer, der vom Bundeskanzler gewürdigt wird, heimatbezogen sein muss? Und doch gefällt mir, was der Bundeskanzler sagt. Heimat. Stuttgart. Genauer: Stuttgart-Feuerbach. Kein Prominentenstadtteil, eher einer der Angestellten, Arbeiter und mittelständischen Unternehmer. Volksschule. Realgymnasium. Mein Deutschlehrer Jäger, bei dem ich den Umgang mit der deutschen Sprache gelernt habe und der mir die Fremdwörter in meinen Aufsätzen strich, wenn ich zum Beispiel »intransparent« statt »unklar« schrieb. Was hätte dieser etwas steife, aber ungemein belesene Studienrat der alten Schule wohl zu einer Presseerklärung der Firma Dürr von heute gesagt, in der es von Begriffen wie »Shareholder«, »Turnaround«, »Earning before Taxes«, »Equity«, »Targets« nur so wimmelt? Hätte er den »unfriendly takeover« der deutschen Kultur durch amerikanische »Kapitalistenknechte« mitgemacht?

Der Krieg ist aus

Feuerbach 1946. Zurückgekommen von der Verlagerung aufs Land, in den schwäbischen Wald, wohin ich mit meiner Mutter und meinem Bruder vor den Bomben der letzten Kriegsjahre geflohen war. Wo wir in einem kleinen, einsamen Häuschen ohne fließendes Wasser und ohne elektrischen Strom lebten. Aber eben einsam, kein Zielobjekt für feindliche Tiefflieger. Wo ich zum ersten Mal deutsche Soldaten sah, die an die Front oder von der Front wegzogen. Und wo ich dann zum ersten Mal amerikanische GIs erlebte, als ein offensichtlich verirrter US-Panzer ganz in der Nähe stecken blieb. Die Besatzung kam zu uns ins Häuschen, tauschte Wasser gegen Kaugummi und schäkerte unter blühenden Obstbäumen mit einer jungen, hübschen Mitbewohnerin. Da lagen sie, die Sieger, auf der Wiese vor unserem Fluchthäuschen, saubere Jungen in schicken Uniformen, ganz anders als die vor ein paar Tagen vorbeigezogenen müden und verzweifelten deutschen Soldaten, die kein Wort mit uns Kindern geredet hatten. Nur weg wollten sie. Und jetzt die Amis, auf der Wiese, unter den blühenden Obstbäumen, Kaugummi kauend, radebrechend – und so gar nicht kriegerisch wirkend. Sah so der Endsieg aus, der noch immer aus dem batteriebetriebenen Volksempfänger verkündet wurde? Nein, das war der Frieden im April 1945. Begriffen habe ich das mit meinen zwölf Jahren wohl kaum. Aber ich hatte keine Angst mehr vor Tieffliegern und Artilleriegranaten.

Heimat, die neue Welt, wieder zurück in Stuttgart, bestimmt vom *american way of life*, den uns die amerikanischen Soldaten vorführten, die Stuttgart besetzt hatten und in ihren PX-Läden alles kaufen konnten, was wir nicht hatten. Die ihre Konzerte und Bälle im altehrwürdigen Hindenburgbau veranstalteten, wo jetzt Jazzmusik gespielt wurde, wo wir tanzen konnten und wo ich Musiker kennenlernte, mit denen wir den Jazz-Club »Schlüssel« gründeten, in dem die Amerikaner mit lernbegierigen Deutschen ihre *jam sessions* abhielten. Wir lernten amerikanische Literatur kennen und redeten uns die Köpfe heiß über Jean-Paul Sartres Satz: »Die menschliche Existenz ist wie der Funke, der aus dem Kamin einer vorbeifahrenden Lokomotive in die Nacht gestoßen wird und dort verglüht.« Vergessen, vollständig vergessen die Jungvolkzeit und die anderthalb Jahre in der Napola, der Nationalpolitischen Erziehungsanstalt, in Rottweil, wo ich als Elfjähriger fest davon überzeugt war, meinen Teil zum Endsieg des Führers beitragen zu können und von wo mich mein Vater im März 1945 abholte, weil der Krieg seiner Meinung nach zu Ende war, was ich, der noch an die Wunderwaffen des Führers glaubte, einfach nicht wahrhaben wollte. Eine Zeit des militärischen Drills in schwarzen Uniformen mit Geländespielen im winterlichen Schwarzwald, wo wir Iglus bauten, in denen wir tagelang schliefen und uns dabei wie Helden fühlten. Eine Zeit, die ich 1954 in meiner Bewerbung für eine Schlosserlehrstelle glatt unterschlug, weil es damals noch überhaupt nicht opportun war, so etwas zu erwähnen. Ganz im Gegensatz zu heute, wo die Napola in fast keinem Nachkriegsgrößenlebenslauf fehlen darf.

Heimat, ein sentimentaler Begriff, denke ich. Aber schön war es doch, nach vielen langen Reisen, die ich als Geschäftsführer der Firma Dürr unternahm, in Stuttgart zu landen und den Schriftzug »Stuttgart Flughafen« am Hauptgebäude leuchten zu sehen. Die sonntäglichen Spaziergänge mit meinen Kindern in der Umgebung von Stuttgart. In Ochsenbach, wo die Firma Dürr einen kleinen Betrieb unterhielt, richtig auf dem Land, mit Landgasthöfen, Sonntagsessen, Hirnsuppe, Braten mit Soße, Spätzle und Kompott.

Jetzt sitze ich in der ersten Reihe im Hotel Adlon, höre, wie der Bundeskanzler von der Heimatbezogenheit spricht und denke wieder an meinen Deutschlehrer, der mir ein solches Kunstwort aus meinen Aufsätzen sicher herausgestrichen hätte. »Schreiben Sie doch: einer, der seine Heimat liebt, der an seiner Heimat hängt«, hätte er mit roter Tinte am Rand vermerkt. Meine Frau Heide stößt mich an. »Sydney«, flüstert sie mir zu. Sydney? Ach ja, die Geschichte vom schwäbischen Unternehmer, der an einem schönen Sonntagmorgen in Sydney auf der Hotelterrasse sitzt und zu seinem Mitarbeiter sagt: »Jetzt sitze mer hier in Sydney auf der Hotelterrass und doheim sollt' mer Bäum' schneide.« So müsste der Bundeskanzler reden. Dann würde die Festversammlung viel besser verstehen, was das Wort Heimat für einen Unternehmer bedeutet, der mit seinen Produkten die Welt erobern will.

Die Veranstaltung hatte mit der Begrüßung durch meinen Nachfolger Johannes Ludewig recht ordentlich begonnen. Aber eigentlich hätte uns hier ein anderer begrüßen sollen, nämlich ein gewisser Hartmut Mehdorn. Aber da war der Bundeskanzler anderer Meinung gewesen, und so war es jetzt Johannes Ludewig, der in einer Begrüßungsrede, die man fast als Regierungserklärung ansehen konnte, Punkte ansprach, die auch mir wichtig waren. Er nannte mich einen »politisch denkenden Unternehmer«, der immer auch die Verpflichtung gegenüber der Gesellschaft, gegenüber dem Steuerzahler gesehen hätte, und dem klar gewesen sei, dass übergeordnete politische Zielsetzungen nur mit einer privatwirtschaftlich organisierten Bahn erreicht werden konnten. Dabei hätte ich auch die politische Rückendeckung durch den Bundeskanzler und durch den jeweiligen Verkehrsminister gehabt, vor allem dann, wenn es galt, beim Finanzminister Überzeugungsarbeit zu leisten. Ludewig erwähnte auch mein Credo, ich sei Unternehmer aus Überzeugung und Leidenschaft, hätte mit der Führung einer Behörde aber keinerlei Erfahrung und wolle sie auch nicht mehr erwerben. Da hätte ich eigentlich aufmerken müssen. Denn Ludewig war umgekehrt mit der Führung einer Behörde vertraut, musste aber erst noch Erfahrungen als Unternehmer sammeln. Ob er das wirklich wollte? Und dann zitierte Ludewig noch meinen Merksatz, man müsse das Geld nicht beim Finanzminister, sondern beim Kunden holen, und griff auch mein Lieblingsthema auf, dass komplizierte Dinge stets mit dem Dreisatz erklärt werden sollten. Und das führte ihn zu einer eigenen Formulierung: »Vision mal Einnahmen geteilt durch Kosten ergibt den maximal erreichbaren Fortschritt.«

Das klang zwar gut. Aber wie quantifiziert man den Fortschritt eigentlich? »Überhaupt hat der Fortschritt die Eigenschaft, dass er viel größer ausschaut als er wirklich ist«, hat schon Nestroy gesagt.

Schon zwei Jahre später, im Jahr 1999, ist Johannes Ludewig dann von Hartmut Mehdorn abgelöst worden. Was hätte der wohl für eine Begrüßungsrede gehalten? Als Mehdorn längst Bahnchef war, sagte einer meiner früheren Vorstandskollegen bei einer Verabschiedung für den »letzten Eisenbahner« im Vorstand: »Eigentlich gibt es die Bahn doch erst seit 1999.«

Im Abituraufsatz lege ich mich fest

Wie bin ich zur Bahn gekommen? Gab es besondere Beziehungen? Eher nicht. Natürlich hatten mein Bruder und ich als Kinder mit einer Modelleisenbahn gespielt und dabei einen Einblick in die Technik bekommen. Modelleisenbahnen waren damals das, was heute Computer und Gameboy sind. Dennoch: Bahnchef war nicht vorgesehen.

Die Unternehmerexistenz dagegen schon. Ansätze finden sich schon in meinem Abituraufsatz aus dem Jahre 1953, dessen Thema lautete: »Was leistet der Beruf, dem Sie zustreben, für die Gemeinschaft, und was erwarten Sie von ihm für sich selbst?« Ziemlich idealistisch sprach ich da von einer Gesellschaft, in der die Menschen füreinander da seien, von sozialer Verantwortung, von sittlicher Ordnung, aber auch von technikgetriebener Zivilisation. Der Mensch stehe im Mittelpunkt, nicht der Einzelne, sagte viel später der Dichter Rainer Kunze. Das war auch meine Position. Und hätte ich damals schon das Mitbestimmungsurteil des Bundesverfassungsgerichts vom 1. März 1979 gekannt – »Das Bild des Menschen ist nicht das des isolierten und selbstherrlichen Individuums, sondern das der gemeinschaftsbezogenen und gemeinschaftsgebundenen Person, die von verfügbaren Eigenwerten bis zu ihrer Entfaltung auf vielfältige menschliche Bezüge angewiesen ist« –, wäre das sicher ein Schlüsselsatz in meinem Aufsatz gewesen.

Ich versah mein Elaborat mit dem Etikett »philosophisch«, denn Philosophie und Literatur beschäftigten mich damals sehr. Ich las alles, was im Dritten Reich verpönt und verboten war, und wir hatten Lehrer, die uns dazu anregten. Ernest Hemingways Romane und Kurzgeschichten, Wolfgang Borcherts »Draußen vor der Tür«, die Geschichte vom Kriegsheimkehrer und seiner totalen Desillusionierung, und Ernst Wiecherts »Das einfache Leben«, das uns damals schon die Konsumgesellschaft fragwürdig erscheinen ließ – immer ging es um Stimmungen und Vorgänge, die sich auf den verlorenen Krieg bezogen. Die ersten Jahre nach dem Zweiten Weltkrieg waren ja literarisch gesehen die aufregendsten des 20. Jahrhunderts.

Und natürlich war auch ein Stück Auflehnung in meinem Aufsatz, Auflehnung gegen das Establishment, gegen das, was die »Alten« machten, also die, die das Sagen hatten. Wir Jungen wollten eine bessere Gesellschaft – wobei besser eigentlich nur »anders« meinte. Für die Alten war »anders« gleich »links«, und so waren auch mein Vater und seine Freunde der Auffassung, ich müsse ziemlich links sein, wenn ich solche Gedanken in einem Abituraufsatz zum Besten gab.

Dabei waren derartige Ansichten nur das Vorspiel zu meiner späteren Position: dass ein Unternehmen eine gesellschaftliche Veranstaltung ist und Gewinn nicht der ausschließliche Zweck eines Unternehmens sein darf. Sicher, die Einnahmen müssen größer als die Ausgaben sein, denn sonst greift man jemand anderem in die Tasche. Gewinn zeigt an, ob die gesellschaftliche Veranstaltung Unternehmen funktioniert – so wie die Körpertemperatur anzeigt, ob der Körper gesund ist. Ich hatte bedeutende Fürsprecher für meine These, etwa Hermann Josef Abs, den legendären »Deutschbanker«: »Die Gewinnerzielung allein ist keine ausreichende Legitimation für wirtschaftliche Betätigung gegenüber der Gesellschaft.« Warum sagt der Bundeskanzler zu diesem Thema nichts? Es ging doch auch bei ihm um die soziale Marktwirtschaft. Aber vielleicht sagt ja der nächste Redner, der Gesamtbetriebsratsvorsitzende, dazu etwas, denke ich, in der ersten Reihe im Hotel Adlon in Berlin sitzend.

Das mit der gesellschaftlichen Veranstaltung gab und gibt viel Stoff für Diskussionen in Zeiten des allmächtigen Kapitalmarktkapitalismus. Schon 1974 hatte mich Bosch-Chef Merkle mit den süffisanten Worten gerügt: »Einer unserer jungen Kollegen ist da wohl auf dem sozialistischen Wege.« Das meint der Bundeskanzler nicht, als er jetzt meine Unternehmensführung preist. Ihm geht es mehr um das Regelwerk einer Behörde. Davon versteht er was, und so meint er treffend: »Es gab und gibt nicht mehr die alte Liste, nach der ein Reichsbahnrat und später ein Bundesbahnrat sich ausrechnen konnten, wann der Oberrat fällig war.« Dass der Wegfall dieser Liste vielen überhaupt nicht gefiel, spielte heute hier im Adlon keine Rolle.

Das deutsche Wirtschaftswunder

Als Unternehmer begann ich nicht in der ersten Reihe, denke ich, während ich weiterhin der Rede des Kanzlers lausche. Aber ich wollte in die erste Reihe. Und die Chancen waren gut in Zeiten des deutschen Wirtschaftswunders. Viele wollten in die erste Reihe und schafften es auch, nicht zuletzt dank der konsequent wirtschaftsfreundlichen Gesetzgebung. Denn es war nicht der Marshallplan, der den Aufschwung bewirkte. Andere, kaum zerstörte Länder hatten viel mehr Hilfe aus Amerika erhalten, ohne dass es zu einer ähnlichen Wirtschaftsblüte wie in Deutschland gekommen war. So hatte Großbritannien 3,6, Frankreich 3,1 und die Niederlande 1,0, das extrem zerstörte (West-)Deutschland hingegen nur 1,4 Milliarden Dollar erhalten.

Was also war der wirkliche Grund für den fulminanten Wiederaufstieg Deutschlands? Eigentlich war es ganz einfach: Bei uns war viel mehr kaputt als in anderen Ländern. Wir mussten Neues schaffen, wir konnten nicht in alten Gemäuern den Wiederanfang suchen. Nach dem Krieg wurden die Deutschen geradezu von einer Manie befallen, alles neu zu machen – wobei mitunter auch das verschwand, was eigentlich hätte bewahrt werden müssen. Und die Leute, die über das notwendige Know-how verfügten, waren aus der Nazizeit noch da. Viele von ihnen hatten unter Albert Speer gearbeitet, der in seinem

Rüstungsministerium, in »Speers Kindergarten«, 6000 zum Teil sehr junge Ingenieure und Manager beschäftigt hatte, die sich durchzusetzen wussten, mitunter auf brutalste Weise. Sie waren erfindungsreich und an harte Arbeit gewöhnt. Viel Geld zu verdienen stand nicht an erster Stelle, obwohl es sicher auch einige Neureiche gab. Aber mit Finanzen hatten viele dieser Nachkriegsunternehmer weniger am Hut, da Geld im Krieg ja keine Rolle gespielt hatte. So endete manche Nachkriegserfolgsstory im Konkurs oder mit der Übernahme des Unternehmens durch einen Wettbewerber. Als die Zeit des »Koste es was es wolle« dann vorbei war, endete auch das deutsche Wirtschaftswunder. (Wenn Politiker heute angesichts der Globalisierung versuchen, ein neues Wirtschaftswunder herbeizureden, und die alten Tugenden wie Fleiß und Demut beschwören, vergessen sie, dass beim Umbau einer reichen Gesellschaft ganz andere Fähigkeiten und Tugenden gefragt sind als beim Aufbau einer am Boden liegenden Volksgemeinschaft.)

Die meisten Nachkriegsunternehmer waren naturgemäß durch ihre Vergangenheit im Dritten Reich belastet. Sie mussten »entnazifiziert« werden. Diese Entnazifizierung wurde zumindest in der amerikanischen Zone relativ zügig durchgeführt, und als sogenannter Mitläufer konnte man sich bald nach Kriegsende wieder unternehmerisch betätigen. Entnazifizierung – was war das und wer erinnert sich noch? Es ging um ein »Gesetz zur Befreiung von Nationalsozialismus und Militarismus«, das am 1. April 1946 in Kraft gesetzt wurde. Dazu wurden sogenannte Spruchkammern eingerichtet, regional zuständige Laiengerichte. Man musste Fragebögen ausfüllen. Anschließend wurden die Befragten in fünf Gruppen eingeteilt, in Hauptschuldige, Belastete, Minderbelastete, Mitläufer und Entlastete. 2,5 Millionen Deutsche wurden von den Spruchkammern behandelt. 54 Prozent waren Mitläufer. Bei 34,6 Prozent wurde das Verfahren eingestellt, da sie als Entlastete galten. 0,6 Prozent wurden als Gegner des Nationalsozialismus anerkannt. Hauptbeschuldigte und Belastete machten 1,4 Prozent aus. Eine gigantische Laiengerichtsbarkeit, in der auch viele persönliche Rechnungen aufgemacht wurden. 55 Jahre später, als »das Geschenk der Wiedervereinigung« – wie es Helmut Kohl in seiner Rede nennt – über uns kam, wurden keine Fragebogen verteilt. Pfarrer Gauck, der »Bundesbeauftragte für die Unterlagen des Staatssicherheitsdienstes der ehemaligen Deutschen Demokratischen Republik«, und seine Behörde mussten herausfinden, wie das mit Belasteten, Mitläufern und Entlasteten war.

Auch mein Vater musste vor eine Spruchkammer. Schließlich war er Parteimitglied gewesen und sein Betrieb zum »Musterbetrieb der DAF« (Deutsche Arbeitsfront) erklärt worden. Politisch engagiert war mein Vater nie, er nützte nur die angenehmen Seiten des Regimes für sich. So reiste er mit mir noch im tiefsten Kriegswinter 1942 nach Zürs am Arlberg zum Skifahren. Sein Betrieb lief gut, obwohl das Stammwerk in Stuttgart-Bad Cannstatt bei einem Fliegerangriff durch Spreng- und Brandbomben total zerstört worden war. Aber man konnte auf das bereits bestehende Zweitwerk in Stuttgart-Zuffenhausen ausweichen. Auf seine »Gefolgschaft« (so hieß damals, aufs Germanentum bezogen, die Belegschaft) konnte er sich verlassen. Meine Familie war am Tag der Verhandlung gedrückter Stimmung, aber mein Vater wurde als Mitläufer eingestuft, durfte also wieder in den Betrieb und konnte am Wiederaufbau arbeiten. Und da war einiges zu tun. Wie die meisten deutschen Betriebe hatte die Firma Dürr in den letzten Kriegsjahren nur noch für die Rüstung gearbeitet und unter anderem auch Blechteile für Jagdflugzeuge produziert. Jetzt waren andere Dinge gefragt. Und obwohl von der Gau-Leitung kurz vor Kriegsende an alle Betriebe der Befehl ergangen war, sämtliche Produktionsanlagen unbrauchbar zu machen, waren die Maschinen noch da, denn die Mitarbeiter der Firma Dürr waren dem Befehl zwar nachgekommen, hatten den Maschinen aber nur solche Funktionsteile entnommen, die nach Kriegsende sofort wieder eingesetzt werden konnten. Jetzt produzierte man aus Blechabfällen sogenannte Sparherde, die zwei Kochplatten hatten und holzgefeuert waren. Man fertigte Ofenrohre, Waschkessel, Handwägelchen, reparierte Dächer und Dachrinnen und beschäftigte sich mit Abdeckungen aller Art für die zerstörten Häuser. Einige Produkte konnten auch gut gegen Essbares getauscht werden, denn die Währungsreform stand damals noch in den Sternen.

Ich bekam das alles nur am Rande mit. Ich war Schüler eines Gymnasiums und beschäftigte mich mit dem Existenzialismus. Wir trugen schwarze Kleidung, bedienten uns einer geschwollenen Sprache und fielen in bedeutsames Schweigen, wenn wir zusammensaßen und tranken und rauchten. Also mehr eine Trotzhaltung. Richtig verstanden hatten wir das, was Sartre, Simone de Beauvoir und Camus geschrieben haben, nur bedingt. Existenzialismus war ein Lebensgefühl, war »in«, und wenn Miles Davis »Fahrstuhl zum Schafott« blies, dann tauchten wir in eine wirklich andere Welt ein.

Dann kam die Währungsreform im Sommer 1948, und Geld hatte schlagartig einen anderen Stellenwert. Vorher war Währung in Zigaretten, Benzin, Schokolade ausgedrückt worden. Jetzt konnte man Sachen im Laden kaufen, die es vorher nur auf dem Schwarzmarkt gegeben hatte.

Lehrling in der Waggonfabrik

Wurde ich zum Unternehmer ausgebildet? Eigentlich nicht, jedenfalls nicht systematisch. Das Einzige, was mein Vater, der Flaschnermeister und Fabrikant Otto Dürr, von mir verlangte, war eine praktische Ausbildung zum Schlosser. So begann ich am 1. April 1953 eine Lehre als Stahlbauschlosser in der Waggonfabrik Krefeld-Uerdingen. Für einen Abiturienten, der sich mit Philosophie, Soziallehre und amerikanischer Kultur vollgesogen hatte, hätte es eigentlich ein Schock sein müssen, nun plötzlich am Schraubstock zu stehen und den zwingend für alle Lehrlinge vorgeschriebenen Stahlblock mit der Feile zu bearbeiten. Morgens 6 Uhr Arbeitsbeginn, Appell der Lehrlinge, 60 an der Zahl im Jahrgang 1953, in Zehnerreihen sauber aufgestellt, Schraubstock neben Schraubstock, der Lehrmeister vor uns stehend, mit wachem Blick, ob auch alle richtig feilen. Ich durfte in der ersten Reihe feilen. Dann wählten sie mich als Lehrlingssprecher. Aber das war ich nur vier Wochen lang, bis einer von der Gewerkschaft kam und sagte: »Das geht nicht, du bist ja ein Kapitalist.«

Lehrling im Jahr 1953 zu sein, war etwas ziemlich anderes als fünfzig Jahre später. Da wurden an die Eltern Anforderungen gestellt, wie die »Richtlinien für die Eltern als Ergänzung für die Erziehung Ihres Sohnes in unserem Betrieb« zeigten:

»*Ihr Sohn soll in unserem Betrieb zu einem tüchtigen Arbeiter beziehungsweise Facharbeiter, aber auch zu einem frohen Menschen erzogen werden. Er soll sich später an seiner Arbeitsstelle durch Sauberkeit, Ordnungssinn, Pünktlichkeit, gute Leistung und Höflichkeit auszeichnen. All diese Dinge erleichtern ihm den Weg vorwärts und aufwärts. Sie machen ihn zu einem brauchbaren, zufriedenen und beliebten Menschen.*« Und dann kamen ganz sachliche Ratschläge, worauf die Eltern bei ihrem Jungen achten sollten, nämlich auf Pünktlichkeit, Sauberkeit, Ordnung und die richtige Arbeitskleidung: »*Beachten Sie bitte bei der Anschaffung der Arbeitskleidung, dass Ihr Sohn noch im Wachstum steht. Das heißt, Hose und Rock müssen länger und weiter sein als nötig. Dabei ist noch zu beachten, dass der Anzug nach dem ersten Waschen stark einläuft. Die sogenannten Kesselanzüge, also Anzüge in einem Stück, sind nicht zu empfehlen. Die Arbeitshose soll mit einem Gürtel und nicht mit einem Hosenträger gehalten werden. Von einem unfallsicheren Anzug wird verlangt, dass er eng anliegt, das heißt, die an sich weiten Ärmel müssen unten am Handgelenk durch einen Bund gehalten werden. Der Rock sitzt in der Hose beziehungsweise die Hose über dem Rock. Nach Möglichkeit soll jeder Junge wenigstens zwei Arbeitsanzüge haben, die im Wechsel getragen werden und es so ermöglichen, dass jede Woche mit einem frisch gewaschenen Anzug begonnen werden kann.*« Und weiter: »*Zu lange Haare haben im Betrieb schon oft Unfälle herbeigeführt. Der herunterhängende Schopf gerät leicht bei Drehbänken, Bohrmaschinen und so weiter an die Spindel und gefährdet das Leben des Jungen. Ebenso führen lange Fingernägel und Ringe an den Fingern sehr leicht zu Unfällen.*« Dann noch der Hinweis: »*Das dem Jungen gewährte Taschengeld, das er für unvorhergesehene dringende Fälle bei sich haben soll, ist knapp zu bemessen. Über die gemachten Ausgaben müssen Sie sich von Ihrem Jungen regelmäßig berichten lassen. Wir weisen darauf hin, dass nach unseren Erfahrungen das meiste Taschengeld nur zum Kauf von Zigaretten verwendet wird. Zigaretten rauchen ist aber für den im Wachstum befindlichen Körper besonders schädlich und daher unseren Jungen in und außerhalb der Werkstatt strengstens untersagt. Und was wir unseren Jungen darum in und außerhalb der Werkstatt verbieten, dürfen die Eltern auch zu Hause nicht dulden.*« Dann ging es noch um die Hausarbeiten, die unbedingt zu machen seien, und um die schriftliche Entschuldigung im Falle einer Krankheit. »*Die Erziehungsbeihilfe, die den Lehrlingen gewährt wird, ist, wie der Name schon sagt, kein Lohn für geleistete Arbeit, ist Hilfe für die Eltern in der Bestreitung der Unkosten, die während der Ausbildungszeit des Jungen entstehen.*«

Ich war neunzehn Jahre alt, bewohnte eine eigene Bude, und meine Eltern hatten mir nichts mehr zu sagen. Aus dem wohlbehüteten Elternhaus, in das ich mich jederzeit zurückziehen konnte, wurde ich in ein richtiges Arbeiterleben geworfen, denn bald wurden wir Lehrlinge auch in der Produktion von Güterwagen eingesetzt, direkt am Band als Schweißer. Taktzeit eine Stunde, dann ruckte das Band weiter. Ich war mit meiner Schweißerei immer schon nach einer halben Stunde fertig und langweilte mich. Bis der Schweißerkollege neben mir, ein gestandener Arbeiter, mir mit den Worten auf die Schulter klopfte: »Übernimm dich nicht, Junge. Du bleibst ja nur vier Wochen hier, aber wir schuften noch Jahre.« Das war Einführung in praktische REFA (REFA = Reichsverband für Arbeitsgestaltung, 1924 gegründet).

Schon vorher hatte ich Arbeiter getroffen, aber meist im Betrieb meines Vaters, und da war immer eine gewisse Distanz und Achtung vorhanden gewesen. Jetzt lernte ich ganz unverstellte Typen kennen, die ein Leben führten, wie ich es mir vorher kaum hatte vorstellen können. Eines Tages fragte mich einer von ihnen: »Hast du kein Mädchen? Wenn du dir eins nimmst, dann immer eine mit Brille, die ficken am besten.« Das war damals noch nicht Umgangssprache und schockierte mich ziemlich. Und auch logisch erschloss sich mir der Hinweis nicht auf Anhieb. »Na ist doch klar«, erklärte man mir, »die müssen sich nicht um ihre Schönheit kümmern, die kümmern sich um die Sache.«

Abends in meiner Bude – die Vermieterin war Gefängniswärterin in einem Frauengefängnis und wusste spannende Geschichten zu berichten – haute ich in die Tasten meiner Reiseschreibmaschine. Ich schrieb Briefe an meine Eltern, verfasste Kurzgeschichten und manchmal Gedichte wie das folgende:

arbeiters morgen
stumm liegt die fabrik im nebel
und wartet auf den morgen
noch sind alle fenster dunkel
im rinnstein schimmert altes licht
unerbittlich wartet die fabrik
auf tausend müde menschen
die jeden morgen kommen
und jeden morgen kommen müssen.
sie wartet, dass die tausend menschen
in ihren eingeweiden wühlen
dann stöhnt sie dumpf
kreischt auf vor lust
bald kommen die
auf die sie wartet
kriechen grau aus grauen blöcken
und denken nur: wielange?
die beine wissen selbst den weg
die hände, die das fahrrad führen
man weiß, dass es halb sieben
wenn der bäcker um die ecke biegt.
ein eisentor verschlingt die tausend
dann stehen sie am arbeitsplatz
und alles ist wie tags zuvor

niemand hat den dreck geräumt
noch zwei minuten wartet die fabrik
dann kann der tanz beginnen
ein dirigent schwingt seinen stock
grausam heulen die sirenen
– und alle fallen wir mit ein.

Mein schwäbischer Dialekt gab oft Anlass zu grimmigen Späßen. Also lernte ich hochdeutsch sprechen. Schreiben konnte ich es ja. Anerkennung bei meinen Arbeitskollegen genoss ich allerdings erst, als ich bei den Krefelder Stadtmeisterschaften im Tennis als Mitglied von Blau-Weiß Uerdingen (Uerdingen, ein Vorort von Krefeld, war der Sitz der Waggonfabrik) den vorjährigen Stadtmeister schlug. »Gut so, Dürr«, meinte der Lehrlings-Obermeister, »zeig's den Bonzen.«

Dieser Obermeister nahm mich manchmal mit zu sich nach Hause. Wir spielten Skat und tranken reichlich Weinbrand, denn sein Schwager war Abfüllmeister bei »Dujardin«, und dem Werbespruch »Darauf einen Dujardin« wurde reichlich Genüge getan. An Wochenenden nahm er mich zu Familienausflügen in die Umgebung mit. Ich lernte, dass man hier ganz anders mit Geld umging als bei uns zu Hause in Feuerbach, wo zwar auch nicht der große Luxus herrschte, wo es aber doch etwas großzügiger zuging.

Nach anderthalb Jahren brach ich die Lehre in der Waggonfabrik ab, denn die Zeit bis zur Gesellenprüfung war mir einfach zu lang. Würde ich später einen Gesellenbrief brauchen, wenn aus mir als Unternehmer nichts werden sollte? Darauf verschwendete ich keinen Gedanken. Ich war ungeduldig. Ich wollte Unternehmer werden. Aber mir war klar, dass ich vorher studieren musste, um mehr von Technik zu verstehen. So schrieb ich mich an der Technischen Hochschule Stuttgart zum Wintersemester 1954/55 als Student des Maschinenbaus ein.

Die Rede des Bundeskanzlers holte mich in die Gegenwart zurück: »Ich möchte bei dieser Gelegenheit auch Ihnen, Frau Dürr, dafür danken, dass Sie das alles mitgetragen haben. Bei solchen Gelegenheiten werden immer die Männer in den Mittelpunkt gestellt. Aber sie könnten – wie die meisten von uns – das alles nicht tun, wenn ihre Frauen, die Kinder und die ganze Familie das nicht mit ertragen und tragen.« Was Helmut Kohl da so trocken zum Ausdruck brachte, war schon richtig, und ich ergriff die Hand meiner Frau. Da hat er wohl recht, der Herr Bundeskanzler, dachte ich, in der ersten Reihe sitzend. Ohne meine Familie säße ich heute tatsächlich nicht hier. Sie hat mich immer unterstützt und vieles ertragen. Vielleicht wäre ich ohne meine Familie reicher geworden, aber wahrscheinlich wäre ich dafür mindestens einmal geschieden worden, hätte standesgemäß womöglich eine viel jüngere Frau an meiner Seite und käme mir jetzt neben ihr unendlich lächerlich vor. Heide und ich haben vor 50 Jahren geheiratet, auf dem Standesamt in Stuttgart und dann in einer Kirche in Calw im Schwarzwald. Hochzeitsreise nach Venedig, verbunden mit einem Besuch bei einem Kunden der Firma Dürr in der Nähe der Lagunenstadt.

Ich studierte fleißig, besuchte alle Vorlesungen, aber fast mehr Zeit verbrachte ich im Konstruktionsbüro des väterlichen Betriebes. Mein Vater hatte einen Ingenieur eingestellt, der ein neues Arbeitsgebiet erschloss: Anlagen für Oberflächentechnik. Die Firma Dürr tat sich schwer am Markt, denn es gab starke, alteingesessene Konkurrenten, die allerdings mitunter arrogant waren und uns nicht für voll nahmen. Wir gingen auf die Hannover Messe, die größte technische Messe überhaupt, und zeigten unsere neuesten Entwicklungen. Wir waren sparsam und wohnten in Privatquartieren. (Zu AEG- und Bahnzeiten stieg ich naturgemäß im besten Hotel am Platz ab.) Die Stärke unseres kleinen Unternehmens – wir hatten damals 200 Mitarbeiter und machten im Jahr 1957 einen Umsatz von 4 Millionen D-Mark war, dass wir hungrig auf Erfolg waren. Wir mussten uns etwas einfallen lassen, und das taten wir auch.

Schwieriger war die Finanzierung des Wachstums. Man brauchte Kredite, aber für die großen Banken waren wir zu klein. Wir arbeiteten mit der Feuerbacher Volksbank und der Städtischen Sparkasse Stuttgart zusammen, wo es auf die persönlichen Kontakte zu den Bankdirektoren ankam. Sie mussten davon überzeugt werden, dass wir ordentliche Geschäfte machten. Große Sicherheiten konnten wir nicht geben. Vermögen wurde erst mit der Zeit gebildet. Wagniskapital, wie heute üblich, gab es damals nicht, allerdings auch keine Risikomanager bei den Banken, die alles nur nach Zahlen beurteilen, aber nicht den handelnden Menschen im Blick haben. Als ich 1964 meinen ersten Großauftrag aus Brasilien von VW bekam (das war unser Durchbruch am Markt, die erste komplette Autolackieranlage, Auftragswert doppelter Jahresumsatz), brauchten wir eine Bankbürgschaft über 500 000 D-Mark für die Anzahlung. Den Großbanken war Brasilien (und die Firma Dürr) zu risikoreich, der Direktor der Feuerbacher Volksbank aber sagte zu meinem Vater und mir: »Brasilien ist im Kommen. Manche glauben ja, die Brasilianer säßen noch auf den Bäumen und hätten das Taschentuch noch nicht erfunden.« Wir bekamen die Bürgschaft, und das Projekt wurde ein großer Erfolg.

Problematisch war in diesen Anfangszeiten auch die Materialbeschaffung. Stahl und Kupfer waren knapp. Oft musste mein Vater sein großes Talent im Umgang mit Menschen beim Lieferanten genauso einsetzen wie bei den Kunden. Und die waren schwierig genug. Persönliche Beziehungen mussten gepflegt werden. Aber irgendwie machte es auch Spaß, sich die Nächte in einer Bar um die Ohren zu schlagen, wenn der Kunde anschließend bei uns bestellte. Vergleiche ich das mit der heutigen Unsitte, alles übers Internet zu regeln, scheint mir die damalige Zeit irgendwie aufregender und menschlicher – und am Ende genauso zielführend, für beide Seiten.

Ich wollte beim Aufbau der Firma mithelfen. Die angestammten Bereiche der Firma – Blechbearbeitung und Flaschnerei – liefen einigermaßen gut und verdienten Geld, das in den neu gegründeten Anlagenbau gesteckt wurde, wo unsere Kunden vor allem die Automobilfirmen in Deutschland waren, die auch Maschinen für das Ausland bestellten. Und genau dahin wollte ich, ins Ausland, auch deshalb, weil mein Vater eine sehr starke Persönlichkeit war und wenig Raum für den Junior ließ, der die Firma international aufstellen wollte. (Globalisierung hieß das damals noch nicht.) Aber ich wollte ja auch in die erste Reihe, was mir im Ausland leichter möglich schien. Im Gegensatz zu meinem Vater sprach ich Englisch und beschäftigte mich intensiv mit allem, was in Europa und den USA auf unserem Arbeitsgebiet vor sich ging.

Für die Firma in Indien und Brasilien

Einer meiner ersten Auslandseinsätze führte mich nach Indien, nach Jamshedpur, einer Stadt 100 Kilometer nördlich von Kalkutta, wo Daimler-Benz zusammen mit der indischen Firma Tata Lastkraftwagen montierte. Wir hatten eine Oberflächenbehandlungsanlage geliefert, die in Betrieb genommen werden musste. Mit zwei Monteuren einer deutschen Werkzeugmaschinenfabrik wohnte ich in einem wunderschönen Gästehaus mit Garten und einem kleinen Schwimmbecken. Wir hatten einen Diener, einen Koch und einen Gärtner zu unserer Verfügung. Das war nun wirklich etwas Neues für den Bürgersohn aus Feuerbach – und es gefiel ihm. Ich hatte meine Unterlagen für die Diplomvorprüfung mitgenommen und lernte abends auf der zikadenbeschallten Terrasse.

Die Firma Dürr hatte mit der Anlage auch einen ölgefeuerten Heizkessel geliefert, mit dem es Probleme gab. Der Brenner wollte einfach nicht brennen, der Schornstein stieß nur dunkle Rauchwolken aus. Der Daimler-Direktor, ein Haudegen aus dem Werk Mannheim, kam jeden Morgen vorbei: »Wie sieht's aus, Dürr?«, fragte er mich. Gut, erklärte ich, der Kessel müsse nur warmlaufen. Er grinste. Ich untersuchte die Brennersteuerung. Sie funktionierte, aber der Brenner selbst spuckte nur Rauch – bis ich in meine Vordiplomunterlagen schaute und dort genau die Funktionsbeschreibung für einen Brenner wie den von uns gelieferten fand. So entdeckte ich den Fehler: Die indischen Monteure hatten die Dichtungen des Ölrückführrohres nicht durchbohrt! Das tat ich dann, und als der Mann aus Mannheim am nächsten Morgen vorbeisah, war er sehr zufrieden: Der Heizkessel heizte, und der Brenner brannte sauber. Heute hätte ich den Kundendienstmonteur der Brennerfirma angerufen, aber der war damals weit weg, in der Nähe von Ulm. Globalen Service gab es eben noch nicht.

Die Millionenstadt Kalkutta mit ihren heiligen Kühen auf den Straßen, die Armut in den Vororten, der gepflegte Luxus im englischen Club, in den mich unser Vertreter eingeladen hatte, die heiligen Männer in den Bergen um Jamshedpur, das Curry-Essen, das bei unkundigen Deutschen zu unangenehmen Verstopfungen führte – alle diese Eindrücke nahm ich zwar auf, aber eigentlich interessierten mich nur die Geschäfte, die ich in Indien machen könnte. Ich wollte die Firma groß machen. Wir hatten gute Produkte, und ich war stolz auf diese Produkte. Ich wollte hinaus in die Welt und war überzeugt, dass die Welt unsere Maschinen brauchte und haben wollte.

Das nächste Land, in das ich hinauszog, war Brasilien. Das war ungefähr ein Jahr nach unserer Hochzeit und wenige Monate, nachdem unsere Tochter Nicole auf die Welt gekommen war. Die erste Nacht, die sie zu Hause verbrachte, war schlimm für mich. Sie schrie fast die ganze Nacht und brachte mich zur Verzweiflung, denn am nächsten Morgen hatte ich Diplomvorprüfung zum Thema »Stationäre Verbrennungsmaschinen«. Ich weiß nicht warum, aber der Professor gab mir eine sehr gute Note.

Wir wohnten damals in einem kleinen, alleinstehenden Haus vor den Toren Stuttgarts. Da es noch keine Straße zum Haus gab, ließ mein Vater uns als Hochzeitsgeschenk einen Feldweg befahrbar machen. Wir hatten eine wunderbare Zeit auf dem Lande, inmitten von Füchsen, Hasen und Rebhühnern. Irgendwann machte uns ein Nachbar den Vorschlag, eine Körnerspur in die Garage zu legen. »Und wenn die Rebhühner die Körnerspur gefressen haben und alle in der Garage sind, machen wir die Garagentür zu und dann gibt's anschließend ein großes Rebhühnerfestessen.«

Der Flug nach Brasilien mit der Superkonstellation dauerte über 23 Stunden. Bei der Überquerung des Äquators bekamen alle Fluggäste, die diesen Flug zum ersten Mal machten, eine Urkunde. Neben mir saß ein junger Dirigent aus Argentinien, der seine Notenblätter auf den Knien ausgebreitet hatte und seine Stücke einstudierte, wobei er mir mit seinem Taktstock stundenlang vor der Nase herumfuchtelte. Zweck meiner Reise war, in Brasilien eine völlig neu entwickelte Anlage in Betrieb zu nehmen, die unser Lizenznehmer nach den in Stuttgart entworfenen Plänen errichtet hatte.

Brasilien war damals viel europäischer als Indien und befand sich auf dem Weg zu einem modernen Industrieland, zumindest was São Paulo betraf, wo ich als Monteur und Berater arbeitete. Die Brasilianer erlebte ich als friedliche und freundliche Menschen, mit denen man schnell in Kontakt kam – was im Übrigen auch auf die Brasilianerinnen zutraf. »Deus é brasileiro«, Gott ist Brasilianer. Da konnte man auf die Zukunft bauen. Und ich lernte die Bedeutung des Wortes »jeito« kennen, das immer dann zum Einsatz kam, wenn man eine Angelegenheit erledigte, ohne den formalen Regeln zu folgen. Eigentlich unübersetzbar.

Unser Kunde war eine amerikanische Autofirma, und der für mich und meine Anlage zuständige Ingenieur war ein Amerikaner namens Bob, der vorher irgendwo in der Wildnis Stahlwerke gebaut hatte. Ein sehr direkter Typ mit Fallschirmjägerjacke und einem Streichholz zwischen den Zähnen, der mich, als unsere Anlage nicht so richtig anlief, morgens begrüßte: »Heinz, what's wrong with your fuckin' machine?« Fucking? Hatte ich in meinem Schulenglisch nicht gelernt. »You bloody Germans should get your ass up«, ergänzte er. Ich war schockiert. Musste ich mir das gefallen lassen? Ein englischer Ingenieur, der das Ganze mitbekam, gab mir den Rat: »Du musst mit der gleichen Münze zurückzahlen.« Am nächsten Morgen kam Bob wieder zur Anlage, wie stets auf seinem Streichholz kauend.

»Is your fuckin' machine running?«, fragte er.

»No Sir«, erwiderte ich. »But your fuckin' production system is totally shit.«

Bob stutzte und sagte nur: »Come on.«

Wir gingen in sein Büro, er holte eine Flasche Whisky aus seinem Schreibtisch, schenkte mir und sich ein Glas ein: »Cheers«. Die Anlage wurde ein voller Erfolg. Und ich war um die Erfahrung reicher, dass man mit manchen Kunden auf besondere Weise umgehen musste.

Warum ich in keine Burschenschaft eintrete

Zurück in Stuttgart studierte ich weiter und machte mein Vordiplom. Ich besuchte Vorlesungen über technische Mechanik, Maschinenzeichnen, experimentelle Physik, Elektrotechnik, bürgerliches Gesetzbuch, Wirtschaftswissenschaften und so weiter. Ich hörte auch Max Bense, Professor für Philosophie, der uns Studenten nicht zuletzt durch eine ungemein temperamentvolle Vortragsweise aufs Höchste faszinierte. Er war anders, und auch wir wollten anders sein. Bense sagte Sätze wie: »Man macht etwas *in* der Sprache, aber man sollte besser etwas *mit* der Sprache machen.« Sehr viel später, in Interviews und bei meinen Reden, mit denen ich die Unternehmer aufzurütteln versuchte, lernte auch ich, mit der Macht des Wortes umzugehen.

Burschenschaften oder schlagende Verbindungen waren nicht meine Sache. Es gab zwar einige Versuche, mich für die »Ghibellinia« oder die »Suevia«, wie die Verbindungen in Stuttgart hießen, zu »keilen«, aber als ich in der Studentenzeitung »Fidibus« einen bissigen Kommentar »Gaudi(um) Corporationis« geschrieben hatte, war ich in diesen Kreisen endgültig im »Bierverschiss«, wie es im offiziellen Kneipkomment einer

Stuttgarter Verbindung hieß. Kneipkomment war der Inbegriff jener studentischen, meist althergebrachten Gesetze und Zeremonien, die bei Kneipen zur besseren Handhabung der Ordnung beachtet werden mussten. Die »Burschen«, die »Füchse«, der »Fuchsmajor« und endlich das »Präsidium« mit »unumschränkter Macht und alleiniger Befehlsgewalt« hatten während der Kneipe für diese Ordnung zu sorgen. »Anulken« war nicht erlaubt. Wer es dennoch tat, war seine »Bierehre« und alle sich daraus ergebenden Rechte los. »Außerdem hat der im »Bierschiss« Befindliche jederzeit ein ruhiges, gesittetes und demütiges Benehmen zu zeigen und darf an keinem Kneiplied, Salamander, keinen geselligen Zeremonien teilnehmen, widrigenfalls er von der Kneipe verwiesen wird.« Im Prinzip ging es darum, möglichst viel zu saufen: »Rundgesang und Gerstensaft lieben wir ... Bruder deine Schönste heißt« – und dann hatte sich der rechte Nachbar des Präsidiums zu erheben, den Namen seiner Liebsten aufzusagen und den Rest zu trinken. »Sie soll leben hoch am jüngsten Tage noch. Sie lebe, sie lebe dreimal hoch.«

Für Burschenschaftler war ich ein Linker, ein ziemlich Linker sogar, sie nannten mich den »roten« Dürr, was mir gefiel, denn auch der Gründer der großartigen Firma Bosch, Robert Bosch der Ältere, wurde der »rote« Bosch genannt. Links sein war damals: Zweifel am Hergebrachten und Sympathie für alles Neue haben – wobei das Neue nicht so richtig definiert war, immer etwas sozialistisch, auf keinen Fall national. Links waren damals die SPD, der »Spiegel« und evangelische Pfarrer. Heute, 2008, gilt schon als links, wer dem durch die Medien vertretenen Volk aufs Maul schaut, gegen Studiengebühren ist und überhaupt mehr Gerechtigkeit fordert. Die schon von Amts wegen als links einzustufende Juso-Vorsitzende Franziska Drohsel weiß allerdings auf die Frage eines Anhängers: »Wie können wir Gesellschaft eigentlich noch neu denken?« auch nicht mehr als die Antwort: »Woher soll ich denn das wissen?« – um sich dann doch noch in Schlagworte wie »demokratischer Sozialismus, die Verhältnisse überwinden, ne andere Gesellschaft« zu retten. (Denkt sie dabei an eine Gesellschaft, die für die junge Schauspielerin Katrin Wichmann eine »Arsch-rett-Gesellschaft« ist? Ich hoffe nicht.)

Als ich mit meinem Vater einmal in einer Runde von bedeutenden Unternehmern saß, alles ehemalige Burschenschaftler, und mich kritisch zu derart kindischem, in gewissem Maße auch deutschtümelndem Gehabe äußerte, sagte einer der Anwesenden zu meinem Vater: »Otto, wenn dein Sohn so weitermacht, wird er noch in der Gosse enden.« (Dass dieser Mann später mit seiner Firma Pleite machte und meine Hilfe als Arbeitgebervorsitzender benötigte, war sicher eine interessante Pointe.)

Gottes Segen und »Nichts in Sicht«

Aber die Leute, mit denen ich da zusammensaß, konnten wenig mit dem anfangen, was uns als Studenten umtrieb. Wir sahen uns als eine skeptische Generation. Der frisch-fröhliche Zukunftsoptimismus der Jahrzehnte vor dem Zweiten Weltkrieg war uns fremd. Wir suchten nach etwas anderem, nach Auswegen. Wir bezogen uns auf das Christentum und auf die Bergpredigt, obwohl wir das Christentum, wie es sich damals in den großen Kirchen darstellte, für nicht imstande hielten, »über die Abgründe des Nichts, von denen sich der redlich Suchende umgeben fühlte, eine Brücke zu schlagen«, wie es in einem Leitartikel des »Fidibus« hieß, der sich mit dem Buch »Nichts in Sicht« von Jens Rehn auseinandersetzte. Und weiter hieß es da: »Wenn der Verlust der Mitte, um den man vielfach Geschrei erhebt, nur um den Preis durchtriebener Heuchelei und einer Restauration mittelalterlicher Zustände – im geistigen und geistlichen Bereich – reparabel ist, dann möchte man lieber zum Verzicht raten. Denn was sich heute als christliches Abendland darbietet, ist eine Potemkinsche Fassade, zusammengestückelt aus traditionellen Festivalitäten, verbrämt mit Zeugnissen gläubigerer Epochen und gestützt durch die müden Helden vergangener Zeiten. Hinter der Fassade aber geben sich Raffgier und Machtrausch zu würdiger Kumpanei ein Stelldichein und feiert ein von allen guten Geistern verlassener egozentrischer Materialismus seine fröhlichen Urstände. Den professionellen Repräsentanten und auch den Laien der christlichen Konfessionen aber sei angeraten, ihr Wirken mit der Lehre Christi in Übereinstimmung zu bringen und durch ihr Tun transparent werden zu lassen, dass Gott lebt.«

So geschrieben und innerlich aufgenommen im Jahre 1955. Das ist 42 Jahre her, denke ich, hier im Hotel Adlon sitzend, wo der Bundeskanzler seine Rede jetzt beendet, indem er uns allen »Erfolg, Glück und Gottes Segen« wünscht. Gottes Segen? Jens Rehns »Nichts in Sicht« war damals eine Art Kultbuch, eine Kriegsgeschichte, in der ein abgeschossener US-Pilot und ein deutscher, verwundeter U-Boot-Matrose in einem Schlauchboot endlos auf dem Atlantik treiben. »Die Zeit fortgeworfen und nichts dafür eingehandelt. Das nenne ich ein Geschäft«, sagt der U-Boot-Matrose, bevor er verdurstet. Nihilismus desillusionierter Kriegsveteranen. Helmut Kohl war doch auch ein Kriegsveteran. Hatte er das Buch gelesen? Baute er seinen festen Glauben auf diesen Diskurs über Gott? Seite um Seite liefert Jens Rehn Beweismaterial für die göttliche Ignoranz. Aber Seite für Seite konnte man auch Anteilnahme der göttlichen Instanz herauslesen. Das taten wir.

Während meiner Studienzeit arbeitete ich auch im Konstruktionsbüro unserer Firma, bekam viele Kontakte mit den Mitarbeitern der Firma, auch auf Baustellen, wo die Dinge nicht immer so liefen, wie wir es auf der Hochschule lernten. Es ging aufwärts mit dem Apparatebau. Wir bekamen gute Aufträge und machten gute Umsätze. Die in der Öffentlichkeit zu nennen, war allerdings unüblich. Von Gewinnen ganz zu schweigen. Als ich das dann doch einmal vor der Presse sagte und es hinterher in der Zeitung stand, fragte ein sehr bekannter schwäbischer Unternehmer meinen Vater, ob sein Sohn verrückt geworden sei. So etwas tat man einfach nicht.

Dann erlitt der Ingenieur, der die Abteilung aufgebaut hatte, einen Herzinfarkt. Mein Vater sah in mir den geeigneten Nachfolger. Und mein Studium als Diplomingenieur? Würde ich später das Diplom vermissen? Nur dann, wenn aus mir als Unternehmer nichts würde. Aber das schloss ich bedingungslos aus. So nahm ich in Kauf, mit einem abgebrochenen Studium zu leben. Geschadet hat mir das eigentlich nicht. Zumindest habe ich nichts davon gemerkt. Als Unternehmer musste ich meine Kunden überzeugen können, und das dafür nötige technische Know-how hatte ich drauf. Und wenn ich etwas nicht wusste, konnte ich ja kundige Leute fragen. Und davon gab es viele, auch bei unseren Kunden, den Autoherstellern: ältere, erfahrene Männer, die gerne mit einem »jungen Dachs« wie mir über meine Ideen sprachen – und darüber, wie sie diese Ideen zu ihren eigenen machen konnten.

Später, als die Firma Dürr dann komplette Autolackierereien baute, ziemlich große Projekte bis zu 100 Millionen Dollar Volumen, sagte ein sehr erfahrener Produktionsvorstand von Volkswagen zu mir: »Eigentlich will ich eine so große Lackieranlage gar nicht haben.« Er wollte seine Autos lackieren, möglichst kostengünstig, mit hoher Qualität und energiesparend. Die Anschaffung einer teuren Anlage war für ihn eher ein notwendiges Übel. Dass seine Planungsingenieure, deren Arbeitsplatz von der Entwicklung solcher Anlagen abhing, nicht ganz dieser Meinung waren, stand auf einem anderen Blatt. Für mich aber war es wie ein Schlüsselerlebnis: Wenn wir mit dem Vorstand, mit der Leitungsebene unserer Kunden, ins Gespräch kommen und uns profilieren wollten, mussten wir ihnen sagen, auf welche Art und Weise eine Karosserie lackiert werden konnte und wie das kostensparend, hochqualitativ und energieökonomisch vor sich gehen sollte. Wenn wir hier überzeugend argumentierten, würden sie am Ende des Tages auch die Anlage bei uns kaufen. Das war eine erste Lehrstunde im Verkauf von Investitionsgütern: Es galt, Gesamtlösungen für die Probleme des Kunden anzubieten, nicht nur die Hardware, die Maschinen und die Anlagen. Und dabei waren wir erfolgreich, auch weil unsere Konkurrenten, die Alteingesessenen, mehr auf ihre Alteingesessenheit setzten als auf offene Diskussion mit Kunden, die eben nur Lösungen wollten.

»Eine Institution wie die Bahn hat viel mit Hightech und modernsten technischen Entwicklungen zu tun«, hatte der Bundeskanzler noch in seiner Rede gesagt. Wohl wahr, denke ich, in der ersten Reihe im Hotel Adlon in Berlin sitzend. Die wenigsten Bahnkunden fahren ja mit der Bahn um des Bahnfahrens willens. Sie wollen von A nach B, wobei A und B in den seltensten Fällen Bahnhöfe sind. Das gilt erst recht für die Bahnkunden, die ihre Produkte mit der Bahn transportieren. Das war eines meiner großen Themen bei der Bahn: Verknüpfung aller Verkehrsträger miteinander und das durch den Einsatz von Hightech, vor allem von Informationstechnologie, um damit den Bahnbetrieb kostengünstiger, qualitativ besser und energiesparender zu machen. Diese Aufgabe zu lösen war ein Hauptgrund für mich gewesen, zur Bahn zu gehen, und dass ich kein Diplomingenieur war, spielte dabei überhaupt keine Rolle. Dass mir später die Rheinisch-Westfälische Technische Hochschule Aachen den Ehrendoktor verlieh, bereitete mir naturgemäß eine gewisse Genugtuung.

4. Oktober 1990: Im Gästehaus der Bundesregierung

Wie war ich überhaupt zur Bahn gekommen? Jetzt, in der ersten Reihe im Hotel Adlon sitzend, denke ich an jenen 4. Oktober 1990, als ich im Gästehaus der Bundesregierung in Berlin mit Bundeskanzler Kohl, dem damaligen Verkehrsminister Friedrich Zimmermann, dem Chef des Bundeskanzleramtes Rudolf Seiters und dem Unternehmensberater Roland Berger zusammentraf, der mir im September telefonisch erklärt hatte, Helmut Kohl habe ihn gebeten, einen Chef für die Bundesbahn zu suchen. Ob ich selbst Interesse hätte oder jemanden wüsste? Da ich am Abend vorher mit meinen Kindern ziemlich gefeiert hatte, musste ich erst einmal einen klaren Kopf bekommen. Ich ließ Berger wissen, dass ich zurückrufen würde, und unternahm dann einen langen Spaziergang in den Weinbergen von Feuerbach. Der Gedanke, Bahnchef zu werden, faszinierte mich – auch deshalb, weil ich schon immer eine gesunde Missachtung für das Unmögliche und Lust auf Herausforderungen hatte, vor denen die meisten anderen zurückschreckten. Also rief ich Roland Berger an, Helmut Kohl könne mich ansprechen. »Für Deutschland würde ich es mir überlegen.« Und so saß ich ein paar Wochen später im Gästehaus der Bundesregierung in Berlin. Vorher hatte ich mir noch im Hotelzimmer überlegt, welche Forderungen ich stellen müsste, um das Amt überhaupt erfolgreich ausfüllen zu können. Und wie ein solcher Wechsel bei Daimler aufgenommen würde, wo ich zu der Zeit im Vorstand saß.

Am 3. Oktober 1990 sollte der Tag der Deutschen Einheit mit einer Feierstunde in der Philharmonie begangen werden. Starke Rede von Richard von Weizsäcker, aber auch von Frau Bergmann-Pohl, der Präsidentin der Volkskammer. Die Wirtschaft, die durch ihre Topmanager vertreten ist, sitzt in den hinteren Rängen. Das Plenum gehört in diesem Fall den Politikern, den Abgeordneten. Alles ist sehr feierlich und ergreifend und alle, mit denen man nachher beim Umtrunk redet, wissen, dass es ab morgen »in den Steinbruch« geht. (Dass die Wiedervereinigung eine Konkursabwicklung mit Sozialplan war, sagte damals niemand.) Ich spreche mit Oskar Lafontaine, der zu dieser Zeit noch Ministerpräsident des Saarlandes ist. »Die Übernahme der DDR«, erklärt er, »wird viel teurer als angenommen.« (Ich hatte Lafontaine bei einem AEG-Werksbesuch in unserem saarländischen Betrieb Eiweiler kennengelernt. Beim Rundgang sprach er mit vielen Arbeitern auf Saarländisch und jede Begegnung wurde von einem seiner Mitarbeiter mit Polaroidkamera festgehalten und vom Ministerpräsidenten persönlich überreicht. Das freute die Leute, die ja auch Wähler waren.)

Am Abend hatte eine Veranstaltung im Berliner Interconti stattgefunden. Viel Alkohohl und Musik. Um 24 Uhr erklingt die Nationalhymne. Nicht nur Edzard Reuter, der Vorstandsvorsitzende der Daimler-Benz AG, singt ergriffen mit. Hinterher im Hotel Kempinski viel Euphorie, Wein und Bier. Gegen ein Uhr kommt Helmut Kohl mit seiner Entourage ins Hotel. Wir sitzen zusammen und freuen uns. Hinausgehend sagt Kohl: »Ich hoffe sehr, dass wir morgen zur Sache kommen.« Oder meinte er Abschluss?

Das Gästehaus ist eine Villa aus der Kaiserzeit, ein düsteres, großbürgerliches, Respekt heischendes Haus mit viel Holztäfelung. Es gibt Pfälzer Wein, etwas süßlich, wie mir scheint. Kohl spricht zunächst über die Bedeutung der Bahn, redet von Ökologie und erwähnt, dass sogar die Autoindustrie bei ihm gewesen sei und für die Bahn plädiert hätte. Dennoch zähle die Bahn zu einem der unerledigten Themen seiner Regierungszeit. Da hätte die Bundesrepublik einfach geschlafen. Ich erkläre, dass mich die Aufgabe reizen würde, denn sie sei sicher eine der wichtigsten Herausforderungen in der deutschen Wirtschaft. Aber könne man die für einen Erfolg notwendigen Rahmenbedingungen schaffen?

Helmut Kohl nennt keine Einzelheiten, wird nicht verbindlich. Aber er bestätigt mir mehrfach, alles zu tun, um die Bahn zu einem Erfolg zu machen. Zimmermann erläutert Details, spricht von einer gewissen Strategie und scheint mir alles in allem gut informiert. Er habe einen sehr guten Beamten, der in einer kleinen Abteilung für die Bahn zuständig sei und den er als Vorsitzenden vorgeschlagen hätte. Aber der Bundeskanzler wolle ja einen Unternehmer als Bahnchef. Im Übrigen, so Zimmermann, hätten der bisherige Vorstandsvorsitzende der Bahn und sein Vorstand ihre Hausaufgaben nicht gemacht. Die Planungen, die der Vorstand für die nächsten Jahre vorgelegt habe, sähen schlimm aus. Hohe Verluste. Auf der anderen Seite würden 50 Prozent des Verkehrshaushaltes, also immerhin 13 Milliarden D-Mark, für die Bahn ausgegeben, und ab dem 1. Januar 1991 würde der Bund 11 Milliarden D-Mark Altschulden übernehmen. Der Verwaltungsrat sei gutmütig, da gäbe es keine Probleme.

Auf meine Frage, wann man mich brauche, sagt Kohl: »Übermorgen.« Er gibt mir Bedenkzeit, die ich dazu nutzen muss, mit Daimler-Benz zu sprechen, also mit dem Vorstandsvorsitzenden Edzard Reuter und mit dem Aufsichtsratsvorsitzenden Hilmar Kopper. Dann nennen mir die Herren noch das Jahresgehalt: 600 000 D-Mark. »Mehr als der Bundeskanzler«, sagt Kohl, und auf die Frage, ob ich Aufsichtsratsvorsitzender der Dürr AG bleiben könne, erwidert er: »Ich will ja nicht, dass Sie an der Fürsorgegrenze entlangschrammen.« Termine werden besprochen: Die Verwaltungsratssitzung sei am 18. Oktober, das Ganze liefe über eine Tischvorlage. Dann sagt Zimmermann: »Unsere Entscheidung steht fest.« Und Kohl ergänzt: »Wir wollen Sie.«

Ich werde pathetisch und erkläre, dass mich die Aufgabe schon deshalb locke, weil auch ich etwas für mein Land tun wolle, das so viel für mich getan habe. Immerhin sei ich in diesem Land einigermaßen wohlhabend geworden. Kohl steht auf und verabschiedet mich mit einem festen Händedruck. Als ich mit Roland Berger hinausgehe, erblicken wir Juliane Weber, Kohls Büroleiterin, die im pailletenbestickten Abendkleid die breite Treppe herunterschwebt. Der Regierungschef ist aus Anlass der Wiedervereinigung noch zum Gala-Abend eingeladen.

Am nächsten Tag treffe ich mich in Frankfurt mit Edzard Reuter und erzähle ihm von meiner Begegnung mit Kohl. Er ist mit dem Wechsel einverstanden. Am Samstag, den 6. Oktober, spiele ich in Kronberg Golf mit Minister Riesenhuber. Auf den Kanzler könne ich mich verlassen, sagt er. Wenn der etwas verspreche, würde er es auch halten.

Am Sonntag tagt der Familienrat. Wir essen mit unseren Töchtern Alexandra und Karoline im Frankfurter Hof zu Mittag. Die Familie findet es gut, dass ich zur Bahn gehe, das sei doch mal was anderes. Meine Tochter Nicole gibt ihren Segen telefonisch aus den USA. Zufrieden gehen wir nach Hause. In der nächsten Woche werde ich alles, was mit dem Wechsel zu tun hat, auf die Reihe bringen müssen.

Gegen halb sechs ruft die »dpa« an. Man hätte die Meldung erhalten, ich solle Bundesbahnchef werden. Dabei war doch mit Zimmermann einstweilen Diskretion vereinbart worden. Aber wer auch immer geredet hatte – jetzt war die Kugel aus dem Lauf. Ich musste reagieren und eine Reihe wichtiger Telefonate führen: mit dem Aufsichtsratsvorsitzenden Kopper, der bereits von Reuter informiert war und die Auffassung vertrat, man könne sich einer solchen Aufforderung des Bundeskanzlers nicht entziehen (ob ich der Richtige für das Amt bin, dazu sagte er nichts); mit meinem Vorstandskollegen Werner Niefer, der mir gratuliert und alle erdenkliche Unterstützung zusagt; mit meinem Berater Klaus Kuhn, der alles erst verdauen muss; mit Daimler-Vorstand Helmut Werner, der von sich aus anruft und gratuliert, aber auch bedauert, mich als Kollegen zu verlieren.

Ich rufe meine Vorstandskollegen von der AEG an, die teils verstört, teils verständnisvoll reagieren. Der Betriebsratsvorsitzende der AEG nimmt das Ganze sehr sachlich. Mein Aufsichtsrat Professor Kittner von der IG Metall wünscht mir viel Glück. Reinhart Schmidt, der Vorsitzende der Dürr AG, mit dem ich seit Jahren jeden Sonntag um 18 Uhr telefoniere (irgendwie musste ich ja wissen, was in der Firma vor sich ging), nimmt es gelassen. Für den Kurs der Dürr-Aktie sieht er kaum Gefahr. Und ganz zum Schluss telefoniere ich noch mit Minister Zimmermann, um eine Presseerklärung abzustimmen, die ich vorher selbst aufgesetzt habe. Am Abend lese ich bei Ernst Bloch: »Man muss ins Gelingen verliebt sein, nicht ins Scheitern.«

Viel Hektik in den folgenden Tagen. Überraschung allenthalben, aber überwiegend positive Kommentare. Einige Journalisten sprechen von einem Glücksfall für die Deutsche Bundesbahn, da ich die seltene Verbindung von erfolgreichem Familienunternehmer, erfahrenem Sanierer, politischem Unternehmer mit Vertrauensbonus in allen Parteien und geschicktem, aber auch kompromissfähigem Verhandler sei. Außerdem sei ich ein talentierter Kommunikator, dem es stets gelungen sei, mit Direktheit, Witz und Unterhaltungstalent eine gute Presse zu bekommen. Die »Börsenzeitung« schreibt in einem Leitartikel »Großer Bahnhof für Dürr«:

»Die Ära Dürr hat in der 107-jährigen Geschichte der AEG ihren festen Platz als die Ära höchster existenzieller Bedrohung und wunderbarer Rettung. Diese Ära geht jetzt zu Ende. Und Dürr hat freie Bahn.« Naturgemäß gibt es auch einige bösartige Kommentare: Bei Daimler würde manch einer aufatmen, dass der Dürr das Unternehmen verlasse.

Schon vor dem 18. Oktober, dem Tag der Verwaltungsratssitzung der Deutschen Bundesbahn, führe ich erste Gespräche. Am Flughafen Hannover treffe ich Günther Sassmannshausen, den Vorsitzenden der Regierungskommission Bahn, die Vorschläge zur Sanierung der Bundesbahn machen sollte. Sassmannshausen, eine beeindruckende, massige Gestalt, kannte ich schon aus meiner Zeit bei der AEG. Er war damals Vorstandsvorsitzender der Preussag gewesen. Von Anfang an begegneten wir uns mit Sympathie und vertraten ähnliche Positionen im Hinblick auf Fragen der Unternehmensführung. Vor allem waren wir beide eher bodenständig und personenbezogen. Sassmannshausen hatte »Handschlagfestigkeit«, war also einer, auf dessen Wort man sich verlassen konnte. Er kam aus dem Bergbau, kannte das Leben der Kumpel und besaß große Erfahrungen mit der Politik und den Ministerialbürokratien, denn die Privatisierung des früher bundeseigenen Salzgitter-Konzerns war weitgehend sein Werk. Überdies verfügte er über Beobachtungsgabe und Menschenkenntnis. Wir waren beide überzeugt, dass es bei der Reform der Bundesbahn im Wesentlichen auf Personen ankam. Aus seinem Bericht über die bisherige Arbeit der Regierungskommission erfuhr ich, dass die Probleme wesentlich größer und komplizierter waren, als ich sie bisher aus meiner Außensicht wahrgenommen hatte. Alles in allem ergab sich ein ziemlich trübes Bild.

Nicht sehr anders stellte sich die Lage aus der Sicht Horst Albachs dar. Professor Albach, der als betriebswirtschaftliche

Koryphäe galt und Mitglied der Regierungskommission war, hatte eine vorläufige Bilanz der Bundesbahn erarbeitet, der zufolge die Bundesbahn einen Bilanzverlust von 100 Milliarden D-Mark auswies, dem nur 43 Milliarden als Forderungen an den Bund gegenüberstanden. Die Bahn war also pleite. Aber das wusste man ja. Aber man wusste auch, dass der Eigentümer, nämlich der Bund, nicht Pleite gehen konnte.

So war es nicht verwunderlich, dass mir Karl Otto Pöhl, der damalige Bundesbankpräsident, bei einem Treffen in Kronberg erklärte, er halte die Aufgabe eigentlich nicht für lösbar und hätte sie deshalb selbst nicht übernommen. Da er aber dennoch für die Bahn sei, wolle er nach seiner Pensionierung gern mein Berater sein – was dann deshalb nichts wurde, weil Pöhl Vorsitzender der Geschäftsführung des Bankhauses Sal. Oppenheim wurde und in dieser Eigenschaft mit einer so schlichten Veranstaltung wie der Bundesbahn naturgemäß wenig oder gar nichts anfangen konnte. Als Freund aber gab mir Pöhl immer wieder sehr nützliche Ratschläge. Da er Staatssekretär im Finanzministerium gewesen war, wusste er, wie es in den Ministerien zuging, und gerade in diesem Punkt hatte ich Nachholbedarf.

Ein Gespräch beeindruckte mich besonders, das mit Hermann Joseph Abs, dem großen alten Mann der deutschen Bankenwelt, der als Bahnkenner und Bahnliebhaber galt. Legendär war seine Angewohnheit, Personalgespräche im Zug, selbstverständlich im abgeschlossenen Abteil, zu führen und die Gesprächspartner am nächsten Bahnhof aussteigen zu lassen, wenn die Unterredung beendet war. Ich wollte seine Meinung zur aktuellen Lage der Bahn hören und traf ihn in seinem Büro bei der Deutschen Bank in Frankfurt. Er sprach leise, war sehr freundlich, und ich spürte sein Interesse an der Bahn. »Vorgestern bin ich 89 geworden«, begann er das Gespräch, nachdem er mir gratuliert hatte. »Eigentlich bin ich gar nicht mehr von dieser Welt.« Dann erzählte er eher anekdotisch von der Bahn, von seinen Zugreisen mit Adenauer, vom Beitritt des Saarlandes zur Bundesrepublik, vom Londoner Schuldenabkommen – und von den Problemen, die mich als Bahnchef erwarten könnten. Ich hörte aufmerksam zu und schilderte ihm meine Sicht der Dinge, fragte mich aber, ob er wirklich noch alles verstand. Dann sprach Abs von Wolfgang Schäuble, auf den kurz zuvor, am 12. Oktober, ein Anschlag verübt worden war. Er sei einer der Besten, wiederholte Abs mehrmals im Verlauf des Gesprächs. Mit ihm hätte man über alles reden können. Am Ende stellte mir Abs seine Sekretärin vor. Sie sollte mich wegen kommender Termine kennenlernen. Aber die gab es nicht mehr.

In der gleichen Woche finden auch die Verabschiedungsvorstandssitzungen bei Daimler und AEG statt. Ich erkläre wortreich, warum ich zur Bahn gehen will. Nationale Aufgabe. Große Herausforderung. Ruf des Bundeskanzlers. Die Reaktionen reichen von ehrlicher Anerkennung bis zu geheuchelter Freundschaftsbekundung. Ich kannte das von ähnlichen Anlässen.

Dann fahre ich zu Minister Zimmermann, der mir eine Mappe mit Vertragsvorschlägen und einigen Unterlagen übergibt. Ich hatte mir vorher einige wichtige Punkte aufgeschrieben, die ich ihm vortrage. Im Wesentlichen ging es dabei um eine vertrauensvolle Zusammenarbeit zwischen dem Eigentümer, also dem Verkehrsministerium, und dem Vorstand der Deutschen Bahn, um meine Position als Vorstandsvorsitzender, um Geschäftsordnungsfragen und grundsätzlich darum, dass die Deutsche Bahn unternehmerisch zu führen sei. Bezugspunkt sollte der Bericht der Regierungskommission sein.

Der Minister stimmt mir in allem zu, auch hinsichtlich meines Vertrages und meiner Aufsichtsratsmandate, die ich behalten will. Das sei alles kein Problem. Aber ob ich nicht doch schon am 1. Dezember anfangen wolle? Dann könne er mich noch offiziell in mein Amt einführen. (Zimmermann war nur bis Ende 1990 Verkehrsminister.) Das ergäbe doch die Gelegenheit für eine schöne Pressekonferenz. Übrigens hätte es viele Bewerber für den Posten gegeben, unter ihnen auch einige »Großmeister« der Industrie. Aber bei der Bezahlung sei man nicht so richtig weitergekommen. »Und bei Ihnen«, so der Minister, »trifft's ja keinen Armen.«

Ich spreche mit Staatssekretär Knittel, einem vorsichtigen, auf die Sache konzentrierten Beamten, CSU-Mann wie Zimmermann. Interessant wird es bei Ministerialdirektor Peter Reinhardt, dem Leiter der Eisenbahnabteilung, der auf eine Bilderbuchkarriere als Beamter zurückblicken kann und mir zu verstehen gibt, dass Zimmermann ihn aufgefordert habe, er solle sich doch selbst für den Posten des Bundesbahnpräsidenten bewerben. Er hätte es aus Pflichtgefühl auch getan, wohl wissend, was da auf ihn zugekommen wäre. Jetzt aber freue er sich auf die Zusammenarbeit mit mir, denn er halte mich für eine gute Lösung. Dann kommt er schnell auf sein Hauptthema zu sprechen: Der Vorstand der Bundesbahn hätte einfach nicht verstanden, dass seine Pläne vom Eigentümer nicht nur gutgeheißen, sondern auch finanziert werden müssten. Ich trage Reinhardt meine Punkte vor. Er ist einverstanden. Ich könne auf ihn zählen. Im Hinausgehen weiß ich, dass die Zusammenarbeit mit ihm schwierig werden wird, weil sich Reinhardt als derjenige sieht, der am besten über die Bahn Bescheid weiß und den Eigentümer vertritt – wenn er sich nicht gar selbst für den Eigentümer hält.

Am 18. Oktober 1990 werde ich vom Verwaltungsrat, einem fünfzehnköpfigen Gremium unter dem Vorsitz von Hans Wertz, dem Staatsminister a.D., zum Vorsitzenden des Vorstands der Bundesbahn gewählt. Eine erlauchte Runde sitzt da beisammen: Minister, Gewerkschafter, Professoren und die Herren aus der Wirtschaft. Die Wahl des Vorstandsvorsitzenden der Deutschen Bahn erfolgt mit einer Gegenstimme. Ich erläutere, wie ich mir die Arbeit bei der Bahn vorstelle, ziemlich nüchtern, passend zum düsteren und unfreundlichen Sitzungssaal der Bundesbahndirektion in Frankfurt in der Friedrich-Ebert-Allee.

Nun bin ich also Vorsitzender des Vorstandes der Bundesbahn. Dienstbeginn ist der 1. Januar 1991. Die Presse reagiert positiv auf die Ernennung. Jetzt bin ich wieder erster Mann in einem Unternehmen, anders als bei Daimler, wo ich nur ein Vorstand unter mehreren war. Ich sitze einem Unternehmen vor, das zu diesem Zeitpunkt 232 400 Mitarbeiter beschäftigt und im Mittelpunkt des öffentlichen Interesses steht, weit mehr als die AEG, die ich zuvor zehn Jahre als Vorstandsvorsitzender geleitet hatte. Heinz Dürr ist Bundesbahnchef, Heinz Dürr, der mittelständische Unternehmer aus Stuttgart-Feuerbach. Das war doch ein ganz ansehnlicher Aufstieg, sage ich mir, in der ersten Reihe im Hotel Adlon in Berlin sitzend. Aber wo begann dieser Aufstieg eigentlich? Und wann und womit?

Ein Gespräch am Ostermontag 1975

Im Grunde fing alles am Ostermontag 1975 an, und eigentlich war es ein Zufall, der damals über meinen weiteren Werdegang entschied. Meine Frau Heide war mit den Kindern zum Skifahren nach Lech gefahren, und ich besuchte meinen Freund Wolfgang Fahr zum Nachmittagskaffee. Fahr war ein wichtiger CDU-Mann in Stuttgart, der viele Leute in Politik und Wirtschaft kannte und heute wohl als exzellenter »Netzwerker« bezeichnet werden würde. Bei Kaffee und Kuchen sprachen wir auch über den Arbeitgeberverband der Metallindustrie Nordwürttemberg/Nordbaden (VMI), der seit dem Weggang Hanns Martin Schleyers zum BDI/BDA nach Köln keinen Vorsitzenden mehr hatte – was umso prekärer war, als im Geltungsbereich des VMI die erbittertsten Tarifkämpfe stattfanden, weil wichtige Metallarbeitgeber wie Daimler, Bosch, Mahle, viele große Mittelständler und Autozulieferer in Nordwürttemberg/Nordbaden ihren Sitz hatten und die IG Metall, der Tarifpartner des VMI, in diesem Gebiet nicht nur gut organisiert war, sondern über charismatische Persönlichkeiten wie Willi Bleicher und Franz Steinkühler verfügte. Die erste Aussperrung nach dem Krieg als Gegenmaßnahme zu Streik hatte Schleyer 1970 im VMI durchgesetzt, und sie war erfolgreich gewesen, obwohl die IG Metall sie als »kapitalistisches Teufelszeug« eigentlich hatte verbieten wollen. Aber man war ja Tarifpartner, auch wenn Bleicher zu Schleyer einmal sagte: »Dies ist Ihr Wirtschaftssystem, nicht meins.« Und gerade dieser so wichtige Verband der Metallindustrie wurde seit zwei Jahren nur kommissarisch geführt. Die Großfirmen wollten keinen der ihren als Vorsitzenden zur Verfügung stellen, denn sie befürchteten, dann immer als erstes Streikziel im Visier der IG Metall zu sein. Und Mittelständlern war der Posten schlicht zu anstrengend, zu zeitaufwendig, vielleicht auch zu gefährlich.

So beratschlagten Fahr und ich, wer denn als erster Vorsitzender infrage kommen könnte. Und plötzlich fragte mich Fahr:

»Würdest du es machen?«

Ich war überrascht: »Ich?«

»Ja, du.«

Und eher leichtsinnig sagte ich: »Warum nicht?«

Damit begann meine Karriere als Unternehmer außerhalb der Firma Dürr. Am nächsten Tag rief mich Hanns Martin Schleyer an: »Ich sehe, die Sonne geht auf, lieber Dürr. Sie machen also den VMI-Vorsitz?« Ich besuchte ihn in seinem Büro bei Daimler in Untertürkheim. Wir tranken einen Cognac, und er erklärte mir, was ich als Vorsitzender des VMI zu tun hätte. »Sie waren im Ausschuss doch schon immer etwas aufmüpfig«, sagte Schleyer und meinte damit das Gremium im VMI, das mehr oder weniger die Tarifpolitik des Verbandes bestimmte. In der Tat war ich das ständige Gerede vom Untergang des Abendlandes leid gewesen, wenn die IG Metall wieder einmal eine viel zu hohe Forderung aufgestellt hatte. »Sie hatten immer eigene Ideen, und Sie waren nicht immer damit einverstanden, was der Vorstand so machte. Diese Ideen können Sie jetzt in die Praxis umsetzen. Zumindest können Sie es versuchen.«

Ich erinnerte mich. Im Oktober 1971 hatte ich einen Fernsehtermin zur Tarifrunde '72 in unserem Betrieb in Stuttgart-Zuffenhausen. Mein erster Fernsehauftritt. Kein anderer Betrieb in Stuttgart hatte sich dem ZDF zur Verfügung gestellt. Man dürfe der IG Metall keine Plattform für öffentliche Auftritte bieten, war die offizielle Lesart des VMI. Ich war da ganz anderer Auffassung gewesen und plädierte dafür, den Leuten unsere Position offen darzulegen, um glaubwürdig zu sein. Natürlich argumentierte die Gegenseite, die IG Metall, höchst populistisch, und Bleicher und Steinkühler (der bei diesem Fernsehtermin übrigens als Nachfolger Bleichers zum ersten Mal in der Öffentlichkeit auftrat) beherrschten dieses Spiel perfekt. Die Leute vom VMI dagegen waren weniger gut vorbereitet. Ich trat im Arbeitsmantel ohne Krawatte auf, redete von Glaubwürdigkeit und dem Erhalt von Arbeitsplätzen. Das Fernsehen gab mir Raum. Ich hatte das vorher mit meinem Freund Dieter Riwola, dem zuständigen Mann vom ZDF in Stuttgart, abgesprochen.

Auf die Tarifrunde hatte dieser Fernsehauftritt zwar kaum Auswirkungen, aber ich war entschieden dagegen, dass die Arbeitgeber ein lächerlich niedriges Angebot machten, denn ich fürchtete den miserablen Eindruck, den wir damit hinterlassen würden. Jeder wusste ja, dass ein solches Angebot nicht ernst gemeint war. Ich hielt es für besser, ein vernünftiges, annehmbares Angebot vorzulegen, dann aber hart zu bleiben. Viele Freunde aus dem Unternehmerlager waren meiner Meinung, folgten schließlich aber doch der Linie des Verbandes, dass es aus sogenannten taktischen Gründen zum Niedrigangebot mit Verhandlungsspielraum kommen müsse. Im Ausschuss hatte ich für meine Position plädiert. Und darauf spielte Schleyer an, als er von meiner Rolle im Tarifausschuss sprach.

»Und meine Firma?«, fragte ich ihn. »Kriege ich nicht Probleme mit Aufträgen, wenn ich den VMI-Vorsitz mache?«

»Da muss ich eben mit unserem Einkaufschef reden«, erwiderte Schleyer (was aber nie notwendig wurde).

Schleyer hatte 1973 ein Buch mit dem Titel »Das soziale Modell« geschrieben, ganz offenkundig unter dem Eindruck der Ereignisse, die seit 1968 die öffentliche Diskussion in Deutschland prägten. Ich selbst hatte die Zeit der Achtundsechziger nur aus der Ferne miterlebt, in der Zeitung und im Fernsehen: die Demonstrationen in Berlin, der Tod von Benno Ohnesorg, die Ereignisse in Paris, de Gaulles »Flucht« nach Baden-Baden, wo er sich der Unterstützung des Militärs versicherte, die ersten Brandstiftungen in deutschen Kaufhäusern. Mich beeindruckte, wie Ralf Dahrendorf, auf dem Dach eines Autos stehend, mit Studenten diskutierte. Die Fragen, die gestellt wurden, waren nicht so weit weg von dem, was mich in meiner Studentenzeit bewegt hatte. Aber ich hatte ja eine Aufgabe, ich war mit dem Aufbau meiner Firma beschäftigt. Mein Vater hatte sich 1969 auf den Beiratsvorsitz zurückgezogen. In Stuttgart gab es keine fernsehwirksamen Straßenschlachten, und auch die Abrechnung mit den Nazis war kein Thema. Natürlich kannte auch ich ein paar von ihnen, aber sie spielten in meinem Leben keine Rolle. Die Anekdoten, mit denen mancher der Alten von vergangenen Zeiten schwärmte, langweilten mich. Wir wussten von den Verbrechen der Nazizeit, nicht alles vielleicht, aber doch genug. Das Einzige, was wir dagegen tun konnten, war anders zu sein – und darauf zu achten, dass so etwas nie wieder geschah, indem man sich politisch engagierte. Auch als Unternehmer.

Der Jurist Schleyer hatte im Dritten Reich an wichtigen Stellen mitgearbeitet und war Mitglied der SS gewesen. Aber er war kein Nazi, keine von den widerlichen Figuren, die wir Jungen ablehnten. Schleyer hatte seine Lehren aus der deutschen Katastrophe gezogen und sah die Entwicklung der Gesellschaft aus der Sicht eines sozialpolitisch engagierten Unternehmers, der sich für mehr Zusammenwirkung von Ökonomie und Sozialwesen einsetzte. Er wusste um das öffentliche Zerrbild des Unternehmers, das seit 1968 im Umlauf war. Hatten Ende der sechziger Jahre noch 59 Prozent der Befragten den Unternehmer als sozial und 61 Prozent als demokratisch bezeichnet, so war die Situation 1972 völlig anders: Nur noch 18 Prozent hielten den Unternehmer für sozial, und nur noch 13 Prozent bescheinigten ihm eine demokratische Gesinnung. Aber Schleyer wusste auch, dass die Unternehmer daran nicht ganz schuldlos waren. (So wie heute, im Jahr 2008, wo die Unternehmer als die neuen Asozialen hingestellt werden, die Steuern in Liechtenstein hinterziehen, Leute entlassen, Werke schließen und auch dann noch absurd hohe Gehälter beziehen, wenn sie ihre Firma in hohe Verluste getrieben haben. Mediengerecht werden die schwarzen Schafe als pars pro toto vorgeführt. Und die Anständigen suchen vergebens nach einer Gegenstrategie.)

Nach Schleyers Ansicht hatten die Unternehmer die Gefahr nicht rechtzeitig erkannt und ihre Verteidigung nicht offensiv genug geführt. Schleyer sah die gegenseitige Abhängigkeit von Unternehmen, Gewerkschaften und Staat. Für ihn stand der Mensch im Mittelpunkt, aber eben nicht der einzelne. Ein Sozialstaat war für ihn ein Staat, der fragt: Was hat der Mensch, was kann er selbst leisten und was muss die Gesellschaft zusätzlich tun, damit er zurechtkommt? So wie es Ludwig Erhard formuliert hat.

Demokratie war nicht nur eine politische Technik oder ein Religionsersatz, sondern die Staatsform der Freiheit, deren Rechtfertigung es war, dass sie die Menschenrechte im Gemeinwesen garantierte. Aber Schleyer wandte sich gegen ein Demokratieverständnis, in dem alles nur noch nach Mehrheitsbeschlüssen entschieden würde. (Drastischer hat es einmal der Stuttgarter Oberbürgermeister Manfred Rommel ausgedrückt: »Zur Demokratie gehört, dass man nicht jeden Interessenhaufen zum Volk erklärt.«)

So gesehen sprach Schleyer sich durchaus auch für Führung durch Eliten aus, wobei den Unternehmern eine wichtige Rolle zukam, und zwar im Sinne Hegels, demzufolge sich die Elite nicht durch ein Herrenbewusstsein, sondern durch Pflichtbewusstsein auszeichnet. Auch für Schleyer war ein Unternehmen eine gesellschaftliche Veranstaltung. Die Idee des Shareholder-Value und der Gedanke, dass Gewinn der einzige Zweck eines Unternehmens sei, lagen ihm ebenso fern wie die Auffassung, dass das Streben nach Profit die alleinige Energiequelle des Kapitalismus sei. Gegenüber dem angelsächsischen Modell der Kurzfristigkeit und absoluten Gewinnoptimierung ohne Interesse für das Gemeinwohl vertrat er einen gemeinschaftlich organisierten Kapitalismus. Seine Werte und Ordnungsvorstellungen orientierten sich an Eigenverantwortlichkeit, Freiheit, Leistung, Chancengleichheit und sozialem Ausgleich. Auf ihn traf zu, was der spätere baden-württembergische Ministerpräsident Erwin Teufel bei seiner Verabschiedung über den Idealtyp des Bürgers gesagt hat: »Sie kennen keine Wertpapiere, aber Werte. Sie können sie nicht definieren, aber Sie leben sie vor und geben sie weiter an die nächste Generation. Sie wissen, was man tun und was man nicht tun sollte. Sie leben nicht über ihre Verhältnisse, sie wissen noch, wo das tägliche Brot herkommt, und Sie sind gebildeter und gefestigter als mancher Intellektuelle es ist. Sie sind die wahren Garanten für die Stabilität dieser Gesellschaft.«

Schleyer war ein bescheidener Mensch, der gerne und lange diskutierte und dessen Buch ganz praktische Ratschläge für Unternehmer in politischer, sozialer und geschäftlicher Hinsicht enthielt – wenngleich sein Modell einer Gesellschaft von den heutigen Mainstream-Ideologen wohl nur belächelt und unter der Rubrik »Sozialromantik« abgehandelt werden würde. Aber was hätte Schleyer wohl zu den gegenwärtigen Auswüchsen bei der Bezahlung von Managern gesagt? Zu seiner Zeit verdiente ein Vorstand das Dreißigfache eines Facharbeiters, heute kann dieser Wert bis zum Fünfhundertfachen gehen. (Fassungslos gebärden sich im Jahr 2007 viele Politiker, rufen nach dem Gesetzgeber, der die Vergütungen begrenzen soll, und sind sich ihrer Heuchelei gar nicht bewusst, zahlen doch staatsnahe Unternehmen mitunter die höchsten Gehälter. Und auch die Gewerkschaften handeln lustvoll mit, denn sie sitzen ja mit in den Aufsichtsräten, die die Superboni genehmigen.)

Und würde sich Schleyer über die riesigen Summen wundern, die in der Wirtschaft hin- und hergeschoben werden, zum Kauf von Firmen, von ganzen Landstrichen – Summen, die sich der Durchschnittsbürger kaum noch vorstellen kann? Wenn der Normalverdiener hört, dass ein Hedgefonds-Manager, also einer, der nur mit Geld spekuliert und dabei nicht an Arbeitsplätze denkt, in einem Jahr eine Milliarde US-Dollar verdient und dabei nicht viel mehr tut, als aus Geld, das ihm selbst nicht gehört, mehr Geld zu machen, und wenn er zudem liest, dass die Manager der großen amerikanischen Investmentbanken im vergangenen Jahr im Schnitt vierzig Millionen US-Dollar verdient haben, dann hat der Normalverdiener naturgemäß ziemliche Probleme, diese Diskrepanz auch nur einigermaßen mit seinen Vorstellungen in Einklang zu bringen. Da hilft es ihm auch wenig, wenn der ehemalige Chef einer der größten amerikanischen Investmentbanken bekennt, er sei über die Gehälter seiner Nachfolger entsetzt. Ahnt dieser 85-jährige, längst pensionierte Banker vielleicht, dass aus einer solchen abgrundtiefen Ungleichheit Gefahren für die demokratische Gesellschaft entstehen können, für eine Gesellschaft also, die auf ein einigermaßen friedliches Zusammenleben und Zusammenwirken aller ihrer Mitglieder angewiesen ist? Vielleicht wird er sich damit trösten, dass die Spielregeln des Kapitalmarktes eben so sind, wie sie sind, und dass Erfolg nach diesen Regeln nur in Geld gemessen wird. (Aber es tut sich was im Jahr 2008. Der größte amerikanische Automobilzulieferer Delphi war 2005 in die Pleite gerutscht. Jetzt stellte der Konkursrichter fest, dass die Vergütungen des Topmanagements völlig realitätsfern gewesen waren, und strich sie von 87 auf 16,5 Millionen US-Dollar zusammen. Ob irgendwann einmal ein deutscher Richter ein ähnliches Urteil fällen wird?)

Marktwirtschaft, wie Hanns Martin Schleyer sie wollte, war mehr als nur die Anhäufung von Geld. Für ihn zählten Werte, die nicht direkt in Geld ausgedrückt werden können. Natürlich wusste Schleyer, dass die Summen, die für die Bezahlung von Topmanagern ausgegeben werden, keineswegs ausschlaggebend sind für das Gesamtrechenwerk eines Unternehmens. Aber er wusste auch um die psychologische Wirkung solcher Zahlen und hätte wohl kein Verständnis für die jungen, adretten, dynamischen, oft auch sehr kenntnisreichen Vertreter der Kapitalmarktzunft und deren Gehabe gehabt, das jegliche soziale Kompetenz vermissen lässt. Für diese Leute, die als Investmentbanker und in sogenannten Private-Equity-Firmen arbeiten, sind Unternehmen bloße Objekte, also »Deals«, die man meist mit geliehenem Geld kauft, um sie zu sanieren oder zu zerstückeln und dann mit Gewinn weiterzuverkaufen. (Einmal sagte einer von diesen »Dealmakern« zu mir: »If you love your business you can't make money.« Was aber, wenn ich mein »business« liebe?)

Die Menschen, die in diesen »Targets« arbeiten, sind nicht mehr als ein Kostenfaktor, und wenn der »Deal« nicht läuft, dann klappen die Investmentbanker eben ihren Laptop zu. Wollen Sie nur deshalb von Menschen nichts wissen, weil sie eine unbewusste Angst vor ihnen haben?

Natürlich können manche dieser Private-Equity-Firmen durchaus auch positive Beispiele vorweisen. Mitunter bringen sie tatsächlich neuen Schwung in die von ihnen gekauften Firmen. Aber wenn ich lese, dass ein deutscher Großkonzern eine seiner Tochtergesellschaften für 1,5 Milliarden Euro an eine Private-Equity-Firma verkauft und dieses Unternehmen schon nach einem Jahr für 4,5 Milliarden Euro an die Börse gebracht wird, dann frage ich mich, warum das Management des Großkonzerns das nicht selbst zuwege gebracht hat? Traute man sich nicht oder fehlte es an Kreativität und dem Mut zu strukturellen Reformen?

Hedgefonds und business ethics

Eine große Rolle in der kapitalmarktgetriebenen Wirtschaft spielen die sogenannten Hedgefonds. Das sind Kapitalsammelstellen, gegründet und beherrscht von cleveren Menschen, die fast alle aus Investmentbanken kommen, also aus Finanzdienstleistern, die Firmen bei Zusammenschlüssen, Käufen oder Verkäufen beraten und dafür nicht unerhebliche Gebühren, die sogenannten »fees« bekommen. Hedgefonds sind im Gegensatz zu Banken wenig oder gar nicht kontrolliert. Seit langem versuchen viele Regierungen, zu festen Vorschriften für Hedgefonds zu kommen und Transparenz zu schaffen. Aber New York und London sind dagegen, denn sie fürchten um ihre Einnahmequellen. So gibt als erste regierungsamtliche Stelle die »Dubai Financial Services Authority« Regeln für Hedgefonds vor, vielleicht weil sie um ihre Investments in solche Vehikel fürchtet. Hedgefonds können hohe Risiken eingehen. Und sie können hohe Gewinne machen. Wenn sie richtig spekulieren. Von den Gewinnen bekommen die Hedgefondsmanager 20 bis 30 Prozent, für die Verwaltung des ihnen anvertrauten Geldes zwei bis fünf Prozent. Da kommt ganz schön was zusammen. (Im Jahr 2006 bekamen die zwanzig Spitzenverdiener in dieser Branche im Schnitt rund 650 Millionen Dollar. Da sieht das Durchschnittseinkommen der Chefs der großen Konzerne mit 10,8 Millionen Dollar geradezu popelig aus.) Und wenn eine Spekulation mal danebengeht, dann wird der Fonds geschlossen und Milliarden werden abgeschrieben. Diejenigen, die dabei ihr Geld verlieren, sagen meist nichts. Vielleicht schämen sie sich ihrer Gier, die sie dazu getrieben hat, den Finanzkünstlern Geld zu geben.

Kritisch wird das Ganze aber dann, wenn die Zentralbanken Unsummen in den Markt pumpen müssen, um den Kollaps der Finanzmärkte zu verhindern, denn hier geht es ja um Gelder, die dem Steuerzahler gehören. Man kann solche Rettungsaktionen zwar für notwendig halten, muss sich aber doch fragen, wie es zu derartigen Verwerfungen in den Kapitalmärkten kommen kann. Und wer eigentlich die Verantwortung für solche Schieflagen trägt. Zur Vermeidung solcher Auswüchse will die amerikanische Zentralbank jetzt neue Regeln für das Hypothekengeschäft erlassen. Die Banken sollen verpflichtet werden, vor Gewährung eines Kredits zu prüfen, ob der Kreditnehmer auch in der Lage ist, den Kredit zu bedienen. Man reibt sich verwundert die Augen: Muss es denn nicht zur Grundregel einer Bank gehören, die Kreditwürdigkeit eines Kunden sorgfältig zu prüfen? Aber offensichtlich gelten auch hier die Regeln des ehrbaren Kaufmanns nicht mehr. Was zählt, ist mehr Geschäft, mehr Umsatz, mehr Boni für die Bankmanager. Geprüft wird da nur noch bedingt.

Einmal fahre ich nach Greenwich bei New York, wo viele amerikanische Hedgefonds ihren operativen Sitz haben, den operativen Sitz wohlbemerkt, denn legal sind sie auf den Cayman Islands oder anderen »Tax-Sheltern« registriert. Greenwich ist ein malerisches Kleinstädtchen mit schönen Häusern, gepflegten Rasenflächen und einer Hauptstraße, in der all die klingenden Marken vertreten sind: Gucci, Lagerfeld, Louis Vuitton, Ferrari, Rolls Royce, Maybach – und so weiter und so fort. Es stinkt geradezu nach Geld. Was mag wohl das Lebensziel der Bewohner dieses Städtchens sein? Besteht es darin, mehr Geld als der Nachbar zu verdienen? »Wenn man nur glücklich sein wollte«, sagt Montesquieu, »so wäre das bald geschafft. Aber man will glücklicher sein als die anderen, und das ist fast immer deswegen schwierig, weil wir die anderen für glücklicher halten als sie sind.«

Doch es ist auch der Reiz, einen Deal zu machen, Konkurrenten auszubooten, in den »Lead-Tables«, einer Art Bundesligatabelle, ganz oben zu stehen. Ich kenne Hedgefondsmanager, die eigentlich ganz passable Mitmenschen sind, lässig gekleidet, ohne Krawatte, die Lunch aus der McDonalds-Tüte essen und Mineralwasser dazu trinken. Hochintelligent und gut ausgebildet. Manche von ihnen sind vor allem damit beschäftigt, Computerprogramme zu schreiben, um Preisanomalien in unterschiedlichen Märkten zu finden. Die großen Hedgefonds werden nicht mehr von Menschen gesteuert, sondern von Computerprogrammen. Und ich frage mich, welche Beiträge diese Spezialisten für die Gesellschaft leisten könnten, wenn sie zum Beispiel Computerprogramme für bessere Energieökonomie entwickeln würden. Aber auf die Idee kommen sie nicht, auch wenn einige Großmeister dieser Spekulantenzunft versichern, dass sie ihren Beitrag für die Gesellschaft leisten wollen. Das sind dann die, von denen man wenig in der Öffentlichkeit hört und sieht, und die sich auch nicht damit hervortun, Kunstwerke zu astronomischen Preisen zu ersteigern wie viele ihrer Kollegen, für die Kunst nichts als ein Statussymbol ist – oder ein Geschäft mit Zuwachsraten, die den Aktienindex lässig schlagen. Da ist »Yield« drin, also Ertrag, Ausbeute, die alles bestimmende Größe des Kapitalmarktes.

Ich bin Mitglied im Overseers Board der Columbia Business School, einer Kaderschmiede für das Investment Banking. Interessante Leute im Board. Einer von ihnen lädt jährlich zu einem Boccia-Turnier an einem idyllischen See in Wolfsboro/New Hampshire ein. Da geht es sehr professionell zu. Beeindruckend, wie die Großmeister der amerikanischen Finanzwelt um die Millimeter kämpfen, die entscheiden, ob die eigene Kugel näher am »Palino« liegt als die des Gegners. Ich kriege mit, wie stark die großen Deals auf persönlichen Beziehungen fußen. Aber alle sind ganz fröhlich beim Boccia-Spiel dabei.

Eine Umfrage an der Columbia Business School ergibt, dass die meisten Studenten der Meinung sind, in ihrer Schule würde zu wenig Wert auf die Vermittlung ethischen Verhaltens gelegt. Also wird ein Workshop »ethic business« eingerichtet. Der Chairman beginnt die erste Sitzung mit den Worten: »Folks, ethics is important but I can tell you that you also can make money with ethics.«

Aber mit deiner eigenen Firma, der Dürr AG, spielst du doch auch in diesem Spiel mit, überlege ich, noch immer in der ersten Reihe im Hotel Adlon in Berlin sitzend. Die Dürr AG ist an der Börse, und der Kurs ihrer Aktien bestimmt, wie wohlhabend du bist. Geht der Kurs um einen Euro pro Aktie hoch, dann bist du um sechs Millionen Euro reicher. Fällt er, dann hast du eben Pech gehabt. Naturgemäß alles nur auf dem Papier. Und ist das Ganze nicht sogar gerecht? Immerhin trage ich ja auch das volle Risiko. So beruhige ich mich und frage mich doch: Was wäre, wenn ich meine Aktien der Dürr AG verkaufen würde und das Geld, das ich dann hätte, mit Hedgefonds oder Private Equity zu vermehren versuchte? Aber dann denke ich an die Weihnachtsfeier für unsere pensionierten Mitarbeiter, die ihren früheren Chef als Garanten für das Fortbestehen ihrer Firma sehen, einer Firma, für die sie ein Leben lang gearbeitet haben und auf die sie stolz sind. Also bleibe ich Unternehmer und denke an den Satz von Schleyer: »Ein Unternehmer, der sich nur noch mit seinem Geschäft beschäftigt, wird sich bald mit diesem nicht mehr zu beschäftigen haben.« Schleyer war der Meinung, dass sich Unternehmer auch um Politik kümmern sollten. Und Tarifpolitik ist ein Grenzbereich zwischen Wirtschaft und Politik – und eben deshalb wollte ich Vorsitzender des VMI werden.

Dieser Schritt beschäftigte mich sehr, neben all den Problemen in meiner Firma, die mich zu dieser Zeit umtrieben. Es war eine große Chance, für mich und für das Unternehmen Dürr, bundesweit bekannt zu werden, mit den Großen der Industrie auf gleicher Augenhöhe zusammentreffen zu können. Hinzu kam wohl auch der Wunsch, aus dem Schatten meines Vaters, des allseits beliebten Fabrikanten Otto Dürr, herauszutreten und als Heinz Dürr Anerkennung zu finden. Mir war aber auch klar, dass das Amt ziemliche Risiken beinhaltete. Denn wenn ich das Amt schlecht betrieb, würde der Absturz schlimm sein – so wie bei einem meiner Vorgänger, dem Vorstandsvorsitzenden der damals noch existierenden Motorradfabrik NSU, der ohne Abstimmung mit den Mitgliedsfirmen in eine Tarifrunde gegangen war, keinen Rückhalt fand und erbärmlich scheiterte. Die VMI-Oberen hatten lange nach einem Nachfolger für Schleyer gesucht. Jetzt stand ich zur Wahl. Betrachtete man mich als Notlösung oder hielt man mich wirklich für den geeigneten Mann?

Zweifel an Amerika

Nach dem Gespräch mit Schleyer musste ich für die Firma Dürr nach Detroit reisen, wo es ziemliche Probleme mit unserer Niederlassung, der Dürr Industries Inc., gab. Die amerikanischen Kunden trauten uns Deutschen ein langfristiges Engagement in den USA nicht zu, und unsere Konkurrenten taten ein Übriges, uns das Leben schwer zu machen. Ich bekam Zweifel an unserem dortigen Standort – zumal ich die generelle Lage in Detroit, ja eigentlich in ganz Amerika, eher bedrückend fand. Ich sah den Zerfall ganzer Viertel in der Innenstadt von Detroit, die Armutserscheinungen in den Straßen, herumlungernde Menschen, verrottete Eisenbrücken, wirr herumhängende Telefon- und Stromleitungen und Häuser, deren Fenster nur zersplitterte Einfassungen waren. Amerika machte den Eindruck einer zerfallenden Gesellschaft, ein Eindruck, der durch den Kontrast zu den blitzsauberen gepflegten Häusern und schönen Vorgärten in den Vororten von Detroit und den davor geparkten Straßenkreuzern, deren unförmige Größe ich als pure Materialverschwendung ansah, noch verstärkt wurde.

In Boston sah ich mir mit Geschäftsfreunden das Musical »Irene« an, das schon im Jahre 1919 über amerikanische Bühnen getingelt war und jetzt nostalgisch mit moderner Technik choreografiert war – die Geschichte vom lebenstüchtigen Mädchen aus der 9. Straße und dem Nabob von Long Island. Das Theater, »Schubert« genannt, war dreckig, heruntergekommen, der Plüsch nur im Halbdunkel plüschig. Die Zuschauer hingerissen von den plattesten Späßen, Gags und Blödeleien. Die Melodien, wenn auch wenig bekannt, so doch eingängig in der Ton- und Harmoniefolge.

Auf dem Rückflug nach Europa versuchte ich, meine Eindrücke zu ordnen. In erster Linie aber dachte ich an meine zukünftigen Aufgaben als VMI-Vorsitzender. Ich zog eine mögliche Bilanz und erwog die Gründe, die dafür- und dagegensprachen. Dafür sprach die Chance, an exponierter Stelle Impulse für eine fortschrittliche Gesellschaft geben zu können, aber auch etwas für den Bekanntheitsgrad meines Unternehmens zu tun und mehr persönliche Kontakte zu bekommen. Dagegen sprach die persönliche Belastung, auch die der Familie, die fehlende Erfahrung in der komplizierten Materie der Tarifpolitik und vielleicht sogar die physische Bedrohung durch die RAF, deren Anschläge sich zu dieser Zeit zu häufen begannen. Überdies hatte ich Zweifel, ob ich derart unterschiedliche Gremien wie Vorstand und Mitgliederversammlung ausreichend integrieren könnte. Aber dann erinnerte ich mich an meinen Abitursaufsatz: »Was leistet der Beruf, dem Sie zustreben, für die Gemeinschaft und was erwarten Sie von ihm für sich selbst?« VMI-Vorsitzender war eine Antwort, die mir gefiel.

Ich werde Vorsitzender des VMI

Die Mitgliederversammlung des VMI am 17. Mai 1975 findet in Mannheim, im »Rosengarten« statt, einem mit viel Geld neu erbauten Kongresszentrum. Jede Mitgliederversammlung besteht aus einem internen und einem öffentlichen Teil. Im internen Teil soll auch über meine Zuwahl in den Vorstand abgestimmt werden. Nach langen Ausführungen des Hauptgeschäftsführers des Verbandes über das Geschäftsjahr 1974, nach dem Bericht der Rechnungsprüfer, den Entlastungen von Vorstand, Ausschuss und Geschäftsführung und der Festsetzung des Beitrages für 1975 wird Tagesordnungspunkt 7 aufgerufen: »Zuwahl in den Vorstand«. Der amtierende Vorsitzende erklärt: »Meine Damen und Herren, der Vorstand wird von der Mitgliederversammlung gewählt. Der wählt seinerseits gemäß unserer Satzung seinen Vorsitzenden. Wenn der Vorstand Ihnen jetzt vorschlägt, einen Herren zusätzlich in dieses Gremium zu wählen, dann kann ich es Ihrer Fantasie überlassen, sich darüber Ihre Gedanken zu machen, wie das nun mit dem Vorsitz im Vorstand zusammenhängen mag. Ich möchte Ihnen im Namen des Vorstandes vorschlagen, Herrn Heinz Dürr, geschäftsführender Gesellschafter der Firma Otto Dürr GmbH

& Co. KG in Stuttgart, in den Vorstand zu wählen.« Der Vorsitzende schildert kurz meine Arbeit im Verband als Mitglied des Verbandsausschusses und bittet mich dann aufzustehen, da ich offenbar noch nicht allen bekannt sei. »Herr Heinz Dürr wird mit lebhaftem Beifall von der Versammlung begrüßt«, steht im Protokoll der Sitzung. Danach erfolgte die Wahl per Akklamation, und ohne Gegenstimmen und Enthaltungen werde ich in den Vorstand des VMI gewählt.

Anschließend folgen noch ein paar Tagesordnungspunkte; dann ist der interne Teil der Mitgliederversammlung beendet. Der Vorstand tritt in einem Nebenraum kurz zusammen und wählt mich einstimmig zum Vorsitzenden, sodass zu Beginn des öffentlichen Teils verkündet werden kann, der Verband habe einen neuen Vorsitzenden, den geschäftsführenden Gesellschafter der Firma Otto Dürr, Herrn Heinz Dürr.

Ich stehe auf, verbeuge mich und übernehme die Tagesleitung, danke für das Vertrauen und gebe dann eine Art Regierungserklärung ab. »Unternehmern und vor allen Dingen Unternehmerführern wird oft nachgesagt, sie würden zu sehr am einmal Erreichten festhalten«, erkläre ich. »Die Geschichte hat jedoch gezeigt, dass sich am Ende nur derjenige durchsetzen wird, der die Bereitschaft mitbringt, diese Welt und ihre Gesellschaft ins Positive zu ändern. Auch die Marktwirtschaft existiert nicht kraft historischer Herkunft. Sie muss sich ständig – ich möchte sagen fast täglich – bewähren, und sie muss verteidigt werden. Angriffe gegen sie gibt es, wie wir als Unternehmer wissen, zuhauf. Es nützt nichts, im Nachhinein an der Klagemauer zu stehen, wenn wieder einmal ein Gesetz gegen die unternehmerische Freiheit verabschiedet wird.« Bei »Klagemauer« vermerkt das Protokoll erneut »lebhaften Beifall«.

Ich äußere mich auch zu den Gewerkschaften und bekenne mich zu der sozialen Partnerschaft. Die Probleme der Zukunft könnten nur gemeinsam bewältigt werden. »In einer Zeit, in der sich allenthalben die Erkenntnis durchsetzt, dass es mit Wachstum allein nicht mehr getan ist, in der wir vielmehr auf die Kreativität aller angewiesen sind, müssen sich auch die verschiedenen gesellschaftlichen Gruppen entschließen zusammenzuarbeiten, um gemeinsame Lösungen zu finden. Und diese Lösungen können immer nur Kompromisse sein.« Dann zitiere ich Hanns Martin Schleyer, der zum 1. Mai unter der optimistischen Überschrift »Wir werden es schaffen« gesagt hatte: »Verantwortung des Unternehmers heißt heute zunächst und vor allem Mut. Was nötig ist, ist das Vertrauen der Bürger und zwar ein Vertrauen, das auf Kenntnis beruht. Zur Kenntnis gehört aber auch die Glaubwürdigkeit, und dafür haben wir uns als Unternehmer einzusetzen.«

Anschließend gibt es noch eine Pressekonferenz, die zwar nicht sehr professionell organisiert ist, insgesamt aber doch erfreulich verläuft, wie die Reaktionen der Presse am nächsten Tag zeigen. »Ein Volltreffer«, schreibt Georg Heller von der »Stuttgarter Zeitung«. Besonders meine Feststellung, dass der Verband nicht nur Lohnpolitik betreiben, sondern sich auch um Gesellschaftspolitik kümmern wolle, stößt auf Zustimmung. Der Marsch der Achtundsechziger durch die Institutionen und das Auftauchen der RAF seien Anstoß genug, darüber nachzudenken, ob das mit dem »Weiter so« richtig sei.

Jetzt saß ich also in der ersten Reihe, war Vorsitzender oder »Präsident«, wie mich manche ansprachen, und das tat mir gut, wie ich gestehen muss, wenngleich es naturgemäß auch Neider auf den Plan rief. Aber zumindest musste ich mich über das Innenleben des Verbandes informieren, über seine Verbindung zu Gesamtmetall, dem Dachverband der Metallindustrie, der für die große Linie in der Tarifpolitik zuständig war, über die elf Bezirksgruppen, in die der Verband unterteilt war und die alle ihre eigene Auffassung von einer richtigen Tarifpolitik hatten.

Auch die IG Metall beschäftigte mich. Dort war Franz Steinkühler die maßgebliche Figur, ein durchaus charismatischer Mann, der anders als die meisten anderen Gewerkschaftsführer war und dem es 1973 in einer harten Tarifrunde gelungen war, Schleyer ein Zugeständnis abzutrotzen, das als die sogenannte »Steinkühler-Pause« in die Geschichte einging: Bei Akkordarbeit musste nach einer Stunde Arbeit eine fünfminütige Pause eingelegt werden. Steinkühler sah Tarifpolitik wie ich, also eher von der gesellschaftspolitischen Seite. Und so argumentierte er auch. Wenn wir gemeinsam auftraten, lernte ich, mich an ihm zu reiben und zu messen.

Wie man mit Journalisten umgeht

Aber zunächst musste ich mich in die Tarifpolitik einarbeiten, wozu auch der Umgang mit den Medien gehörte. Ein Fernsehredakteur der SWF-Landesschau, der es gut mit mir meinte, gab mir folgenden Ratschlag: »Wenn Sie von einem von uns interviewt werden, fragen Sie nicht, was der Reporter wissen will. Fragen Sie ihn nur, ob Sie 45, 90 oder 120 Sekunden Zeit für Ihre Antwort haben. Dann reden Sie los, ganz egal, was er fragt.«

Das war meine erste prägende Begegnung mit einem Journalisten. In den folgenden 40 Jahren meines Berufslebens lernte ich, sie für meine Ziele zu instrumentalisieren, wie das ja auch umgekehrt der Fall war – in der Tarifpolitik, in meiner AEG-Zeit, bei der Bahn und später bei der Zeiss-Stiftung. Ich bemühte mich immer um ein gutes Verhältnis zu Journalisten, denn ich hatte bald begriffen, wie wichtig sie für meine Arbeit waren. Den meisten Journalisten vertraute ich und verriet deshalb manchmal etwas, das ich besser für mich behalten hätte. Aber an eines habe ich mich immer gehalten: »Nur wer das Negative anspricht, macht sich im Positiven glaubwürdig. Beim Ertappen der Unwahrheit bricht dagegen für lange Zeit jegliche Kommunikation zusammen.« Die »Süddeutsche Zeitung« nannte das eine »psychologische Milchmädchenrechnung«.

Hin und wieder machte ich auch Deals mit Journalisten: »Ich verrate Ihnen etwas, und Sie schreiben dafür etwas Positives oder lassen etwas Negatives weg.« Da mir bald klar war, dass die meisten Journalisten nicht besonders fleißig sind, ließ ich gut vorbereitete Waschzettel verteilen und lernte schnell die entscheidenden Kriterien für die Gespräche: Man führte es offen oder offen ohne Quellenangabe, oder vereinbarte von vornherein, dass nichts nach draußen dringen durfte. Und ich lernte, wie man Journalisten beeinflusst. In der ganz schlimmen AEG-Zeit, in der wirklich nur schlechte, ja bösartige Meldungen über die AEG und mich in den Zeitungen standen, engagierte ich einen Medienmanager, den ich nicht nur gut bezahlte, sondern der mich auch noch in sein Herz geschlossen hatte (»Dürr, Sie sind ein atmosphärisches Mannequin«) und es irgendwie fertigbrachte, dass wir zumindest aus den Schlagzeilen der Boulevardpresse verschwanden. Am Anfang meiner Karriere führte ich die Gespräche mit Journalisten allein. Das war auf der einen Seite vertrauensbildend, auf der anderen Seite gefährlich, denn ich konnte ja nicht kontrollieren, was veröffentlicht wurde. Später nahm ich immer meine Pressesprecher mit. Was diese bewirken können, erlebte ich nicht nur bei der Bahn. Meine Pressesprecher machten alle einen sehr guten Job. Sie hielten mich von unüberlegten Äußerungen ab und versorgten die Journalisten mit Informationen, machten aber nie eigene Politik – ein Vorzug, der bei Pressesprechern nicht immer selbstverständlich ist.

Für besonders wichtig hielt ich den »Spiegel«, dessen Mitarbeitern ich mehr Vertrauen entgegenbrachte als den Redakteuren vieler anderer Zeitungen, da sie in der Regel sorgfältiger recherchierten und besser schrieben. Aber auch beim »Spiegel« hat sich, wie in allen Medien, inzwischen viel geändert. Furore, Hype und Aufsehen sind heute die entscheidenden Kriterien, um in einer medialisierten Welt aufzufallen, was schon wegen der Auflagenhöhe unverzichtbar ist. Hinzu kommt eine gewisse Neigung zur Belehrung des Lesers und die Sucht, sich in alles und jedes einmischen zu wollen. Und so kann es passieren, dass ein Journalist glaubt, wenigstens eines begriffen zu haben: nur über das zu schreiben, was er glaubt, verstanden zu haben – auch wenn es nicht zu verstehen ist. Manchmal beschleicht mich sogar der Verdacht, dass Journalisten früher gebildeter waren. Sie hatten allerdings auch mehr Zeit, sich mit einem Thema zu beschäftigen. Wenn heute ein Korrespondent der »Frankfurter Allgemeinen Zeitung« in Stuttgart fünf Bilanzpressekonferenzen am Tag besuchen und darüber schreiben soll, dann kann man nicht erwarten, dass er zu tiefschürfenden Erkenntnissen gelangt. Viele Menschen erwarten von den Medien eine Objektivität, die es nicht gibt, nicht geben kann.

Im VMI wurde unsere Öffentlichkeitsarbeit oft kritisiert: Die IG Metall komme dauernd in den Medien vor, wir dagegen nicht. Also gab ich eine Untersuchung in Auftrag, die herausfinden sollte, wie oft wir, der VMI, und wie oft die IG Metall in Zeitungen genannt und zitiert worden waren. Am Ende stellte sich heraus, dass wir beide fast gleich häufig Erwähnung gefunden hatten. Heute erzwingt das Internet noch mehr Tempo, eine fast stündliche Aktualität. Da kommt es auf Genauigkeit nicht mehr so an.

Alles in allem bin ich in den vielen Jahren meines Berufslebens eigentlich immer ganz gut mit den Vertretern der schreibenden und sendenden Zunft ausgekommen, vielleicht auch deshalb, weil ich sie ernst genommen habe. Manchmal habe ich bei Interviews sogar mehr Neuigkeiten erfahren, als ich zu verkünden hatte.

Viel Trubel nach dem 17. Mai, dem Tag meines Amtsantritts: Briefe, Anrufe, Einladungen, Gespräche mit Journalisten, Interviews, Gespräche mit Unternehmerkollegen. Vorschusslorbeeren. Ich muss aber auch noch Zeit für meine Firma haben, etwa für eine Kurzreise nach Polen, nach Kattowitz, wo ich die Fiat-Polski-Fabrik in Bielsko besuche. Scheußlich sei dieser Fortschritt der Zivilisation, sagt der Direktor des wichtigsten polnischen Außenhandelsministeriums, als wir im Auto an dem riesigen Komplex vorbeifahren. Und er ergänzt melancholisch: »In wenigen Jahren werden wir keinen Vorsprung mehr vor euch Westdeutschen haben.« Er denkt in Ergebnissen, sagt er, und sei auf Ergebnisse programmiert. Abends im Hotel in Kattowitz. Straßenbahngeholpere vor dem lieblos eingerichteten Hotelzimmer. Im Bad sind die Fliesen zerbrochen. Der niedrige Lebensstandard, die unübersehbaren

Missstände im sozialistischen Polen stimmen mich nachdenklich. Was essen die Leute eigentlich? Dann fahren wir mit dem Auto durch grüne Wiesen und Wälder, sanft hingeschmiegt im flachen Bergland, wie bei uns im Allgäu – wenn man nicht genauer hinschaut.

Meine erste Tarifrunde

Erstes persönliches Treffen mit Franz Steinkühler. Wir reden ganz offen. Er habe den Eindruck, ich sei eigentlich der gleichen Meinung wie er. »Wir wollen beide den Menschen helfen, und die Juristen erschweren das.« Aber die alten Hasen im VMI warnen mich: Man dürfe Steinkühler nicht glauben, seine Freundlichkeit sei nur zweckgebunden. Ich bin da nicht so sicher. Natürlich ist er in erster Linie Gewerkschafter, aber er denkt doch schon über den nächsten Abschluss hinaus. Sein Thema ist Verteilungsgerechtigkeit, ein großes Wort, eher ein Schlagwort. Er ist in seiner einfachen Herkunft gefangen und will deshalb ein ganz Großer werden, will also auch in der ersten Reihe sitzen.

Die Tarifrunde 75 beginnt am 16. Januar. Meine erste Tarifrunde. Die Feuerprobe. Zunächst viele Vorgespräche verbandsintern. Die Abstimmerei mit Gesamtmetall und ihren 18 Verbänden gefällt mir nicht. Zu viel Vergangenheit als Maß aller Dinge. Ich werde es schwer in einem Kreis haben, wo die einzelnen Tarifgebiete den anderen nur bedingt und der Spitze mit einem erschöpften, abgewirtschafteten Präsidenten fast gar nicht trauen. Baden-Württemberg sei der Dollpunkt, die weiche Stelle, ist die Meinung bei Gesamtmetall, zu sehr auf die Autoindustrie (Daimler!) ausgerichtet. Andere Kräfte, auch Hanns Martin Schleyer, sind eher meiner Meinung. Sie hören mir zumindest zu. Meine Frau sagt: »Auch die Mächtigen wollen Grenzen gesetzt haben. Sie sind dir dankbar.«

In einer Pressekonferenz werde ich gefragt, wie mein Verhältnis zur Macht sei. Ich weiß im Moment keine Antwort. Ist es Macht, wenn ich den Vorstandsvorsitzenden von Daimler anrufen und ihn bitten kann, im Interesse der gesamten Metallindustrie von bereits beschlossenen Preiserhöhungen während der Tarifrunde abzusehen, obwohl das sein Unternehmen 60 Millionen D-Mark kosten würde? Kurz zuvor hatte sich der Daimlerchef in einem »Spiegel«-Gespräch zur laufenden Tarifrunde geäußert und zwar in einem Sinne, der unserer Verbandsstrategie zuwiderlief. Da er mir bei meinem Amtsantritt geschrieben hatte, ich könne ihn ruhig ansprechen, wenn ich ein Problem hätte, bat ich um ein kurzes Gespräch. Er empfing mich in seinem Büro im 13. Stock, in den heiligen Räumen der Daimler Hauptverwaltung, die ich zum ersten Mal betrat. Als ich ihm mein Anliegen vortrug und ihn bat, sich in Sachen Tarifpolitik doch zurückzuhalten, verstand er das und sagte zu seinem Pressemann: »Haben Sie gehört? Schreiben Sie mit.« Das war jedoch nicht Macht, sondern Überzeugungsfähigkeit gewesen. Ich hatte was zu sagen, aber nichts zu bestimmen.

Das Ritual Tarifrunde beginnt im Ballsaal des besten Hotels am Platz. Große Besetzung, 25 bis 30 Teilnehmer auf jeder Seite. (Alle wollten ja dabei sein, wenn das Fernsehen am Abend den Auftakt zur diesjährigen Tarifrunde zeigen würde.) Die Volkswirte tragen die gegenseitigen Standpunkte vor, alles ordentlich begründet: »Zehn Prozent Lohnerhöhung sind eigentlich bescheiden und gerecht«, sagten die einen. »Die wirtschaftliche Lage lässt eigentlich gar keine Lohnerhöhung zu«, halten die anderen dagegen. Ein Ergebnis kommt nicht zustande. Wir vertagen uns auf einen neuen Termin, bei dem die bekannten Argumente in zugespitzter Form wiederholt werden. Keiner will der anderen Seite ein Zugeständnis machen. Das wäre in dieser Phase nur verschenkt. Dabei gilt für das Endergebnis ohnehin die Faustformel: »Forderung plus Angebot Halbe plus/minus ein paar Zehntel.«

Wie immer in solchen Tarifrunden gibt es unglaublich viele Meinungen, was getan werden sollte und was nicht. Ich spreche mit allen Beteiligten. Abends sitze ich manchmal vor dem Telefon und frage mich, wen ich noch anrufen könnte. Mir und allen anderen ist klar, dass wir zwischen fünf und sechs Prozent abschließen werden. Deshalb finde ich es unmöglich, keine Zahlen zu nennen und dann noch Verständnis zu erwarten. Aber die Leute brauchen dieses Imponiergehabe. Dabei argumentiert auch die Gewerkschaft nicht besonders klug. Sie setzt viel zu sehr auf Demagogie. Ich würde anstelle der Gewerkschaft nach konkreten Dingen fragen, denn ich bin überzeugt davon, dass die Öffentlichkeit sachliche Informationen und Argumente vorzieht. Nicht der ausgekochte Politprofi ist gefragt, sondern der glaubwürdige, ehrliche Verhandlungsführer, der bereit ist, sich zu engagieren – nicht um seiner eigenen Karriere willen, sondern weil er sich für das Ganze verantwortlich fühlt. Aber wie soll man das vermitteln?

Einmal bekomme ich eine Einladung ins Kanzlerbungalow zu einem Abendessen bei Bundeskanzler Helmut Schmidt. Zwanzig Leute sitzen am Tisch, Topmanager von Großunternehmen, Gewerkschafter, Mittelständler, Minister Friderichs, Bundesbankpräsident Klasen, Staatssekretär Pöhl. Schmidt weist mich an, neben ihm Platz zu nehmen, was nicht allen der anwesenden Herren gefällt, denn ich bin der Jüngste. So kann ich aber beobachten, wie Helmut Schmidt während der lichtvollen Ausführungen der eingeladenen Gäste Figuren auf den vor ihm liegenden Schreibblock kritzelt. Er ist souverän, manchmal fast herablassend, hat die richtige Einschätzung der Lage, global gesehen. Ein deutsches Problem sei, dass wir eine niedrige Inflation von sechs Prozent hätten, während die Rate in Frankreich bei 15 Prozent liege. Es geht um die Aufwertung der D-Mark. Ich stelle die Frage, ob wir bei den Löhnen trotz aller Appelle nicht doch nachgiebiger sein sollten. Aber Minister Friderichs gibt zu bedenken, dass dieses Jahr die Kostenseite mehr beachtet werden müsse. Ich bin zum ersten Mal bei einer solchen Herrenrunde. Mir fallen die vielen persönlichen Eitelkeiten auf. Jeder will seine Meinung zum Besten geben. Da beugt sich der Bundeskanzler zu mir herüber und sagt leise: »Was halten Sie von dem Quatsch, den der Herr Präsident da vorträgt?« Eine konstruktive Kommunikation kommt nicht zustande, Selbstkritik ist nicht gefragt, einige der Anwesenden haben etwas Gockelhaftes an sich. Was bleibt, ist für mich nur das Gefühl, bei einem so elitären Zusammentreffen dabei gewesen zu sein.

Die Tarifrunde geht regional weiter. Es hat den Anschein, als würde sich die Auseinandersetzung noch sehr lange hinziehen – mit Schlichtung, Urabstimmung, Streik und Aussperrung. In einer Zeit mit über einer Million Arbeitslosen und laufenden Zusammenbrüchen kleiner und mittlerer Firmen erscheint mir dieses Hin- und Hergezerre absurd. Und dann macht das Gerücht die Runde, die CDU sei an einem Aufschwung gar nicht interessiert, ein Arbeitskampf könne die Konjunktur ruhig bremsen, Helmut Schmidt dürfe nicht der Kanzler des Aufschwungs sein.

Zur selben Zeit muss ich mich auch mit meiner Firma beschäftigen. Interessante Projekte stehen ins Haus, die Expansion läuft. Aber so richtig dabei bin ich nicht, denn die Tarifrunde eskaliert. Im engeren Vorstand von Gesamtmetall wird entschieden, dass es in Stuttgart auf keinen Fall zum Abschluss kommen dürfe – obwohl auch Schleyer für einen Abschluss ist, bei dem die Fünf vor dem Komma steht.

Aber dann geht alles ganz schnell. Nach Verhandlungen im Nordraum soll der Abschluss in Travemünde gemacht werden. Als sogenannter Kernkommissär bin ich auch dabei. Alle Anwesenden sind guten Mutes. Es gibt viel Pils und Aquavit. Einer der Anwesenden sagt zu mir: »Morgen früh gegen sechs Uhr haben wir den Abschluss, dann treten wir auf die Terrasse, im Osten geht die Sonne auf und alles ist okay.« Gegen elf Uhr kommt der Verhandlungsführer von Gesamtmetall in den Saal, in dem die Hintergrundkommission tagt, und verkündet lapidar, die Verhandlungskommission der IG Metall hätte die Gespräche abgebrochen und sei abgereist. Aufruhr bei den Unternehmern, bei denen der Aquavit inzwischen Wirkung zeigt. »Dann streiken wir mal zur Abwechslung«, rufen einige empört. Beschluss Gesamtmetall: Wir machen in Baden-Württemberg weiter. Ich hatte mit Steinkühler telefoniert.

Am nächsten Morgen fliegen wir mit einem Privatjet von Lübeck nach Stuttgart, an Bord Horst Knapp, der Gesamtmetallverhandlungsführer und ich. Sitzung im Vorstand VMI, der mich darin unterstützt, erneut zu versuchen, zu einem Abschluss zu kommen. Tagungsort ist das Schlosshotel Monrepos bei Ludwigsburg. Gegen 16 Uhr beginnen die Verhandlungen. Zwei Stunden Leerlauf. Wiederholung des bisher Gesagten. Dann eine kleine Runde zu viert: Steinkühler und sein Sekretär, Horst Knapp und ich. Wir peilen einen Mittelwert zwischen Forderung und Angebot an, also so um die 5,5 Prozent. Knapp telefoniert mit der IG Metall-Spitze, seinem »Freund« Hans Mayr. Steinkühler kommt mit Nebenforderungen wie Einmalzahlungen und verlangt die eine oder andere Verbesserung in Manteltarifverträgen. Wir diskutieren mit unserer Verhandlungskommission. Die vorherrschende Meinung: Man solle den Sack zumachen. Gegen drei Uhr morgens unterschreiben wir das Verhandlungsprotokoll und treten dann gemeinsam vor die Presse, ziemlich übernächtigt: Der Abschluss sei zwar nicht gut, aber doch tragfähig. Meine Kollegen vom Vorstand VMI gratulieren, wir trinken ein Bier. Dann setze ich mich ins Auto und fahre nach Hause. Gegen sechs Uhr früh wecke ich meine Frau und sage: »Ich habe meinen ersten Abschluss.« Sie grinst.

Am nächsten Tag positive Kommentare in den Medien. Keiner hatte den Abschluss erwartet, und der Name Dürr war außerhalb Baden-Württembergs kaum bekannt. Danach war das anders.

Ich hatte dazugelernt. Im tiefsten Innern lehnte ich das ganze Theater zwar ab, aber ich wusste auch, dass ich über die Fähigkeiten verfügte, etwas aus diesem Theater zu machen, für mich und für die Unternehmer, die mich gewählt hatten. Früher, als ich an diesem Morgen ahnen konnte, sollte ich wieder auf die große Bühne treten. Das war die Tarifrunde 1978.

Doch vorher traf uns Unternehmer ein Ereignis, das tief in das Leben der Bundesrepublik einschnitt. Am 6. September 1977 hatten wir eine Sitzung Gesamtmetall in Köln beim BDA, bei der es um die Vorbereitung der Tarifrunde 1978 ging. Die IG Metall bereitete eine Strategie vor, die auf die unternehmerische Freiheit als Ganzes zielte. Es ging nicht nur um Rationalisierungsschutz, sondern um kollektive Absicherung einer ganzen Belegschaft. So etwas konnten wir nicht akzeptieren. Gesamtmetall diskutierte Gegenstrategien.

Hanns Martin Schleyer diskutierte mit, verabschiedete sich aber vor Ende der Sitzung. »Großer Meister«, sagte er mit breitem Lachen zu mir, »vertreten Sie die Linie des VMI. Trinken wir heute Abend noch ein Bier zusammen? Sie haben da ein paar Sachen im ›Manager Magazin‹ gesagt, über die wir reden sollten.«

»Stimmt es denn, was ich gesagt habe?«, wollte ich wissen.

»Ganz und gar.«

Wir verabschiedeten uns mit einem Händedruck.

Kurz darauf die Meldung, man habe Schleyer entführt und seine drei Bewacher sowie den Fahrer erschossen. Lähmende Stille, als der Vorsitzende dem Gremium das mit tonloser Stimme mitteilte. Ein Bier heute Abend? Ob ich Schleyer je wieder sehen würde? Würden ihn die Entführer leben lassen, nachdem sie schon vier Leute kaltblütig ermordet hatten? Eine furchtbare Frage. Nach der Sitzung fahre ich mit dem Auto zu einem Kunden. Im Radio immer wieder die Meldungen von der Entführung und dem vierfachen Mord. Ich kann kaum an etwas anderes denken.

Aber das Geschäft geht weiter. Ich fliege nach London und spreche mit dem Chef eines schwedischen Konzerns über eine Beteiligung an meiner Firma, zur Absicherung der Kapitalbasis. Dann fliege ich nach Teheran. Große Projekte für meine Firma. Aber ich sehe düster in die Zukunft. Der Staat tut alles, was in seiner Macht steht, um Hanns Martin Schleyer zu finden und zu retten. Ich besuche Frau Schleyer. Sie hält sich sehr tapfer. Aber was soll ich ihr sagen? Ich stürze mich in meine Arbeit, besuche die Firma Dürr in den USA, muss aber immer an die RAF und Schleyers ungewisses Schicksal denken. Dann die Entführung der Lufthansamaschine Landshut, die Erstürmung durch die GSG 9 in Mogadischu und die Selbstmorde von Baader, Ensslin und Raspe in Stammheim. Auch bei einer Gesamtmetallsitzung in Düsseldorf sind wir wie gelähmt und nicht frei von bösen Ahnungen, was mit unserem Präsidenten geschehen wird.

Am 17. Oktober 1977 wird Schleyers Leiche in Mühlhausen gefunden. Bestialisch und kaltblütig ermordet. Ich irre durch meinen Tagesablauf, bin unfähig, konzentriert zu arbeiten. Pressetexte und Traueranzeigen werden routinemäßig entworfen und abgesetzt. Der Familie wird kondoliert. Ich bin aufgewühlt und versuche, mich mit geschäftlichen Aktivitäten abzulenken. Aber ich spüre Angst, eine Angst, die konkrete Gestalt annimmt, als ich erfahre, dass es anonyme Drohungen eines RAF-Kommandos gibt, die auch mich betreffen. Die Kripo meint zwar, es könne sich um eine Fälschung handeln, aber man müsse auf alle Fälle wachsam sein. Das Gefühl, zu dem gefährdeten Personenkreis zu gehören, beunruhigt mich sehr und zwingt mich, mir das Unvorstellbare vorzustellen: Was wäre, wenn ich jetzt sterben müsste? Ein unendliches Bedauern befällt mich.

Die Bevölkerung nimmt die Meldung so auf, wie Meldungen von Verbrechen, Morden oder Katastrophen eben aufgenommen werden. Ganz anders ist das bei den Angehörigen, aber auch bei den Regierenden, die über Leben und Tod einzelner Personen entscheiden mussten, in unserem Interesse.

Die oft wiederholte Behauptung, die RAF habe den Rechtsstaat in Gefahr gebracht, ist ein Mythos. Der Rechtsstaat Bundesrepublik Deutschland hat sich bewährt, er ist sogar stärker geworden. Und er muss stark sein, auch heute, denn mit Angriffen von Terroristen ist immer zu rechnen. So gesehen ist die Beschäftigung mit der RAF, die immerhin 67 Menschenleben auf dem Gewissen hat, auch heute, 30 Jahre nach der

Ermordung Hanns Martin Schleyers, durchaus von Nutzen. Der Staat muss wachsam sein und gegebenenfalls auch Online-Durchsuchungen vornehmen dürfen. Schließlich gibt es global agierende Terrororganisationen, die sich moderner Computertechnik und des Internets professionell bedienen, um ihre todbringenden Ziele durchzusetzen. 24 solcher »non-state violent actors« soll es weltweit geben.

Bevor die Tarifrunde 1978 beginnt, fliege ich noch einmal nach Brasilien zu unserer dortigen Niederlassung. Wegen einer Bombendrohung – der dritten in dieser Woche – verzögert sich der Abflug. Das ganze Drumherum eines solchen Geschehens lässt mich kalt. Erstaunlicherweise. Im Flugzeug viel Zeit zum Nachdenken, auch über ein Gespräch mit Erhard Eppler, dem Landesvorsitzenden der baden-württembergischen SPD über die Frage, wohin unsere Gesellschaft steuert. Wir sprechen über Umkehr, Umwelt und Ressourcenschonung. Aber Umkehr wohin? Zu den christlichen Werten? Aus Epplers persönlichem Rückblick spricht fast Verbitterung, nicht wirklich anerkannt zu werden. Die Gespräche mit ihm sind anregend. Im Geschäft dagegen zählen vor allem saubere Bilanzen.

Meine zweite Tarifrunde

Die Tarifrunde 1978 war von Anfang an auf Streit angelegt. Die IG Metall hatte Forderungen gestellt, die wir unter keinen Umständen akzeptieren konnten, denn diesmal ging es nicht um normale Lohnauseinandersetzungen, die am Ende immer mit einem Kompromiss enden. Außer einer achtprozentigen Lohnerhöhung und der Abschaffung der beiden unteren Lohngruppen ging es jetzt um die kollektive Lohnsicherung, das heißt, der Faktor Lohnsumme dividiert durch die Anzahl der Mitarbeiter sollte konstant bleiben. Was das bedeuten würde, erläuterten wir während der Tarifrunde an einem Beispiel, nämlich am Beispiel der Firma Otto Dürr, einem Betrieb in Ochsenbach mit 25 Mitarbeitern. Käme es zum geforderten kollektiven Absicherungsvertrag, hieße das, dass bei einer Pensionierung der beiden ältesten Mitarbeiter, beide in der höchsten Lohngruppe, die verbleibenden 23 Arbeiter in den niedrigeren Lohngruppen mehr Geld bekämen. Das war zugegebenermaßen sehr vereinfacht, denn die IG Metall dachte ja an Großbetriebe wie Daimler-Benz in Sindelfingen. Aber bei konsequenter Anwendung der kollektiven Lohnzahlung wäre dieser Fall eingetreten.

Ein solcher Tarifvertrag war inakzeptabel, ja nicht einmal verhandelbar. Das wusste sicher auch Steinkühler. Hielt er seine Forderung dennoch aufrecht, dann waren Streik und Aussperrung unvermeidbar. Allerdings hatte Steinkühler ja auch die sogenannte »Steinkühler-Pause« durchgesetzt, er war bekannt und beliebt bei den Medien. Jetzt wollte er es also wissen. Wir, die Arbeitgeber, aber auch. Und vor allem ich, ihr Verhandlungsführer in Baden-Württemberg.

So kommt es nach den üblichen Auftaktrunden zur Schlichtung, dann zur Urabstimmung. Am 15. März 1978 treten mit Beginn der Frühschicht in 62 Betrieben rund 80 000 Arbeiter und Angestellte in den Streik. Der Medienrummel ist gewaltig. Unsere Einsatzzentrale befindet sich im Verbandshaus in der Hölderlinstraße, wo wir die Medien mit Informationen versorgen und die Mitgliedsfirmen beraten. Und ich bin mittendrin. Ein Gastwirt aus Untertürkheim, dem Sitz der Daimler-Benz AG, will mich am Telefon sprechen. Er tut geheimnisvoll. Bei ihm im Lokal hätten sich Betriebsräte von Daimler darüber unterhalten, wie man den Streik beenden könne, und das wolle er mir doch sagen. Wir beschließen, die Abwehraussperrung ab 20. März 1978 um Mitternacht in allen Betrieben mit über 1000 Arbeitnehmern. Über 200 000 Metaller sind im Ausstand.

Aussperrung ist die einzig wirksame Abwehrmöglichkeit für Arbeitgeber. Aber die Beschlussfassung ist nicht leicht. Hart bleiben, sagen die einen. Andere wenden ein, dass die Auftragslage eine Aussperrung in ihrem Betrieb nicht zulasse, überdies werde das Betriebsklima beschädigt. Viele Mittelständler kennen ihre Belegschaft ja noch persönlich, haben Skrupel, den eigenen Arbeitern die Tore zu verschließen. Also muss der Verband auch über Ausnahmeanträge beschließen. Den skurrilsten Antrag, nicht aussperren zu müssen, stellt ein Metallunternehmer aus Göppingen, der Verschlüsse für Büstenhalter herstellt und uns erklärt, er wolle nicht schuld daran sein, wenn die Frauen im Lande mit Hängebusen herumlaufen müssten.

Ich setze den Termin mit dem Mitgliederrat, der die Aussperrung beschließen muss, nicht im vornehmen Hotel Graf Zeppelin, sondern in dem sehr einfach eingerichteten Saal des christlichen Hospiz an, wo eher Gewerkschaftsversammlungsatmosphäre herrscht. Dort halte ich eine kämpferische Rede und erhalte von den instruierten Truppen aus dem Verband Beifall an der richtigen Stelle. Nach meiner Rede wird sofort der Antrag gestellt. Getrommle auf den Holztischen. Die Abstimmung geht mit einer Gegenstimme über die Bühne. Der Abweichler meldet sich: Seine amerikanische Muttergesellschaft hätte ihm untersagt auszusperren; er trete aus dem Verband aus, würde uns aber weiter finanziell unterstützen.

Wir verhandeln Tag und Nacht. Eine Lösung ist nicht in Sicht. »Kein Licht am Ende des Tunnels«, wie ich der Presse erkläre. Das Thema Lohnsicherung ist einfach zu sperrig. Das merkt auch die IG Metall und versucht einzulenken – zumal das Thema in der Öffentlichkeit sehr schwer zu erklären ist. In den Medien, insbesondere im Fernsehen, hat Steinkühler die Oberhand verloren. Da sonst offensichtlich nicht viel los ist in der Welt, sind Steinkühler und ich mehrere Tage lang der Aufmacher in der »Tagesschau« und bei »Heute«, was dazu führt, dass mich nach der Tarifrunde zwei kräftige Männer in Lederjacke auf dem Cannstatter Volksfest ansprechen und mir sagen: »Franz, das nächste Mal lässt du dich von dem Dürr aber nicht über den Tisch ziehen.«

Einmal treffe ich mich mit Steinkühler in der Bank für Gemeinwirtschaft, also da, wo die Streikgelder liegen, wie mir der Filialleiter schmunzelnd verrät. Steinkühler ist mit seinem Sekretär gekommen, und ich habe den Hauptgeschäftsführer des VMI mitgebracht. Wir trinken viel Trollinger und essen Wurstbrote.

»In den Streik zu gehen ist einfach«, sagt Steinkühler. »Aber man muss auch wissen, wie man wieder herauskommt.«

Da hat er allerdings recht. Unter vier Augen setzen wir unser Gespräch fort. Steinkühler, der mehr Trollinger intus hat als ich, meint dabei fast zutraulich zu mir: »Wissen Sie, um was ich Sie beneide? Dass Sie so großartig verlegen werden können.« Ich bin überrascht, fast verlegen. Ist das nicht auch wieder so eine wohlüberlegte Verunsicherung, die der Mann da betreibt? Dann aber sagt Steinkühler: »Dürr, Sie werden nie begreifen, dass ich Sie für einen prima Kerl halte. Aber Sie sind halt der Arbeitgeber.« Am Ende verabreden wir den nächsten Termin.

Der Arbeitskampf zeigt Wirkung. VW beantragt Kurzarbeit, ebenso Ford, BMW, NSU und MAN. Ich mache eine Rechnung auf, dass die Auswirkungen des Arbeitskampfes die Volkswirtschaft Milliarden kosten und das Bruttosozialprodukt um ein bis eineinhalb Prozent absinken werde, wenn der Arbeitskampf über Ostern hinaus andauere. Aber wir müssen durchhalten. Bestärkt in dieser Haltung werde ich durch eine Bemerkung des früheren SPD-Finanzministers Alex Möller, den ich bei einem Empfang treffe und der mir eher beiläufig sagt: »Bei einem Streik kann Steinkühler nicht gewinnen. Das sollten Sie wissen.«

Der pausenlose persönliche Einsatz fordert seinen Tribut. Es heißt, Steinkühler sei krank, und man merkt es ihm auch an, wenn er mit glasigem Blick den Gesprächen im kleinen Kreis folgt. Aber in entscheidenden Situationen reißt er sich zusammen. Auch ich schwächle. Meine Frau ruft unseren Hausarzt. Der misst Blutdruck und Puls und gibt mir dann eine Aufbauspritze. Die wirkt. Aber noch wohltuender ist es, wenn mir beim Spaziergang in den Weinbergen die Leute Mut zusprechen: »Halten Sie durch!«

Natürlich darf ich meine Firma nicht völlig vernachlässigen, denn auch sie wird bestreikt. Aber eigentlich ist die Firma Ablenkung von dem, was als Drohung über uns allen hängt: der deutsche Herbst. Ich habe noch immer die verwackelten Videos von Hanns Martin Schleyer unter dem RAF-Symbol vor Augen. Einmal rede ich im Traum mit Schleyer, bei Gesamtmetall. »Machen Sie weiter, Dürr, zeigen Sie's den ängstlichen Bedenkenträgern. Bis heute Abend auf ein Bier.« Der blaue Salon im BDA Hauptquartier in Köln verfärbt sich plötzlich rot. Ich habe furchtbare Angst und wache völlig verstört auf.

Nach über zwei Wochen Arbeitskampf – die deutsche Autoindustrie ist in weiten Bereichen stillgelegt – kommt es zu der entscheidenden Sitzung. Zum ersten Mal geht es auch um die Lohnzahl. Die IG Metall fordert noch immer 8 Prozent, unser Angebot liegt bei 3,5 Prozent und der Vorschlag des Schlichters bei 4,8 Prozent. Die IG Metall hat zu dieser letzten Runde auch die Betriebsratsvorsitzenden von Daimler und Bosch dazugebeten. In einer Besprechungspause stehe ich neben dem Betriebsrat von Daimler am Pissoir. Er sagt: »Ist Ihnen aufgefallen, dass in diesem Raum fünf Pissoir-Schüsseln stehen?«

Gegen vier Uhr morgens sind sich die IG Metall und der VMI über einen Lohnabschluss von fünf Prozent einig. Die Formulierung des gesamten Abschlusses dauert noch zwei Stunden. Dann treten Steinkühler und ich gegen sechs Uhr vor die Presse und verkünden die Einigung: Fünf Prozent mehr Lohn und Gehalt ab 1. Januar 1978 plus Einmalzahlung; die unterste Lohngruppe 1 wird auf Lohngruppe 2 angehoben, und die Arbeitnehmer werden vor Verdienstminderungen bei Abgruppierungen in niedrigere Lohn- und Gehaltsgruppen geschützt. Aber es gibt keine kollektive Lohnsicherung.

Die Medien berichten am nächsten Tag, die beiden Verhandlungsführer hätten einen sichtlich erschöpften Eindruck gemacht. Das stimmte in der Tat. Wir hatten 25 Verhandlungstage hinter uns und 250 Stunden verhandelt. Dazu kam sicher noch mal die gleiche Stundenzahl für Gespräche und Verhandlungen in den Tarifkommissionen und anderen Gremien, die zum Teil genauso anstrengend waren wie die zwischen den Tarifpartnern. Steinkühler und ich stoßen noch mit einem Glas Bier auf den Abschluss an. Dann gehe ich mit meinen Mitstreitern vom VMI in das Hotelrestaurant zum Frühstück. Es ist ein trüber Montagmorgen. Einer von uns bestellt Champagner, mehr zum Aufputschen als zum Genuss.

Steinkühler geht ins Gewerkschaftshaus zu seinen Streikkomitees. Die sind alles andere als erfreut oder gar zufrieden. Wegen 0,2 Prozent (der Schlichterspruch war ja schon bei 4,8 Prozent) drei Wochen Streik? Seine Leute protestieren mit einem Transparent: »Franz, dieser Abschluss ist zu dürr.«

Ich fahre ins Büro. In der Firma war einiges liegen geblieben. Das war also mein großer Auftritt in der Öffentlichkeit. Nicht nur in der ersten Reihe, auch auf der ersten Seite, auf den Titelblättern. Es war geschafft: Wir hatten Steinkühler einen Dämpfer verpasst, wenngleich wir das natürlich nicht sagen durften. Schließlich darf in der Tarifpolitik keiner der Kontrahenten zufrieden sein. Ein Kompromiss ist nur dann gut, wenn beide Seiten unzufrieden sind oder zumindest so tun.

Warum ich über Tarifpolitik schreibe

Warum schreibe ich so ausführlich über Tarifpolitik? Sicher, meine Erfahrungen mit dieser Materie haben mich persönlich geprägt, und ich habe bei allen meinen Tätigkeiten daraus Nutzen gezogen. Ich habe gelernt, wie eine Massenorganisation funktioniert (nämlich ganz anders als ein Unternehmen) und wie man Gremien mit Argumenten überzeugen kann. Heute, im Jahr 2008, beschäftigt mich etwas anderes – dass die Tarifautonomie, ein Grundpfeiler unserer Marktwirtschaft, ins Wanken geraten, beschädigt, ja abgeschafft werden könnte. Unsere auf Konsens ausgerichtete soziale Marktwirtschaft braucht aber eine funktionierende Tarifautonomie, dieses im Grundgesetz verankerte Recht der Tarifparteien, Verträge frei und ohne staatlichen Einfluss abzuschließen. Hier geht es um das Subsidiaritätsprinzip, also um Selbstverantwortung vor staatlichem Handeln. Das heißt aber auch, das Gemeinwohl im Auge zu behalten, denn Tarifauseinandersetzungen können sehr wohl Auswirkungen auf eine Volkswirtschaft haben.

Wie sieht es mit dieser Verantwortung heute aus? Da wird lauthals und allenthalben ein flächendeckender gesetzlicher Mindestlohn gefordert: Der Staat solle festlegen, was zu einem anständigen Leben erforderlich ist (wobei offenbleibt, was ein »anständiges« Leben ist). Sind die Gewerkschaften nicht mehr in der Lage, solche Mindestlöhne auszuhandeln? Gelingt es ihnen nicht mehr, ihre Argumente in sachlicher, überprüfbarer Form vorzubringen? Die Forderung nach mehr Gerechtigkeit allein genügt nicht. Dazu sind die Vorstellungen, was gerecht ist, viel zu unterschiedlich. Und wenn der IG-Metall-Vorsitzende Berthold Huber heute »Gerechtigkeit als den aktuellen Auftrag« für die Gewerkschaften sieht, dann klingt das zwar gut, aber beim Mindestlohn geht es um ein, zwei Euro mehr oder weniger, und das muss ausgehandelt und in einem Tarifvertrag festgeschrieben werden.

Der Ruf nach dem Gesetzgeber ist eine Bankrotterklärung der Tarifautonomie, und ebenso problematisch ist es, wenn ein Arbeitgeber die Gerichte in ganz Deutschland anruft, um einer Gewerkschaft das Streiken verbieten zu lassen – auch wenn es genügend handfeste Argumente gegen die geforderte maßlose Lohnerhöhung gibt.

Dass in jedem Tarifvertrag der Teufel im Detail steckt, ist sicher auch richtig. Aber das zu regeln, ist Sache der Tarifpartner und nicht der Politik. Was für eine Auffassung von Tarifautonomie hat der Bahnchef, wenn er die Bundeskanzlerin in einem offenen Brief bittet, einen wild gewordenen Gewerkschaftsführer in seine Grenzen zu weisen, da »die Tarifautonomie nicht explizit gesetzlich geregelt« sei? Und wie weit muss die Verwirrung gediehen sein, wenn mich ein Gewerkschaftsführer bittet, den Bundespräsidenten doch dazu zu bringen, mäßigend auf den Vorsitzenden der Gewerkschaft der Lokführer (GdL) einzuwirken?

All das zeigt, dass die Tarifpartner und die sie repräsentierenden Personen nicht mehr zu den Grundlagen der Tarifautonomie stehen und sie vielleicht auch nicht mehr verstehen. Und dass mitunter auch Streiks vonnöten sind, wenn man am

Ende zu gesellschaftlich tragfähigen Kompromissen kommen will. Denn anders als im normalen Geschäftsleben muss in der Tarifpolitik am Ende ein Ergebnis stehen – egal, wie lange um sein Zustandekommen gerungen wird. Und wenn dann beide Parteien unzufrieden sind, ist es ein guter Kompromiss.

Viele solcher Kompromisse habe ich in meiner Bahnzeit geschlossen, eigentlich waren alle tragbar, auch die mit Herrn Schell, dem Vorsitzenden der GdL, der ja damals schon mitmischte. Er lud mich zum Abendessen in sein Stammlokal »Bettina-Eck« in Frankfurt-Bockenheim ein. Bei Steak, Bier und Grappa besprachen wir die Lage. Dass er für seine Lokführer eine eigene GmbH wollte, die »Traktions GmbH«, konnte ich ihm ausreden. Ich ging auch in das sehr reizvoll gelegene Schulungsheim der GdL im Siebengebirge und diskutierte bis spät in die Nacht mit den Lokführern. Danach verstand ich besser, was einen Lokführer bewegt, der allein in seinem Führerstand ist (als wir den Begriff »Cockpit« einführen wollten, klang das irgendwie gezwungen) und sich völlig darauf verlassen muss, dass die Betriebsleitung alle Weichen und Signale richtig gestellt hat, wenn er mit über 200 Stundenkilometern durch die Nacht rast, bei einem Bremsweg von mindestens zwei Kilometern. Sie waren schon etwas Besonderes, diese Eisenbahner, aber sie fühlten sich der Bahnfamilie zugehörig. Auch in einem modernen Unternehmen, das an die Börse will, ist das ein Wert, dachte ich im Hotel Adlon, wo die Festveranstaltung ihren Gang ging und ich Muße hatte, die Ereignisse, die mein Leben beeinflusst haben, an mir vorbeiziehen zu lassen.

Da war noch mal Brasilien. Während einer Tarifrunde nutzte ich ein paar verhandlungsfreie Tage, um in São Paulo nach dem Rechten zu sehen. Es ging um die Übernahme eines brasilianischen Unternehmens, das mit einer Dürr-Tochter verschmolzen werden sollte. Da musste ich selbst Hand anlegen. Ich reiste mit der Concorde, die damals noch nach Rio flog, ein eigentlich ziemlich unbequemes und enges Flugzeug. Aber der Geist ist beflügelt bei Mach 2, der doppelten Schallgeschwindigkeit.

Karneval in São Paulo

Am Rosenmontag bin ich in São Paulo. Vom Hotelzimmer schaue ich auf die Straßen. Kein Betrieb an diesem Tag, nicht in dieser Straße. In anderen Straßen herrscht dagegen großer Rummel. Der Rosenmontag ist für die Brasilianer der höchste Feiertag. Frohsinn total. Im Fernsehen schon um sieben Uhr morgens die Sambaschulen. Unglaubliche Frauenkörper in unwirklichen Kostümen. Die Tarifrunde ist weit weg. Ich sitze im Hotelzimmer, höre Rachmaninoff im Radio und denke zurück an die Zeit vor vielen, vielen Jahren, damals in Paris, in meiner Lehrlingszeit, in einer Altbauwohnung vor dem Kamin. Die Welt besteht nur aus Rachmaninoff und einer sehr attraktiven Frau, für die ich rachmaninoffhaft romantisch schwärme. Ob ich sie geküsst habe, weiß ich nicht mehr, geschlafen habe ich nicht mit ihr.

Aber jetzt war ich in São Paulo. Brasilien hat immer eine Rolle in meinem Leben gespielt, lange vor meiner Zeit als VMI-Vorsitzender. Auch in Brasilien habe ich um Aufträge gekämpft, Fabriken gebaut, Kunden überzeugt, genau wie in Deutschland. Aber in Brasilien war ich der Unternehmenschef, Senhor Heinz, und mein alles erdrückender Vater war weit weg. Ich nahm mit, was mir in Brasilien geboten wurde: feine Restaurants, Churascerien, Nachtclubs mit vielen schönen und lebenslustigen Frauen, die sich auch mal in einen verliebten, »Feijoadas«, ein brasilianisches Festessen mit Würsten, gebratenem Fleisch, Bohnen, Kraut – und alles so üppig, dass Feijoadas nur am Samstag stattfinden, weil man hinterher ein paar Stunden Schlaf brauchte.

Ich stürzte mich in dieses aufregende Treiben. Dabei hätte ich doch wissen müssen, dass der Wunsch, nichts vom Leben zu verpassen, manchmal zum exakten Gegenteil führen kann (Baudrillard). Es gab genügend Projekte in der damals aufstrebenden Autoindustrie. Die aus USA und Deutschland eingeflogenen Einkäufer und Ingenieure wollten auch etwas mitkriegen von dieser brasilianischen Lebensfreude. Einmal war es meinem Körper offensichtlich zu viel. Ich erwachte frühmorgens aus der Bewusstlosigkeit, auf dem Boden im Hotelbadezimmer liegend, mit einer Platzwunde am Kopf. Der Werksarzt von Volkswagen nähte mich zusammen. Am Wochenende erholte ich mich bei meinem brasilianischen Geschäftspartner, einem aus Jugoslawien immigrierten Ingenieur in seinem Haus in Guaruja, dem Erholungsort der Paulistaner am Meer. Im tropischen Garten brachte mir der jugoslawische Ingenieur die Sieben-Minuten-Entspannungsmethode bei: Sieben Minuten flach auf dem Boden liegen, total entspannen, die Gedanken auf den Bauch, auf das Sonnengeflecht, konzentrieren, nicht einschlafen, nur entspannen. So wie ein Hochleistungsmotor abgestellt wird, um abzukühlen, bevor er wieder angelassen wird. Das mache ich heute noch, habe mich auch in den turbulentesten Zeiten bei der AEG und bei der Bahn auf den Boden in meinem Büro gelegt, aufs Sonnengeflecht konzentriert, und nach sieben Minuten war ich wieder voll da.

In Guaruja wäre mein Leben fast in eine andere Richtung gelenkt worden. Ein brasilianischer Geschäftsfreund, ein ausgewanderter Jude, dem ich eine Anlage für seine Kühlschrankproduktion zu verkaufen suchte, hatte mich in sein Appartement nach Guaruja eingeladen. Er hatte eine wunderschöne Frau und viele Freunde, die oft um hohe Beträge Canasta spielten. Besonders seine wunderschöne Frau war ganz wild auf Canasta, ihr Mann weniger. Wir gingen zusammen an den Strand, schauten den Wellen zu, die stetig und ewig auf uns zurollten. Er schwärmte von Brasilien und fragte mich, ob ich nicht für immer nach Brasilien kommen wolle. Er hätte keine Nachkommen und wolle mich adoptieren. Allen Ernstes. Das war ein Angebot: raus aus meiner Hütte in Stuttgart, aus der bürgerlichen Enge Feuerbachs. Eine Villa in São Paulo, ein Apartment in Guaruja (der damalige brasilianische Präsident Kubitschek wohnte auf dem gleichen Stock), künftig Chef einer großen Haushaltsgerätefirma.

Ich dachte an Heide und unsere Tochter Nicole. Sie schliefen jetzt, hinter den Wellen, die stetig auf uns zurollten. In der darauffolgenden Woche war ich beschäftigt, mit Aufträgen, Problemen und Kundenbesuchen. Ich rief meinen Geschäftspartner an und sagte ihm, ich müsse sein Angebot mit meiner Familie besprechen. Er verstand und war sehr enttäuscht. Nach Guaruja hat er mich nicht mehr eingeladen. Den Auftrag für die Anlage habe ich auch nicht bekommen.

Wie wäre mein Leben verlaufen, wenn ich Ja gesagt hätte, in dieser Nacht am Strand von Guaruja, überlegte ich jetzt im Hotel Adlon in Berlin, wo ich in der ersten Reihe saß, während der Gesamtbetriebsratsvorsitzende der Bahn, Werner Mössinger, noch einmal darlegte, wie das damals war, als die Bundesbahn einen neuen Chef bekam, damals am Tag der Deutschen Einheit, als durchsickerte, wer der Neue sein würde. »Aus Erfahrung gut« sollte er sein. Keiner der Redner hatte bisher die AEG erwähnt. Dabei war die Tatsache, dass ich einmal AEG-Chef gewesen war, ziemlich entscheidend dafür, dass ich heute hier in der ersten Reihe saß, mindestens so wichtig wie meine Beschäftigung mit der Tarifpolitik.

Wie ich zur AEG gekommen bin

Wie war ich zur AEG gekommen? War das auch so ein Zufall gewesen wie damals, als ich Vorsitzender des VMI wurde? Während der Tarifrunde 1979/80 hatte ich mich mit Hans Lutz Merkle, dem Chef von Bosch, zu einem Gespräch verabredet, um ihn über den aktuellen Stand der laufenden Tarifrunde zu informieren. Das Gespräch fand beim Mittagessen im Casino der Firma Bosch auf der Schillerhöhe in Gerlingen bei Stuttgart statt. Es gab gehacktes Rindersteak, das Lieblingsgericht von Merkle, vorzüglich zubereitet. Aufmerksame zurückhaltende Bedienung, die Räume geschmackvoll und dem damaligen Stil entsprechend eingerichtet, aber bescheidener als im Vorstandsspeisesaal von VW in Wolfsburg.

Wir redeten lange über die aktuelle Lage in Deutschland – über Politik, Wirtschaft und die steigende Zahl der Arbeitslosen. Das alles stimmte einen nicht besonders optimistisch. Aber anders als 1978 war in diesem Jahr nicht mit kämpferischen Auseinandersetzungen zwischen Unternehmen und Gewerkschaften zu rechnen, meinte Merkle. Beim Nachtisch kamen wir eher beiläufig auf ein Thema, das nicht nur in Industriekreisen, sondern auch in den Medien diskutiert wurde: die AEG. (Formal richtig war eigentlich AEG Telefunken, aber jedermann sagte nur AEG.) Der damals zweitgrößte deutsche Elektrokonzern war in großen wirtschaftlichen Schwierigkeiten: hohe Verluste, steigende Schulden. Außerdem hatte der amtierende Vorstandschef das Handtuch geworfen. Man suchte einen neuen Chef. Keiner war in Sicht. Die deutsche Industrie, die »Deutschland AG«, hatte sich zu einer »nationalen Rettungsaktion« entschlossen und der AEG mehrere Hundert Millionen D-Mark als zinsgünstiges Darlehen zur Verfügung gestellt, unter der Bedingung, dass gleichzeitig ein Kapitalschnitt gemacht würde. Auch Bosch war an der Rettungsaktion finanziell beteiligt.

Merkle hatte keine besonders gute Meinung von der AEG. Wir überlegten, über welche Fähigkeiten der künftige AEG-Chef verfügen müsste.

»Aus dem jetzigen Vorstand kommt keiner infrage«, sagte Merkle. »Die haben uns die Misere ja eingebrockt.« Er musste sich mit der AEG beschäftigt haben. Sie sei ein Konglomerat von unabhängigen Firmen, und der Zentralvorstand wisse nicht, was in den einzelnen Bereichen passiere. Außerdem habe die AEG viel zu viele Leute. »Aber sie hat«, so fuhr Merkle fort, »auch ein hohes technisches Potenzial. Eine Menge hochinteressanter Entwicklungen geht auf die AEG und Telefunken zurück.«

»Könnte die Aufgabe denn auch ein selbstständiger Unternehmer übernehmen?«, warf ich ein.

»Warum nicht?«, erwiderte Merkle trocken. »Zum Beispiel Sie, Dürr. Sie könnten die AEG in Ordnung bringen.«

»Aber meine Firma hat fünfhundert Millionen Umsatz, die AEG zwölf Milliarden, das passt doch nicht zusammen. Außerdem habe ich keine Ahnung, wie es in einem Großkonzern zugeht.«

Merkle nippte an seinem Glas Mineralwasser. »Die zwölf Milliarden müssen Sie auf Firmen ihrer Größenordnung aufteilen. Und wenn Sie einen anderen Stil einführen wollen, kann das nur hilfreich sein.«

Wir wurden beide nachdenklich.

»Soll ich mit den Leuten reden, die den AEG-Chef suchen?«, fragte er.

»Ja«, sagte ich.

Auf dem Rückweg zu meinem Büro hielt ich am Schloss Solitude in der Nähe der Schillerhöhe und setzte mich auf eine Steinbank vor dem Schloss. Vor mir erstreckte sich eine in den Wald geschlagene Schneise von der Solitude bis zum zwanzig Kilometer entfernten Ludwigsburg ganz hinten am Horizont. Herzog Karl Eugen hatte diese Straße als direkte Verbindung zwischen seinem Hauptsitz in Ludwigsburg und dem Lustschloss Solitude gebaut. Ein brutaler Landschaftseingriff, aber eine effiziente Infrastruktur, würden wir heute sagen.

Warum hatte ich Ja gesagt? Die AEG, die Ikone der deutschen Wirtschaft, ein guter Kunde meiner Firma: Im Hausgerätewerk in Nürnberg standen einige Dürr-Anlagen. Vom Vorstand kannte ich nur den Arbeitsdirektor aus dem VMI-Vorstand, der ein von sich selbst überzeugter, aber schlicht denkender Konzernmann war. Zahlen der AEG hatte ich auch gesehen. Da wurde schon klar, dass einiges im Argen lag. Der Vorstand streite mit dem Aufsichtsrat, stand in den Zeitungen. Andererseits war AEG-Telefunken der zweitgrößte Elektrokonzern nach Siemens, Anfang des Jahrhunderts fast größer als ihr Konkurrent. Zahlreiche technische Neuerungen waren dort entwickelt worden. Zuletzt war die AEG durch den Bau des ersten deutschen Kernkraftwerks ins Gerede gekommen, in dem es erhebliche technische Probleme gab. Unter den deutschen Großunternehmen rangierte sie nach Umsatz gerechnet an fünfter Stelle. Und jetzt sollte Heinz Dürr, der Flaschnersmeistersohn aus Feuerbach, Chef dieses Riesenunternehmens werden?

Das erschreckte mich eigentlich nicht. Aber ich dachte darüber nach, was nach dem Gespräch mit Merkle wohl passieren würde. Wer würde jetzt mit wem reden? Dass Merkle sich für mich einsetzte, bedeutete etwas. Er war einer der wichtigsten Unternehmensführer in Deutschland und für mich so etwas wie ein Vorbild, nicht nur als Chef der Robert Bosch GmbH, sondern auch, weil er sich mit Politik, Philosophie und Kunst beschäftigte. Er gab sich äußerst korrekt, war in seiner Ausdrucksweise sehr präzise, trat immer im dunklen Zweireiher mit Einstecktuch auf (meiner Frau erläuterte er bei einer Abendgesellschaft sehr detailliert, wie man es falten musste), und er besaß Macht nicht nur dank seiner Stellung, sondern aufgrund seiner Persönlichkeit. Er konnte sehr gewinnend sein, aber auch eiskalt bestimmend, und er war nicht uneitel. Einmal bemerkte er mir gegenüber, er hätte vor Hermann Josef Abs bei der Deutschen Bank gearbeitet. Aber er beneide Abs, weil der noch weniger Schlaf bräuchte als er.

Ich hatte immer wieder Kontakt mit Merkle, auch nach der AEG-Zeit und bei der Bahn. Eigentlich wollte Merkle 100 Jahre alt werden, aber er starb mit 87. Die Trauerrede des Pfarrers am Grab hatte er selbst noch aufgesetzt. Bei aller Skepsis gegenüber Konzernchefs bewunderte ich Merkle und prägte mir seine pointierten Grundsätze ein: »Der kleinste gemeinsame Nenner ist kein Werkzeug der Gerechtigkeit, sondern nur des Bruchrechnens.« Oder: »Man denkt beim Einkauf marktwirtschaftlicher als beim Verkauf oder bei der Marktordnung im Ganzen.«

Zu Weihnachten verschickte er an Geschäftsfreunde ausgewählte Bücher der Manesse-Reihe, versehen mit einem persönlichen Kommentar. Ich habe diesen Brauch später übernommen und Essays von Odo Marquardt, Walther Rathenau, Manfred Rommel, Seneca, Giorgio Agamben, Michael Jaeger und Jean-Philippe Toussaint verschickt. Meine Geschäftsfreunde bedankten sich artig. Als mich einer von ihnen fragte, ob ich die Schrift von Agamben denn auch verstanden hätte, erklärte ich: »Nun ja, das Profane ist mir lieber.« Erleichtert gestand mein Gegenüber: »Mir auch.«

Die Dinge nahmen ihren Lauf. Am nächsten Tag erklärte Merkle den beiden entscheidenden Bankern (die AEG gehörte ja praktisch den Banken), er hätte einen geeigneten Kandidaten, den er sich sogar als seinen Nachfolger vorstellen könnte (wie mir sehr viel später einer der beiden Banker erzählte). Meinen Namen nannte er nicht.

Zwei Tage darauf flogen Merkle und ich in der Firmenmaschine von Bosch, einer Hawker-Sidley, nach Frankfurt. »Kurz vor Weihnachten könnte es auf den Straßen zu voll sein«, erklärte er. »Und wir wollen ja pünktlich sein.« Mir schien, als käme es ihm selbst etwas aufwendig vor, die kurze Strecke von Stuttgart nach Frankfurt zu fliegen, statt mit dem Auto zu fahren.

Ich war zum ersten Mal in der Hauptverwaltung der Dresdner Bank. Die düstere Vornehmheit des Vorstandsgeschosses und die zwei charmanten Empfangsdamen, die uns in ein kleines Besprechungszimmer führten, beeindruckten mich. Dann erschienen die beiden Vorstandssprecher: Hans Friderichs von der Dresdner und Wilfried Guth von der Deutschen Bank. Mit ihnen hatte Merkle vor zwei Tagen gesprochen. Ich kannte keinen von beiden persönlich. Merkle stellte uns vor und bat mich, zu erklären, warum ich hier sei und warum ich mir zutrauen würde, den Vorstand von AEG zu übernehmen. Ich begann mit einem kurzen Lebenslauf und einer Beschreibung meiner Firma und führte dann drei Gründe auf, warum ich mich selbst für den geeigneten Mann hielt: Die AEG müsse dezentral organisiert werden, und davon verstünde ich etwas. Personal müsse abgebaut werden, und auch darin hätte ich dank meiner Auseinandersetzungen mit der IG Metall genügend Erfahrung. Schließlich müsse ein Programm für die Zukunft verkauft werden, und als Verkäufer sei ich nun einmal geübt.

Friderichs gefiel die Idee mit dem Außenseiter Dürr auf Anhieb. Er war selbst ein Außenseiter: als Seiteneinsteiger bei der Bank, vorher Geschäftsführer der IHK, später Bundeswirtschaftsminister und nach der Ermordung von Jürgen Ponto Vorstandssprecher der Bank. Guth, ein Banker der alten Schule, der Erfahrungen in der Bundesbank und der Weltbank gesammelt hatte, war zurückhaltender. Aber auch ihm schien der Vorschlag zu gefallen. »Man könnte Sie als einen Idealisten bezeichnen«, erklärte er gegen Ende der Unterhaltung, »und Idealisten brauchen wir in unserer Zeit.«

Aber bei allem Idealismus benötigte ich doch auch Fakten und Zahlen. Friderichs schlug vor, wir sollten uns im Engadin treffen, wo er die Feiertage verbringen werde. Er werde den Unternehmensberater Nicolas Hayek bitten, an dem Treffen teilzunehmen. Hayek hätte die AEG im Auftrag der Bank begutachtet, und seine Erkenntnisse könnten uns hilfreich sein.

Auf dem Rückflug nach Stuttgart erklärt mir Merkle die Situation mit den Banken: Siemens sei Deutsche Bank, AEG Dresdner Bank. Deshalb sollte Friderichs in der außerordentlichen Hauptversammlung der AEG am 15. Januar in Berlin den Aufsichtsratsvorsitz übernehmen. »Wenn Sie den Dürr da als Vorstandsvorsitzenden bringen«, habe er zu Friderichs gesagt, hilft Ihnen schon der Aha-Effekt.« Das Gespann Friderichs/Dürr könne für die Medien reizvoll werden.

Über die Weihnachtsfeiertage in Feuerbach habe ich viel Zeit, über diese neue Wendung in meinem Leben nachzudenken. Was könnte daraus werden? Entschieden ist ja noch nichts. Ich selbst muss mir klar werden. Eines aber weiß ich schon jetzt: Ich will kein kleiner Lieferant mehr sein, der um Aufträge betteln muss. Ich war kein schlechter Verkäufer, ich hatte gelernt, wie man einen Auftrag an Land zieht und hielt mich an das Motto: »Dem Kunden nähert man sich in Demut und mit hohen Preisen.« (Naturgemäß ärgerte mich, wenn ein Automobileinkäufer meinte, drei Prozent Gewinn müssten uns doch genügen, und sein Unternehmen gleichzeitig verkündete, acht Prozent Rendite sei das Mindeste.) Und wenn ich den Auftrag dann bekommen hatte und die erste Anzahlung im Hause war, dann war alles gut, und ich versuchte zu verdrängen, was ich mir alles hatte anhören und mitmachen müssen. Ich lernte Menschen kennen, einfache, komplizierte und einfach komplizierte. Oben war immer der Kunde. Und unten war ich. Zumindest empfand ich das so, denn ich wollte ja etwas von meinen Kunden. Und ich sah das Weiße in ihren Augen, wenn sie Nachlass, kurze Lieferzeiten und übermäßige Garantien forderten. Als AEG-Chef würde ich zwar auch verkaufen müssen. Aber da ging es um andere Projekte, da würde ich mit meinen Gesprächspartnern auf gleicher Augenhöhe stehen. Man würde nicht mehr auf herablassende Art mit mir umspringen.

An einem wunderschönen Wintertag in St. Moritz

Am dritten Weihnachtsfeiertag fliege ich mit einer kleinen Maschine nach St. Moritz. Es ist ein wunderbarer, sonnendurchfluteter Wintertag. Auf dem Flugplatz in Samedan gehe ich zu Fuß von der Maschine zum Auto. Die Sicherheitsleute von Friderichs holen mich ab und bringen mich zum Palace Hotel. In einem separaten Raum treffe ich Friderichs und Hayek. Es gibt Zürcher Geschnetzeltes mit Rösti zum Mittagessen. Dann sprechen wir vier Stunden über die AEG, über Fakten, Zahlen, Personen und Zukunftsaussichten. Die AEG als die große Katastrophe unternehmerischen Tuns oder besser: unternehmerischer Unterlassungen. »Der Abstieg, der endgültige Fall ist das Werk eines Mannes, Walter Cipas«, so Hayek. »Der ist paranoid.« Er berichtet von grotesken Begebenheiten im Konzern. So hätte bei einer Vorstandssitzung ein Bereichsvorstand Verluste gemeldet. »Ich will aber 100 Millionen Gewinn sehen«, habe Cipa gesagt. »Dann kann ich mich ja gleich umbringen«, so der Bereichsvorstand. Daraufhin hätte Cipa seine Pistole, die er aus Sicherheitsgründen immer bei sich trug, wortlos aus der Tasche gezogen und sie vor dem Vorstand auf den Tisch gelegt.

Hayek hat ein Sanierungskonzept entwickelt, das einen Personalabbau von bis zu 14 000 Mitarbeitern vorsieht und auf straffere Führung setzt. Einschnitte in die Struktur sind zunächst nur bedingt vorgesehen. Hayek ist ein brillanter Verkäufer und hat ein Beratungsunternehmen mit 60 Millionen

Schweizer Franken Umsatz und 15 Millionen Cashflow, das unter anderem für deutsche Großunternehmen wie VW arbeitet. (Heute ist er bekannt als »Mister Swatch«.) Er ist die treibende Kraft in unserem Gespräch. Er sei ein Freund von Friderichs, erklärt er, und der säße auf einem Schleudersitz, wenn er den AEG-Aufsichtsratsvorsitz übernehme. Die beiden halten mich für die richtige Lösung. Ich nehme Hayeks Bericht über die AEG mit. Beim Rausgehen meint Hayek: »It's the most challenging Job in Europe – und Sie haben sich schon entschieden.«

Wir starten gegen die Sonne, fliegen über den Piz Lunghin nach Westen zurück in Richtung Stuttgart. Was für eine Chance, denke ich. Und welch ein Zufall, dass meine Frau vor wenigen Wochen eine Ferienwohnung in Sils Maria, nicht weit entfernt von St. Moritz, gekauft hat.

Über die Jahreswende versuche ich die Zahlen zu analysieren, die mir Friderichs gegeben hat. Mein Eindruck verstärkt sich, dass die Firma noch desolater ist als von außen erkennbar. Natürlich bin ich beeinflusst von dem, was mir Friderichs und Hayek gesagt haben, aber irgendwie sind die Zahlen ab 1981, also wenn die Sanierung greifen soll und ich die Verantwortung haben werde, nicht stimmig. Warum veröffentlichen die keine Weltbilanz, sondern nur Konzern Inland? Haben die keine?

Am Silvesternachmittag sitze ich in meinem Büro. Es ist still, nur ein elektrischer Heizlüfter eiert vor sich hin. Draußen Schneetreiben, die leeren Parkplätze werden schnell weiß. Was gebe ich auf, wenn ich zur AEG gehe? Was bekomme ich dafür? Meine Frau meinte gestern Abend: »Für dich sind drei Dinge wichtig: Macht, Tatendrang und Anerkennung.«

»Und du«, ergänze ich.

»Gut, aber das nehme ich als selbstverständlich an.«

Alle drei Dinge, die meine Frau aufgezählt hat, sind bei der AEG gegeben. Überdies faszinieren mich die Technologien und die damit verbundenen Chancen in unserer turbulenten Zeit. Aber ich muss auch die Gefahr des Scheiterns in Betracht ziehen. Der Absturz wäre umso gefährlicher, als jeder sagen würde, ich hätte von einem Großbetrieb eben doch keine Ahnung gehabt. Aber kann der Laden überhaupt untergehen? Ist er dazu nicht zu groß und zu bekannt? Und was wird aus meiner eigenen Firma? Halten meine Männer zusammen, während ich die AEG mache? Kann ich mich hundertprozentig auf sie verlassen? Ich glaube schon. Und schließlich, ich bin ja nicht ganz weg.

Draußen wird der Schnee dichter. In wenigen Stunden beginnt ein neues Jahrzehnt, die achtziger Jahre. Eigentlich bin ich noch nie so gelassen, so entspannt in ein neues Jahr gegangen. Und das bei der Entscheidung, die ich seit dem 19. Dezember mit mir herumtrage.

Am 3. Januar teile ich Friderichs meine grundsätzliche Bereitschaft mit und nenne ihm sechs entscheidende Voraussetzungen, die er zum größten Teil spontan akzeptiert. Details kämen später, meint er. Jetzt müsse er telefonieren, allerdings sehr vorsichtig, denn vor dem 15. Januar, dem Tag der außerordentlichen Hauptversammlung in Berlin, dürfe nichts nach außen dringen.

Ich spreche mit guten Freunden. Auch mit meinem Onkel Helmut Eberspächer. Der rät weder zu noch ab, glaubt aber, dass ich der Aufgabe gewachsen bin. Vor vielen Jahren hätte auch er mit dem Gedanken gespielt, Chef von Daimler zu werden. »Wenn mir der Job angeboten worden wäre, ich hätte meine Firma aufgegeben. Daimler wäre reizvoller gewesen.« Jörg Kees, mein Rechtsbeistand seit meinen Anfängen als Unternehmer, zitiert Adenauer: »Entweder gehe ich in die Geschichte ein oder die Geschichte mit mir.« Dann reden wir noch über einen Vorstandsvertrag.

Aber hin und wieder kommen mir doch Zweifel, ob meine Entscheidung richtig ist – insbesondere, nachdem ich versucht habe, mich in das Zahlenwerk der AEG einzulesen. Sehr komplex und wenig transparent. Aber die technologischen Möglichkeiten sind gewaltig. Wie wird der amtierende Vorstand reagieren? Ob der mich akzeptiert? Erst mal wohl nicht. Es wird heißen: Was soll dieser Mittelständler, der sich auch noch politisch engagiert, bei der AEG? Die Mannschaft insgesamt scheint wenig motiviert. Einer meiner Freunde sagt: »Das ist ein ganz zäher Teig, die Leute sind erschlagen.« Anschließend Friderichs am Telefon. Zeitplan bis zur Hauptversammlung 15. Januar. Für ihn ist der Fall entschieden. Er knüpfe sein Schicksal als Aufsichtsratsvorsitzender der AEG an meine Berufung. »Täten Sie's anders?«

Dann ziehen plötzlich drohende Wolken am weltpolitischen Horizont auf. Die Russen sind in Afghanistan einmarschiert. Kommt es zu einer Weltkrise? Wie würde ich da mit meiner eigenen Firma durchkommen, wenn ich bei der AEG gleichzeitig den »schwierigsten Job, der derzeit in der BRD zu vergeben ist« (»Die Zeit«, 4. Januar 1980) erfüllen muss? Oder wäre es mir gerade in dieser Position möglich, Netze mit den Großen der Wirtschaft einzuziehen? Die Bilanz für meine eigene Firma sieht für das Jahr 1979 gar nicht schlecht aus. Einige internationale Projekte, neue Produkte. Ein ordentliches Ergebnis.

Ich besuche Merkle. Er fragt, wie »unser« Projekt steht. Dann legt er die Lesart fest, wie es zum Kandidaten Dürr gekommen ist: »Ein Minikreis der deutschen Wirtschaft ist auf den Dürr gekommen.« (Der Minikreis waren Merkle, zwei Banker und ich.) Ob ich es wirklich machen soll? Bei den trüben Zahlen der AEG? Bei den fehlenden Rückstellungen für die Betriebspensionen? Die im Übrigen zu den besten in ganz Deutschland gehören, was gut für die Mitarbeiter, aber nicht gut fürs Unternehmen ist.

Merkle und ich versuchen, den Fehlbetrag anhand der Zahlen von Siemens, die natürlich die Rückstellungen in ihrer Bilanz haben, hochzurechnen. Merkle rechnet mit dem Rechenschieber, was mich beeindruckt. Ein Konzernchef, der mit dem Rechenschieber umgehen kann! Es stellt sich heraus, dass der Fehlbetrag bei weit über einer Milliarde D-Mark liegt. Ich frage Merkle noch, was ein Vorstandsvorsitzender eigentlich so verdienen kann. »Eine Mark oder eine Million Mark«, lautet seine Antwort. Ich habe mich später für das Letztere entschieden.

Dann ein Abendgespräch im Hotel Graf Zeppelin in Stuttgart: Friderichs, Hayek, Manfred Meyer-Preschany und Horst Burgard. Meyer-Preschany, der Dresdner-Bank-Mann, und Burgard, der für AEG zuständige Vorstand der Deutschen Bank. Ich habe eine von mir gefertigte handschriftliche Gewinn- und Verlustrechnung für 1980 mitgebracht, über einen einfachen Dreisatz aus dem Ergebnis von 1979 hochgerechnet. Danach ist ein Gewinn für 1980 völlig unrealistisch. Das heißt, die Banken und andere Geldgeber müssen noch einmal nachschießen. Kein Problem, so die Banker. Burgard ist begeistert von meiner simplen Darstellung. Auch Meyer-Preschany scheint im Höhenflug zu sein. Zwar gibt er eher Sprüche zum Besten, aber auf dem glatten Parkett der Wirtschaftswelt scheint er sich auszukennen. Burgard will mehr über mich und meine Firma wissen. Wir reden drei Stunden, und am Ende ist alles klar. Bis zur Hauptversammlung. Als wir hinausgehen, fasst Friderichs mit beiden Händen meine Hand: »Jetzt macht mir die Sache richtig Spaß.«

Wie die Führung der Firma Dürr geregelt werden soll, ist auch klar. Ein pensionierter Vorstand von IBM, seit ein paar Jahren bereits Beirat bei Dürr, übernimmt den Vorsitz der Geschäftsführung. Auch mit den Kollegen aus dem VMI-Vorstand rede ich. Sie wollen mich ungern gehen lassen, sind aber fast stolz, denn es ist ja einer der ihren, der AEG-Chef wird. Richard Oswald, der Arbeitsdirektor bei Daimler-Benz, warnt: »Vorsicht mit den Banken. Am Ende sind die feige.« Da hatte er wohl recht, denke ich jetzt, in der ersten Reihe im Hotel Adlon in Berlin sitzend.

Berlin, das war auch der Ort, wo die außerordentliche Hauptversammlung der AEG stattfand. Mit einer Privatmaschine unter französischer Flagge (damals galt noch das Vier-Mächte-Abkommen, und deutsche Privatjets durften nicht in Berlin landen) fliege ich von Stuttgart nach Berlin. Ein Linienflug hätte die Aufmerksamkeit neugieriger Journalisten auf sich ziehen können, so Friderichs. Angenehmer Flug in der Falcon. Eine hübsche französische Stewardess bietet Snacks und Champagner an. Warum nicht?

Dann sitze ich im Hotel Kempinski und warte, bis ich in die Kongresshalle gerufen werde, wo die Hauptversammlung stattfindet. Meine Vorstellung soll ja erst nach der Veranstaltung beginnen.

Die Zeit dehnt sich. Seit vier Stunden bin ich allein. Niemand kümmert sich um mich. Kurz nach 20 Uhr ruft Hayek an. Es würde noch dauern. Viel Zeit zum Nachdenken – über die letzten vier Wochen und über die Männer, die jetzt in mein Leben getreten sind: Merkle, Friderichs, Guth und Hayek. Ich denke an die Gespräche mit Freunden. Keiner hat mir offen ins Gesicht gesagt, ich könne es nicht. Zweifel haben sie sicher. Mein Onkel Helmut Eberspächer unterstützt mich mit Goethe:

Feige Gedanken, bängliches Schwanken
Neidisches Zagen, ängstliches Klagen
Wendet kein Unheil, macht dich nicht frei
Allen Gewalten zum Trotz sich erhalten
Nimmer sich beugen, kraftvoll sich zeigen,
Rufe die Treue der Götter herbei.

»Dürr wird AEG-Chef? Ist der Mann auch gesund?«

Um 23 Uhr holt mich der Fahrer der Dresdner Bank ab und bringt mich zur Kongresshalle. Durch einen Hintereingang komme ich zu Friderichs, der mich sechs Minuten vor Mitternacht den nach zwölf Stunden Hauptversammlung noch übrig gebliebenen Journalisten vorstellt. Großes Erstaunen. Mit Dürr hatte keiner als Nachfolger für Cipa gerechnet. Friderichs sagt nur wenige Worte zu mir, ich gar nichts. Dann gehen wir in einen Sitzungsraum, in dem der Aufsichtsrat und der Vorstand der AEG versammelt sind. Bier und Schnittchen auf dem Sitzungstisch. Friderichs stellt mich auch hier kurz vor. Die Aufsichtsräte sind nur zum Teil erstaunt, denn die von der Kapitalseite wissen ja schon Bescheid. Die Vorstände reagieren fast erschrocken. Cipa, der scheidende Vorstandsvorsitzende, der allein am Rande steht, tut beleidigt. Dass ein solches Greenhorn ihn beerben soll! Ich sehe mir die Anwesenden aufmerksam an. Nach einer fast zwölfstündigen Hauptversammlung machen sie einen ziemlich abgekämpften Eindruck. Der Betriebsratsvorsitzende und stellvertretende Aufsichtsratsvorsitzende Rubke, ein AEG-Urgestein aus dem Sauerland, sieht mich entgeistert an, als wolle er sagen: »Auch das noch!« Aber ich habe den Eindruck, als seien die meisten der Ansicht, dass es nach Cipa nur besser werden kann. Im Kempinski trinke ich noch ein Bier mit Friderichs und einigen Aufsichtsräten. Ich schlafe gut.

Am nächsten Morgen wieder zurück in die Tarifrunde nach Köln. Die Zeitungen bringen noch nichts. Aber im Radio haben es ein paar Leute gehört und sprechen mich im Flugzeug an. Große Überraschung allenthalben. Gestern Abend, nach Mitternacht, soll der Aktionär Erich Nold aus Darmstadt, der Kohlenhändler, der den Vorstand und den Aufsichtsrat in der Versammlung mit seinen 125 Fragen genervt hat, gefragt haben: »Dürr? Noch nie gehört. Ist der Mann gesund?«

Fünf Tage nach der Hauptversammlung werde ich in einer außerordentlichen Aufsichtsratssitzung zum Vorstandsvorsitzenden der AEG bestellt. Einstimmig. Insgeheim hatte ich mit Gegenstimmen gerechnet, obwohl ich mit meinem Auftritt vor den Arbeitnehmervertretern zufrieden war. Offenbar kommt meine mittelständische Art ganz gut an. »Mit dem kann man reden«, schienen die Leute zu denken. Aber ich hatte zu den Arbeitnehmern auch gesagt: »Ich mache es nur, wenn ihr für mich stimmt. Einstimmig. Ich werde viel lernen müssen, und dabei müsst ihr mir helfen.« Sie wollen das. Hoffentlich. Dann hatte ich hinzugefügt: »Ich will dem Unternehmen dienen, als sei es mein eigenes.« Das war zugegebenermaßen etwas großsprecherisch.

Ein paar Tage später besuche ich Cipa im Gästehaus der AEG in Falkenstein im Taunus. Eine riesige Villa, deren einziger Bewohner der Vorstandsvorsitzende ist. Wir werden von einer Haushälterin bedient. Die Räume machen einen wenig bewohnten Eindruck. Im Souterrain eine Jagdstube mit viel Geweihen, Pokalen und erstklassigem französischen Rotwein.

Cipa ist gelernter Bergassessor und steht deshalb auf der Sozialskala des Ruhrgebiets ganz oben. Die Medien haben ihn als Preisboxer abgestempelt, weil er früher einmal aktiv geboxt hat. Seine gedrungene Figur und die zackige Art zu reden passen zu diesem Bild. Wir führen ein offenes Gespräch. Ich habe nicht den Eindruck, dass Cipa hinterhältig ist. Er nimmt seine Niederlage mit Fassung. Vielleicht hat er das in seiner Zeit als Boxer gelernt. Er sagt mir, dass er wegen des Aufsichtsrats aufgehört habe. Nie hätte man ihm offen ins Gesicht gesagt, dass man nicht einverstanden mit ihm sei. Hintenherum, über den »Spiegel«, sei er zermürbt worden. »Wenn Sie nicht die rückhaltlose Unterstützung des Aufsichtsrats und vor allen Dingen des Vorsitzenden Friderichs bekommen, sind Sie in zwei Jahren ein toter Mann. Einer von außen wird bei der AEG abgestoßen wie ein Transplantat. Da müssen Sie ganz genau hinhören.«

Cipa hat einen Brief für mich vorbereitet, mit Details zum KWU-Desaster (dem Kernkraftabenteuer der AEG) und wie mit dem Gästehaus und den beiden werkseigenen Jagden umzugehen sei, wer da eingeladen werden dürfe und wer nicht. Er liest den Brief vor, auch den Schlusssatz, in dem er mir Glück wünscht. Ein seltsamer Mann. Er muss sich einsam fühlen in diesem vornehmen Riesenhaus. Wer hat mit ihm geredet? Die Ratschläge und Bemerkungen, die er mir zu verschiedenen Personen gibt, scheinen plausibel.

»Was werden Sie jetzt machen?«, frage ich ihn.

»Nachdenken«, erwidert er. »Auf keinen Fall einen ausführenden Job mehr.«

Plötzlich kommt so etwas wie rückblickende Wehmut auf: »Als ich vor fünf Jahren zur AEG kam, stieg der Aktienkurs von sechzig auf hundert.« Ich sitze diesem vor wenigen Tagen noch mächtigen Mann gegenüber und schaue ihn an. Manchmal erscheint mir alles so unwirklich, als könnte ich es mir jederzeit auch noch anders überlegen, als könnte ich noch einen Rückzieher machen.

Wie Spitzenpositionen in der Wirtschaft besetzt werden

Meine Ernennung zum Vorstandsvorsitzenden der AEG macht ziemlich viel Wirbel in der Presse. Das war der »Aha-Effekt«. »Kein Star der bundesdeutschen Managertruppe, sondern ein bescheidener Familienunternehmer soll die AEG aus den roten Zahlen führen«, schreibt der »Spiegel«. Ein Unternehmer der aussieht, als hätte er eher Karriere als Rektor einer mittelgroßen Hauptschule gemacht und auch dies nur mit mäßigem Erfolg. Aber erfolgreich sei der unscheinbare Mann aus dem Schwabenland bisher immer gewesen, auch beim Aufbau seiner eigenen Firma. Jetzt aber müsse Dürr erst mal Rückstände aufholen, denn die Elektrobranche sei ihm schließlich fremd und im Konzernmanagement sei er gänzlich ungeübt. Wohl wahr. Aber das hatten die Männer, denen ich die Position verdankte, doch wohl bedacht?

Wie werden eigentlich Spitzenpositionen wie die des Chefs eines Großunternehmens in der Wirtschaft besetzt, frage ich mich, während ich in der ersten Reihe im Hotel Adlon sitze und den Lobgesängen auf den Unternehmer Dürr lausche. Normalerweise werden die Personalentscheidungen in den Unternehmen getroffen. Der Chef kennt die Leute in seinem Unternehmen und versucht, den Auswahlprozess zu steuern. Lange vor dem Wechsel ist der Nachfolger bekannt. Man setzt auf Kontinuität. Anders verhält es sich, wenn ein Unternehmen in der Krise steckt. Dann kommen Außenseiter ins Spiel, Leute von ganz woanders, denen man zutraut, die Lage zu meistern. Ein mitunter riskantes Verfahren – besonders wenn die, die über die Personalie zu entscheiden haben, von dem Unternehmen, für das sie einen Chef suchen, gar nichts oder nur wenig wissen. Und noch riskanter ist es, wenn sie sich bei dem Mann, den sie vorschlagen, auf persönliche Empfehlungen verlassen müssen, weil sie ihn selbst kaum kennen.

Und wie ist das heute? Gibt es auch heute solche »Aha-Effekte« wie bei der AEG im Jahr 1980? Eigentlich schon. Da machen die zuständigen Gremien einen mittelständischen Stahlunternehmer zum Chef des zweitgrößten Energieunternehmens, einen ziemlich unbekannten Pharma-Manager zum Chef von Siemens, einen gelernten Wirtschaftsprüfer, der vorher nie mit Autos zu tun gehabt hat, zum Chef von Fiat. Aber wenn ein Unternehmen in der Krise ist, dann sind ausgefallene Lösungen gefragt, und wie die zustande kommen, dringt nicht immer nach außen. Und es sind immer ganz wenige Personen, die solche Entscheidungen fällen. So wie in meinem Fall.

Tastsächlich war die Entscheidung damals mutig, wenn nicht sogar gewagt. Die Herren wussten wenig von mir. Sie fragten mich auch nicht, was ich von der AEG verstünde. Eigentlich ging es nur darum, ob ich es mir zutraute. Man stand nämlich unter Druck. Die Öffentlichkeit wartete auf einen Nachfolger für Cipa. Friderichs war froh, dass er überhaupt einen Kandidaten hatte und dazu einen mit »Aha-Effekt«. Und schließlich hatte mich ja »Gottvater« Merkle ins Spiel gebracht. Guth hielt mich vielleicht für einen ordentlichen Mann und mochte ansonsten der Ansicht sein, dass die AEG ohnehin Sache der Dresdner Bank sei. Friderichs müsse wissen, was er tue.

Was Merkle sich dachte, war schwerer zu beurteilen. Sah er in mir einen Nachwuchsmanager, den es zu fördern galt? Oder hatte er mit der AEG etwas vor und sah in mir das geeignete Werkzeug dafür? Trieb ihn die Nachfolgefrage um? Immerhin war er ja schon 67 Jahre alt. Merkle kannte mich gut. Er hatte mich in Stuttgart in meiner Firma und im Verband beobachtet, und wir hatten sehr offene Gespräche miteinander geführt. Aber die AEG, zumindest die Unternehmensteile, die zur Firma Bosch passten, reizten ihn sicher auch.

Die Interessenlage, die zu meiner Berufung geführt hatte, war also unterschiedlich und für mich unübersichtlich. Aber ich machte mir zu diesem Zeitpunkt keine allzu großen Gedanken darüber. Ich war AEG-Chef, hatte meinen Vertrag unterschrieben und wusste: Jetzt geht es in den Steinbruch.

Am letzten Tag im Januar räumte ich meinen Schreibtisch in Stuttgart auf. Die Dürr-Mannschaft brauchte einen neuen

Anfang. Ich gab einen kleinen Empfang für meine engsten Mitarbeiter. Reinhart Schmidt, der Geschäftsführer, schenkte mir eine temperaturdifferenzgetriebene Uhr, der Betriebsratsvorsitzende Peter Weingart überreichte mir 87 DIN/A5 Notizbücher: »Für jeden AEG-Betrieb eins und für Dürr ein DIN/A4.« Sentimentalität ließ ich gar nicht erst aufkommen. War ich mir wirklich bewusst, was ich tat? Eigentlich störte mich nur, dass ich nur noch selten in Feuerbach sein würde. Meine Spaziergänge in den Weinbergen würden mir fehlen.

Zehn Jahre war ich Chef der AEG, sinniere ich in der ersten Reihe im Hotel Adlon in Berlin. Am 1. Februar 1980, meinem ersten Arbeitstag, konnte ich mir diesen Zeitraum nicht vorstellen und wollte es auch gar nicht. Ich sah nur die Aufgabe vor mir, eine Aufgabe, die eigentlich gar nicht lösbar war. Damals ahnte ich nicht, was für ein Tal der Enttäuschungen vor mir lag und welche Mühen der Aufstieg in lichtere Höhen kosten würde. Immerhin brachte ich Stehvermögen mit, das ich in den Tarifrunden gelernt hatte. Das half mir sehr.

Mein Aufsichtsratsvorsitzender freut sich

Das war naturgemäß auch bei der Bahn so, mit der sich jetzt, im Hotel Adlon in Berlin, Günther Sassmannshausen in seiner Rede beschäftigte, Sassmannshausen, den ich als Aufsichtsratsvorsitzenden ablöste. Ich verdanke ihm viel. Ohne ihn hätte es die Bahnreform sehr wahrscheinlich nicht gegeben, und ich hätte den Auftrag, den mir der Bundeskanzler am 4. Oktober 1990 im Gästehaus der Bundesregierung in Berlin erteilt hatte, nämlich die Bahn, »eines seiner unerledigten Themen«, endlich in Ordnung zu bringen, nicht erledigen können.

Sassmanshausen und ich waren ein gutes Gespann, Aufsichtsratsvorsitzender und Vorstandsvorsitzender. Die Zusammenarbeit zwischen einem Aufsichtsratsvorsitzenden und einem Vorstandsvorsitzenden ist in vielen Fällen problematisch. Wer steht für die Firma? Wer ist der Größte? Ganz schwierig wird's, wenn der Aufsichtsratsvorsitzende glaubt, er könne die Firma führen. Verantwortung und Zuständigkeit sind im Aktiengesetz geregelt. Und zwar richtig und sinnvoll geregelt. Aber die beiden Vorsitzenden müssen »verantwortungsvoll zum Wohle des Unternehmens« zusammenarbeiten, wie es im »Corporate Governance Codex« heißt. Zwischen den beiden Vorsitzenden darf es keine Eifersucht geben. Keiner darf sich für kompetenter als den anderen halten. Wenn Sassmannshausen mir die Unterredung mit einem Mitarbeiter oder mit jemandem von außerhalb empfahl, bin ich diesem Rat stets gefolgt, auch wenn zunächst wenig Neues zu erwarten war. Letzten Endes profitierte ich immer davon. Und ich war zufrieden, wenn Sassmannshausen mit Leuten von der Bahn sprach, um deren Meinung herauszufinden. Im Anschluss daran informierte er mich, und ich wusste Bescheid.

Diese offene Art der Zusammenarbeit ist nicht besonders häufig, wie ich als Aufsichtsratsvorsitzender in anderen Firmen erfahren musste. Vorstände haben oft Angst, der Aufsichtsratsvorsitzende könne etwas hören, was er besser nicht hören sollte. Oft spielt mangelndes Selbstbewusstsein eine Rolle. Allerdings muss der Aufsichtsratsvorsitzende bei Gesprächen ohne den Vorstand sehr vorsichtig und zurückhaltend sein. Allzu gern spielen die Mitarbeiter, mit denen man redet, unterschiedliche Meinungen gegeneinander aus oder bauschen Aussagen auf. Sassmannshausen und ich ergänzten uns ideal, setzten uns gemeinsam mit den Problemen auseinander und gingen keinem Streit aus dem Wege. Wir hatten viele Sträuße zu fechten. Mit den Bedenkenträgern (ein Personalratsvorsitzender erklärte mir: »Ist Ihnen eigentlich klar, dass 400 000 Menschen aus dem öffentlichen Dienst hinausgeworfen werden, wenn Sie die Bahnreform durchsetzen?«), mit den Verweigerern und Zweifelscheißern. Sassmannshausen war der ruhende Pol, der immer bohrte und nachfragte, wenn eine Idee von mir nicht ganz so ausgegoren war. Und ich war der Treibende, der die Bahnreform als die »Herausforderung seines Lebens« ansah, der aber auch glaubte, dass mit und in der Bahn etwas zu bewegen war.

Da ich wusste, dass Sassmannshausen nie etwas sagte, was er selbst nicht für richtig hielt – lieber sagte er gar nichts –, gefiel mir das, was er jetzt im Hotel Adlon sagte: »Für Heinz Dürr war die Bahn seine eigene Firma. Er hat ihr neues Ansehen, eine neue Reputation verschafft. Er hat als großer Kommunikator die Denke der Eisenbahner – wie er das so schön nennt – beeinflusst und war nach vorne orientiert. Der Prozess von der Behörde zur Dienstleistungsgesellschaft hat einen solchen Mann benötigt. Ohne ihn könnte ich mir die Anfangserfolge der Bahn nicht vorstellen.«

Und er fügte hinzu, ich sei kein leichter Brocken gewesen. »Was macht man denn schon mit einem Menschen, der scheinbar zwei Termine gleichzeitig an verschiedenen Orten wahrnehmen kann, der bequem mit zwei bis drei Handys telefonieren kann und der aufrichtig bedauert, dass das Kommunikationszeitalter nicht noch mehr technische Hilfsmittel zur Verfügung hat, um alles das, was sich in Sachen Bahn bewegt, auch allen mitzuteilen.« Ich hätte mich auch relativ unfallfrei im politischen Dickicht bewegt, was für die Bahn manchmal nicht ganz preiswert gewesen sei. Dieser Optimismus, dieses Engagement hätte der Bahn aber unglaublich genutzt. Dass ich jetzt die Entscheidung getroffen hätte, aus dem prallen Leben des Vorstandsvorsitzenden – damit meinte er den »Hofstaat«, der den Vorstandsvorsitzenden eines Unternehmens wie der Bahn immer umgibt –, in die Position des Aufsichtsratsvorsitzenden zu wechseln, sei mir hoch anzurechnen. Aber der Neue könne sich ja im Interesse der Kontinuität auf einen erfahrenen Aufsichtsratsvorsitzenden und Kenner der Bahn stützen, wenn es jetzt darum gehe, die Bahnreform weiterzutreiben und zum Erfolg zu bringen.

Sassmannshausen sagte das alles in wohlgesetzten und freundlichen Worten. Aber wie waren wir eigentlich so weit gekommen? Von meinem ersten Tag an musste ich bei der Bahn zweigleisig fahren: Einmal musste ich die Bahn führen (anfangs die Bundesbahn, später auch die Reichsbahn), und das hieß Sitzungen mit den unterschiedlichsten Gremien – Vorstand, Bereichsleiter, Präsidenten, Abteilungsleiter, Hauptpersonalrat, örtlicher Personalrat, Eisenbahnabteilung des Bundesverkehrsministeriums, Eisenbahnprofessoren, Dienststellenleiter und so weiter – zu leiten; zum anderen war da die Arbeit an der eigentlichen Reform der Bahn, der Bahnstrukturreform. So wie bisher konnte es nicht weitergehen. Ich schrieb dem Bundeskanzler deshalb einen Brief, in dem ich auflistete, was getan werden musste und dass gesetzliche Änderungen notwendig seien. (Welche das sein würden, wusste ich damals noch nicht.) Ich gab meiner Hoffnung Ausdruck, dass meine Grundüberlegungen in der Regierungserklärung des Bundeskanzlers ihren Niederschlag finden würden (was teilweise geschah), und schloss mit der Bemerkung, »dass es Aufgabe des Vorstandes ist, die wirtschaftliche Effizienz der Bahn durch eigene Maßnahmen zu erhöhen.«

Ich musste die Bahn als Organisation, als Organismus kennenlernen, was schon deshalb nicht ganz einfach war, weil die Bahn ein sehr weit verzweigtes Unternehmen mit sehr vielen Standorten ist, im Gegensatz zu anderen Industrieunternehmen mit wenigen, aber großen Standorten. Der größte Standort bei der Bahn war die Hauptverwaltung mit etwa 2000 Mitarbeitern. Über das Land verstreut aber gab es Tausende von Dienststellen, die zum Teil nur ein paar Dutzend Mitarbeiter hatten. Ich wollte die Bahn kennenlernen, aber ich verließ mich keineswegs auf Papiere. Die gab es reichlich für den laufenden Betrieb. Ich lernte, was eine »Zeichnungsleiste« ist: zwanzig Unterschriften zur Genehmigung oder auch nur zur Kenntnisnahme, mein Haken der letzte …

Ich ging vor Ort, sprach mit den Leuten, ganz gleich, auf welcher Hierarchiestufe sie standen, und lernte das Regelwerk der Bahn kennen. Ich besuchte Personenbahnhöfe, Güterbahnhöfe, Rangierbahnhöfe, Ausbesserungswerke, Betriebswerke, Verwaltungsstellen, Sozialräume, Leitzentralen, Stellwerke, Ausbildungsstätten, Eisenbahnfachhochschulen, Eisenbahnsportvereine, Eisenbahnferienheime, Betriebsarztpraxen. Ich fuhr auf Loks mit und sah den Leuten bei der Reparatur von Weichen und Oberleitungen zu. Das war schon ein zwölf- bis vierzehnstündiges Tagesprogramm, sodass man tatsächlich zwei Handys brauchte, um alles im Griff zu behalten, denn gleichzeitig musste ja operativ geführt werden. Alle Orte, die ich besuchte, waren naturgemäß mit dem Zug zu erreichen, und so fuhr ich auch mit dem Zug, immer mit irgendwelchen Mitarbeitern, mit denen ich unterwegs Besprechungen führte. Auch die meisten Interviews mit Journalisten fanden im Zug statt.

Ich fuhr gerne mit der Eisenbahn, vor allem mit dem ICE, der mit 250 Stundenkilometern dahingleitet. Das Land draußen schien friedlich: Häuser, Felder, Wirtschaftsgebäude, hin und wieder eine Brücke, und Bäume an kreuzenden Straßen flogen vor dem Fenster vorbei, an den Waldesrändern verlassene Hochsitze. Wir fuhren durch Bahnhöfe, die eigentlich gar keine Bahnhöfe, sondern nur noch Haltepunkte waren, weit weg von mir, dem Eingeschlossenen in der Stahlröhre des ICE, im weichen noppensamtbezogenen Polster sitzend, den Klapptisch vor mir, Kaffee, vom Schaffner serviert, laut Leuchttableau genau in der Zeit, quasi mit Zeigersprungpünktlichkeit. Perfektes schönes Reisen, besonders dann, wenn der Waggon nur schwach besetzt war und niemand schnarchte, telefonierte oder schwatzte.

Beim Kennenlernen der Bahn wollten mir viele behilflich sein: Gutmeinende, Kundige, Besserwisser, Schönschwätzer – und Berater. Ich fand bald heraus, dass die Bahn ein ganz großer Kunde für die deutschen Beratungsfirmen war, die schon viele Vorschläge zur Sanierung eingebracht hatten. Jetzt, mit dem neuen Mann an der Spitze, kamen die Größen der Beraterszene und erklärten mir, was zu tun sei. Schöne Präsentationen, viel Rhetorik, wenig Substanz, wenn man auf den Grund gehen wollte. Durchaus auch brauchbare Vorschläge. Aber ich wollte die Sanierung mit den eigenen Leuten machen. Und so erklärte ich den Beratern, dass ich schon wüsste, was zu tun sei. Nur für ganz spezielle Aufgaben würde ich auf Hilfe von außen zurückgreifen.

So wurde dann auch verfahren, mit Erfolg. Meine Meinung zu Beratern war immer schon gespalten. Wenn ein Unternehmer Berater für seine Strategie braucht, dann ist er für mich kein Unternehmer. Wenn er eine neue Geschäftsidee hat und dafür Informationen benötigt, die er selbst nur schwer bekommen kann, dann sind Berater richtig am Platz. Problematisch aber wird es, wenn ein Unternehmen in Schwierigkeiten gerät und dann nach Beratern (heute »Consultants« genannt) ruft, wie das oft von den Banken gefordert wird. Dann wird das Unternehmen entweder auseinandergenommen (nach dem Motto: »Die Märkte verlangen das) oder man entwickelt ein neues Konzept, eine »Vision«. Immer aber wird in solchen Fällen das Personal reduziert. Umsetzen muss das dann der Vorstand, der sich darauf berufen kann, die Unternehmensberatung habe das so gewollt.

Ich besuchte die Bahnen der europäischen Nachbarländer und fuhr schon zehn Tage nach meinem Arbeitsbeginn am 1. Januar 1991 nach Frankreich. Die Kollegen von der SNCF luden mich zu einer Fahrt mit dem TGV ein. Beeindruckend. Die Franzosen waren höflich und freundlich. Es gab gutes Essen, man sprach über die gleichen Probleme. Den deutschen Plänen zur Bahnreform standen sie eher skeptisch gegenüber, und von einer Kooperation hielten sie nur bedingt etwas. Erst nachdem Louis Gallois, vorher bei Aerospatiale, Chef der SNCF geworden war, wurde es konkreter. Wir schlossen den »Straßburger Frieden«, in dem wir vereinbarten, in Zukunft enger zusammenzuarbeiten.

Im Jahre 1993 hielt ich einen Vortrag in Paris. Vorher gab ich »Le Monde« ein Interview, in dem ich davon sprach, dass der

ICE irgendwann auch nach Paris fahren solle. Ich wusste damals nicht, dass »Le Monde« schon am späten Nachmittag gedruckt wird. So erschienen die ersten druckfrischen Ausgaben noch während meines Vortrags und die Überschrift lautete: »ICE kommt nach Paris.« Wenig später erschien die damalige Staatssekretärin Idrac (später Chefin der SNCF) aus dem Verkehrsministerium und machte mir klar, dass die Idee, der ICE könne dereinst nach Paris fahren, eine Illusion sei. Aber meinen Ausführungen zur Bahnreform hörte sie wenigstens zu. (Am 10. Juni 2007 fuhr der erste planmäßige ICE in Paris, Gare de L'Est, ein.)

Ich wollte den Betrieb der Bahn so genau wie möglich kennenlernen und ging deshalb ganz direkt auf die Leute zu. Wenn ich auf eine Lok kletterte, stellte ich mich vor: »Ich bin der Dürr.« Da mir mein zuständiger Vorstandskollege einen entsprechenden Ausweis ausgestellt hatte, durfte ich auf dem Führerstand mitfahren. Ich führte sogenannte Frühstücksgespräche, zu denen ich Bahner aus den verschiedensten Bereichen einlud, die ganz offen über ihre und die Probleme der Bahn redeten. Bei meinen Wochenendfahrten von Frankfurt nach Stuttgart und zurück hatte ich Zeit, mit den Zugbegleitern zu reden. Was die zu sagen hatten, besprach ich dann am Montagmorgen mit den zuständigen Mitarbeitern in der Hauptverwaltung, was nicht immer allen gefiel. Dank dieser persönlichen Kontakte bekam ich viele Informationen, die sich langsam zu einem Gesamtbild fügten.

Von Anfang an stellte sich noch eine weitere Aufgabe: Wir mussten für positive Öffentlichkeitsarbeit sorgen, denn ich stellte schnell fest, dass sich die Deutschen im Hinblick auf die Bahn eher in der Rolle des enttäuschten Liebhabers sahen. Anders als die Automobilindustrie hatten wir keine Lobby in Bonn. Wir waren der große Verlustproduzierer, hoffnungslos verschuldet. Als wieder einmal das Bundesbahndefizit veröffentlicht wurde, erklärte mir ein Ministerpräsident, wenn das so weitergehe, könne sich die Bundesrepublik entweder die Bundesbahn oder die Bundeswehr leisten, beide zusammen aber nicht. Dennoch war die Grundeinstellung der Bevölkerung positiv. Und so gaben wir in der Öffentlichkeitsarbeit Schwächen zu, zeigten aber auch die Chancen, die in der Bahn steckten und die allen zugutekommen sollten, wenn man uns nur machen ließe: Wenn man uns von den Fesseln des Dienstrechts und des Haushaltsrechts befreie, wenn es also zu einer richtigen Reform kommen würde, würden wir eine richtig gute Bahn werden.

Was ist ein strategisches Jahrhundertwerk?

Auch der Bundeskanzler hatte in seiner Rede im Hotel Adlon von der Bahnreform gesprochen. Die sei ein »strategisches Jahrhundertwerk«. Ein strategisches Jahrhundertwerk? Im Brockhaus ist der Begriff nicht verzeichnet. Jahrhundertwerk sagt sich leicht daher. Aber die Politiker wissen, dass die Menschen es mögen, wenn von Jahrhundertwerken gesprochen wird, und gerne dabei sind, wenn sie in Angriff genommen werden. Die Bahnreform also ein Jahrhundertwerk. Ich habe sieben Jahre dafür gearbeitet. Vom ersten Tag meiner Tätigkeit bei der Bahn an bis zu diesem Tag, an dem ich in der ersten Reihe im Hotel Adlon in Berlin sitze. »Ein so schwieriges Reformwerk wie die Bahnreform hat immer viele Väter«, schreibt Hans-Peter Schwarz in dem Buch über die Eisenbahn in Deutschland. »Aber ohne Dürr wäre sie wahrscheinlich nicht zustande gekommen.« Das gefiel mir naturgemäß.

Aber ein riesiges Staatsunternehmen ist nur dann reformierbar, wenn die Politik mitzieht. Und die Politik hatte bei der Bahn den ersten Schritt getan: Schon 1988 hatte man eine »Regierungskommission Bahn« installiert, eine Art »Royal Commission«, die folgende Fragen beantworten sollte: Wie kann die Deutsche Bundesbahn bei kostendeckenden Preisen wettbewerbsfähig sein? Welche Konsequenzen ergeben sich daraus für die Unternehmensstruktur? Welche finanziellen Auswirkungen haben die gesellschaftlichen Anforderungen an die Bereiche der Bundesbahn, die nicht wettbewerbsfähig sind?

Kritiker meinten zwar, die Kommission sei nur eingerichtet worden, um ein brisantes Thema so zu verzögern, dass anstehende Wahlen nicht beeinflusst würden. Aber die Politik hatte nicht mit Günther Sassmannshausen gerechnet, den sie zum Vorsitzenden eingesetzt hatte. Der wollte zu einem Ergebnis kommen. Nach den sechzehn Kommissionen, die im Lauf der Jahre zur Sanierung der Bahn eingerichtet worden waren und deren Vorschläge allesamt ergebnislos blieben, sollte diese nun erfolgreich sein. Die Kommission hatte hochkarätige Mitglieder: aus der Wissenschaft die Professoren Gerd Aberle und Horst Albach, aus der Wirtschaft Theodor Althoff von der Karstadt AG und Gerd Lausen von der Landesbank Schleswig-Holstein, aus der Politik Werner Dollinger, Bundesminister a. D., Walter Leisler Kiep, Landesminister a. D., Ernst Haar, Parlamentarischer Staatssekretär a. D. und ehemaliger Vorsitzender der Gewerkschaft Eisenbahner Deutschland GdED und Professor Rolf Stuchtey, FDP. Die Vertreter der Arbeitnehmer waren Hans Matthöfer, der ehemalige Bundesfinanzminister, Hans Mayr, der ehemalige Vorsitzende der IG Metall, und Alfred Krause, der Ehrenvorsitzende des Deutschen Beamtenbundes. Das Bundesverkehrsministerium hatte den Leiter der Eisenbahnabteilung, Peter Reinhardt, in die Kommission entsandt.

Für mich war die Kommission ein Glücksfall. Ich konnte bei meiner Arbeit, dem Auftrag, der mir durch den Eigentümer Bund erteilt worden war, auf die Erkenntnisse, Überlegungen und Vorschläge der Kommission aufbauen, die den Rahmen vorgab. Die Sitzungen der Kommission fanden meist im Bundesverkehrsministerium in Bonn statt. In der Mittagspause gab es große, kaum handhabbare Schnittchen, später wurde auf Antrag einiger Mitglieder auch Suppe gereicht. Die Diskussionen waren außerordentlich aufschlussreich, denn ich erfuhr viel über die unterschiedlichen Kräfte, die an dem Staatsunternehmen Bundesbahn zerrten. Die Männer aus der Wissenschaft und Wirtschaft wollten vor allem, dass der Paragraf 28 des Bundesbahngesetzes über die Wirtschaftsführung endlich zum Tragen kommen sollte, der da lautete: »Die Deutsche

Bundesbahn ist unter der Verantwortung ihrer Organe wie ein Wirtschaftsunternehmen mit dem Ziel bester Verkehrsbedienung nach kaufmännischen Grundsätzen so zu führen, dass die Erträge die Aufwendungen einschließlich der erforderlichen Rückstellungen decken; eine angemessene Verzinsung des Eigenkapitals ist anzustreben. In diesem Rahmen hat sie ihre gemeinwirtschaftliche Aufgabe zu erfüllen. Die Deutsche Bundesbahn beschafft sich die erforderlichen Mittel zur Erfüllung ihrer Aufgaben selbst. Ist sie hierzu nicht in der Lage, soll der Bund das Eigenkapital verstärken oder ihr Darlehen von Haushaltsmitteln gewähren.«

Die Frage der Verzinsung des Eigenkapitals hatte sich eigentlich erledigt, denn nach vielen Verlustjahren war kein Eigenkapital mehr da. In der Kommission gab es sehr unterschiedliche Positionen. Die Wirtschaftsleute wollten eine unternehmerische Bahn, die Gewerkschaftler hatten mehr die Beschäftigten und ihre Organisationen im Auge, und die Politiker wollten ihr Spielzeug Bundesbahn nicht so ohne weiteres aus der Hand geben. Wie schön war es doch für einen Abgeordneten, beim Vorstand der Bahn durchzusetzen, dass der Nahverkehrszug in seinem Wahlkreis auch in Zukunft »an jeder Milchkanne«, wie die Eisenbahner sagen, halten würde, oder die Schließung einer Strecke zu verhindern, auch wenn dort kaum noch Fahrgäste zu verzeichnen waren. (Einmal besuchte mich die Präsidentin des Bundestages, um mir klarzumachen, dass *alle* ICEs in Göttingen, ihrem Wahlkreis, zu halten hätten.)

Im Jahr 1990 wurde das Aufgabenspektrum der Regierungskommission schlagartig um eine neue Dimension erweitert: Jetzt musste auch die Reichsbahn in die Überlegungen miteinbezogen werden, denn laut Einigungsvertrag war es Aufgabe der Vorsitzenden der Bundesbahn und der Reichsbahn, beide Bahnen zu einer Bahn zusammenzuführen. Die Zahlen, die in der Regierungskommission genannt wurden, waren dramatisch: sechs Milliarden Verlust bei der Bundesbahn, neun Milliarden Defizit bei der Reichsbahn im Jahr 1990. Ein großes Problem war, dass der Vorstand der Bundesbahn relativ wenig zu sagen hatte und das operative Geschäft ziemlich stark von der Eisenbahnabteilung im Bundesverkehrsministerium bestimmt wurde.

Ziemlich bald war Günther Sassmannshausen und mir sowie einigen Mitgliedern der Kommission klar, dass ein unternehmerischer Ansatz nur in der Rechtsform der Aktiengesellschaft zu erreichen war. Der Vorstand musste vernünftig arbeiten können, während dem Aufsichtsrat die Aufgabe zufiel, die Strategie mitzuentwickeln, den Vorstand aber gleichzeitig von den direkten Einflüssen der Politik abzuschirmen. Aber um die Bahn in eine Aktiengesellschaft umzuwandeln, brauchten wir eine Zweidrittelmehrheit im Bundestag, denn die Bundesbahn war im Artikel 87 Grundgesetz enthalten, in dem auch das Bundesaußenministerium und das Bundesfinanzministerium aufgeführt waren. Bei einem Vier-Augen-Gespräch mit Bundeskanzler Kohl trug ich die Vorschläge der Regierungskommission vor. »Wenn Sie das Grundgesetz ändern wollen, dann brauchen Sie eine Zweidrittelmehrheit im Bundestag«, erklärte Kohl. »Und die kriegen Sie mit den Sozis nicht, wenn Sie nicht anderswo Zugeständnisse machen. Und das will ich nicht.« Und als ich ihn darauf hinwies, dass es bei einer Aktiengesellschaft nach einer gewissen Übergangszeit auch keine Beamten mehr geben werde, beschwerte sich Kohl: »Aber das sind meine treuesten Wähler.«

Wie gewinne ich die SPD für die Bahnreform?

Wollten wir weiterkommen, musste also die SPD für die Sache gewonnen werden. Ich sprach mit Hans-Jochen Vogel, dem damaligen Partei- und Fraktionsvorsitzenden, der mich zu dem Edel-Italiener »Da Bruno« auf dem Venusberg einlud, um das Thema gemeinsam mit den stellvertretenden Fraktionsvorsitzenden und parlamentarischen Geschäftsführern (SPD-intern »Dezernenten« genannt) zu besprechen. Ich tat das mit großer Verve, denn in der Zwischenzeit hatte ich gelernt, die Vorzüge einer modernisierten Bahn in den schillerndsten Farben darzustellen. Und es gelang tatsächlich, bei der SPD Interesse für die Ideen der Regierungskommission zu wecken. Die Dezernenten hörten mir zu und machten eigene Vorschläge, wie etwa Wilfried Penner, Rechtsexperte der SPD, der mir erklärte: »Lieber Dürr, Sie sprechen immer vom Grundgesetz Artikel 87, der geändert werden muss, damit die Bundesbahn eine tolle Bahn wird. Aber Sie müssen andersherum argumentieren. Sie müssen sagen: Ich mache euch eine tolle Bahn, und wenn dann alle zustimmen, dann müssen Sie sagen, dass Sie dazu eine Änderung des Grundgesetzes benötigen.« Diesen Hinweis habe ich in unserer Öffentlichkeitsarbeit dann auch sofort umgesetzt.

Die SPD war naturgemäß deshalb gesprächsbereit, weil ihr die wichtigste Gewerkschaft der Bahn, die Gewerkschaft der Eisenbahner Deutschlands (GdED) signalisiert hatte, dass auch sie einer Bahnreform grundsätzlich positiv gegenüberstehe. Dabei spielte der GdED-Vorsitzende Rudi Schäfer eine ganz wesentliche Rolle. Schäfer kam aus Heilbronn, war also Schwabe, und somit konnten wir miteinander Klartext reden, was wir auch taten. Schäfer war nie polemisch, sondern blieb immer sachlich. Wenn er Forderungen stellte, waren sie ausgewogen. Er kannte die Bahn in- und auswendig. Und er wusste, dass sich einiges ändern musste, wenn sie nicht aufs Abstellgleis fahren sollte. Anders als die IG Metall war die GdED praktisch eine Betriebsgewerkschaft.

Wir konnten den Plan »Aktiengesellschaft« also fortführen, und die Regierungskommission kam gut voran. Schon im Juni 1991 hatte Sassmannshausen einen ersten Zwischenbericht veröffentlicht, dem kontroverse Diskussionen in der Kommission vorausgegangen waren. Da waren einmal die Zahlen, die Horst Albach bis zum Jahr 2000 vorgelegt hatte, mit Einsparungen gegenüber dem Status quo von 100 Milliarden D-Mark. Die Zahlen waren fast zu gut, aber sie wurden in dem Bericht genannt. Es war auch klar, dass das Netz bei der Bahn bleiben musste, obwohl es darüber unterschiedliche Auffassungen gab, auch in der Bahn selbst.

Interessant war die Auseinandersetzung zwischen den Vertretern der Beamten und den Vertretern aus den DGB-Gewerkschaften. Während Erstere für Beibehaltung der Behördenstruktur, wenn auch in modernisierter Form, plädierten, forderte Hans Mayr von der IG Metall einen starken Vorstand. (»Der Vorsitzende muss entscheiden können.«) Karstadtvorstand Althoff plädierte entschieden für mehr Informationstechnologie bei der Bahn, was allgemein akzeptiert wurde. Aber die entscheidende Aussage des Berichts war die, dass die Bahn in eine bundeseigene Aktiengesellschaft umgewandelt werden sollte. (Auch die drei anderen dem Bund gehörenden Großunternehmen wollten Aktiengesellschaften werden, wir mir die Vorstandsvorsitzenden Helmut Ricke von der Telekom, Klaus Zumwinkel von der Post und Günter Schneider von der Postbank bei einem persönlichen Gespräch sagten. Aber die drei Kollegen meinten, da es der Bahn wirtschaftlich am schlechtesten ginge, sei es dort am ehesten möglich, die AG durchzusetzen. Bei den Verlusten, die wir hätten, stünden die Politiker mit dem Rücken zur Wand. Auch Postminister Christian Schwarz-Schilling sei dieser Meinung.) Am 22. Dezember 1991 legte die Regierungskommission ihren 70-seitigen Abschlussbericht vor und übergab ihn der Bundesregierung zur Umsetzung.

Ein Ostdeutscher wird Bundesverkehrsminister. Günther Krause

Die Bundesregierung, das war für mich im Grunde Bundesverkehrsminister Günther Krause, der am 18. Januar 1991 als Nachfolger Zimmermanns zum Verkehrsminister ernannt worden war. Krause war bekannt geworden als Chefunterhändler der DDR beim Einigungsvertrag, den er am 31. August 1990 mit Wolfgang Schäuble unterzeichnet hatte. Bundesbankpräsident Hans Tietmeyer urteilte später über Krause: »Dem hat Deutschland viel zu verdanken, er war der Einzige, der die Dinge wirklich vorangebracht hat.« Mit Krause hatte ich von Anfang an guten Kontakt. Er unterstützte die Intentionen der Regierungskommission, die auch meine waren. Krause war ein starker Vertreter der neuen Bundesländer und sah sich auch als solcher. Er war von Hause aus Informatiker, ziemlich intelligent und selbstbewusst. Aber er konnte sich schwer in das Bonner System einfügen, und der Umgang mit den westdeutschen Medien war ihm fremd. Deshalb bekam er schnell eine schlechte Presse. Ich führte viele Gespräche mit ihm, hörte ihm zu und gab ihm Ratschläge, zumal mich Helmut Kohl auf Krause angesprochen hatte: »Krause ist ein guter Mann. Ohne ihn wäre de Maizière heute noch Ministerpräsident einer DDR. Aber bringen Sie ihm doch bei, dass Politik nicht nur mit dem Verstand, sondern auch mit dem Bauch gemacht wird.«

Ich besuchte Krause in seinem Heimatort Börgerende an der Ostsee, wo ich auch seine Frau kennenlernte, eine Bauerntochter, die noch weniger als ihr Mann mit den Bonner Verhältnissen klarkam, deren Familie aber viel Land um Börgerende besaß und in deren Haus die Familie Krause wohnte. Kleinbürgerlich. Ich lud beide zu mir nach Hause ein, wo Krause Edzard Reuter, dem Daimler-Vorstand, und dem Stuttgarter Banker Walter Zügel seine Vorstellungen vom Wiederaufbau des deutschen Ostens erläuterte. Offenbar schwebte ihm eine Art Marshallplan vor; die industrielle Substanz sollte modernisiert und erhalten werden, die Treuhand betrachtete er als ein Grundübel. »Dass kein Aufbauministerium gebildet wurde, wird die Koalition in zwei Jahren bereuen«, erklärte er. Dann erläuterte er, warum der Sozialismus seiner Ansicht nach gescheitert war: »Weil die Funktionäre immer für Konsens nach außen gesorgt und damit die eigenen Probleme verdeckt haben. Bis es dann zum Krach kam.«

Krause argumentierte wortgewaltig, aber viel zu kompliziert. Er hatte Ludwig Erhard im Detail studiert und verinnerlicht. »Seit ich die Bundesbahn näher kennengelernt habe, weiß ich, was Staatskapitalismus ist«, sagte er mir einmal.

Für mich war wichtig, dass er unsere Reformbestrebungen unterstützte. Als er im April 1992 vom Bundeskabinett den

Auftrag erhielt, auf Basis des Berichts der Regierungskommission die Bahnstrukturreform umzusetzen, nahm er sich dieser Aufgabe mit großem Ernst an. Ohne ihn wären wir nicht so zügig vorangekommen. Den endgültigen Erfolg des Eisenbahnneuordnungsgesetzes im Bundestag erlebte er nicht mehr in der Position des Verkehrsministers. Er war zu aufmüpfig geworden, hatte eigene Vorstellungen von der Politik in Deutschland entwickelt, und persönliche Ungeschicklichkeiten machten es seinen Gegnern leicht, ihn abzuschießen. Und der Bundeskanzler hatte seine schützende Hand zurückgezogen. Am 15. Mai 1993 trat Krause als Verkehrsminister zurück. Sein Nachfolger, Matthias Wissmann, setzte sich dann mit noch mehr Verve für die Bahnstrukturreform ein.

Ich sprach mit Krause einige Tage nach seinem Rücktritt. Sein einzig wirklicher Fehler sei gewesen, dass er Bundeskanzler Kohl in der Fraktion widersprochen hätte, und zwar beim Thema Vignette. Man hatte nämlich erwogen, die Bahnreform über eine Vignette zu finanzieren, die jeder Deutsche, der auf der Autobahn fahren wollte, kaufen sollte – wie das in der Schweiz schon seit Jahren der Fall war. Gleichzeitig sollte die Mineralölsteuer gesenkt werden. Wir hatten das Thema mit Helmut Kohl und Krause besprochen und darüber beraten, wie teuer eine solche Vignette sein sollte. »So viel, wie ein Bundesbürger im Jahr fürs Fernsehen zahlt«, hatte Kohl erklärt. Aber dann war er umgeschwenkt, da ihm klar geworden war, dass die Deutschen ihre Autobahn mehr liebten als die Bahn. Und Krause war entgangen, dass Kohl das Thema hatte fallen lassen. Er hatte ihm in der Fraktionssitzung widersprochen und war damit zu weit gegangen.

»Was wollen Sie jetzt machen?«, fragte ich Krause.

»Geld verdienen«, erwiderte er. »Mit Finanzgeschäften. Aber ohne die deutschen Banken.«

Ich empfahl ihm, auf ein Managementseminar nach St. Gallen oder vielleicht sogar nach Harvard zu gehen, oder als Berater in Verkehrsfragen beim Unternehmensberater Roland Berger anzuheuern. Immer wieder kam er auf die Wiedervereinigung zu sprechen, auf »seinen« Vereinigungsvertrag. Aber im Grunde war er ein geschlagener Mann. Bis heute lebt er mit einem schlechten Ruf. Ungerechtfertigterweise, wie ich finde.

Wanderprediger

Die Arbeit an der Bahnreform, dem »Jahrhundertwerk«, ging weiter. Es war mühsam. Aber ich wollte ja erfolgreich sein bei der »großen Erfolgsgeschichte«, wie der Bundeskanzler in seiner Rede gesagt hatte. Die Öffentlichkeitsarbeit spielte inzwischen eine immer wichtigere Rolle, denn beim Thema Bahn wollen alle mitreden. Wenn wir für die Bahnreform – die Experten sprachen von Bahnstrukturreform – werben wollten, dann mussten wir die Öffentlichkeit ansprechen, direkt und über die verschiedensten Gremien. Ganz wichtig waren der Verkehrsausschuss des Deutschen Bundestages, der Haushaltsausschuss, die Landesregierungen, der Städtetag, die Kommunen und Verbände. Ich hielt unzählige Vorträge, stellte mich in Podiumsdiskussionen zur Verfügung und führte zahllose Einzelgespräche mit Abgeordneten und politischen Funktionären. Bis Ende 1993, als die Bahnreform im Bundestag beschlossen wurde, hatte ich etwa 500 Gespräche geführt, Vorträge gehalten und Diskussionsrunden mitgestaltet.

Ich redete vor unterschiedlichstem Publikum: vor den Verbänden des mittleren und gehobenen Dienstes der Bahn, vor den Vertretern des Hamburger Hafenverbandes, vor den Alumnis der Harvard Business School, vor Vertretern von Mercedes Benz, vor den Vollversammlungen der IHK in Stuttgart, Braunschweig und Düsseldorf, vor dem BDI-Verkehrsausschuss, dem Umweltbundesamt, der Europäischen Reiseversicherung, den Vertretern der Stahlindustrie – und immer wieder vor Unternehmern und Handwerkern wie im »Club zum guten Endzweck« in Emden (was mir als gutes Omen schien). Ich stellte mich für viele Interviews im Radio und Fernsehen und in den Printmedien zur Verfügung. Und was mich heute noch wundert: Ich habe mich selten gelangweilt.

Großen Wert legte ich auf die Aufklärung und Werbung nach innen, also auf enge Kontakte zu den Mitarbeitern, den Führungskräften, den Arbeitnehmervertretern, und den Funktionären der Gewerkschaften, die ja auch alle Bahner waren. Information nach innen, das hieß für mich, auch alltägliche Vorfälle zu kommunizieren. So wie die Begebenheit, die ich in einem ICE in der 1. Klasse erlebte: Ein Student steigt mit seiner Bassgeige ein und stellt sie neben sich auf den Sitz. Fahrkartenkontrolle. »Ihre zweite Fahrkarte bitte. Dieses Ding nimmt ja einen Platz weg.«

»Habe ich nicht.«

»Dann müssen Sie nachzahlen.«

»Aber ihr Kollege am Bahnsteig hat mir gesagt, ich dürfte meine Bassgeige mitnehmen.«

»Das interessiert mich nicht, was der Kollege gesagt hat.«

Fahrgäste mischen sich ein. »Lassen Sie den jungen Mann doch, der Waggon ist ja halb leer.“

»Ich habe meine Vorschriften.« Die Unterhaltung wird lebhafter.

»Halt, da hinten sitzt doch der Bahnchef«, bemerkt einer. »Was meint der denn dazu?«

Ich stehe auf und gehe zu dem jungen Mann mit der Bassgeige. Das Verhalten des Zugbegleiters ist schwer zu verstehen, denn es gibt genügend freie Plätze.

»Ich mache ihnen einen Vorschlag«, sage ich zu dem jungen Mann. »Sie spielen uns auf Ihrer Bassgeige ein Stück vor, und dafür spendiert Ihnen die Bahn einen Sitzplatz.«

Der junge Mann packt seine Bassgeige aus, stimmt sie und spielt den Fahrgästen ein kleines Menuett vor. Großer Beifall. Der Zugbegleiter lächelt. Am nächsten Tag brauchte ich nur dafür zu sorgen, dass die Geschichte in der Bahn bekannt wird, um den Mitarbeitern deutlich zu machen, dass sich bei der Bahn was ändert.

Ein anderes Mal verabschiedet sich der Zugchef eines ICE über Lautsprecher: »Hier wechselt das Zugteam, wir wünschen Ihnen gute Fahrt. Tschüss.« Wenig später kommt er zu mir und berichtet, er habe von dem im Zug anwesenden Revisor einen Rüffel bekommen: Statt mit einem »Tschüss« habe er sich nach der Vorschrift mit »Auf Wiedersehen« verabschieden müssen.

»Sagen Sie auch in Zukunft ruhig Tschüss«, erkläre ich ihm.

So was machte schnell die Runde bei den 8000 Zugbegleitern in Deutschlands Zügen.

Natürlich waren das die einfacheren Übungen, wenn es darum ging, die Mentalität der Eisenbahner zu ändern. Viel schwieriger war alles, was mit den Vorschriften zu tun hatte. Da hieß es zum Beispiel in der Fahrdienstvorschrift: »Die Mitarbeiter sollen es sich zur Pflicht machen, die Betriebsvorschriften gewissenhaft zu befolgen und ihren Dienst mit der dem Wesen des Eisenbahnbetriebs entsprechenden Raschheit, aber ohne Überstürzung auszuführen.« Da war Beharrung angesagt, denn wer mag sagen, wann eine »entsprechende Raschheit« in »Überstürzung« übergeht? Mit großartigen Vorstandsanweisungen war es da nicht getan.

Ich spreche mit dem Vorsteher eines kleinen Bahnhofs und frage ihn, warum im Warteraum die Beleuchtung nicht funktioniert.

»Ich würde ja gern auf die Leiter steigen und die Leuchtröhre auswechseln«, erfahre ich. »Aber das darf ich nicht. Ich muss die Elektriker vom Betriebshof rufen, die kommen dann mit zwei Mann, einer hält die Leiter, einer wechselt die Röhre. Das ist Vorschrift.«

Dann murmelt er noch etwas von persönlichem Versicherungsschutz, wenn er von der Leiter fallen würde. Ich spreche mit meinen Leuten in der Hauptverwaltung, ob man das nicht ändern kann. Bedächtiges Kopfkratzen: »Sehr schwierig.«

Bei anderer Gelegenheit erklärt mir ein Dienststellenleiter, dass er die Wasserwaagen, die er für seine Arbeit brauchte, alle zwei Jahre zur Nachjustierung ins Ausbesserungswerk schicken müsse. Dafür würde er mit 200 D-Mark pro Waage belastet. »Dabei könnte ich mir im Eisenwarenladen eine neue Waage für 40 D-Mark das Stück kaufen. Verstehen Sie das?« Ich verstand das naturgemäß nicht.

Nun kann man ein Unternehmen wie die Bahn, bei der Sicherheit an erster Stelle stehen muss, nicht ohne Vorschriften betreiben. Ganz im Gegenteil: Vorschriften, die die Sicherheit des Betriebes betreffen, müssen mit äußerster Sorgfalt eingehalten (und kontrolliert) werden. Aber das kann nicht für unsinnige Vorschriften gelten, die aus früheren Zeiten stammen, als es einwandfreie Wasserwaagen auf dem Markt noch nicht zu kaufen gab. Dabei war die Bahn – vor dem Zweiten Weltkrieg – das technisch innovativste Unternehmen. Viele Erfindungen kamen aus der Bahn, nicht zuletzt das ganze DIN-Norm-Wesen, das für Deutschland und sein »Made in Germany« nicht ganz unwichtig war.

Bei der Bahnreform unterschieden wir zwischen der äußeren und der inneren Bahnreform. Die äußere Bahnreform war alles, was mit dem Staat zu tun hatte: Gesetze, Verordnungen, Finanzen, Arbeitsrecht, Beamtenrecht. Bei der inneren Bahnreform ging es um Abläufe im Unternehmen, um Organisation, Rechnungswesen, Berichtswesen, Bezahlung der Mitarbeiter, Tarifvertragsthemen mit den Gewerkschaften, Betriebsverfassungsgesetz. (In einer AG gibt es einen Betriebsrat, in einer Behörde den Personalrat – und das ist ein ziemlicher Unterschied.)

Was wir von den Japanern lernen können

Auf alle diese Themen mussten die Mitarbeiter der Bahn vorbereitet und geschult werden. Wir setzten ein großes Programm auf, das am Ende über 100 000 Mitarbeiter durchliefen, und wir machten dabei Anleihen bei der japanischen Bahn, der Japan Railway East. Die Japaner hatten schon in den achtziger Jahren eine große Bahnreform durchgeführt, denn die damalige National Japan Railway war in ähnlich katastrophalem Zustand gewesen wie die Deutsche Bahn Anfang der neunziger Jahre. Man hatte die japanische Bahn in fünf unabhängige Bahngesellschaften privatisiert, wie sich das aus der Geografie

Japans ergab. Alle waren ziemlich erfolgreich, ganz besonders aber die Japan Railway East, mit der ich ein Kooperationsabkommen abschließen konnte, das einen großzügigen Austausch von eisenbahnrelevanten Themen vorsah.

Auf allen Ebenen fanden gegenseitige Besuche statt, man redete miteinander und wir lernten viel von unseren japanischen Kollegen. Ein großer Vorteil war, dass der Chef der Japan Railway East, mein Freund Shuichiro Yamanouchi, sehr viel von den Deutschen hielt, leidlich Deutsch sprach und in schwierigen Situationen schon mal Goethe oder Schiller zitierte. Sein 84-jähriger Aufsichtsratsvorsitzender, der mich in Frankfurt besuchte und vom deutschen Essen und dem Rheinwein schwärmte, brachte mir bei, wie man mit seinen japanischen Mitarbeitern umgehen musste: Man müsse sich einfach Zeit nehmen. So flog ich immer schon Freitagabends nach Tokio, auch wenn die Besprechung erst auf Montag angesetzt war. Am Samstag schlief ich aus und spielte am Sonntag dann mit den japanischen Vorständen auf dem bahneigenen Golfplatz eine Runde Golf. Am Montag waren wir alle gut eingestimmt auf die Gespräche, und ich erhielt die Informationen, die wir brauchten – auch darüber, wie die Japaner ihre 200 000 Mitarbeiter auf die Privatisierung vorbereitet hatten. Das gesamte Personal war in Lehrgängen auf Kundenorientierung, Effizienz und Kostenbewusstsein geschult worden.

Wie erfolgreich man damit gewesen war, erlebte ich vor Ort: Die Züge waren extrem pünktlich, der Service perfekt. Aber auch die Disziplin der Fahrgäste war beeindruckend, etwa beim Einsteigen. Keine drängelnden Menschen vor den Türen, wenn der Zug in den Bahnhof eingefahren war. Auch wir brachten unseren Leuten bei, was ein modernes Kostenwesen bezweckte, wie eine Gewinn- und Verlustrechnung auszusehen hatte, was Führungsverhalten war – und vor allem, was Servicementalität bedeutete. Für die Schulung nahmen wir fremde Hilfe in Anspruch, denn wir hatten nicht genügend eigene Trainer für solche Aufgaben. Ich ging oft zu solchen Schulungen, versuchte, die Mitarbeiter zu motivieren, und erklärte, was wir vorhatten.

Und immer wieder lernte ich bei den Gesprächen auch einiges über das Innere der Bahn und über die Denkweise der Bahner.

Für das Rechnungswesen war mein Kollege Diethelm Sack zuständig, den ich Ende 1991 von einem Autozulieferer als Finanzvorstand zu uns geholt hatte. Bei seiner Bestellung gab es im Verwaltungsrat der Bundesbahn einige Widerstände. Man wollte einen großen Namen aus der Finanzwirtschaft, und Sack sei doch nur Prokurist. Aber der beeindruckte mich durch seine Art, mit Zahlen umzugehen. Sack ist heute noch Finanzvorstand der Deutschen Bahn AG und sicher der kundigste von allen Vorständen, zumindest was Zahlen angeht.

In der Bahnbehörde hatte es natürlich auch vorher schon ein Rechnungswesen gegeben, aber das war doch mehr auf das Haushaltsrecht ausgerichtet gewesen – und darauf, wie man Kosten so umlegte, dass der Geldgeber Staat möglichst viel gab. Zusammen mit externen Wirtschaftsprüfern stellte Sack das ganze System um, und bald wussten wir, was die einzelnen Bereiche kosteten und in welchen Kostenstellen und für welche Kostenarten das Geld gebraucht wurde. Interessanterweise stellten wir später fest, dass man bei der Reichsbahn der DDR bezüglich des Rechnungswesens weiter gewesen war als bei der Bundesbahn. Man bilanzierte nach dem Handelsgesetzbuch, manipulierte die Zahlen dann allerdings so, dass immer ein Gewinn herauskam. Das Motto, Geld vom Kunden, nicht vom Finanzminister zu holen, galt aber bald für beide Bahnen.

Eine große Rolle spielte naturgemäß, wie viel Geld der Finanzminister für Investitionen bei der Bahn eingeplant hatte, denn absurderweise musste das Geld, wenn es eingeplant war, auch ausgegeben werden. Klar wurde mir diese seltsame Haltung, als ich mit meinen Leuten über eine Neubaustrecke diskutierte, für die acht Milliarden D-Mark vorgesehen waren. Ich schlug vor, eine Alternative in Betracht zu ziehen, die zwar einige Minuten mehr Fahrzeit benötigte, aber nur fünf Milliarden D-Mark kosten würde. Entgeistert starrte mich der Sachbearbeiter an: »Wollen Sie drei Milliarden Mark der Straße in den Rachen werfen?«

Ein anderes Beispiel war das ICE-Betriebswerk in Berlin-Rummelsburg, für das man mir einem Investitionsvorschlag in Höhe von 750 Millionen D-Mark vorlegte. Geplant war der Bau einer Riesenhalle, in der ein kompletter ICE-Zug gewartet werden konnte. Da nur wenige ICE-Züge pro Tag anfielen, fragte ich, warum man sich nicht mit einer halb so langen Halle begnügen könne, denn genügend Zeit sei ja vorhanden. »Aber die 750 Millionen bekommen wir doch vom Bund«, sagten die Experten.« Ich entschied, das Geld für andere Zwecke zu verwenden, und das Betriebswerk wurde so gebaut, wie ich es vorgeschlagen hatte.

Nicht ganz einfach war die Zusammenarbeit mit der deutschen Bahnindustrie. Bislang hatte die Behörde Bahn die Züge und Anlagen in ihren Zentralämtern in München und Minden praktisch selbst entwickelt und sie dann der Industrie zur Ausführung übergeben. Naturgemäß fand ein ständiger Austausch zwischen der Industrie und der Bahn statt. Aber mit der Zeit hatte sich eine unglückliche Durchmischung ergeben: Bei der Besprechung eines schwierigen technischen Problems fiel es mir etwa schwer, auf Anhieb festzustellen, wer von den Anwesenden zur Bahn und wer zu Siemens gehörte. So stellten wir in dem Jahr, in dem der ICE auf Strecke gehen sollte, fest, dass es erhebliche technische Mängel gab. Die Schuld daran wurde der Bahn und ihren Ingenieuren gegeben. Auch als der ICE dann fahrplanmäßig fuhr und zur heißen Sommerzeit die Klimaanlagen oder die Toiletten ausfielen, hieß es, die Bahn und nicht die Industrie sei daran schuld. Also entschieden wir, fertige Züge von der Industrie zu kaufen, so wie die Lufthansa fertige Flugzeuge von Airbus oder Boeing übernahm. Die Vorstände der großen Firmen der Bahnindustrie fanden das absolut richtig, übersahen aber, dass ihre eigenen Leute gar nicht darauf vorbereitet waren, Aufgaben zu übernehmen, die vorher von Bahningenieuren geleistet worden waren. Bei der Vergabe der ICE 2- und ICE 3-Züge fand dann ein richtiger Bieterwettstreit statt – wobei mir meine Erfahrungen als Lieferant der Automobilindustrie zugutekamen.

Außerdem wusste ich ja aus AEG-Zeiten, wie Preise in der Bahnindustrie zustande kamen.

Mehrfach fuhr ich nach Brüssel zur EU-Kommission. Die hatte die Richtlinie 91/440 herausgegeben, die sich mit der finanziellen Klärung zwischen Bahnen und Staat sowie den Zugangsrechten zum Schienennetz befasste und die grundsätzlich unsere Bahnreform unterstützte. Ich sprach mit den Kommissaren van Miert und Matutes, die alle mehr Bahn, aber gleichzeitig dem LKW nicht wehtun wollten. Für mich lag die Zukunft unseres Güterverkehrs in einem grenzüberschreitenden Gesamtkonzept. Es gab groteske Situationen. Transporte vom Hafen Rotterdam nach Italien zum Beispiel verliefen wie folgt: von Rotterdam bis zur deutsch-holländischen Grenze mit der Bahn, dann Umladung auf LKW (das war billiger) bis zur schweizerischen Grenze, dann wieder Umladung auf die Bahn bis Italien, allerdings mit Lokwechsel an der italienisch-schweizerischen Grenze. (Heute hat sich da einiges zum Positiven gewendet.)

Vor den Besprechungen warteten wir in den Gängen vor den Büros der Kommissare und waren beeindruckt, wie viele attraktive Sekretärinnen an uns vorbeiliefen. »In diesem Gebäude gibt es mehr Scheidungen als anderswo«, sagte ein Insider. Große Geschäftigkeit herrschte, aber ich roch das dichte Bürokratiegeflecht. Man schien weit entfernt von dem tatsächlichen Geschehen in Europa zu sein.

Der Gesamtbetriebsratsvorsitzende sagt Gutes

Im Hotel Adlon hatte jetzt der Gesamtbetriebsrat Werner Mössinger mit seiner Rede begonnen. Mit ihm hatte ich ein besonderes Verhältnis. Wir respektierten uns gegenseitig, wir verstanden uns. Von ihm erfuhr ich viel über das Innere der Bahn. Mit ihm prägte ich die »Bei-einer-Tasse-Kaffee-Problemlösungsmethode« für den ganzen Konzern. Und bei der einen oder anderen Bahnveranstaltung spielten wir auch mal vierhändig Klavier. Mössinger war bekannt für seine geistreichen Ansprachen, aber heute lief er zur Hochform auf. Er verstand sich auf feinsinnige Anspielungen, auch diesmal, als er auf meinen Nachfolger, Staatssekretär Ludewig zu sprechen kam: »Einem Neuen darf man noch recht unbefangen gegenübertreten, ihm einen wohlformulierten Wunschzettel vor die Nase halten, ihm im Übrigen eine allzeit glückliche Hand zum Wohle aller Beschäftigten wünschen. Tut man das allerdings in Anwesenheit des Vorgängers, so ist das auch schon wieder so eine Sache. Ist der Wunschzettel zu lang, könnte der Vorgänger denken, man sei mit ihm absolut unzufrieden gewesen. Ist der Wunschzettel zu kurz, fragt sich der Neue, was er eigentlich hier soll.«

Es sei eigentlich eine Zumutung, fuhr Mössinger fort, von einem Personalvertreter zu verlangen, eine öffentliche Abschiedsrede für den Vorstandsvorsitzenden zu halten. Erstens solle man ja ehrlich sein, denn »er lebt ja noch (hoffentlich lange) und zweitens wird es damit erst recht kritisch: Sagt man nur Gutes, dann muss man sich sogar von denen, die nicht zur Wählerschaft gehören, fragen lassen, wo denn der erwartete Kontrapunkt zu den übrigen Laudationes sei«. Und außerdem könne der Geehrte die berechtigte Frage stellen, warum man ihm nicht schon früher ein derart freundliches Wort gegönnt habe. Dem Scheidenden Steine hinterherzuwerfen, das hielt Mössinger im Übrigen für ausgesprochen schäbig. Das entspräche weder dem Stil des Gesamtbetriebsrates noch der Art und Weise, wie wir auch in schwierigen Tagen miteinander umgegangen seien.

»Ich will«, fuhr Mössinger fort, »in den mir zugebilligten Minuten den Versuch unternehmen, ohne jede Bewertung ein paar Erfahrungen zu schildern, und dann mögen Sie sich selbst einen Reim darauf machen oder auch nicht. Man schrieb das Jahr 1990. Dr. Sassmannshausen war mit seiner Regierungskommission schon zu Gange. Die Deutsche Bundesbahn befand sich in der Endphase der sogenannten Unternehmensstrategie DB '90 und demzufolge in einem äußerst desolaten

Zustand. Die Ressourcen bestimmten den Leistungsumfang. So blieb es nicht aus, dass der Bahn immer Schlimmes bevorstand, wenn ein Kunde mit einem Auftrag drohte, und als ich bei meinem letzten Monatsgespräch (die monatlichen Gespräche zwischen Personalrat und Vorstand) dem damaligen Vorstandsvorsitzenden sagte, die Verhältnisse bei der Bahn seien zum Davonlaufen, da konnte ich natürlich nicht ahnen, dass er das gleich wörtlich nehmen würde.« Tatsächlich hatte der damalige Vorstandsvorsitzende Gohlke sein Amt niedergelegt und war zur Treuhand gewechselt.

Dann geht Mössinger auf eine Mitarbeiterbefragung ein, die für den Bahnvorstand verheerend ausgefallen war. Die Auswertung wirbelte auch in den Medien allerhand Staub auf. Aber wie so oft blieben die eigentlichen Probleme, die viel mit dem Führungsverhältnis zu tun hatten, auf der Strecke. Immerhin hatte man, um die Gemüter einigermaßen zu beruhigen, eilends angekündigt, wenigstens einen Teil der Übernachtungsräume für das fahrende Personal zu renovieren. Mit wohlgesetzten Worten, treffenden Beispielen und ausgefeilter Rhetorik sei versucht worden, den neuen Bahnchef für das Thema zu sensibilisieren. Mössinger: »Seine Antwort ist in die Geschichte des Hauptpersonalrats eingegangen: Ich habe mir einige Sozialräume angesehen. Mir ist unbegreiflich, dass ihr euch die ganze Zeit so etwas habt bieten lassen. Betroffenes Schweigen. War das jetzt der Vorstand, oder saß da einer, der gerade beschlossen hatte, mir meinen Stuhl streitig zu machen? Natürlich hat diese Bemerkung zu heißen Diskussionen unter uns geführt. Einige waren regelrecht ratlos. In der Tat brauchten wir einige Zeit, um dahinterzukommen, dass dies mehr war als nur ein Fishing for Compliments, wie wir in Hessen sagen. Ein Betriebsratsvorsitzender in Darmstadt hat genauso nach Luft geschnappt, als ihn Heinz Dürr beim Anblick der Arbeitsbedingungen anblaffte, so könne man ›die Leut net schaffe lasse‹. Ja, Heinz Dürr und die Leut – das ist ein besonderes Kapitel, von dem nicht nur die Lokführer zu berichten wissen. Vielleicht liegt es an der Familientradition und den Erfahrungen in der eigenen Firma. Heinz

Dürr blüht geradezu auf, wenn er im Kreis von Mitarbeitern steht, an deren Händen man schon sehen kann, dass sie mit einem Schreibtisch wenig zu tun haben.«

Dann geht Mössinger auf die Frage ein, ob das fast herzliche Verhältnis zwischen Heinz Dürr und »seine Leut« einheitlich in allen Hierarchieebenen zu finden gewesen sei. Um die Probleme der leitenden Angestellten hätte er sich ja von Amts wegen nicht kümmern müssen, er wisse nur, dass sich in der Zentrale, die damals noch Hauptverwaltung hieß, einiges geändert habe: »So mussten einige wieder lernen, sich auch ohne Folien und Overheadprojektor verständlich zu machen. Das habe ich damals sehr begrüßt, denn wer nur in Schlagzeilen und Überschriften denkt, der muss ja zwangsläufig oberflächlich bleiben. Allerdings war auch in den Langschriftvorlagen jegliche Art von ›Lyrik‹ verpönt.«

In der ersten Reihe im Hotel Adlon in Berlin sitzend, versuche ich zu rekapitulieren, wie viele Power-Point-Präsentationen ich in den vergangenen Jahren ansehen, ja ertragen musste. Selbst Begrüßungen wie »Guten Morgen« und Verabschiedungen wie »Ich danke für Ihre Aufmerksamkeit« werden heutzutage per Beamer an die Wand geworfen. Und damit alle sie lesen können, müssen die Buchstaben groß sein, pro »slide« oder »foil« nicht mehr als sechs bis acht Zeilen, als »bullet points«, kurze knappe »Statements«. Nun sollte man glauben, dass sich der Vortragende auch aufs Wesentliche beschränken und prägnant formulieren müsse. Das tut er aber nicht, sondern produziert stattdessen Sätze, die zu allem passen und inhaltsleer sind, während er sich, statt die Zuhörer anzusehen, an der Betrachtung seiner »Foils« labt, die er zu allem Überfluss auch noch wörtlich abliest. Manchmal konnte ich da nicht mehr an mich halten: »Nehmen Sie bitte zur Kenntnis, dass wir schneller lesen können als Sie reden.« Heute soll es sogar so etwas wie »Powerpoint-Karaoke» geben, bei dem der Kandidat die Folien erklärt, auch wenn er vom Inhalt keine Ahnung hat. Das kommt der Wirklichkeit manchmal ziemlich nahe und ist mitunter ausgesprochen amüsant.

Mössinger wendet sich dem Thema »Abschaffung der Behördenstruktur« zu. Ein Geheimnis sei ja immer noch nicht ganz gelüftet: »Hat der Dürr jetzt etwas gegen die Beamten oder nicht?« Tatsächlich hatte ich schon ganz am Anfang meiner Arbeit bei der Bahn eines Abends in meinem Büro gesessen und plötzlich einige Stockwerke tiefer lauten Jubel gehört. Auf meine Nachfrage erklärte man mir, der Personalvorstand sei in Bonn gewesen und habe von dort einige Beförderungen mitgebracht. Da fiel mir der blöde Witz ein: An was denkt ein Beamter beim Aufwachen? An die nächste Beförderung.

Und wenn mir eine Behörde schrieb: »Die durch unsere Behörde getroffenen Feststellungen sind amtlich und daher zutreffend; das Anzweifeln der festgestellten Tatsachen ist unangebracht«, dann hatte ich schon meine Probleme mit einer solchen Einstellung.

Aber ich habe viele Mitarbeiter mit Beamtenstatus bei der Bahn getroffen, die äußerst einsatzfreudig, erfahren und loyal waren, oft mehr als in der Industrie üblich, und das bei einer Bezahlung, die weit unter dem Industriestandard lag (allerdings mit Freifahrten in unseren Zügen). Schließlich wendet sich Mössinger dem nationalen Spitzenthema zu, der deutschen Einheit, die weitaus schwieriger gewesen war, als wir 1990 geahnt hatten. Das erlebten wir auch bei der Bahn, und zwar viel intensiver als in jeder anderen deutschen Firma. Er müsse vor diesem Auditorium nicht erklären warum. Aber: »Heinz Dürr hat sich von Anfang an die Spitze derer gestellt, die gesagt haben: Wir Eisenbahner werden der Welt vormachen, wie man die Einheit gestaltet.«

Die Reichsbahn und die DDR

Jetzt waren wir also bei der Reichsbahn und der DDR angelangt. Für Letztere hatte ich mich schon lange vor dem Mauerfall interessiert. 1964 war ich zum ersten Mal »drüben« gewesen, wie es damals hieß. Die Automobilwerke Eisenach (AWE), wo der »Wartburg« gebaut wurde, hatten bei uns wegen einer Vorbehandlungsanlage für Karosserien angefragt. (Der Vorbehandlungsprozess findet vor der eigentlichen Lackierung statt. Das Blech der Karossen wird gereinigt und mit einer Phosphatschicht versehen, die Unterrostungen verhindert.) AWE hatte ziemliche Qualitätsprobleme mit der Lackierung, und die Anlage war in einem sehr schlechten Zustand. Da musste einiges umgebaut werden. Das Problem war, dass AWE fast keine harte Währung besaß und wir keine Ost-Mark zur Bezahlung unserer Leistungen akzeptieren konnten. Aber das Projekt war interessant, und so vereinbarten wir mit AWE eine Kooperation: Wir lieferten das Know-how, die Zeichnungen und die Teile, die es in der DDR nicht gab; und AWE fertigte in Eigenregie Stahlbaublechteile und stellte die Monteure. Die Überwachung der Baustelle lag bei meinen Leuten.

Die Zusammenarbeit mit den DDR-Leuten wurde sehr schnell sehr eng, denn man war ja aufeinander angewiesen, wenn das Projekt erfolgreich sein sollte. So sammelten wir Erfahrungen mit der DDR, lernten die unglaubliche Bürokratie mit ihren Vorschriften kennen, das ständige Delegieren jeglicher Verantwortung nach oben. Aber wir lernten auch, was es hieß, wenn ein Problem »operativ« gelöst wurde, nämlich schlicht und einfach außerhalb der Bürokratie und ohne Rücksicht auf die Vorschriften. (Später traf ich bei der Reichsbahn sehr oft auf solch »operatives« Tun.) Diese »operativen« Lösungen funktionierten nur, weil die Menschen miteinander redeten, weil sie sich ehrgeizig der Lösung einer Aufgabe verschrieben hatten, wenngleich der Ehrgeiz auf unserer Seite wesentlich ausgeprägter war als aufseiten der AWE-Mitarbeiter.

Eine Ausnahme stellten ein paar Führungskräfte dar, wie etwa der Betriebsleiter, ein Volkskammerabgeordneter und überzeugter Kommunist, der der verantwortliche Gesprächspartner für uns war. Er verzweifelte manchmal fast an der Ineffizienz und Disziplinlosigkeit seines Beritts. Die Leute am Band, so klagte er, hätten einfach keinen Bock zum Arbeiten. So habe er für verschiedene Farben der Arbeitsanzüge in den

Abteilungen gesorgt, um leichter erkennen zu können, wenn einer vom Rohbau in der Lackiererei herumlief und dort seine Kollegen von der Arbeit abhielt. Diese Maßnahme fiel dem Betriebsleiter schwer, denn im Sozialismus sollte das Bestreben des Proletariers voll auf ein Ergebnis gerichtet sein, das jedermann zugutekommen würde, da es ja keine profitsüchtigen Unternehmer mehr gab.

Unser Projekt wurde sauber abgewickelt, der Automobilminister besichtigte das potemkinhaft hergerichtete Werk, der Betriebsleiter wurde ausgezeichnet. Die Firma Dürr bekam in den folgenden Jahren viele interessante Anschlussaufträge aus der ostdeutschen Fahrzeugindustrie. Die leitenden Herren der DDR-Betriebe durften nach einiger Zeit auch in den Westen reisen. Sie kamen gern nach Stuttgart, und weil sie gute Kunden waren, kümmerten sich meine Leute um sie und erfüllten auch Wünsche, die nur bedingt mit unseren Anlagen zu tun hatten. Zum Beispiel besorgten sie Winterreifen, die es in der DDR kaum gab. Aber als wir Kopiergeräte nach drüben schickten (alle Verträge und Betriebsanleitungen wurden bis dahin mit Kopierpapier gepaust), gab es Probleme, denn damit hätten ja auch Flugblätter vervielfältigt werden können.

Ich habe fähige Manager und »Technologen« (wie die Ingenieure in der DDR hießen) in den Betrieben kennengelernt. Aber selbst sie blieben in ihrem Wirkungskreis allzu sehr eingeschränkt, und meist fehlten ganz einfach die Mittel, gleichgültig ob Geld oder Material. Und wenn einer partout nicht wollte, dass etwas passierte, dann konnte er es jederzeit auf die Parteiführung schieben, denn die gab allzu oft völlig irreale Planwerte vor.

Mit der Zeit wurden die Verbindungen zu unseren Geschäftspartnern enger. Auf der Leipziger Messe, dem »Fenster der DDR nach Westen« (wie der offizielle Messeslogan lautete) wurde die Freundschaft mit viel Alkohol begossen. Aber es gab auch peinliche Vorfälle – wenn etwa Direktoren der Außenhandelsorganisationen, mit denen wir den ganzen Tag verhandelt hatten, nicht mit in »Auerbachs Keller« durften, weil dort nur Devisenausländer erwünscht waren.

Während der Messe war in den Interhotels ziemlich was los. Mit harter D-Mark konnte man leichte Unterhaltung und sogar ein bisschen mehr erkaufen. Erst als eine von der Stasi auf unsere Ingenieure angesetzte Hostess in den Westen floh und beim BND auspackte und daraufhin ein Beamter des BND in der Firma Dürr zum Informationsgespräch erschien, wurde mir klar, dass der Kalte Krieg auch Ausläufer bis hinein in unsere kleine Welt hatte. Aber das waren die Ausnahmen. Insgesamt gab es viele persönliche Beziehungen, ja sogar Freundschaften zwischen unseren Leuten aus Stuttgart und den Mitarbeitern der DDR-Betriebe. Manchmal sangen wir sogar aus dem FDJ-Liederbuch: »Das Bier hat viele Kalorien, erzeugt auch viele Energien. Im Betrieb und auf dem Bau, leider nicht so bei der Frau.« Oder: »Wir saufen bis zum Morgenrot die bösen kleinen Zweifel tot.«

Die Anlagen, die wir in den siebziger und achtziger Jahren in der DDR gebaut hatten, waren immer sehr großzügig konzipiert und nach dem neuesten Stand der Technik ausgelegt, sodass die DDR-Betriebe damit durchaus hätten konkurrenzfähig sein können, auch im Verhältnis zum westlichen Standard. Trotzdem wurde der Rückstand der DDR zum Westen immer größer, denn man hatte gewaltige Probleme mit der Materialbeschaffung und mit dem Vertrieb. Alles, was produziert wurde, war ja nach Plan bereits verkauft. Der Druck des Marktes fehlte. Und die Manager, auch wenn sie noch so guten Willens waren, wurden am Plan gemessen, nicht am tatsächlichen Ergebnis.

Mit meinem kommunistischen Gesprächspartner, dem Betriebsleiter aus Eisenach, sprach ich oft über diese Probleme. Zu jener Zeit war in der DDR ein neuer ökonomischer Mechanismus entwickelt worden (NÖM), der als Führungsphilosophie gar nicht einmal so schlecht schien. Es sollte »dezentralisiert werden, um mehr Effizienz zu erreichen«, und »strukturbestimmende Schwerpunktbereiche« waren für den Ausbau vorgesehen. Aber der Plan, nicht der Markt hatte weiterhin Vorrang, und Geld wurde als Mittel für staatlich vorgegebene Transaktionen, aber nicht als eigenständiges ökonomisches

Regulativ gesehen. Politisches Kalkül zählte mehr als ökonomische Vernunft. (Manchmal frage ich mich heute, ob in der Bundesrepublik Deutschland im Jahre 2008 nicht auch dergestalt gedacht und gehandelt wird.)

Sehr viel später traf ich wichtige Spitzenfunktionäre der DDR. Sie beeindruckten mich in keiner Weise. Aufgeblasenes Mittelmaß. In einer Runde von westdeutschen Vorstandsvorsitzenden versuchte der DDR-Wirtschaftsminister Günter Mittag mit ziemlich wirren Argumenten die DDR als Partner für die BRD darzustellen. Nur sein Stellvertreter Beil brachte eine gewisse Linie in das Gespräch.

1987 erfolgte der »offizielle Besuch« Erich Honeckers in der Bundesrepublik. Ich war zu einem großen Abendessen in Bonn eingeladen, saß zwischen Frau Grete Schickedanz, der Quelle-Chefin, und der grünen Bundestagsabgeordneten Antje Vollmer. (Frau Schickedanz war etwas pikiert, dass Leute wie Frau Vollmer an unserem Tisch saßen.) Der Bundeskanzler und der Staatsratsvorsitzende, ein geradezu erdrückendes Bild: der massige Kohl neben dem schmächtigen Honecker. Wohlgesetzte Reden, alles bekannt. Man achte die bestehenden Gremien, sagte Kohl, aber wolle doch die Teilung überwinden. Friedlich und in Freiheit. Honecker drischt die ostblocktypischen Phrasen von Frieden, Abrüstung und Kooperation und meint dann, Sozialismus und Kapitalismus ließen sich ebenso wenig vereinigen wie »Feuer und Wasser«. Aber Honecker, als Persönlichkeit wenig beeindruckend, ist ein gefragter Gesprächspartner bei Politik und Wirtschaft und sieht »seine DDR« als gleichberechtigten Partner. (Ob Kohl an diesem Abend geahnt hat, dass er dieses Land einmal übernehmen würde?)

Mit diesen ganz persönlichen Erfahrungen, die ich in Eisenach, in Zwickau, in Leipzig und Berlin gemacht hatte, ging ich 1991 an die Arbeit bei der Reichsbahn. Auch da gab es einen Plan. Aber der war Makulatur, denn der Markt für die Reichsbahn war nach der Wende zusammengebrochen, insbesondere im Güterverkehr. Zu DDR-Zeiten hatte ein Gesetz gegolten, dass alle Transporte über fünfzig Kilometer Entfernung mit der Bahn gefahren werden mussten. Wenn Güter mit dem LKW transportiert werden mussten, brauchte man dazu die Genehmigung der SED-Bezirksleitung. Deshalb beförderte die Reichsbahn mehr Tonnen als die Bundesbahn, obwohl die ostdeutsche Wirtschaft insgesamt nur ein Fünftel des Volumens der Bundesrepublik ausmachte. Da dieses Gesetz nach 1990 weggefallen war und jetzt mit dem LKW befördert werden durfte, wurde nur noch ein Drittel der Tonnage der DDR mit dem Zug gefahren.

Keine besonderen Vorkommnisse

Schon im Dezember 1990, also vor meinem offiziellen Dienstantritt bei der Bundesbahn, führte ich erste Gespräche mit Hans Klemm, dem damaligen Vorstandsvorsitzenden der Deutschen Reichsbahn. Wir sprachen über Mitarbeiter, die von der Bundesbahn zur Reichsbahn gehen sollten und umgekehrt: Integration durch Personalaustausch. Die erste Aktion, die ich bei der Bahn selbst in Angriff genommen hatte, war die Aktion »Zeigersprung«, ein für die Eisenbahner traditioneller Begriff, der für Pünktlichkeit steht. Der umspringende Sekundenzeiger der Bahnuhr auf den Bahnsteigen 20 Sekunden nach der vollen Minute zeigt, wann losgefahren werden muss. Durch die Öffnung der innerdeutschen Grenze war viel Personenverkehr in Gang gekommen, auch bei der Bahn. Und so blieb nicht aus, dass es durch mangelnde Ressourcen, also durch fehlende Lokomotiven und Waggons, immer wieder zu erheblichen Verspätungen kam. Ich lud die Verantwortlichen von Bundesbahn und Reichsbahn zu samstäglichen Sitzungen ein, die wir »Aktion Zeigersprung« nannten und für die ich Butterbrezeln bereitstellen ließ. (Danach gab es bei wichtigen Sitzungen bei der Bahn immer Butterbrezeln.)

Die Bundesbahn verfügte über zu wenige, die Reichsbahn aufgrund des zusammengebrochenen Güterverkehrs über zu viele Lokomotiven. Also wurde angeordnet, dass die Reichsbahn E-Loks in den Westen schicken sollte. Doch einige Lokführer der

Bundesbahn lehnten es ab, auf »kommunistischen Loks« zu fahren, wie sie sagten. In persönlichen Gesprächen musste ich ihnen erklären, dass diese vermeintlich »kommunistischen Loks« technisch so gut wie die kapitalistischen seien und sogar ein Handwaschbecken im Führerstand hätten. Damit war auch dieser Fall geregelt.

Am 4. Januar 1991 findet mein erster offizieller Besuch bei der Deutschen Reichsbahn statt. Man holt mich im Sonderzug ab. Wir fahren einige Strecken ab und besichtigen dann den riesigen Rangierbahnhof Seddin bei Berlin, auf dem allerdings kaum Züge stehen. Ich werde militärisch zackig begrüßt: »Guten Tag, Herr Vorstandsvorsitzender, Rangierbahnhof Seddin meldet keine besonderen Vorkommnisse.« Die Gespräche und Beratungen sind konstruktiv. Es geht um einen schnellen Austausch der Kapazitäten. Klemm gibt sich sehr kooperativ. Mein Kollege von der Bundesbahn, Peter Münchschwander hat da Zweifel, denn er befürchtet mangelnde Kooperationsbereitschaft bei den Reichsbahnern. Also besuche ich Direktionen, Bahnhöfe, Werkstätten und fahre auf den Loks mit, um Land und Leute der Bahn kennenzulernen. Und ich halte mich, wie immer bei meiner Arbeit, an die chinesische Weisheit: »Einmal sehen ist besser als hundertmal hören.«

Schon vorher hatte ich mich mit der Organisation der Deutschen Reichsbahn vertraut gemacht und die vom Ministerrat der Deutschen Demokratischen Republik, Ministerium für Verkehrswesen, herausgegebene »Ordnung für die Arbeit mit der Kadernomenklatur« studiert. Dieser Organisationsplan für die leitenden Funktionen legte fest, wer als Kader infrage kam und wer darüber entschied. In der Einleitung hieß es: »Die Verwirklichung der Beschlüsse der SED zur weiteren Gestaltung der entwickelten sozialistischen Gesellschaft in der DDR und die daraus resultierende verkehrspolitische Aufgabenstellung für die Deutsche Reichsbahn stellen hohe Anforderungen an das politische Bewusstsein, die revolutionäre Haltung sowie die politischen und fachlichen Kenntnisse und Fähigkeiten der Kader im Eisenbahnwesen, insbesondere an die Leiter aller Ebenen.« Bei den »Anforderungen an die Nomenklatur« hieß es: »Bei der Auswahl und dem Einsatz der Kader ist davon auszugehen, dass die führende Rolle der Arbeiterklasse und ihrer marxistisch-leninistischen Partei bei der Besetzung der Nomenklaturfunktionen gesichert und weiter ausgeprägt wird. Als Nomenklaturkader sind Kader auszuwählen und einzusetzen, die sich durch unbedingte Treue zur Arbeiterklasse und ihrer Partei auszeichnen, über hohe politische und fachliche Kenntnisse verfügen ... Die Nomenklaturkader müssen für die unverbrüchliche Freundschaft mit der Sowjetunion und den anderen sozialistischen Bruderländern eintreten sowie in ihrer Leitungstätigkeit im gesellschaftlichen und im persönlichen Leben stets im Geiste des proletarischen Internationalismus handeln.«

Bei den Gesprächen mit Reichsbahnern wurde ich auf diese Vorgaben nie angesprochen. Im Gegenteil, die Leute redeten ständig von Marktwirtschaft. Aber wie viel von dem Parteijargon hatten sie in 40 Jahren SED-Herrschaft verinnerlicht? Wie sehr hatte Anpassung ihr Wesen geprägt? Und das waren die Leute, mit denen ich nun die Reichsbahn führen sollte, Leute, die aus Bonner Sicht »Systemnähe« hatten und die ein Formular zu ihrer Vergangenheit nach der Wende entsprechend ausgefüllt hatten.

Aufschlussreich war ein der »Ordnung« beigelegtes Muster für eine Kurzbiografie, also quasi ein Lebenslauf, in dem sämtliche biografischen Einzelheiten abgefragt wurden, insbesondere ob es Verwandte ersten Grades gab, die ungesetzlich ins kapitalistische Ausland ausgereist waren oder einen Ausreiseantrag gestellt hatten.

In einem Vortrag, den Klemm und sein Kollege Krüger vor der Regierungskommission in Bonn halten, wird die wirtschaftliche Lage der Deutschen Reichsbahn überdeutlich. In sachlicher Form tragen die beiden schreckliche Zahlen vor. 160 Milliarden D-Mark Aufwand für zehn Jahre und das bei 60 bis 70 Milliarden D-Mark Umsatz in diesem Zeitraum.

Sehr wahrscheinlich muss der Zusammenschluss von DB und DR schneller kommen als die Politik vorgesehen hatte.

Aber zunächst reden die Vorstände nur über operative Fragen. So auch bei der Fahrt im Sonderzug nach Neuruppin in der Mark Brandenburg. Die Mark Brandenburg – eine unbekannte Gegend für mich. Geschichtsträchtig. Besuch im Heimatmuseum von Neuruppin, der Geburtsstadt von Fontane. Begegnung mit deutscher Literatur. Aber auch eine Begegnung mit einer heruntergekommenen Stadt. »Wie alle Städte im Osten«, sagt Klemm. Man sieht viele westdeutsche Automarken in der Stadt, Läden mit den Markenzeichen westdeutscher Produkte. Aber man hat Angst vor der drohenden Schließung des einzigen Industriebetriebes in der Stadt. Es gibt viele Arbeitslose, und das, obwohl für den Aufbau der Infrastruktur Leute gebraucht würden.

Wir bilden die Arbeitsgruppe »DB 21«, die eine Strategie für die Zukunft der beiden deutschen Bahnen erarbeiten soll. Ich bestehe auch darauf, dass wir mehr auf moderne Informationstechnologie setzen, auf das sogenannte »Computer Integrated Railroading« (CIR), um deutlich zu machen, dass die Bahn im Informationszeitalter angekommen ist. Allein durch Verkürzung der Abstände zwischen den auf einer dicht befahrenen Strecke laufenden Zügen mittels Informationstechnologie könnte die Produktivität gesteigert werden. Dazu muss natürlich investiert werden, aber eben nur in Rechner für die Lokomotiven und in Softwarelösungen, nicht in zusätzliche Strecken und Gleise, die viel mehr kosten und wegen der langen Planungs- und Genehmigungsabläufe viel Zeit erfordern. In der Aktion »Zeigersprung« bringen die Männer immer wieder Grundsatzfragen zur Sprache, Fragen, die sie bewegen, die aber erst mit einer generellen Bahnreform gelöst werden können.

Dann schlägt mir Rudi Schäfer von der GdED vor, ich solle doch auch Chef der Deutschen Reichsbahn werden, da die beiden Bahnen sonst nie zusammenwachsen würden.

Mit Minister Krause reise ich nach Finnland. Besuch der dortigen Eisenbahn und des Ostsee-Fährverkehrs. Beim Frühstück sagt mir Krause, die Gauck'sche Behörde hätte ihm mitgeteilt, der Vorsitzende der Deutschen Reichsbahn, Hans Klemm, sei

Mitarbeiter der Stasi gewesen. Damit sei er nicht mehr zu halten, auch wenn er ein guter Eisenbahner sei (und das war er in der Tat). Für den Posten hätten sich schon ein paar Kandidaten gemeldet, auch aus der Politik. Aber Krause ist der gleichen Meinung wie Schäfer: »Wenn wir jetzt einen neuen Vorsitzenden der Deutschen Reichsbahn benennen, will der sich profilieren, und der Zusammenschluss DB-DR rückt in weite Ferne. Sie müssen das mitmachen.« Wir diskutieren noch, wer von der Reichsbahn in den Vorstand kommen könnte. Aber da müsste ja auch wieder Gauck gefragt werden. Auf alle Fälle beschleunigt der Fall Klemm die Bahnstrukturreform in unerwarteter Weise.

Ein Vorgang überschattet den Finnland-Besuch. Der Sturz Gorbatschows. Totale Überraschung allenthalben. Die Börse im Keller. Der US-Dollar auf 1,83. Alle haben es so kommen sehen und wissen auch, was geschieht: Das sowjetische Volk wird sich nicht erheben. Die Kommunisten werden für Ordnung sorgen. Und der Westen kann wieder Geschäfte mit den Russen machen. Krause als Minister bekommt keine Informationen vom deutschen Botschafter. Nur die finnischen Eisenbahner wissen Bescheid, da sie direkt über ihr internes BASA-Bahnnetz mit Moskau telefonieren können. (BASA, die Bahn-Selbst-Anschluss-Anlage, ist das Selbstwahl-Fernsprechnetz der europäischen Eisenbahnen und war weltweit das erste Fernsprechnetz, das auch im Fernverkehr ohne Handvermittlung auskam – in den dreißiger Jahren eine technische Meisterleistung.)

Jetzt bin ich auch noch Chef der Reichsbahn

Zurück in Frankfurt teilt mir Krause mit, dass Klemm um vorzeitigen Ruhestand gebeten hat. Also wird Dürr Vorstandsvorsitzender der Reichsbahn. Ich bin damit für fast 500 000 Leute verantwortlich. Was für eine Herausforderung! Nach den Pressemeldungen Gratulationen, aber auch einige Befürchtungen, ob das nicht zu viel für mich würde. Ich ziehe von Frankfurt in eine Wohnung in Westberlin, direkt am Lietzensee. Die Aufbruchstimmung in der Stadt gefällt mir. Morgens gehe ich Brötchen (»Schrippen«) und Zeitungen holen. Ein neues Lebensgefühl: alltägliche Dinge selbst zu erledigen und nicht ständig bedient zu werden.

Als Bahnchef bin ich ein gefragter Mann bei den Westberliner Bauträgern, die auf die vielen Grundstücke, die die Bahn in Berlin besitzt, längst ein Auge geworfen haben. Da wird mir viel erzählt, und ich kriege auch mit, wer wo mit wem wie viel Geld gemacht hatte in Zeiten der subventionierten Mauerstadt. (Davon hatten wir in Baden-Württemberg bis dahin nichts gehört.) Bei einem Fall geht mir die Sache aber doch zu weit: Der erste Reichsbahnchef nach der Wende hat einem Westberliner Immobilienhai ein Grundstück »Unter den Linden« für eine Monatsmiete von einer Mark pro Quadratmeter verpachtet, und das für 99 Jahre. Ich mache dem Mann klar, dass dies ein unmoralischer Vertrag ist und er mit ziemlicher Öffentlichkeit zu rechnen hat, wenn er nicht einer Auflösung zustimmt. Mit der Aussicht auf weitere Geschäfte stimmt er zu.

Ich beziehe mein Büro in der Ruschestraße, im früheren Stasi-Hauptquartier, das die Reichsbahn nach der Wende gekauft hatte. Wenn ich mit dem Wagen dorthin fahre, geht der Weg vorbei an langen Bruchzonen, an denen sich aufkommender Wohlstand scharrend entlang der alten Ärmlichkeit schiebt. Früher saß in meinem jetzigen Büro Markus Wolf, der allmächtige Spionagechef der DDR. Hinter meinem Büro befindet sich ein olivgrün möblierter Ruheraum mit gehäkelten Vorhängen. Toilette mit großzügiger Dusche, die Klosettspülung mit altmodischer Zugkette. Wenn mich hochrangige Leute aus Bonn besuchen, führe ich sie in die Toilette: »Auf diesem Klo verrichtete der mächtigste Mann der DDR seine Notdurft.« Ehrfürchtiges Erschauern.

In meinem Reichsbahnbüro in Berlin besuchen mich viele Leute. Die meisten wollen was vom Bahnchef: Lieferanten wollen Aufträge, Politiker wollen Bahnhöfe, Strecken und Beschäftigungsgarantien, Künstler wollen Sponsoren und Unterstützung. Der Ministerpräsident des Landes Brandenburg, Manfred Stolpe, lädt mich zu einem Hubschrauberflug über sein Land ein. Wir fliegen den wichtigsten Bahnlinien nach, Strecken, die vor sehr langer Zeit gebaut worden waren und heute längst durch Straßen ersetzbar wären, die aber in Betrieb gehalten werden, weil die Schließung einer Bahnstrecke in Deutschland immer ein hochpolitischer Vorgang ist, an dem sich lokale Politiker hochranken können. Aber wenn auf einer Nebenstrecke im Schnitt 20 Passagiere im Zug sitzen, an Tagesrändern sogar nur fünf, dann ist ein Bus oder ein Taxi allemal billiger und umweltfreundlicher als ein von einer 2000 PS starken Diesellok gezogener Zug – so malerisch der durch Wiesen und Wälder rumpelnde Zwei-Waggon-Zug auch sein mag.

»Sehen Sie diese Bahnlinien, Herr Ministerpräsident«, mache ich Stolpe aufmerksam. »Der Bahnhof liegt genau in der Mitte zwischen den beiden Orten. Das waren Vorgaben im alten Preußen, die Obrigkeit wollte wissen, wer von zu Hause weggeht und mit dem Zug fahren will.«

»Das war vor einiger Zeit bei uns auch so«, erwidert Stolpe trocken.

Mit dem späteren Ministerpräsidenten von Brandenburg, Matthias Platzeck, hatte ich ein ganz besonderes Erlebnis. Platzeck, Kybernetiker von Beruf, war damals Umweltminister. Wir wollten die Schnellstrecke Berlin–Hannover ausbauen. Aber die führte bei Buckow, fünfzig Kilometer westlich von Berlin im Havelländischen Luch, durch ein Gebiet, in dem 32 Großtrappen lebten. Weil diese nur in Brandenburg lebende Vogelart vom Aussterben bedroht war, stand sie unter ganz besonderem Schutz. Um sie in ihrem beschaulichen Leben nicht zu stören, sollten wir das Trappengebiet untertunneln. Kostenpunkt 700 Millionen D-Mark. Das war die Forderung der Umweltschützer und der Umweltbehörde.

Ich rief Platzeck an: »Herr Minister, wir sollten uns einmal vor Ort mit den Trappen unterhalten. Vielleicht gibt es ja einen kostengünstigeren Weg, die Vögel nicht in ihrer Ruhe zu stören.«

An einem Montag trafen wir uns um sieben Uhr morgens auf dem Beobachtungsstand der Forschungsstation Großtrappen in Buckow mit dem Leiter der Station. Wir beobachteten die Trappen mit Ferngläsern. Ein beeindruckendes Stück Natur. Aber was sollte aus unserer Schnellstrecke werden? Der Trappen-Experte erklärte uns, das Problem der Trappen sei ihre beschränkte Flugfähigkeit. Wenn sie die Bahnstrecke kreuzen wollten, dann bestehe die Gefahr, dass sie sich in der Oberleitung verfingen. Gäbe es aber eine Auslauframpe bis zum Scheitelpunkt Fahrdrahthöhe, dann könnten die Vögel die Schienen gefahrlos überfliegen.

»Dann schütten wir doch entlang der Bahnstrecke Wälle auf«, schlug ich vor. »Vom Tunnelbau am Potsdamer Platz haben wir doch genügend Abraummaterial.«

Das leuchtete Platzeck sofort ein. Wir gaben eine Pressekonferenz und die »Bild«-Zeitung titelte: »ICE, ick hör dir trappsen.« Die Trappenüberfliegrampen kosteten die Bahn dreißig Millionen D-Mark. Das war uns der Naturschutz wert. Und die Trappenzucht gedieh prächtig. 2007 gab es 58 Trappen in Buckow, kein einziges Anflugopfer, und die Eisenbahner machten die Erfahrung, dass Umweltschutz nicht immer aufwendig sein musste.

Mit gesundem Menschenverstand konnte man vielen Bedenken Rechnung tragen. Die direkt mit dem Projekt befassten Mitarbeiter der Bahn wurden geradezu zu »Grünen«. Bei einem Besuch auf der Baustelle klärten sie mich auf: »Herr Vorsitzender, die Bahn muss auch was für die Artenvielfalt tun.«

Ein anderes Mal besuchte mich Lothar Bisky, der schon damals Parteivorsitzender der PDS war. Wir sprachen über den Abgesang des Sozialismus. Meine These, dass der Sozialismus vor allen Dingen daran gescheitert sei, dass er die Regeln der doppelten Buchführung missachtet hatte, verstand der frühere Rektor der Filmhochschule Babelsberg nicht ganz, fand sie aber interessant. Er fragte mich, wie viele Mitarbeiter der Bahn ich noch entlassen müsste. »Alle, die Sie entlassen, sind potenzielle Mitglieder meiner Partei.« Und beim Abschied sagte er noch: »Die Wiedervereinigung brachte die richtigen Verlierer, aber die falschen Gewinner.« Da war zumindest in der Anfangszeit was dran.

In den ersten Tagen bei der Reichsbahn berufe ich ein Führungstreffen mit den Bereichsleitern ein, die kurz und sachlich vortragen. Wenn ich sie etwas frage, stehen sie auf. In einer kurzen Ansprache erkläre ich unsere Zielsetzung. Viel Arbeit liegt vor uns. Ich danke auch Klemm, der nach 46 Jahren Abschied von der Reichsbahn nimmt. Der Abschied ist sehr formal, die Stimmung im Sitzungssaal gedrückt, fast traurig. Schlagartig wird mir klar, in was für einer gefährlichen Situation wir bei der Reichsbahn sind. Alle Führungskräfte scheinen »Gauck«-gefährdet, und da auf Anweisung von Bonn eine totale Bereinigung von Leuten mit Nähe zum SED-Regime stattfinden soll, frage ich mich, mit wem ich die Reichsbahn betreiben soll.

Die Stasi in der Reichsbahn

Alle führenden Mitarbeiter der Deutschen Reichsbahn hatten eine Erklärung abgegeben, ob sie haupt- oder nebenamtlich für das Ministerium für Staatssicherheit oder das Amt für Nationale Sicherheit der DDR oder als Mitglied dieser Einrichtungen (einschließlich »Wachregiment F. D.«) tätig waren. Bei den vorgegebenen Antworten (1. Ich war nie für das MfS/AfNS tätig, 2. Ich war für das MfS/AfNS hauptamtlich/nebenamtlich tätig von bis, Tätigkeiten und höchsterlangter Dienstgrad, 3. Ich war von bis Soldat auf Zeit beim »Wachregiment F. D.«, 4. Ich verweigere die Beantwortung der Frage) war Nichtzutreffendes zu streichen. Fast alle hatten nur Punkt 1. nicht gestrichen. Es hieß, man hätte ihnen gesagt, die Akten seien in der Modrow-Zeit »bereinigt« worden. Aber es wurden Kopien gefunden, und so nahm die »Abarbeitung der Vergangenheit« bei der Deutschen Reichsbahn ihren Gang. Kommissionen zur Anhörung von Personen, die im beziehungsweise für das MfS/AfNS tätig waren, wurden gebildet, in der Zentrale und auf Direktions- und Bereichsebene. Insgesamt gab es 41 Kommissionen.

Laut Anordnung war ein Arbeitsverhältnis im öffentlichen Dienst nicht gestattet, wenn die frühere Tätigkeit für das MfS/AfNS fünf Jahre oder länger andauerte, ein Offiziersgrad erreicht worden war oder schuldhafte Verstöße gegen Grundsätze der Menschlichkeit oder Rechtsstaatlichkeit nachgewiesen werden konnten. Am 31. Mai 1991 waren 5270 Personen als Haupt- und Inoffizielle Mitarbeiter des MfS/AfNS erfasst, davon waren 3220 hauptamtliche und 2050 informelle Mitarbeiter. Es war geregelt, wie die Unterlagen bei der Gauck-Behörde, beim Bundesbeauftragten für die Unterlagen des Staatssicherheitsdienstes der ehemaligen Deutschen Demokratischen Republik, angefordert werden konnten und wie die anschließende Behandlung vonstatten zu gehen hatte. Beim Verkehrsminister gab es einen Beauftragten, der mit den Kommissionen zusammenarbeitete. Die Unterlagen über Mitarbeiter der Zentrale kamen direkt auf meinen Tisch. Sie enthielten die handgeschriebene »Verpflichtung« des Mitarbeiters. Da las ich dann: »Ich verpflichte mich, mit dem MfS im Kampf gegen die Feinde unserer sozialistischen DDR inoffiziell zusammenzuarbeiten. Ich werde meine ganze Kraft, meine Fähigkeiten einsetzen, die mir gestellten Aufträge gewissenhaft auszuführen. Ich verpflichte mich, den zuständigen Mitarbeiter des MfS über alle mir bekannt werdenden Hinweise auf eine feindliche Tätigkeit zu informieren. Ich wurde darüber belehrt, dass ich auch über Missstände zu informieren habe, die den planmäßigen Aufbau unserer sozialistischen Volkswirtschaft stören beziehungsweise hemmen. Ich wurde darüber belehrt, dass ich über alle mir aus der inoffiziellen Zusammenarbeit bekannten Tatsachen strengstes Stillschweigen zu wahren habe. Ich wurde weiterhin belehrt, dass ein vorsätzliches und fahrlässiges Brechen dieser Schweigepflicht strafrechtlich geahndet werden kann. Die Schweigepflicht gilt auch auf meine unmittelbaren Verwandten, meine Vorgesetzten, die Dienststellen und die Gerichte der DDR. Als Decknamen wähle ich den Namen ... Als Lösungswort wird vereinbart Frage: ›Wie geht es Ihrer Tochter Angelika?‹ Antwort: ›Danke, ihre schulischen Leistungen liegen bei 1,5.‹«

Den Unterlagen lagen handgeschriebene Berichte bei, etwa über die betrieblichen Handlungen bei der Einfahrt eines Güterzuges aus Westdeutschland und was ein Fahrdienstleiter des Stellwerkes bei der Annahme eines Zuges falsch gemacht hatte. Berichte über die Beurteilung von Kollegen (Genossen), die teilweise auch positiv ausfielen. Persönliches wie: »Genosse X hat ein Hobby, seinen Garten und vor allen Dingen Tauben. Sein Dienst beginnt um 04:30 Uhr im Taubenstall und endet 20:00 Uhr im Taubenstall. Das vielleicht nur zur kurzen Charakteristik seines Hobbys.« Als Urteil dann: »Der Gen. X, so möchte ich einschätzen, hat einen festen Klassenstand. Er ist vielleicht etwas unbequem, da er, so möchte ich einschätzen, nicht an Herzdrücken stirbt. Er sagt das, was er denkt.«

Einer der IM's erhält vom MfS den Auftrag, zur Leipziger Frühjahrsmesse zu fahren und dort Kontakt mit den Vertretern einer westdeutschen Firma aufzunehmen, um herauszufinden, wie die bisherigen Messeabschlüsse beurteilt werden, wie die Verbindungen der Firma zur deutschen Reichsbahn sind und auf welchen Gebieten es neue technische Entwicklungen gibt. Detailliert wird ihm gesagt, wie er auf etwaige Geschenke reagieren soll: »Verhalten Sie sich anfangs zurückhaltend, nehmen sie aber in der Endkonsequenz diese Geschenke an.« Und weiter: »Es kommt nicht darauf an, während des Gesprächs mit den Konzernvertretern diese politisch zu agitieren.« Ein genauer Leitfaden, wie das Gespräch zu führen ist, liegt bei: »Wenn sich objektiv die Möglichkeit ergibt, für uns wichtige operative Kontakte zu interessierendem Personenkreis, zum Beispiel der Sekretärin in der Bundesbahndirektion, zu bekommen, so haben Sie dies operativ (!) durchzuführen.« Und dann: »Auf jeden Fall sind die Grundfragen der Konspiration, in der Sie schon mehrmals unterwiesen wurden, bei der Ausführung des Auftrages zu beachten.« Auf keinen Fall dürfe er sich so verhalten, dass die Konzernvertreter den Verdacht bekommen könnten, er würde im Auftrag des MfS erscheinen. Der Grundtenor des Auftrags lautet: »Schaffung eines Kontaktes, der die Perspektive des Ausbaus hat, beziehungsweise allumfassende Abschöpfung der in Leipzig weilenden Konzernvertreter, die Sie kontaktieren.« Zum Abschluss dieser Anweisung: »Dieser Auftrag wurde dem IM ... am 05.03.1969 bei einem Treff im Treffzimmer der Reichsbahndirektion in Erfurt in der Zeit von 15:45 Uhr bis 16:35 Uhr erläutert.«

Ich lese viele solcher Berichte und versuche mir vorzustellen, was in den Verfassern vorgegangen ist. Hatten sie Skrupel oder Angst? Oder fügten sie sich in das Unvermeidliche und hofften, dass ein paar Mark dabei heraussprängen? (In den Akten waren auch alle Quittungen sauber abgeheftet: »Quittung – heute erhielt ich anlässlich des Jahrestages des MfS von einem Mitarbeiter des MfS eine Prämie für gute Zusammenarbeit in Höhe von 200 Mark (in Worten: zweihundert) gez. IM«.) In persönlichen Gesprächen versuchte ich hinter die Beweggründe der Leute zu kommen. »Herr Vorsitzender«, sagte mir einer von ihnen, »Sie müssen das so sehen: Die, die von uns was wollten, waren eigentlich auch unsere Arbeitgeber. (Den Begriff hatte er in den vergangenen zwei Jahren gelernt.) Wir wollten eigentlich nichts mit ihnen zu tun haben, aber unsere Arbeitsplätze hingen von ihnen ab, nicht direkt, aber indirekt.« Ich fragte mich, ob es sich die Mehrheit der DDR-Bürger in diesem System des »give-and-take« bequem, zu bequem gemacht hatte? In einem Art Räuber- und Gendarmenspiel, das durchaus anregende Momente für die Mitspieler bereithielt.

Vergangenheitsbewältigung

Diesen Eindruck bekam ich bei einem Gespräch in der Wohnung eines bekannten Pfarrers der Bürgerrechtsbewegung in Berlin-Mitte, der mir die letzten Tage der DDR fast krimihaft schilderte: »Da drüben, Herr Dürr, im gegenüberliegenden Haus, saß die Stasi und beobachtete unsere Wohnung mit Ferngläsern. Wenn wir mit Journalisten aus dem Westen redeten, hörten sie uns ab. Das ganze Getue war uns eigentlich egal. Wir mussten nur aufpassen, dass wir keinen direkten Anlass zum Zugriff gaben. Allerdings wunderten wir uns sehr, dass unser

Anwalt Schnur aus dem gegenüberliegenden Haus nicht gefilmt wurde. Später war klar: Er war auch IM.« Bei dem Gespräch in der Pfarrwohnung ging es auch um Grundsätzliches. Was wollte die Bürgerbewegung? Eine reformierte DDR? Eine menschlichere DDR? Reisefreiheit?

»Wir wollten eigentlich nur die Regierung und das ZK weghaben«, erklärte der Pfarrer.

»Aber was sollte danach kommen?«, fragte ich. Nachdenkliches Schweigen in der Runde.

»Ehrlich gesagt, da hatten wir eigentlich kein Konzept.«

»Na, das hat euch dann ja der Kohl gesagt«, meinte die Frau des Pfarrers trocken.

Ich frage Dr. Maaz, Psychotherapeut und Leiter eines Instituts in Halle, wie wir bei der Bahn vorgehen sollen, wo die beiden Hälften Deutschlands im direkten Wettstreit um Positionen und Arbeitsplätze aufeinandertreffen. Maaz meint, wir müssten die aus der Enttäuschung geborene Verweigerungshaltung der »Ossis« bedenken, die die einzige Methode gewesen sei, Widerstand gegen das herrschende System zu leisten. Man hätte die Leute wohl aufgefordert, ihre Meinung zu sagen, aber wenn sie es getan hätten, seien sie sofort dafür bestraft worden. Also einfach nichts sagen, Verweigerung der Gemeinschaft gegenüber. Ich fragte ihn, ob das der Grund sein könne, warum in den Personalversammlungen der Reichsbahn so gut wie keine Fragen und Kommentare gestellt werden, und was dagegen zu tun sei. Seine Utopie sei, so Maaz, die Menschen psychologisch zu öffnen und einen offenen Dialog zustande zu bringen. Aber das ginge wohl weder zeitlich noch finanziell. Das Gespräch ist wenig hilfreich.

Nicht selten mussten sich die Kommissionen zur Vergangenheitsbewältigung mit Fällen befassen, in denen Reichsbahnmitarbeiter ihre Vorgesetzten wegen der Zusammenarbeit mit der Stasi angezeigt hatten. Mitunter setzten sich Mitarbeiter aber auch für einen Vorgesetzten ein, der von der Kommission als Gauck-positiv eingeschätzt worden war und das Unternehmen eigentlich hätte verlassen müssen. Eine »Arbeitsgruppe zur

Entgegennahme von Hinweisen und Beschwerden« nahm sich solcher Fälle an und entschied darüber. Im negativen Fall lautete der Beschluss dann: »Herr X wird von seinen derzeitigen Leitungs- und Führungsaufgaben als Hauptabteilungsleiter bei der Deutschen Reichsbahn entbunden ..., weil er nicht in jeder Beziehung über die für dieses Amt erforderliche Eignung verfügt.« Der Begriff Eignung umfasste hier neben rein fachlichen Voraussetzungen und formellen Qualifikationen auch charakterliche Eigenschaften und die Bereitschaft zur politischen Treuepflicht. »Als Hauptabteilungsleiter muss Herr X im Vergleich zu sonstigen Mitarbeitern gesteigerten Anforderungen genügen und ein positives Verhältnis zu den Grundwerten und Grundprinzipien der Bundesrepublik Deutschland entwickeln. Sofern dies nicht der Fall ist, mangelt es an der Eignung für die als Hauptabteilungsleiter geschuldete Tätigkeit.«

Was das konkret hieß, zeigt ein Fall, bei dem es um die Position des Präsidenten einer Reichsbahndirektion ging. Ich hatte in Chemnitz einen jungen Mann kennengelernt, der einen sehr aufgeweckten Eindruck machte und den ich deshalb für den Posten vorschlug. Aber der Personalrat aus Chemnitz war dagegen: Der Mann hätte »Systemnähe« und eine parteigestützte Karriere gemacht, hätte sich allerdings nichts zuschulden kommen lassen. Die Anhörungskommission schloss sich der Meinung des Personalrats an. Ich erkläre den Leuten, dass ich unbedingt einen Reichsbahner als Präsidenten haben wolle, nicht einen aus der Bundesbahn, der am Montagabend einfliegt und am Donnerstag wieder nach Hause fährt. Wir sollten junge Leute aus der Reichsbahn auch an Führungspositionen heranlassen. »Aber die wollen lieber einen Wessi«, so der Leiter der Anhörungskommission. Ich schlage vor, dass sich der Kandidat in einer Betriebsversammlung der Belegschaft vorstellt und seinen Standpunkt darlegt. »Würde der denn das machen?«, fragen die Personalräte. Der Kandidat sagte Ja. Damit war der Fall gelaufen. »Wer den Mut hat, vor einer Betriebsversammlung seine Vergangenheit zu erklären, der könnte auch ein guter Präsident werden«, sagt einer der Personalräte.

Ich frage mich, wie das damals bei der Entnazifizierung war. Wurde auch da die fehlende innere Distanz zur Vergangenheit zum Eignungskriterium gemacht? Ich glaube nicht. Und wenn sich heute mancher linke oder rechte Politiker über die Grundwerte tnd Grundprinzipien der Bundesrepublik Deutschland äußert, dann dürfte er nicht mehr im Amt sein, wenn das Eignungskriterium aus der Zeit nach der Wende gelten würde.

Da ich wissen wollte, was die Stasi über mich gespeichert hatte, stellte ich einen entsprechenden Antrag bei der Gauck-Behörde und bekam einen »Vorgang« aus meiner AEG-Zeit zugeschickt: Einer unserer Verkäufer in Berlin, der für die DDR zuständig war, hatte über eine Sekretärin Einsicht in Unterlagen der Konkurrenz bekommen, und die Leitung des Außenhandelsbetriebs (AHB) war dahintergekommen. Die AEG hätte sich »ökonomische Vorteile erschlichen«, weshalb die Forderung auf »ökonomische Wiedergutmachung gestellt« wurde. Der Umsatz, den unser Verkäufer aktiv beeinflussen konnte, hätte circa 20 Millionen Verrechnungsmark (VM) betragen, eine Forderung von zwei bis drei Prozent (circa 500 000 VM) sei eine »akzeptable Größe«. Der Vorgang war kritisch, denn es ging damals um ein Vierjahresabkommen zwischen der DDR und der AEG, das wir nicht in Gefahr bringen wollten. Deshalb verhandelten wir mit einem Beauftragten des AHB, der seine Berichte als IMS (Inoffizieller Mitarbeiter Sicherheit) »Peter Schumann« in der IMK (Inoffizieller Mitarbeiter zur Sicherung der Konspiration) »Zentrum« an die Hauptabteilung XVIII/8 ablieferte. Wir zahlten, aber nicht den geforderten Betrag. Im Bericht des IMS las sich das wie folgt: »Noch während des Begrüßungsaktes übergab er einen verschlossenen Briefumschlag, den er seiner Jackentasche entnahm, und übergab diesen dem IMS. Der IMS übernahm den Briefumschlag ohne Kommentar. Dr. X stellte lediglich die Frage, ob er nicht kontrollieren wolle. Der IMS öffnete daraufhin den Briefumschlag und überzeugte sich von der Richtigkeit des Inhaltes. Die Summe ist offensichtlich am Vortage, d. h. am 11. 12. 84, von einer Schweizer Bank abgehoben worden, was aus den Banderolen ersichtlich ist.« Ich war in den Vorgang nicht persönlich eingeschaltet, aber in den Berichten wurde ich als Vorstandsvorsitzender (teilweise auch als Aufsichtsratsvorsitzender) benannt, mit dem Rücksprache genommen werden müsste. Also war ich aktenkundig bei der Stasi. Dass dies nur bei diesem einen Vorgang der Fall war, wunderte mich, denn in meiner aktiven Zeit bei Dürr hätte es ganz andere Gelegenheiten gegeben. Offensichtlich war auch die Stasi-Behörde nicht perfekt. Aber abgelegt wurde vieles. So lagen dem AEG-Fall zahlreiche, ganz normale Zeitungsartikel bei, in denen ich genannt wurde.

Bei meinen Fahrten mit der Reichsbahn fällt mir immer wieder auf, wie eisenbahnkundig die Mitarbeiter sind und wie sie sich für ihren Job engagieren. Bei einem Assessment für 150 Führungskräfte erklären sich jedoch nur die wenigsten bereit, Verantwortung für einen größeren Bereich zu übernehmen. Hier wirkt die Vergangenheit nach, eine aus der Enttäuschung entstandene Verweigerungshaltung. Die Leute sind vorsichtig geworden.

Ich fahre im Zug nach Magdeburg zur Hauptpersonalratssitzung Deutsche Reichsbahn: Die Fahrt geht vorbei an Feldern, Wäldern, Bahnhöfen, Gehöften. Allein im Abteil zu fahren, beruhigt mich. Was für ein Abenteuer, die Deutsche Bahn nicht nur leiten, sondern auch umgestalten zu können. Das Land erscheint weiträumig und wenig besiedelt. Große Sitzung in Magdeburg. Hauptpersonalratsvorsitzender ist ein früherer Lokführer, ein leidenschaftlicher Eisenbahner, der als Heizer auf der Dampflok begonnen hat, dann selbst »Meister« wurde (wie die Lokführer in der Reichsbahn angesprochen wurden). Aus katholischem Hause, kein SED-Mitglied, höchste Stufe der Systemnähe ist der FDGB, die Einheitsgewerkschaft der DDR. Aber 18 Monate diente er in der NVA, der Nationalen Volksarmee, wo er bei der Musterung gefragt wurde, ob er Grenzdienst machen wolle.

»Da müssen Sie auf Menschen schießen können«, erklärte man ihm.

»Wann?«

»Wenn einer das Territorium der DDR verlassen will.«

Mit seinem Weltbild ist das nicht vereinbar. So wird er zu niedrigen Tätigkeiten eingeteilt. In den Wirren der Maueröffnung (»Am 8. November 1989 sind meine Frau und ich an der Grenzstelle Oberbaumbrücke durch den Zaun gegangen«, erzählt er. »Ich habe den diensthabenden Major gefragt: ›Könnten wir auch wieder zurückkommen?‹ – ›Bei uns darf jeder Idiot rein.‹«) ist er an der Besetzung der Stasizentrale in der Normannenstraße beteiligt (»Die haben uns ganz bewusst reingelassen, denn die wichtigen Akten waren ja alle schon weg.«) Dann wird die westdeutsche GdED auf ihn aufmerksam und setzt ihn auf Platz eins ihrer Liste für die Personalratswahl. Und er wird gewählt. Als HPR-Vorsitzender hat er keinerlei Erfahrung im Leiten von solchen Sitzungen. Er müsse mir hin und wieder widersprechen, sage ich ihm, sonst würden ihn seine Leute nicht für voll nehmen. Die anwesenden Reichsbahner haben noch gar nicht begriffen, was geschehen ist und was jetzt auf sie zukommt. Da das Transportvolumen auf ein Drittel der bisherigen Leistung gefallen ist, brauchen sie viel weniger Leute. Was sollen die machen? Aber in der Sitzung sprechen sie über ihre Betriebe, über ihre Werkstätten, über fehlendes Material – als sei alles wie früher. Mir ist klar, dass ich mich um die Reichsbahn noch mehr als um die Bundesbahn kümmern muss.

Ich besuche die Reichsbahndirektion Dresden. Der Präsident fährt mich zum Flughafen. Ich frage ihn, ob er was mit der Stasi zu tun gehabt hat. »Nein«, sagt er, »nur in ganz jungen Jahren.« Zwei Tage später kommt der Befund der Gauck-Behörde: positiv. Noch im Jahr 1986 Kontakte zur Stasi. Der Präsident besucht mich, sitzt in meinem Büro, Tränen rollen ihm übers Gesicht. Warum hat er mir nichts gesagt? Dann hätte ich vielleicht noch etwas für ihn tun können. »Mein größter Fehler, das habe ich auch meiner Frau gesagt.« Ich habe den Mann nie wiedergesehen.

In Berlin mache ich einen Workshop mit zwanzig Mitarbeitern der Reichsbahn. Vorbereitete Fragen. Aufgeschlossene Diskussion. Fazit: Wir müssen positiv und durchgehend informieren. Die Leute vermissen Führung. Ihr Führungspersonal kennen sie gar nicht. Und die Ängste vor der Zukunft sind groß. Aber auch der Frust, dass die alten Bonzen immer noch in leitenden Positionen sitzen. Ich habe meine Vorstandskollegen mitgenommen, alles alte Bundesbahner, die mit solcher Art von Gruppendynamik wenig anfangen können.

In der Zwischenzeit haben wir einen gemeinsamen Vorstand zwischen Bundesbahn und Reichsbahn gebildet, das sogenannte »Führungsgremium der deutschen Eisenbahnen« (FDE). Das Thema Personal spielt eine große Rolle. Die Meinung der Vorstände aus der Bundesbahn ist entscheidend. Unter anderem beschließen wir, sechs Bereichsleiter dem Verwaltungsrat nicht zur Ernennung vorzuschlagen. Ich spreche mit allen sechs. Sie nehmen es ohne Gegenwehr, nur wie sie ausscheiden werden, wollen sie noch wissen. Einige bedanken sich für das Gespräch und für den fairen Umgang. Wie würde ich mich verhalten?

Besuch in einem Weichenwerk der DR in Mecklenburg-Vorpommern, in Bützow. Hohe Arbeitslosigkeit. Trotzdem fehlen uns in unserem Betrieb dreißig Leute. Die »territorialen Bedingungen« würden nicht stimmen, sagt der Leiter des Werkes. Was heißt das? Die Leute wollen fünf Minuten nach Arbeitsende zu Hause beim Kaffee sitzen – das verstehen sie unter »territorialen Bedingungen«.

Ein Unternehmen lebt von seinen Mitarbeitern

Meine ganze Tätigkeit bei der Reichsbahn ist eine Reise in die Vergangenheit, die ich staunend erlebe. Aber ich habe die Zukunft der Bahn in Deutschland vor Augen, die moderne Bahn, das attraktive Dienstleistungsunternehmen, kundenorientiert, für gute Mitarbeiter interessant und dem großen Ziel verpflichtet: »Mehr Verkehr auf die Schiene«. So wie ich die Deutsche Bahn in meinen Vorträgen allerorts vorstelle. Aber dazu brauche ich eine starke Mannschaft und muss vor allem die Führungskräfte für die neue Bahn begeistern. (In der

Zwischenzeit hatten wir in der Deutschen Reichsbahn über 800 Positionen neu besetzt, teils mit den alten Mitarbeitern, teils mit Bundesbahnern.) Ich brauche auch neue Leute von außen, die wissen, was ein modernes Unternehmen ist, die Erfahrung mit anderen Technologien haben und eine spannende Aufgabe suchen. Ich bin für eine gesunde Mischung zwischen erfahrenen Eisenbahnern und Leuten aus anderen Arbeitsgebieten. Dank meiner AEG- und Daimler-Zeit ist es leicht, Kontakt zu guten Managern zu finden. Ein Problem allerdings ist die Bezahlung, denn da kann die Bahn als Behörde mit dem Industriestandard nicht mithalten. Aber die Aufgabe ist sehr reizvoll und wenn gar nichts mehr geht, kann ich mit einem Freifahrschein erster Klasse locken. (Später wurde dieses Privileg vom Finanzminister gestrichen.)

Jedes Unternehmen lebt von seinen Mitarbeitern, von ihrem Einsatz und ihrer Begeisterungsfähigkeit. Das gilt ganz besonders, wenn ein Unternehmen saniert werden muss. Und die Bahn war ein solcher Sanierungsfall, ähnlich wie die AEG, die »der größte Sanierungsfall in der deutschen Wirtschaftsgeschichte« war, so die »FAZ« im Jahr 1982.

Tatsächlich war die AEG ein wesentlich schwierigerer und gefährlicherer Fall als die Bahn, denn die AEG konnte Pleite gehen, die Bahn nicht. Der Eigentümer Bund war immer für die höchste Bonitätsnote im Kreditgewerbe gut, Liquidität war immer da.

Aber eigentlich war die Möglichkeit, Pleite gehen zu können, der wahre Grund gewesen, weshalb uns die Sanierung bei der AEG gelungen war, überlegte ich damals in der Festhalle in Frankfurt, wo am 9. März 1983 die Gläubigerversammlung stattfand.

Ich fühlte mich ziemlich allein und klein in der riesigen Festhalle, die 12 000 Leuten Platz bietet, heute aber mit etwa 250 Anwesenden fast gespenstisch anmutete. Dabei war von den Medien ein wahres Spektakel vorhergesagt worden, wenn der größte Konkursfall in Deutschland verhandelt werden würde. Imbissbudenbesitzer versprachen sich gute Geschäfte, Hoteliers erhöhten vorsichtshalber die Preise. Umsonst, denn über 99 Prozent der 20 000 Gläubiger hatten schon vor diesem Termin ihre schriftliche Zustimmung zu unserem Vergleichsvorschlag gegeben: Forderungen bis 10 000 D-Mark sollten sofort voll erfüllt werden, alle übrigen Vergleichsgläubiger 40 Prozent ihrer Forderung erhalten, zahlbar in 18 Monaten.

Knapp 50 Minuten dauerte die Gläubigerversammlung. Die Richterin, die sich vor unserem Verfahren hauptsächlich mit Verkehrsdelikten befasst, sich in die Materie des Vergleichs in den vergangenen Monaten aber sehr gut eingearbeitet hatte, trug die Formalien vor. Dann folgte der Vergleichsverwalter Wilhelm Schaaf mit seinem Lagebericht, und am Ende gab ich einen kurzen Ausblick auf die nächsten 18 Monate. Eigentlich konnten wir glücklich sein, dass wir überhaupt so weit gekommen waren und jetzt eine realistische Chance hatten, den Vergleich zu erfüllen, wenn die Statistik auch gegen uns zu sprechen schien: 1982 gab es in Deutschland 16 000 Insolvenzen, 152 Vergleichsverfahren wurden eröffnet, davon endeten 83 im Anschlusskonkurs.

Ich lerne die AEG kennen

Aber was war eigentlich geschehen seit jenem Tag im Januar 1980, an dem ich meinen Job als Vorstandsvorsitzender der AEG voller Optimismus angetreten hatte? Hatte ich mehr als drei Jahre hart gearbeitet, um heute auf der »Armsünderbank« (»FAZ«) in der Frankfurter Festhalle zu sitzen? Standen jetzt wirklich bessere Zeiten bevor? Ich fühlte mich leer und erschöpft und nahm mechanisch lächelnd die Glückwünsche einiger Mitstreiter an: »Dürr, wir haben's geschafft.« Ich versuchte zu bremsen: »Denkt an die nächsten 18 Monate! Erst dann ist der Vergleich erfüllt!« Hatten mich die Zeit bei der AEG und der Vergleich verändert? Eigentlich nicht, aber natürlich hatte ich viel Erfahrung gesammelt. »Der Vergleich hat ihn, Heinz Dürr, getroffen, nicht aber seine Persönlichkeit verändert«, schrieb ein Journalist. »Er ist misstrauischer, ja introvertierter geworden, hat aber an Entschiedenheit zugelegt.« Und als mich der IG-Metall-Justitiar und AEG-Aufsichtsrat, Professor Dr. Michael Kittner, darauf ansprach, wie sehr ich mich verändert hätte, konnte ich ihm nur antworten: »Sie haben eben früher nicht richtig zugehört.«

Dabei hatte alles ganz normal begonnen, an jenem 1. Februar 1980, als ich mein Amt als Vorstandsvorsitzender von AEG-Telefunken antrat: Vorstandssitzung, dann gemeinsames Mittagessen im Casino. »Wir servieren heute badischen Wein«, verkündete der Casino-Chef beflissen. Offenbar wusste er nicht, dass Schwaben lieber Trollinger trinken. Der Gesamtbetriebsratsvorsitzende schmunzelte: »Ihnen zu Ehren hat man sogar eine Spätzle-Maschine angeschafft.« In den Gesprächen verstärkte sich der Eindruck, dass die AEG in der Krise war. Das Vertrauen am Markt und bei den Mitarbeitern war offensichtlich verloren gegangen. Trotzdem notierte ich am Abend meines ersten Arbeitstages: »Es macht Spaß.«

Am nächsten Tag Treffen mit den »Großmeistern« der deutschen Industrie in der Dresdner Bank, mit den Firmen, die den Solidarbeitrag von 350 Millionen D-Mark für die AEG geleistet hatten, um eine privatwirtschaftliche Sanierung sicherzustellen und einen Eingriff des Staates zu vermeiden. »Wie wollen Sie vorgehen?«, wurde ich gefragt, und einer wollte wissen: »Wann zahlen Sie Dividende?« Alle wünschten mir Glück.

Dann bereise ich den gesamten Konzern. In vier Wochen lerne ich zwanzig Werke und Niederlassungen kennen: Olympia in Roffhausen und Lehr, Motorenwerke in Oldenburg und Bremen, Elektrowerkzeuge in Winnenden und Esslingen, Telefunken in Hannover und Celle, eine Kabelfabrik in Reydt, Turbinenfabriken in Essen und Nürnberg, Nachrichten- und Wehrtechnik in Ulm und Backnang, Halbleiter in Heilbronn. Ich fliege nach Spanien zur Motorenfabrik Tarasa, die noch nie Gewinn gemacht hat, wie ich vom Werkleiter erfahre. Dann ein Kurzbesuch unserer brasilianischen Werke, die alle in São Paulo liegen.

Mein Eindruck von all diesen Besuchen ist gemischt. Einige Fabriken sind ganz gut in Schuss und haben vernünftiges Führungspersonal, andere dagegen sind ziemlich veraltet, und entsprechend verknöchert wirkt die Führungsmannschaft. Ich will mir vor allem ein Gesamtbild des Konzerns verschaffen, damit ich in den Vorstandssitzungen mitreden kann, wenn über die einzelnen Aktivitäten beraten wird. Völlig unbefriedigend ist das Planungssystem, das mein Vorgänger eingeführt hat: 2100 Stabsleute sorgen für unglaublich viel Bürokratie ohne jegliche Wertschöpfung, allerdings mit einem hohen Grad an Zahlengläubigkeit. Alleinunterhalter in den Planungssitzungen ist der Finanzchef Horst Brandt, der auch mein Stellvertreter im Vorstand ist. Es gibt kaum Diskussionen, die Beschlussfassung wird abgenickt.

Unter vier Augen spreche ich mit einigen Vorstandsmitgliedern, und es gelingt mir, sie zum Reden zu bringen. Ein Kollege, der schon lange dabei ist und sein Geschäft profitabel führt, sagt mir, dass Cipa mich mit seiner Prognose hereingelegt habe. »Wenn Sie nur 300 Millionen Verlust in 1980 machen, dann wäre das bereits ein großer Erfolg.« Ich frage ihn, warum er sich das alles von Cipa hat gefallen lassen, zum Beispiel die neue Organisation, die quasi »von oben«, ohne Rücksprache mit der Basis verordnet wurde. Er kratzt sich am Kopf: »Da habe ich einen Fehler gemacht.« Ein anderer Kollege, den ich zu Hause besuche, erläutert mir, das Problem der AEG sei vor allen Dingen die Diskontinuität der Führungsspitze. Und bei den Vorständen gäbe es ein Dreiklassensystem. Cipa sei es um Verfahren, nicht ums Geschäft gegangen. Wenn ein Vorstand etwas von ihm wollte, hätte er sein Anliegen vorher schriftlich auf einer DIN-A4-Seite einreichen müssen.

Ich führe Gespräche mit Konkurrenten und Partnern. Der Chef von Olivetti will über eine Zusammenarbeit mit Olympia reden, der Chef von Thomson Brandt über Telefunken, zwei Vorstände von MAN über den Anlagenbau. Mit dem VW-Vorstand spreche ich über eine Zusammenarbeit von Olympia und Triumph Adler, mit dem Chef von Sony, Norio Ohga, dem Erfinder der CD und Freund von Karajan, der die deutschen Arbeiter für »faul« hält, über Telefunken, mit der Spitze von Lurgi über das Anlagengeschäft. Erst später wird mir klar, dass diese Herren, die mit mir so bereitwilling von Partnerschaft und gemeinsamen Geschäften sprechen, eigentlich nur daran denken, welcher Vorteil sich aus einem Konkurs der angeschlagenen AEG schlagen ließe.

Bei einem Besuch im Hauptquartier der US-Firma General Electric in Fairfield frage ich Jack Welch, den CEO, ob er sich nicht wieder an der AEG beteiligen wolle. (Bis vor wenigen Jahren hatte GE einen Minderheitsanteil an der AEG.) »Wie viele Leute haben Sie in Ihrem Headquarter«, fragt er mich. »2000.« »Bauen Sie auf 150 ab, dann können wir reden. Ich mache hier zur Zeit das Gleiche.« Nachdenklich fahre ich heim.

Auf einer Vorstandssitzung über den Jahresabschluss 1979 wird die ganze Misere überdeutlich. Die defizitären Tochtergesellschaften produzieren über 80 Prozent des Verlustes. Und der Ausblick für 1980: Im April schon 200 Millionen Verlust. Ich dränge auf Korrekturen, gegebenenfalls auch durch Verkäufe aus dem Anlagevermögen. Ich frage mich, wie Cipa sein Kostensenkungsprogramm errechnet hat. Die Ergebnisplanungen für die nächsten Jahre waren reine »Hockey-Schläger-Planungen« – zuerst geht es runter, dann steil nach oben.

Der Mangel an Führungspersonal wird immer deutlicher. Bei Gesprächen mit den Bewerbern zeigt sich schnell, wie schwierig es ist, gute Leute zu bekommen. Die eigenen Leute dagegen haben den Ernst der Lage nur teilweise begriffen oder versuchen, ihn zu verdrängen. »Et hätt noch immer jot jejange«, sagt der Niederlassungsleiter in Köln. Aber ich zähle weiter auf die bestehende Führungsmannschaft der AEG, getreu meinem Grundsatz: »Was einer kann, zählt. Nicht, was einer nicht kann.«

Beim ersten Managementtreffen im April 1980 im Konferenzcenter in Hamburg versuche ich, die Mannschaft aufzurütteln. Ich spreche über eine Stunde und zeige auf, wo die Schwächen und Stärken liegen. Wir haben 35 Geschäftsbereiche, 16 davon machen 100 Prozent des Verlustes. Die müssen doch zu beseitigen sein. Ich vergleiche die AEG mit ihren Hauptkonkurrenten, mit denen sie bis 1975/76 im Wachstum etwa gleich lag. Aber dann kam der große Knick. Warum? War es nur die Organisationsumstellung? Ich spreche alle wichtigen Themen an und ziehe sämtliche Register. Immer wieder werde ich von Beifall unterbrochen. Ich nenne kurzfristige und mittelfristige Ziele und komme auf die »gesellschaftliche Veranstaltung« AEG zu sprechen. Dass wir zusammenhalten müssen und das Ziel für 1980, also die 130 Millionen Verlust, nicht überschreiten dürfen. Ich spreche von ehrgeizigen Zielen, sage aber, dass wir es schaffen können. Am Ende lang anhaltender Beifall.

Einige Tage danach halte ich auf der Betriebsräteversammlung in Berlin vor 300 Teilnehmern eine ähnliche Rede. Einige Teilnehmer erklären später, das sei ein Kontrastprogramm zu Cipa gewesen. Bei dem habe es geheißen: »Wer vor mir mit dem Betriebsrat etwas bespricht, fliegt.« Auch bei den Banken kommt meine Vorwärtsstrategie gut an. Im Aufsichtsrat ist es etwas schwieriger. Da gibt es ein paar alte Fahrensleute, die meinem Optimismus skeptisch gegenüberstehen, nicht zuletzt deshalb, weil sie ihre Erfahrungen in der Vergangenheit gemacht haben.

Arbeiten am »Turnaround«

So arbeiten wir also kräftig weiter am »Turnaround« – oder was die Leute darunter verstehen. Ich schiebe viele Projekte an, bin selbst der erste Verkäufer der AEG. In der DDR besuche ich Minister Beil, den wichtigsten Minister nach Günter Mittag, und fahre nach Moskau, wo ein großes Geschäft mit Gasturbinen für die Jamalpipeline winkt. Immer wieder rede ich auch mit Kandidaten für Führungspositionen, auch für den Vorstand, denn der ist der eigentliche Schwachpunkt im ganzen Konzept. Viele deutsche Personalberater wollen mir helfen, das zu ändern. Ich besuche weiterhin AEG-Firmen und AEG-Fabriken. Es gibt einfach zu viele Entscheidungsebenen, zu viele unproduktive Abteilungen. Um all das beurteilen zu können, brauche ich Zahlen, aber der Finanz- und Controlling-Bereich liefert sie nicht. Zudem ist er nur aufs Inland ausgerichtet und die Zentrale auf die Zahlen der Bereiche angewiesen. Die »melden einfach ab«, wie es so schön heißt, wenn wieder mal ein Bereich seinen Plan, mit dem die Zentrale eigentlich rechnet, nicht einhält. Und so passiert es eben, dass mir mein Finanzkollege Brandt im September in ruhigem Tonfall erklärt, dass wir 1980 statt der 200 Millionen, von denen noch im August die Rede war, 300 Millionen D-Mark Verlust machen werden. Seine Aussage: »Die Bereiche haben abgemeldet, da kann ich nichts machen.«

Im Juni findet die Hauptversammlung in Berlin in der Festhalle am Funkturm statt. Es ist meine erste Hauptversammlung überhaupt, in der ich als Vorstandsvorsitzender die entscheidende Rolle übernehme. Neben dem Aufsichtsratsvorsitzenden Friderichs bin ich die Hauptperson und muss das Hauptreferat halten – über die Geschäftslage und was wir für die Zukunft planen. Ich gebe mich optimistisch und komme damit an. Eigentlich nehme ich den Mund ziemlich voll, aber so wie die Dinge nun mal liegen, bleibt mir gar nicht anderes übrig. Mir ist klar, dass ein Rückzug schwer werden wird. Die meisten Aktionärssprecher sind zufrieden mit mir und mit dem, was ich vortrage. Mit der AEG ist man allerdings nicht zufrieden, was angesichts eines Verlustes von zwei Milliarden D-Mark im Jahr 1979 verständlich ist.

In der folgenden Zeit lerne ich nicht nur die Fabriken der AEG kennen, sondern bekomme auch viel in Sachen Technologie mit: in Wedel bei Hamburg die erste Fabrik für Fotovoltaische Solaranlagen, in Heilbronn Mikroelektronik (schon 1974 wurde dort der erste Mikroprozessor entwickelt). Mit den Ingenieuren von Volkswagen erörtern wir die Frage, ob das Auto der Zukunft eine Blechkiste mit Elektronik oder Elektronik auf vier Rädern sein wird. In Beleke wird Selentechnik entwickelt, die Basis für alle Kopiergeräte, in Ulm werden weit reichende Funkgeräte vor allem für die Aufklärung entwickelt.

Auf dem Gebiet der sogenannten braunen Ware, also der Unterhaltungselektronik, suche ich nach Kooperationspartnern in Europa und Japan, und tatsächlich gelingt es, mit Engländern und Japanern eine gemeinsame Fabrik für Videorecorder in Berlin zu bauen. Da die AEG eine Bildplatte entwickelt hat, für deren Vermarktung wir dringend Partner suchen, spreche ich mit Matsushita und RCA. Aber das noch analog konzipierte System ist zu kompliziert und wird erst mit digitaler Technik als »Compact Disc« den Markt erorbern. Zu jener Zeit besuche ich auch Leo Kirch in seinem Münchner Büro, da wir ja Inhalte (neudeutsch »Content«), also Filme, benötigen. Kirch wiegt sich in seinem Schaukelstuhl, ist ausgesprochen freundlich, weiß aber offensichtlich Bescheid um die technischen Unzulänglichkeiten unseres Systems. Wir kommen nicht weiter. Immerhin erzählt er mir einiges von seinem Geschäft, was ich jedoch nur bedingt verstehe. Ich bin eben ein Mann der Hardware, er der Software. Heute weiß ich, dass ich ihm besser hätte zuhören sollen.

Und immer wieder führe ich auch Gespräche mit hochrangigen Politikern. Die Ministerpräsidenten der Länder sind natürlich daran interessiert, wie es mit den Werken der AEG in ihrem Land weitergeht. Schwierig ist das Thema »Weiße Ware«, also die Sparte der Haushaltsgeräte. Wir haben zu viele Marken, die sich zum Teil gegenseitig kannibalisieren. Da rächt sich die wilde Zukaufspolitik der früheren AEG-Vorstandsvorsitzenden.

Nach mehr als einem halben Jahr habe ich fast alle Betriebe in der AEG persönlich gesehen. Mir ist völlig klar, dass kosmetische Korrekturen an der Organisation und die Entlassung von Mitarbeitern nicht ausreichen, um die AEG fit zu machen. Auch die Betriebsräte drängen. Ich muss die neue Struktur, die wir erst einmal »AEG 85« nennen, zusammen mit dem Vorstand machen. Und da geht es um Personen und Positionen. Fast alle sind für Änderungen – sofern sie selbst davon nicht betroffen sind. Die Kollegen legen Analysen vor, haben aber keine durchgreifenden Maßnahmen parat, wie wir ein paar hundert Millionen einsparen können. Als ich einem Kollegen die Leitung der klassischen Starkstromelektrik anbiete, rechnet er mir vor, dass dieser Bereich in drei Jahren 750 Millionen D-Mark Verlust machen wird. Im Übrigen stünden die Chancen, dass die AEG überlebt, allenfalls fünfzig zu fünfzig. Allenthalben fliegen mir die Verlustankündigungen um die Ohren. Die Liquidität wird eng. Ohne Kapitalmaßnahmen wird es schwierig. Gleichzeitig werden große Projekte weitergeführt, etwa das Erdgaspipeline-Projekt in der Sowjetunion. Die Russen unter Führung des Generaldirektors von Maschinenimport besuchen uns. Sie wollen unbedingt mit der AEG arbeiten. Für die gewünschten Turbinen benötigen wir allerdings die Rotoren von General Electric aus den USA, und da Präsident Reagan ein Embargo für alle Lieferungen nach Russland angeordnet hat, ergibt sich ein weiteres Problem.

Werden Leichen meinen Weg säumen?

Bei den Gesprächen über die Neuorganisation treffe ich immer wieder mit den Arbeitnehmervertretern, vor allem mit dem Gesamtbetriebsratsvorsitzenden Hans Rubke zusammen. Er ist sehr lange im Konzern und kennt die handelnden Personen: »Wenn Sie wüssten«, erklärt er, »was wir hier alles schon durchgemacht haben. Machen Sie jetzt keine personellen Kompromisse.« Dann spricht er von der Vergangenheit, von der »Milliardensünde«, die von Cipa schon 1976 »weggedrückt« worden sei. Seit 1970 hätte die AEG keinen echten Betriebsgewinn mehr gemacht. Seit 1970 kein Gewinn? Wo war da eigentlich der Aufsichtsrat geblieben, fragte ich mich. Das waren doch alles kompetente Leute, die da zusammensaßen und Rat gaben und entscheiden mussten. Wie konnten sie einen Vorstand so lange gewähren lassen? Und wie konnte der Vorstand so lange mit solchen Zahlen leben? Prinzip Hoffnung? Verdrängung schlechter Nachrichten?

Ich war verzweifelt und spürte eine Mentalität im Unternehmen, bei der nur ans Überleben gedacht wird. Man bekommt ja seinen Bonus, unabhängig von der Dividende, obwohl er eigentlich auf diese bezogen ist. Resignation ist in vielen

Gesprächen zu spüren. Nach fünf Reformen, die die Misere eher verstärkt haben, ist Rubke skeptisch. Aber er will mitarbeiten. »Sind Sie hart genug?«, fragt er mich. »Anders geht es nicht. Leichen werden Ihren Weg säumen.«

Da war was dran, denn naturgemäß blieben bei einer solchen Neuorganisation auch Führungskräfte auf der Strecke. Ich hielt mich an Walther Rathenau, der 1908 geschrieben hatte: »Hast du einen Menschen ungeeignet für seinen Posten gefunden, so setze ihn eher mit vollem Gehalt zur Ruhe, als dass du ihn in seiner Stellung behältst. Denn er wird nicht nur dir und sich selbst, sondern ungezählten anderen schaden.«

Die Neuorganisation wird verkündet. Einige Vorstände verlieren ihren Job, einige werden befördert. Ebenen werden gekappt und die operativen Bereiche stärker gemacht. Die Leiter dieser Bereiche kommen in den Zentralvorstand, der nur noch Vorstand heißt. Ich verkünde das Konzept in der Öffentlichkeit. Es wird akzeptiert. Ich habe immer noch Vorschusslorbeeren. »Ihnen kann man vertrauen«, meint ein Banker. In einer außerordentlichen Aufsichtsratssitzung im September 1980 wird die neue Konzernstruktur einschließlich Personalien abgesegnet. Aber es wird auch über die Lage, also mein erstes Jahr als Vorstandsvorsitzender, gesprochen. Und ich muss zugeben, dass wir das geplante Ergebnis von minus 100 Millionen nicht erreichen können. Eher werden es minus 300 Millionen, vielleicht sogar mehr. Die Aufsichtsräte sind naturgemäß enttäuscht über die erneuten Planabweichungen. Ich kann nur dagegenhalten, dass die Planung meines Vorgängers zu optimistisch und das von ihm vorgelegte Sanierungskonzept zu Unrecht einen solchen Namen trug. (Auf meine Kalkulation im Dezember 1980, die ich den beiden Vorständen der Deutschen und der Dresdner Bank gezeigt hatte, konnte ich leider nicht verweisen. Aufsichtsräte lieben es nicht, wenn sie von Sitzungen hören, bei denen sie nicht dabei waren.)

Der Aufsichtsratsvorsitzende fasst die Diskussion zusammen und bedauert, dass das Sanierungsprogramm 1979 nicht »in Kenntnis der tatsächlichen Lage dimensioniert« worden sei. Es sei nicht zu begreifen, dass noch auf der außerordentlichen Hauptversammlung am 15. Januar 1980 von einem tendenziellen Plus-minus-null-Ergebnis für 1980 gesprochen wurde. Am Ende stimmt der Aufsichtsrat überein, gegenüber der Presse derzeit keine Aussagen zum erwarteten Ergebnis für 1980 zu machen. Aber gegen Jahresende wird es kritisch. Gerüchte über eine Krise bei AEG machen die Runde. Ich spreche mit Edzard Reuter von Daimler und erläutere ihm die Lage der AEG. Bei 300 Millionen D-Mark Zinsen ist eine Sanierung nicht möglich, meint er. Ich muss ihn korrigieren: Es sind 500 Millionen. Ob er es für denkbar halte, dass vier potente Partner aus der deutschen Industrie sich für eine 25-prozentige Beteiligung an der AEG interessieren könnten? Allerdings müsste vorher bereinigt werden, zum Beispiel müsste die weiße Ware verselbstständigt werden. Alles vage Ideen.

Bei einem Mittagessen in der britischen Botschaft treffe ich Margaret Thatcher, eine beeindruckende, sehr bestimmte und konkrete Frau. Merkle meint allerdings, sie würde die Dinge zu einfach sehen. Aber ohne eine solche Einstellung könne man wohl nicht Politiker sein. Was Frau Thatcher von der »Attitude«, der Denkungsweise der Briten, sagt, die sie ändern müsse, könnte ich auch von der AEG sagen.

Dann lädt mich DDR-Botschafter Moldt ein. Wir reden viel über Politik. Moldt ist sehr pessimistisch. Die Lage in Polen sei sehr gefährlich, die Regierung habe die Sache nicht mehr in der Hand, und Lech Walesa würde von den Amerikanern nicht nur finanziert, sondern sogar gesteuert. (Heute wird behauptet, Walesa hätte für den polnischen Geheimdienst gearbeitet.)

Es rieche irgendwie nach Krieg. Auf dem Heimweg fällt mir auf, dass ich noch nie ernsthaft über die Möglichkeit eines Krieges nachgedacht habe. Dabei hatte ich ihn als Kind doch selbst noch erlebt. Allerdings erinnere ich mich auch, dass ich während der Kubakrise 1962 frühmorgens in der Angst aus dem Fenster sah, am Himmel könnten Bomber auftauchen.

Der sowjetische Boschafter Semjonow kommt zum Abendessen in meine Frankfurter Wohnung. Auf Russisch wettert er bei schwäbischen Maultaschen und Spätzle über die Amerikaner und ihr Abwehrsystem SDI. Sein Dolmetscher übersetzt mit vollen Backen und so routiniert, als hätte er das alles auswendig gelernt. Mit Semjonow, einem Liebhaber russischer Kunst – vor allem solcher, die nackte Frauen darstellte –, kam ich ganz gut klar, und als ich ihm 1985 die erste Gasturbine für die Yamal Pipeline übergab, war er hocherfreut.

Ich spreche mit unserem Werksarzt. Die diffuse Angst im Konzern bringt bei manchen Mitarbeitern psychosomatische Probleme mit sich. Der Dürr hat mit seiner »gesellschaftlichen Veranstaltung« gut reden, sagten die Leute. Aber was wird aus uns? Und ich erfahre, dass es im Hochhaus, also der AEG-Zentrale, ein echtes Alkoholproblem gibt. Auch in den Vorstandsbüros würden jeden Tag ein bis zwei Flaschen Whisky getrunken. Ich gehe der Sache nach und stelle fest, dass aus dem Belegschaftsladen tatsächlich große Mengen Alkohol in die Büros verteilt werden, angeblich zur »Kundenbewirtung«. Durch Veröffentlichung einer monatlichen Liste, wer wie viele Getränke verbraucht, versuchen wir, dem Missbrauch abzuhelfen.

Ein Riesenproblem ist das Pensionsstatut der AEG. Nicht nur, dass keine Rückstellungen für Pensionen gemacht wurden, also später kein Geld da ist, um die Pensionen zu bezahlen, auch das Statut selbst ist völlig überholt. In vielen Fällen bekommen die Leute nach der Pensionierung netto mehr, als wenn sie arbeiten. Spreche mit Rubke darüber. Mit einer Beseitigung der Überversorgung ist er einverstanden, aber eine generelle Reduzierung? Wir sitzen bis Mitternacht im Casino im 13. Stock, trinken Bier und rauchen Cigarillos. Am Ende sagt Rubke: »Wir müssen zusammenhalten, vor allen Dingen gegen die Banken.« Und er gibt mir noch eine Empfehlung: Ich solle auf mich aufpassen. »Das Tempo halten Sie sonst nicht durch.« Sicher weiß er, dass ein nochmaliger Wechsel des Vorsitzenden das Ende der AEG einläuten würde.

Immer mehr unterliegen wir dem kurzfristigen Bilanzzwang. Unsere eigentlichen Eigentümer, die Banken, verstehen etwas von Bilanzen, aber wenig von unserem Geschäft. Trotzdem läuft die Sitzung des Bankenkonsortiums vor Weihnachten friedlich, es gibt wenig Fragen. »Erst hinterher geht das Gerede los«, meint ein Banker.

Ich besuche Franz Josef Strauß in München, um für Unterstützung in Sachen AEG zu werben. Strauß ist generell ziemlich pessimistisch. Sein Rezept: »Es muss wieder so werden, wie es 1945 war. Die Deutschen lernen nur aus Kriegen.« Er sagt mir noch Hilfe für die AEG zu, wenn es etwa um Partner für einzelne Bereiche gehen sollte. Alles in allem macht er keinen großen Eindruck auf mich. Das Bild, das die Öffentlichkeit von ihm hat, ist wesentlich schillernder als die reale Person.

Im Engadin ziehe ich Bilanz

Über Weihnachten bin ich wieder im Engadin. Wie vor einem Jahr treffe ich mich mit Friderichs und Hayek im Palace Hotel. Wir ziehen Bilanz. Hayek meint: »Zwischen Mai und Juni habe ich befürchtet, dass Sie es nicht schaffen. Jetzt ist das anders. Wenn Sie – oder wir – ein klein bisschen Glück haben, wird 1981 ein gutes Jahr. Vielleicht bringt es ja den Durchbruch.« Ich frage auch Friderichs, ob alles so gelaufen ist, wie er es sich damals vorgestellt hat. Er bejaht das ohne Überschwänglichkeit, aber immerhin mit fester Stimme. Ich sage ihm auch, dass die AEG nur gerettet werden kann, wenn sie in einzelne größere Bereiche zerlegt wird und Partner in diese Bereiche einsteigen, damit wir uns eine überlebensfähige Kapitalbasis schaffen. Die einzige Alternative wäre, dass die Banken noch einmal eine Kapitalerhöhung durchführen, denn unsere Zinssituation hat sich weiter verschlechtert. Aber wie sollen wir mit den Banken weiterkommen? Friderichs sieht mich groß an: »Ja wie?«

Dennoch kann ich mit meinem ersten Jahr als Vorstandsvorsitzender der AEG eigentlich zufrieden sein. Bei der Managerwahl, die das »Industriemagazin« für 1980 durchführt, lande ich ich auf Platz drei, immerhin vor Großmeistern wie Toni Schmücker, dem Chef von VW, Bernhard Plettner, dem Chef von Siemens, und Hellmuth Buddenberg, dem Chef von BP. Die Journalisten geben mir folgende Pluspunkte: »erste positive Sanierungseffekte, Motivieren der Mitarbeiter, Wiedergewinnung eines ersten Vertrauens. Große Risikobereitschaft, die sich auch in der internen Umstrukturierung und ersten Sanierungsansätzen zeigt.« Auf der Minusseite steht, dass ich »vielfach zu offen gegenüber der Öffentlichkeit« sei. Wilfried Guth von der Deutschen Bank, der den ersten Platz erhalten hat, wird dagegen vorgeworfen, er sei zu »zurückhaltend im Gespräch mit der Presse«. Also was jetzt?

Dafür, dass ich eigentlich noch nicht viel bewegt, aber ziemliche Sprüche gekloppt habe, ist Platz drei nicht schlecht. Drei Jahre später, im Jahr des Vergleichs, in dem ich wirklich hart gearbeitet und den Turnaround geschafft habe, lande ich auf Platz 249 als schlechtester Manager.

Aber an dem Vorwurf war etwas dran. Ich war nicht nur zu offen, ich trat auch zu oft in der Öffentlichkeit auf. Ich redete mir zwar ein, es in erster Linie für die AEG zu tun, aber naturgemäß gefiel es auch meinem Ego. Beifall tut immer gut.

Ich hielt Vorträge über Unternehmensführung, über Unternehmenskultur, über Unternehmenswandel und wagte mich auch an anspruchsvollere Themen. Im Februar 1981 sprach ich auf dem »European Management Forum« in Davos zum Thema: »Innovation und soziale Verpflichtung – Akzeptierbares und Untragbares«, und unternahm eine Tour d'Horizon zum tiefgreifenden Wandel in unserer hoch industrialisierten Gesellschaft, zu unserem geänderten Verhältnis zur Energie, zur Größe an sich, die kein vorrangiges erstrebenswertes Ziel mehr sei – der »kleinste Mikrochip« habe die »größte Fabrikhalle« als Symbol für den erstrebenswerten Fortschritt abgelöst –, und nicht durch den Einsatz von Material, sondern durch den Einsatz des menschlichen Geistes erreicht werde – alles Veränderungen, die uns vor große Herausforderungen stellten und die wir versuchen sollten, im Konsens zu lösen. Ich nannte einige Beispiele aus der AEG, blieb aber sehr im Allgemeinen. Zum Schluss erklärte ich: »Viele verfallen angesichts des

Wandels und der damit verbundenen Probleme in einen tiefen Pessimismus, und Pessimismus kann leicht zur sich selbst erfüllenden Wahrsagung werden. So gesehen stimme ich mit denen überein, die Pessimismus für Charakterschwäche und Optimismus für eine moralische Pflicht halten.« Das klang zugegebenermaßen etwas abgehoben. Und so erklärte ein Unternehmer anschließend denn auch: »Jetzt verkaufe ich meine AEG-Aktien.«

Besuch in China

Im Januar 1981 fahre ich nach Peking, wo die AEG eine Ausstellung eröffnet, auf der sie ihr ganzes Programm präsentiert. Aber die chinesische Wirtschaft ist im Umbruch. Keine Entscheidungen für Projekte. Ich war schon im November 1979 in China gewesen, als Mitglied einer Delegation von Ministerpräsident Späth, an der auch der katholische Bischof Moser und der IG Metall-Vorsitzende Steinkühler teilnahmen – »die gesellschaftlich relevanten Kräfte«, wie Späth meinte. Mit von der Partie waren auch ein paar Journalisten, unter ihnen der China-Experte Klaus Mehnert. Wir waren mit China-Airlines über Belgrad und Teheran nach Peking geflogen. Das Flugzeug war amerikanisch, der Service schlecht. »Wenn das mit dem Essen so weitergeht, werden wir zu schlanken Jünglingen«, meinte Steinkühler. Aber der heiße Tee in den Schnabeltassen mit Deckel schmeckte gut.

In Peking besuchten wir das Institut für Auslandsbeziehungen, dessen Präsident unablässig gegen den Kriegstreiber Sowjetunion wetterte und in fast beschwörendem Ton das Bild eines dritten Weltkrieges an die Wand malte. Die Russen wollten schon seit Jahrhunderten ans »warme Meer« und würden eines Tages auch Afghanistan überfallen. Wir wohnten in dem einzigen Pekinger Hotel, einem Riesenkasten, in dem es aber durchaus vernünftiges Essen gab. Morgens weckte mich tausendfaches Klingeln der vielen Fahrradfahrer, die zur Arbeit fuhren. Autos gab es kaum. Von Peking flogen wir nach Schanghai, wo Steinkühler und ich die Fahrradfabrik Nummer 1 besuchten. Die sollte angeblich 1,5 Millionen Fahrräder im Jahr produzieren. Ich rechnete Steinkühler vor, dass dann alle fünfzehn Sekunden ein Rad vom Fließband rollen müsste, was ganz offensichtlich nicht der Fall war. Und die Arbeitsverhältnisse waren so miserabel, dass die deutsche Gewerbeaufsicht den Betrieb sofort geschlossen hätte. Franz Steinkühler erinnert sich später: »Die einzigen, die von Arbeit etwas verstanden haben, waren wir beide. Heinz und ich haben natürlich gleich Verbesserungsvorschläge gemacht, wie die ihre Produktivität steigern können.«

Den Werkleiter interessierte vor allem, wie wir mit unseren älteren Mitarbeitern umgehen würden. Er hatte die gleichen Probleme wie wir. (Wie sieht das wohl heute, im Jahr 2007, aus, wo die Überalterung der chinesischen Gesellschaft bedrohlich näherrückt?)

Dann ging es weiter nach Schenyang zur Besichtigung eines Stahlwerks, das noch von den Russen gebaut worden war. Beim anschließenden Bankett – es war das sechste auf unserer Reise – gab es viel Maotai, den hochprozentigen chinesischen Schnaps. Plötzlich erhob sich Klaus Mehnert, sprach einen Toast und schmetterte das Glas in russischer Manier an die Wand. Die Chinesen erstarrten und machten dann Anstalten zum Aufbruch: An die Russen wollten sie offenbar nicht erinnert werden. Es bedurfte Späths ganzen diplomatischen Geschicks, einen Eklat zu vermeiden. Wieder zurück in Peking, wurden wir in die große Halle des Volkes eingeladen und trafen dort auf Hua Guo Feng, den chinesischen Ministerpräsidenten, der davon sprach, dass man dazu übergehen werde, den Mittelstand zu fördern, statt immer nur Großkombinate zu bauen. »Deshalb habe ich ja den Dürr mitgenommen«, erklärte Späth dem Ministerpräsidenten. »Der ist nämlich Mittelständler.« Ich war beeindruckt.

Alles in allem war die Reise ein Erfolg, und die Erfahrungen, die ich dabei sammelte, nutzte ich später für die Firma Dürr, die ihren ersten Auftrag 1985 bei VW in Schanghai bekam, heute 500 Mitarbeiter in China beschäftigt und Marktführer bei Lackier- und Montageanlagen für die Automobilindustrie ist. Was für eine Entwicklung hat dieses Land in den vergangenen zwanzig Jahren genommen! In welchem atemberaubenden Tempo! Das deutsche Wirtschaftswunder ist im Vergleich dazu geradezu gemächlich gewesen. China will wirtschaftliche Weltmacht werden, mit einem Einparteien-System, das sich des Kapitalismus in einer geradezu erstaunlichen Weise bedient und dessen Auswüchse zumindest vorübergehend toleriert. Das letzte Wort hat aber immer die Partei, sie gibt auch die langfristige Strategie vor. Und die Chinesen ziehen mit.

China – Werkbank für die Welt? Das wird wohl nicht mehr lange so sein, denn die Chinesen treiben die eigene Forschung mit unglaublicher Energie voran. An den chinesischen Universitäten studieren acht Millionen junge Leute Ingenieurwesen, im Jahr 2006 haben 1,3 Millionen Studenten ihr Studium abgeschlossen. (In Deutschland sind es knapp 20 000.) Auch die Automobilindustrie hat in den vergangenen zehn Jahren eine rasante Entwicklung genommen. Gemeinsam mit europäischen und amerikanischen Partnern wie VW, Peugeot und General Motors hat man Firmen gegründet. Viele Chinesen wurden in den Unternehmen ausgebildet. Bei einem Abendessen mit Managern der Schanghai General-Motors-Firma stellte sich heraus, dass sie fast alle in Wolfsburg, Ingolstadt oder Rüsselsheim gelernt hatten. Sie schwärmten von deutschem Bier und Weißwürsten und kannten sich in Deutschland ganz gut aus. Der derzeitige chinesische Minister für Technologie war acht Jahre lang bei Audi in leitender Position in der Entwicklung tätig.

30 000 junge Chinesen studieren derzeit an deutschen Universitäten, während nur 1500 Deutsche an chinesischen Hochschulen immatrikuliert sind. Stellen wir uns auf diese besondere Herausforderung der Globalisierung ein, oder beruhigen wir uns mit der Annahme, dass die sozialen Probleme in China zu groß sein werden, als dass uns von dort Gefahr drohe?

Aber in China werden Ziele festgelegt und umgesetzt, bei uns werden Ziele angedacht und dann im Abstimmungsprozess verwässert, wenn nicht zerrieben. Man muss also zur Kenntnis nehmen, dass da eine Weltmacht und ein ernst zu nehmender Konkurrent heranwächst. Wir müssen damit rechnen, dass das 21. Jahrhundert ein chinesisches Jahrhundert wird.

Doch zurück zur AEG. Auch in meinem zweiten Jahr suchte ich nach Auswegen aus der finanziellen Misere. Ich sprach mit vielen denkbaren Partnern. Von allen wollte ich etwas – nämlich Partnerschaft –, aber alle wollten auch etwas von mir: nämlich diejenigen Teile der AEG, die über fortgeschrittene Technologien verfügten und profitabel waren.

Warum sprach ich mit all diesen potenziellen Partnern? Einmal weil die AEG Geld brauchte, zum anderen, weil ich davon überzeugt war, dass das Geschäftsvolumen der AEG auf vielen Gebieten zu klein war, um langfristig zu überleben. Gescheitert sind fast alle Projekte am Ende immer wegen Finanzfragen.

»Warum sanierst du nicht zunächst den Konzern und sprichst dann mit Partnern?«, wurde ich immer wieder gefragt. Natürlich ging während dieser Kooperationsgespräche die interne Sanierung weiter: Wir bauten Personal ab, verschlankten die Organisation und bereinigten unser Portfolio. Aber der finanzielle Rahmen, die Liquidität, also das täglich zur Verfügung stehende Geld, stimmte nicht mehr. Hinzu kam, dass die Konjunktur 1981/1982 total abgesackt war. 1982 hatten wir in Deutschland ein Minus-Wachstum, und die Arbeitslosenquote war von vier Prozent im Jahr 1979 auf fast zehn Prozent in 1982 gestiegen. Überdies kletterten die Zinsen auf einen absoluten Höchststand. Aber das war nur ein Teil unserer Misere. Die Altlasten, also die Aufträge und Verbindlichkeiten, die vor meiner Zeit abgeschlossen worden waren, drückten uns zu Boden: Schulden, fehlende Rückstellungen für Pensionen und Altaufträge mit schlechten Margen. Davon war Ende 1979, als ich meine Zusage gegeben hatte, keine Rede gewesen. Im Gegenteil: Unsere Eigentümer, die Banken, hatten mir nach einem Kapitalschnitt ganz persönlich weitere Hilfe zugesagt. Aber das meiner Arbeit zugrunde liegende Sanierungsgutachten der Firma Hayek, das mein Vorgänger noch in Auftrag gegeben hatte und das die Sanierungsfähigkeit der AEG bestätigt hatte, war in zwei Punkten nicht vollständig: in der Finanzierungsfrage und beim Thema Pensionen. Doch das erfuhr ich erst viel später von Nikolas Hayek, der das Sanierungsgutachten angefertigt hatte und der mir gestand, er hätte diese Themen auf besonderen Wunsch meines Vorgängers weggelassen.

Lord Weinstock und der »Brennende Busch«

All diese Schwachpunkte hätte ich natürlich merken müssen. Entsprechende Schnitte wären dann unvermeidlich gewesen. Aber mir fehlte die Erfahrung und eine gewisse Schlitzohrigkeit. So ging ich in die offene Schlacht und suchte gleichzeitig Verbündete. Ein solcher Verbündeter war Lord (Arnold) Weinstock, der Chef der GEC in London, einem sehr profitablen Unternehmen, das einen riesigen »Cash-Mountain« (Financial Times) vor sich her schob. Weinstock lernte ich durch Sir Siegmund Warburg kennen, einem Mann mit exzellenten Verbindungen in viele Bereiche, auch der deutschen Wirtschaft. Sir Siegmund war in Urach geboren, nach Großbritannien emigriert und ein guter Freund von Weinstock.

Weinstock traf ich zum ersten Mal bei den Salzburger Festspielen. Meine Frau und ich fuhren gerne an die Salzach, auch wenn uns der Smoking- und Abendkleid-Rummel etwas auf die Nerven ging. Vor allem das Theater hatte es uns angetan: Thomas Bernhard, Botho Strauß und der »Don Juan« von Moliere, dessen Monolog über die Heuchelei meine Begegnungen bei der AEG treffend zu schildern schien.

Weinstock war ein großer Musikfreund und hatte ganz besondere Beziehungen zu Ricardo Muti, dem großen italienischen Dirigenten, den er in seinen Anfangszeiten sogar finanziell unterstützte. Und da Muti einen Tag nach Weinstock Geburtstag hatte, ergab es sich, dass ich im Restaurant Anis bei Salzburg ein Geburtstagsständchen von den umjubelten Gesangesgrößen aus »Cosi fan Tutte« hören durfte. Weinstock hatte auch die englische Regierungschefin Margaret Thatcher eingeladen, die fleißig mitsang, von mir aber vor allem wissen wollte, wie das mit dem Vergleich sei, denn die Frage wie man Schulden los werden konnte, interessiere sie ungemein.

Weinstock war Jude. Seine Eltern waren aus Polen vor den Nazis nach England geflohen. Er hatte an der London School of Economics (LSE) studiert, drei Jahre als Verwaltungsbeamter in der Admiralität gearbeitet und dann die Tochter eines Unternehmers geheiratet, der Radio- und Fernsehgeräte herstellte. Weinstock stieg in die Firma ein und baute aus den verschiedensten englischen Firmen nach und nach einen gewaltigen Konzern auf, die GEC, die damals eines der größten Unternehmen in Großbritannien war. Weinstock leitete den Konzern 33 Jahre lang; seine Nachfolger erlagen den Illusionen der New Economy und trieben die GEC in den Ruin. Weinstock starb 2002 im Alter von 78 Jahren an gebrochenem Herzen. Er konnte den Niedergang »seines« Unternehmens nicht verkraften.

Mit dem neun Jahre älteren Weinstock verband mich mehr als nur eine geschäftliche Beziehung. Er lud mich auf seinen Landsitz außerhalb Londons ein, wir machten lange Spaziergänge und sprachen über alles Mögliche. Einmal, als wir inmitten weidender Kühe auf einer Wiese saßen, erklärte er mir das Bild vom »Brennenden Busch«, in dem Moses Gott erschienen war. Mich ließ dieses Bild nicht mehr los. Immer wieder versuchte ich mir vorzustellen, wen (oder was) ich im »Brennenden Busch« gesehen hätte.

Weinstock leitete den verzweigten Konzern von seinem bescheidenen Hauptquartier in Stanhope Gate in London, nahe dem Hydepark, er konnte sich auf Knopfdruck mit allen seinen Betriebsleitern jederzeit direkt telefonisch in Verbindung setzen. Der Konzern wurde straff geführt, unternehmerisch hatten die einzelnen GEC-Firmen jedoch großen Spielraum. Das entsprach durchaus meinen Vorstellungen von einem Konzern, war aber das genaue Gegenteil der AEG-Strukturen.

Zusammen mit Weinstock entwickelte ich den Plan, die AEG in die Bereiche Technik und Konsumgüter aufzuteilen, wobei sich GEC mit vierzig Prozent an der Technik beteiligen wollte. »Aber nur wenn du mitmachst«, erklärte Weinstock und schlug mir sogar vor, auch die Firma Dürr in dieses Joint Venture einzubringen. Mit meinem Technikkollegen von der AEG besuchte ich die Firmen der GEC. Wir fuhren nach Portsmouth, wo Satelliten und Torpedos produziert wurden, nach Hearst bei Wembley, zu einem der beiden Forschungsinstitute von GEC, nach Ruston und Rugby. Überall trafen wir auf selbstbewusste und kundige Werkleiter, die dem Bild widersprachen, dass Weinstock wie ein autoritärer Herrscher über sein Imperium regiere. Was sie alle allerdings verinnerlicht zu haben schienen, war die sogenannte »Bottom Line«, also dass ein ordentlicher Gewinn erwartet wurde.

Bei einem Abendessen erzählte mir Weinstock, dass schon 1974 über eine Zusammenarbeit mit der AEG nachgedacht worden war. Als er aber erfuhr, dass die AEG 432 Millionen Pfund kurzfristige Schulden hatte, war das ein Schock für ihn gewesen. Jetzt war Weinstock bereit, 1,4 Milliarden D-Mark als Kapitalerhöhung einzubringen. Die Pensionen sollten zumindest teilweise durch eine Hebung der stillen Reserve im Anlagevermögen gedeckt werden. Nach dem Essen waren wir alle einer Meinung: »To put AEG and GEC together would be a great thing.« Arnolds Augen leuchteten.

Aber das Projekt mit den Engländern gefiel der deutschen Industrie überhaupt nicht, denn GEC war ihnen zu aggressiv am Markt. So etwas wollte man in Deutschland nicht. Aber auch die IG Metall und die Arbeitnehmervertreter hatten Bedenken, denn die Mär ging um, dass Weinstock Fabriken schließen und Leute abbauen würde.

Zwischen AEG und GEC fanden viele Einzelgespräche statt, und Weinstock erklärte sich bereit, Bargeld einzubringen. Aber mit unserem Bankenkonsortium war inzwischen alles sehr schwierig und zäh geworden. Meine Finanzleute und ich mussten ständig an Krisensitzungen teilnehmen, meist im kleinen

Kreis mit den Führungsbanken. Der Konsortialführer Dresdner Bank in der Person des zuständigen Vorstandsmitglieds Meyer-Preschany geriet immer stärker in die Kritik der übrigen Konsorten. Es gab gespenstische Sitzungen, emotional, giftig, mit persönlichen Angriffen. Die Apostelgeschichte kam mir in den Sinn: »Etliche schrien so, etliche anders, und die Versammlung war in Verwirrung, die meisten wussten nicht, warum sie zusammengekommen waren.« Allerdings waren die Banken 1981/1982 selbst in einer schwierigen Lage. Die Geschäfte gingen schlecht, und Kredite mussten reihenweise bereinigt werden. So waren die Nerven bis zum Äußersten angespannt. Trotzdem fand ich es unpassend, dass Meyer-Preschany morgens um 9 Uhr in seinem Büro nach Champagner verlangte, und zwar nach der Nobelmarke Dom Perignon: »Mein Kreislauf muss in Gang kommen.«

Immer wieder tauchten Namen von sogenannten »white knights« auf, weißen Rittern, die die AEG retten wollten oder sollten. Aber nur eine Kooperation mit der GEC kam ernsthaft in Betracht, auch weil Lord Weinstock dazu entschlossen war, so sehr, dass er sogar an einem Samstagmorgen mit zwei Vorstandskollegen nach Frankfurt kam, um mit den Arbeitnehmern im AEG-Aufsichtsrat persönlich zu reden, denn er wusste, dass sie der GEC sehr kritisch gegenüberstanden. Das Gespräch im Hochhaus der AEG in Frankfurt verlief so harmonisch, dass mir der Betriebsratsvorsitzende Rubke hinterher erklärte, er finde den Lord eigentlich ganz nett, mit dem könne er.

Weinstock stellte die GEC vor, erwähnte die früheren Kontakte mit der AEG, die aber zu keinem Ergebnis geführt hätten, weil die damals verantwortlichen Männer arrogant gewesen seien und ihre eigene Lage völlig falsch eingeschätzt hätten. Jetzt aber sei das anders, zu mir hätte er Vertrauen. Die deutschen Arbeitnehmer hatten einen Fragenkatalog zusammengestellt, der weitgehend abgearbeitet wurde. Dabei ging es vor allem um die Frage, was die GEC mit ihrer 40-prozentigen Beteiligung vorhabe. Weinstock machte klar, dass man die zusammengelegten Firmen gemeinsam führen würde und erläuterte sein Konzept der dezentralen Struktur. Als es um die Mitbestimmung ging, erklärte Weinstock dem IG-Metall-Vertreter Michael Kittner: »Sie reklamieren Mitverantwortung, haben aber keine Mitentscheidung.« Schließlich diskutierte man noch über eine Pressemitteilung, beschloss aber, der Presse möglichst wenig zu sagen.

Zwei Tage später rief mich Weinstock an, er hätte länger über den Termin am Samstag nachgedacht. Nicht nur die Zahlen, sondern vor allem das Verhalten der Arbeitnehmer hätten ihn doch sehr ernüchtert. Auch die Haltung der deutschen Industrie gefalle ihm nicht, weshalb er beabsichtige, sich aus dem Geschäft zurückzuziehen. Er würde das jetzt aber noch nicht verkünden, denn er wolle mich nicht in Verlegenheit bringen.

Unterdessen wurde die finanzielle Lage der AEG immer kritischer. Die Banken stritten sich um die Erhöhung unserer Avallinien, also die Bankbürgschaften, die wir brauchten, um Anzahlungen zu erhalten. Auch die Finanzierung unseres Russland-Pipeline-Auftrages war gefährdet, und am Ende blieb nichts anderes übrig, als eine Exportbürgschaft beim Bund zu beantragen. Der Ruf nach einer generellen Bundesbeteiligung wurde immer stärker, insbesondere vonseiten der Arbeitnehmer und der IG Metall. Das Bundeskanzleramt und das Wirtschaftsministerium waren ständig in unsere Gespräche eingebunden. Besonderes Interesse galt dabei dem Projekt GEC. Aus den Reaktionen war jedoch klar herauszuhören, dass man in Bonn eine deutsche Lösung vorziehen würde.

Die Arbeitnehmervertreter im Aufsichtsrat besuchten Bundeskanzler Helmut Schmidt an seinem Ferienort am Brahmsee in Schleswig-Holstein, um ihn um Hilfe zu bitten. Aber Schmidt meinte, die AEG sei nicht mehr zu retten, und verglich einige Produktivitätszahlen mit denen von Siemens. Als die Arbeitnehmer massiv widersprachen, weil seine AEG-Zahlen schlicht falsch seien, erwiderte Schmidt, er verlasse sich auf seine Berater. Auf die Frage, wer diese Berater seien, sagte Schmidt: »Plettner von Siemens, Overbeck von Mannesmann, Merkle von Bosch.« Da blieb den Arbeitnehmervertretern nichts mehr übrig, als sich zu verabschieden und sich bei Frau Loki zu bedanken, die ihnen Kaffee und Kuchen angeboten hatte. Im nächsten Dorfkrug mussten sie sich ein paar Schnäpse genehmigen, um über diese Abfuhr hinwegzukommen.

Gaddafi als Retter der AEG?

Auf meiner Suche nach einem Finanzpartner kam ich auch mit Libyen in Verbindung. Ein Fotohändler aus Stuttgart hatte mir ein Gespräch mit einem einflussreichen Libyer, dem Schwager von Gaddafi, empfohlen, das tatsächlich zustande kam. Nachdem klargestellt war, dass wir keine Kapitalbeteiligung aus Israel hatten, wurde das Thema konkret. Ein Freund und Berater Gaddafis erklärte, man wolle sich an der AEG beteiligen und sei an einer Zusammenarbeit interessiert. Wichtig sei aber, dass Bonn zustimme. Libyen bräuchte Hilfe bei der industriellen Entwicklung. Und schließlich müsse noch die Frage geklärt werden, ob Libyen auch mit Öl zahlen könne. Da Libyen sich zuvor auch schon mit 15 Prozent am Fiat-Konzern beteiligt hatte, schienen die Vorschläge nicht ganz abwegig.

Ich sprach deshalb mit meinem Aufsichtsratsvorsitzenden Friderichs, der in Bonn, also vor allen Dingen bei Genscher und Lambsdorff nachfragte, ob eine solche Beteiligung denkbar sei. Die hatten nichts dagegen, und so flog ich mit meinem Assistenten und dem Berater Gaddafis nach Tripolis. Am Flughafen wurden wir von einem Captain mit den Worten begrüßt: »You have to read the green book, then we can discuss.« Gemeint war das »Grüne Buch« des libyschen Revolutionsführers, in dem Gaddafi schrieb, dass 90 Prozent der Entscheidungen vom Volk durchaus richtig getroffen würden, also eine Beteiligung der Regierung nicht erforderlich sei. Über die fehlenden 10 Prozent könne er als »leader« entscheiden. Er bräuchte nur direkten Kontakt mit dem Volk. Also mussten auf öffentlichen Plätzen Fernsehkameras und Lautsprecher installiert werden, mit direkter Verbindung zu einer Zentrale in Gaddafis Hauptquartier. Dann könne er mit seinem Volk kommunizieren und Recht sprechen. Die AEG bekam keine Spezifikation. Sie studierte das »Grüne Buch« und das Projekt wurde realisiert.

Wir werden in dem luxuriösen, aber etwas heruntergekommenen Gästehaus der Regierung untergebracht: goldene Badewannen-Armaturen, komplette Elektronik, sogar Telefunken-Fernseher. Ich besuche den libyschen Verbindungsmann in seinem Haus und erläutere ihm meine Vorstellungen. Bei einem Gespräch mit Gaddafi-Leuten beklagen die sich über die amerikanische Präsenz in Deutschland. Zum Geschäftlichen kommen wir nicht. Die Libyer laden uns für den nächsten Tag zu einer Fahrt durch Tripolis ein. Wir besuchen eine Moschee und den Supermarkt.

Dann sitzen wir auf der Terrasse des Gästehauses in der Sonne und sehen in einen Garten mit Oliven und Orangenbäumen. Alles ist sehr friedlich. Aus der Ferne übertragen Radiolautsprecher irgendeine martialische Kundgebung in arabischer Sprache. Wir essen zu Mittag. Noch immer passiert nichts. Der »Leader« sei in Bengasi, wird gesagt. Ich werde ungeduldig und gebe das zu erkennen. Wir sitzen noch immer auf der Terrasse und trinken rosenblattgesüßten Kaffee. Plötzlich tauchen zwei Libyer auf: der Sekretär von Gaddafi und dessen Assistent. Wir kommen schnell zur Sache. Die Libyer wollen 500 Millionen US-Dollar, also 1,2 Milliarden D-Mark für 24 Prozent an der AEG bezahlen. Ihre Bedingungen: Erstens soll Gaddafi nach Bonn eingeladen werden, zweitens soll ein Libyer, der in Deutschland im Gefängnis sitzt, freigelassen werden, und drittens soll die AEG Know-how und Ausbildungsplätze nach Lybien bringen. Ich frage nach, ob das ein verbindliches Angebot sei, und erhalte als Antwort: Ja. Einzelheiten müssten natürlich noch vereinbart werden. Ich sage zu, den Vorschlag mit der Bundesregierung zu prüfen und die Entscheidung so bald wie möglich mitzuteilen.

Das Gespräch dauert keine halbe Stunde. Wir trinken einen weiteren Kaffee auf der friedlichen Terrasse des Gästehauses und fliegen dann nach Frankfurt zurück. Am Tag darauf sprechen Friderichs und ich mit Lambsdorff über das Thema. Der denkt kurz nach und hält das Geschäft für machbar. Man müsse allerdings mit Genscher sprechen. Mit dem Bundeskanzler erst später. Friderichs telefoniert direkt mit Genscher, der auch nicht apriori dagegen ist. Aber er müsse noch ein wichtiges Gespräch führen. Einige Tage später treffe ich einen Palästinenser, der offensichtlich sehr gute Verbindungen bis in die libysche Spitze hat. Er ist über das Angebot, das mir in Tripolis gemacht wurde, informiert und schlägt zusätzlich vor, eine Fabrik für Fernseher in Libyen zu bauen. Der Mann hat schon einige Großaufträge von Libyen in die Bundesrepublik vermittelt und ist offenbar auch bei der libyschen Beteiligung an Fiat im Spiel gewesen.

Um die Vereinbarung voranzutreiben, fliege ich noch mal nach Tripolis und treffe mich in einer Reiterschule außerhalb der Stadt mit einem Oberst, der hervorragend Englisch spricht und europäische Manieren hat. Er bestätigt das Angebot, das mir Gaddafis erster Sekretär gemacht hat, kommt dann auf die Zusammenarbeit zu sprechen und nennt konkrete Bedingungen: Zuallererst sollen wir hundert Torpedos nach Libyen liefern, sonst platze die ganze Angelegenheit. Damit war das Projekt gestorben.

Auch die anderen arabischen Kontakte erweisen sich als Luftschlösser, und so muss ich mich mit dem Ordnungsverfahren, also dem Vergleich, beschäftigen. Die Sanierung muss auf die nächste Stufe gehoben werden. Eine wilde Zeit beginnt. Vor allem für mich persönlich. Auf der einen Seite läuft der normale Geschäftsbetrieb mit Auftragsverhandlungen, Personalentscheidungen, Strukturveränderungen, Investitonsvorhaben und Produktentwicklungen weiter. Auf der anderen Seite die Vorbereitungen für den »Fall 0«, wie ich ihn nenne. Die Verhandlungen mit den Banken und die Auseinandersetzungen im Bankenkonsortium werden fortgeführt. Und immer wieder führen wir Gespräche mit Interessenten, entweder für die ganze AEG oder Teile davon, immer wieder tauchen »Weiße Ritter« auf. Aber alle verschwinden in der Abenddämmerung, wenn sie genug gesehen und gehört haben. Oder sollte ich sagen in der Götterdämmerung?

»Die Götter zürnen Ihnen«, meinte Martin Walser, als ich ihn am Bodensee besuchte. Es hieß, er wolle einen Roman über Heinz Dürr und seinen Ritt über den Bodensee schreiben. Das fehlte gerade noch – ein Buch über mich. Auf der anderen Seite war mir immer wichtig, was Dichter und Schriftsteller zu sagen hatten – wie ich überhaupt in all den Jahren mit der AEG (und später bei der Bahn) immer versucht habe, mich mit dem zu beschäftigen, was man gemeinhin mit Kultur bezeichnet. Vielleicht entsprang das der Sehnsucht nach meiner Jugend, in der ich mich viel mit Kunst, Musik und Literatur beschäftigt habe. Meine Vorstellung von der Bedeutung, die der Kultur zukommen muss, fand ich in folgender These am besten ausgedrückt: In einer modernen Gesellschaft gibt es drei Bereiche: Politik, Wirtschaft und Kultur, die eine gemeinsame Schnittmenge bilden. Ist diese Schnittmenge groß, dann funktioniert die Gesellschaft. Dann gelten in einer Gesellschaft auch Moral und Ethik. Fehlt die gemeinsame Schnittmenge, dann gibt es Probleme. Haben zum Beispiel Politik und Wirtschaft keine Berührungspunkte, dann wird die ökonomische Basis und damit der materielle Wohlstand geschwächt, zu dem sich die Politiker gegenüber ihren Wählern verpflichtet haben. Dazu gehört auch, dass sich die Politik von der Wirtschaft vorrechnen lassen muss, was geht und was nicht.

Andererseits darf die Wirtschaft nicht glauben, der Staat, also die Politik, könne wie ein Unternehmen betrieben werden, in dem es nur um rechenbare Größen geht. Der Staat muss den Rahmen garantieren, in dem wir leben und wirken können. Für ganz besonders wichtig aber halte ich den Einfluss, den die Kultur auf Politik und Wirtschaft haben sollte. Kultur stellt die höchste Form menschlicher Interaktion dar. Sie gibt die Werte vor, an denen sich eine Gesellschaft ausrichtet. Diese Werte sind nicht direkt messbar, ihre Auswirkungen auf Wirtschaft und Politik hingegen schon. Ich halte mich an Johann Wolfgang Goethe, der seinen Kulturbegriff so weit fasste, dass »weder die

Kleidung noch die Ess- und Trinkgewohnheiten, weder die Geschichte noch die Philosophie, weder die Künste noch die Wissenschaft, weder die Kinderspiele noch die Sprichwörter, weder das Klima noch die Landschaftsformen, weder die Wirtschaft noch die Literatur, weder das Politische noch das Private, noch der Hinweis auf ›Schäden durch Abholzung der Berge‹ fehlen darf.«

Kunst und Philosophie, das waren meine Schwerpunkte, Kunst als bildende Kunst, als Musik, als Literatur, als Theater. Kunst als menschlicher Versuch, über die Erschwernisse des täglichen Lebens hinauszukommen und hinauszuschauen. »In einer sich rasant wandelnden Massengesellschaft kann Kunst letztlich nicht visionär sein. Sie muss sich selbst und den Menschen erklären, wie die Entwicklung läuft. Der Künstler mutiert von Vordenker zu Therapeut.« (Boris Groys)

An diese Analyse musste ich bei einem Erlebnis denken, das sich in der Firma Dürr abspielte. Ein befreundeter Künstler, der große Eisenplastiken schuf, fragte mich eines Tages, ob er ein paar Wochen in unserem Betrieb arbeiten könne. »Gerne«, sagte ich. »Aber dann musst du morgens um 7 Uhr anfangen und mit den Leuten in der Werkstatt zusammenarbeiten.« Das tat er. Nach einiger Zeit fragte ich den Meister der Abteilung, wie sich unser Künstler denn mache. »Also, was der produziert, verstehe ich nicht«, erlärte er mir etwas ratlos. Ein paar Rohre, Blech und Nieten – das soll Kunst sein? Aber eins muss ich sagen: Er arbeitet wie wir, schneidet Blech, sägt Rohre, schweißt zusammen, alles wie wir. Aber er hat viel mehr Spaß dabei.« Der Bildhauer als Therapeut?

Ich treffe den Maler und Gestalter Anselm Kiefer in seiner »Fabrik« in Buchen im Odenwald und gebe ihm Ratschläge für die Fertigung seiner Objekte, die er mit seinen immerhin zehn Mitarbeitern in großen Hallen zusammenbaut. Kiefer erklärt mir seine Ideen und spricht vom Tod, den er mit seiner Kunst überwinden will. Ich, der Ingenieur, erzähle ihm von technischen Großanlagen, die das Leben vieler Menschen sichern. Ein Gespräch, gänzlich anders als die Gespräche, die ich sonst führen muss – anregend und nachdenklich. Wir rauchen Zigarren und trinken Champagner. Die AEG ist weit weg.

Meine besondere Liebe gilt dem Theater, neben der Musik. In meiner Jugend hatte ich leidlich Klavierspielen gelernt, und später wurde mir von einem Jazzpianisten das Improvisieren beigebracht. So konnte ich in meinen verschiedenen Wohnungen immer auf einem Flügel vor mich hinfantasieren. In Frankfurt wohnte unter mir ein Vorstand der Dresdner Bank, der in einer Vorstandssitzung, in der es wieder mal um die AEG ging, erklärte: »Es scheint der AEG besser zu gehen: Der Dürr spielt nicht mehr nur Blues, sondern neuerdings auch den ›Fröhlichen Landmann‹.«

Im Theater wird Kunst reales Leben. Menschen stehen auf der Bühne und versuchen, mit dem Leben – mit ihrem Leben – fertig zu werden, und wir, die Zuschauer, sind interaktiv dabei, leben, leiden und freuen uns mit ihnen. Das belebt die Auseinandersetzung mit der Gesellschaft, mit ihren Zwängen und Auswegen. Theater sei Arbeit an der Gesellschaft, meint der Münchener Intendant Frank Baumbauer.

Eine solche reale Auseinandersetzung erlebte ich im Oktober 1985, als im Frankfurter Schauspielhaus die Premiere von »Der Müll, die Stadt und der Tod« von Reiner Werner Fassbinder auf dem Spielplan stand. Schon im Vorfeld wurde erbittert gestritten, ob das Stück, in dem es um Grundstücksspekulationen ging (in Frankfurt zu dieser Zeit ein großes Thema), überhaupt aufgeführt werden sollte. Im Mittelpunkt stand ein reicher Jude, der von sich sagte: »Ich kaufe alte Häuser in dieser Stadt, reiße sie ab, baue neue, die verkaufe ich gut. Die Stadt schützt mich, das muss sie. Zudem bin ich Jude. Die Stadt braucht den skrupellosen Geschäftsmann, der ihr ermöglicht, sich zu verändern.«

Das Ganze spielte im Milieu der Zuhälter, Nutten und Neonazis, in einer verkommenen Stadt, die von kalten, herzlosen und geldgierigen Menschen bevölkert war. Und in der Hauptperson war unschwer ein stadtbekannter jüdischer Bauträger zu erkennen. Die Premiere wurde von einem gewaltigen

Medienrummel begleitet. Ich hatte meine Karte vom Frankfurter Oberbürgermeister bekommen, der sich das Spektakel ersparen wollte, und saß neben dem Großkritiker Karasek. Der Vorhang öffnete sich, ein Schauspieler trat an die Rampe und setzte sich auf einen Stuhl. Das Stück konnte beginnen. Karasek bemerkte trocken: »Das war's.« Und tatsächlich stürmten just in diesem Moment etwa 20 Menschen aus dem Zuschauerraum auf die Bühne und entfalteten ein Transparent mit der Aufschrift »Subventionierter Antisemitismus«. Unter ihnen war auch Ignaz Bubis, Mitglied im Zentralrat der Juden, von Beruf Bauträger und stadtbekannt. Die Demonstranten hielten schweigend ihr Transparent hoch. Das Publikum schrie und gestikulierte, in vorderster Linie Daniel Cohn-Bendit: »Das Stück muss raus auf die Bühne«, schrie er. Die meisten Redner forderten die Aufführung des Stücks, andere zeigten Verständnis für den Protest. Der Intendant des Theaters, in der ersten Reihe sitzend, stand auf und bat das Publikum um Verständnis, was aber für noch mehr Aufruhr sorgte. Zwei Stunden dauerte das Rede- und Schreispektakel. Zwischendurch ging den Hauptakteuren die Puste aus, vielleicht fiel ihnen auch nichts mehr ein. Da herrschte eine knappe Minute lang völlige Stille – als hätte eine höhere Macht um Ruhe gebeten. Eine großartige Stille, wie inszeniert. Aber dann hoben die Reden und Gesänge wieder an, noch lauter und wilder, bis zur Erschöpfung aller Beteiligten.

Beim Verlassen des Theaters wurde ich vom Fernsehen gefragt, was ich als AEG-Chef und Nachfolger des Juden Walther Rathenau von der Veranstaltung hielte? »Man soll das Stück aufführen«, sagte ich. Das lief dann bundesweit über die Fernsehschirme und brachte mir böse Kommentare ein. Doch ich stand dazu. Denn nur, wenn das Stück aufgeführt wurde, konnte man sich mit dem Verhältnis zwischen Deutschen und Juden auseinandersetzen. Später las ich das Drama. Es war schlecht, hingerotzt im Affekt. Und es war eindeutig antijüdisch. Eher feige fand ich aber, dass das Stück nach der ausgefallenen Premiere für einen ausgewählten Kreis unter Ausschluss der Öffentlichkeit aufgeführt wurde. Aber da war die Erregung schon abgeklungen. Meine Tochter Karoline sah die Aufführung dann einige Zeit später in einem New Yorker Off-Theater. Es sei ziemlich langweilig gewesen, berichtete sie. Und die New Yorker hätten sich keineswegs erregt. Dabei gibt es in New York viel mehr Juden als in Frankfurt.

Hätte ich Züge nach Auschwitz fahren lassen?

Mit Ignaz Bubis hatte ich später noch einmal zu tun. Da war er Vorsitzender des Zentralrats der Juden. Die Bahn plante ohne mein Wissen auf dem Gelände des Bahnhofs Grunewald in Berlin eine Werkhalle. Da von dort die Deportationen nach Auschwitz ausgingen, verursachte die Angelegenheit große Aufregung in den Medien, auch geschürt durch die direkten Anwohner, die das Vorhaben störte. Also rief ich Bubis an, und wir verabredeten uns zu einer Ortsbesichtigung unter Ausschluss der Öffentlichkeit. Es war ein nasskalter trüber Herbsttag. Beim Betreten der Rampe fragte ich mich, wie ich mich verhalten hätte, wäre ich damals Bahnchef gewesen? Hätte ich die Züge nach Auschwitz fahren lassen? Das wurde ich auch in einer Fernsehsendung gefragt, im Anschluss an eine Aufführung von »Speer«, einem Stück von Esther Vilar. Ich antwortete dem Moderator: »Als Bahnchef hätte ich gar keine Wahl gehabt, sonst wäre ich es nicht mehr gewesen.« Es gab einen Aufschrei in der Sendung. Dabei hatte ich nur das gesagt, was damals real war. »50 Jahre später moralisch zu sein, ist mir zu einfach«, so Klaus Maria Brandauer, der in dem Stück mitgespielt hatte.

Als ich jetzt mit Bubis über die Gleise stieg, sah ich die Menschen die Rampe hochgehen, mit ihrem letzten Gepäck. Ich fragte mich, was die Anwohner des Bahnhofs Grunewald wohl damals gesagt, getan und gedacht hatten. Waren das alle Nazis gewesen? Mit Bubis sprach ich nicht darüber. Wir besichtigten das Gelände, die stillgelegten Gleise, die von Sträuchern und kleinen Bäumen überwachsen waren, und die verfallenen Baracken, in denen das SS-Wachpersonal untergebracht war. Ich schlug vor, statt einer Halle eine Gedenkstätte zu errichten, und Bubis stimmte mir zu. Wir beschlossen, einen Wettbewerb auszuschreiben. Nach der Begehung tranken wir einen Kaffee und Bubis erzählte von seiner Jugendzeit, vom KZ Treblinka, in dem sein Vater und seine Geschwister umgebracht worden waren. Bubis selbst war schließlich in ein Arbeitslager nach Tschenstochau gebracht und dort von den Russen befreit worden. Er berichtete ohne Verbitterung. Es hätte im Lager auch helle Momente gegeben. Ein Märchenerzähler hätte die Kinder unterhalten. Als er eines Tages nicht mehr gekommen sei, habe man ihm gesagt, er sei im Himmel. »Und Sie?«, fragte er. »Wie war Ihre Jugend?«

»Ich war in der NAPOLA«, sagte ich und schilderte meine damaligen Erfahrungen. So saßen wir beim Kaffee, zwei Männer, etwa gleich alt, erzählten von unserer Jugend, die wir beide weit hinter uns gelassen hatten. Zwei Deutsche unterschiedlicher Herkunft, die jetzt ein gemeinsames Projekt hatten und einander verstanden.

Was den Wettbewerb für die Gedenkstätte betraf, so entschieden wir uns am Ende weder für eine eher theatralische Installation mit Viehwagen und Wachturm noch für eine Wand mit den Namen aller Deportierten, sondern für schlichte Metallplatten links und rechts von Gleis 17, in die die Anzahl der mit den Zügen nach Auschwitz deportierten Juden eingeprägt waren. »Von diesem Gleis soll nie wieder ein Zug abfahren«, sagte ich bei der Enthüllung der Gedenkstätte am 27. Januar 1998. Und Wolf Biermann schrieb 1998 das Gedicht »Güterbahnhof Grunewald«, in dem es hieß:

Dann fahren wir raus in Grunewald am Güterbahnhof kann
ich dir ein Denkmal zeigen wie ich nie eins besser sah
Kein Kein-Ort sondern All-Ort für Familie Jedermann
Statt Völkermord sagt man hier Holocaust für die Shoa

In Berlin war ich einige Jahre Vorsitzender des Freundeskreises des Deutschen Theaters und lernte Schauspieler und Theatermacher aus nächster Nähe kennen. Die Familienstiftung Dürr hatte zudem einen Theaterpreis gestiftet, mit dem Autoren prämiert werden sollten, die sich sozialen Problemen widmeten. Die über 200 Einsendungen überforderten die hochkarätig besetzte Jury jedoch, da man unmöglich alle Stücke lesen konnte. So wurde eher zufällig ein junger Autor ausgewählt, dessen Stück »Ausstand« hieß und von Arbeitslosigkeit, Unterschichten und Geldhaien handelte. Leider war die Inszenierung schwach, die Schauspieler zweitklassig, sodass das löbliche Anliegen ein Reinfall war. Deshalb wurde der Preis umgewidmet, jetzt werden junge Autoren mit Stipendien gefördert.

Zugfahrt mit Siegfried Unseld nach Güstrow

In meiner Frankfurter Zeit lernte ich auch Siegfried Unseld kennen, den allgewaltigen Chef des Suhrkamp Verlags, mit dem ich mich von Anfang an verstand. Unseld war in Ulm geboren und für einen Schwaben ungewöhnlich kommunikativ. Ich sah in ihm immer den Unternehmer, dessen Lieferanten die Autoren waren, die er aber viel besser behandeln musste, als das meine Kunden mit mir taten. Um seine direkten Kunden, die Buchhändler, kümmerte er sich sehr, behielt aber auch immer den Endkunden, also den Leser, im Auge. Dabei kam ihm ein Image zugute, das er sich mit der Zeit zugelegt hatte: der allgewaltige Literaturtycoon, der jeden Morgen im Frankfurter Stadtbad seine Bahnen zog, dem weiblichen Geschlecht zugetan war, edle Autos fuhr und gern guten Rotwein trank.

Als ich nach der Wende eines Tages neben ihm im Flugzeug nach Berlin saß, schwärmte er von Güstrow, dem Geburtsort Uwe Johnsons. »Da müsste man eigentlich mal hinfahren«, sagte er. »Na dann los!«, erwiderte ich. »Fahren wir doch hin! Wir stellen den Sonderzug, Sie die Autoren.« Und so startete an einem Samstagmorgen ein Reichsbahnzug vom Bahnhof Zoo in Berlin zur »Uwe Johnson Gedächtnisfahrt« nach Güstrow. An Bord waren Siegfried Unseld und seine Autoren, viele Journalisten und Freunde des Verlags. Es gab Labskaus, Matjes und Pumpernickel (»das Lieblingsessen von Uwe«, so Unseld), und der Ausflug glich einer fröhlichen Klassenfahrt. Besonderes Interesse fand der angehängte Salonwagen von Erich Honecker dessen schlichte Spießigkeit alle beeindruckte. In Güstrow besuchten wir die John-Brinckmann-Schule, auf die Uwe Johnson gegangen war, und einer seiner Lehrer berichtete vom Schüler Johnson, einem Schüler, der schwach in Mathematik gewesen war, aber schon damals ein phänomenales Gedächtnis hatte, das ihm half, die Klassenarbeiten zu bestehen, indem er die mathematischen Formeln auswendig lernte. Am Abend, im Stadttheater Güstrow, Dichterlesung mit Walter Kempowski, Siegfried Lenz, Christoph Hein, Jürgen Becker – »eine kulinarisch-literatische Geisterbeschwörung«, wie die »Süddeutsche Zeitung« schrieb. Nach den Reden des Bürgermeisters, Siegfried Unselds und des damaligen Ministerpräsidenten von Mecklenburg-Vorpommern hielt auch ich eine kurze Ansprache, in der ich auf Uwe Johnsons enge Beziehung zur Reichsbahn einging: Seine Mutter war Reichsbahnschaffnerin, und er selbst war der Faszination Eisenbahn schon früh erlegen. Ich sprach über sein Buch »Mutmaßungen über Jakob« und dessen Helden Jakob, den Dispatcher, der seine Probleme mit der hierarchischen Ordnung in der Reichsbahn und seinen drei Vorgesetzten, dem Amtsdispatcher, dem Direktionsdispatcher und dem Hauptdispatcher, hatte. Folgte Jakob den Plananweisungen, konnte er den Fahrbetrieb nicht gewährleisten, war er jedoch bemüht, den Zugdurchlauf möglichst reibungslos abzuwickeln, musste er gegen die Plananweisungen verstoßen. Mein Fazit: Auch der pragmatische Sozialismus, dem es angeblich sehr um den Einzelnen geht, behindert diesen nicht nur durch zentrale Planvorgaben, sondern macht es ihm sogar unmöglich, gute Arbeit zu leisten. Wenn ihn dann noch die Staatssicherheit in ihre Geschäfte einbeziehen will, ist er in seiner gesamten Lebenshaltung und -einstellung betroffen, und vielleicht ist Jakobs Tod beim Überqueren der Gleise Selbstmord, Mord und Unfall in einem.

Bei Siegfried Unselds Kritikerempfängen in seinem Haus in der Frankfurter Klettenbergstraße traf man bekannte Schriftsteller wie Peter Handke, Thomas Bernhard, Martin Walser, Siegfried Lenz, Walter Kempowski, Louis Begley. Bei Begley, einem hochkultivierten Mann, der durch sein Buch »Lügen in Zeiten des Krieges« bekannt geworden war, beeindruckte mich, dass er hauptamtlich als Anwalt in einer großen New Yorker Anwaltsfirma arbeitete und dabei doch die Zeit fand, Romane zu schreiben.

»Wann schreiben Sie Ihre Bücher?«, wollte ich wissen.

»An Wochenenden und in den Ferien«, erwiderte er.

Ich war neidisch, da auch ich immer Lust verspürt hatte, ein Buch zu schreiben, aber nie die Zeit dafür gefunden hatte. Als ich Begley das erzählte, fragte er: »Über was wollen Sie schreiben? Wollen Sie offen über die Leute reden? Das geht nur im Roman. Und den zu schreiben ist viel schwieriger als eine Autobiografie. Romane leben von Figuren. Ihr Leben dagegen ist von Bilanzen und Geschäften bestimmt.«

Wohl wahr, musste ich einräumen, aber dramatisch, manchmal sogar tragisch, ging es auch bei mir zu. Begley war der einzige Schriftsteller, mit dem ich so offen und ungezwungen reden konnte. Die meisten anderen Romanciers sahen in mir immer den reichen Kapitalisten, den großen Konzernboss, der in einer völlig anderen Welt als sie zu Hause war.

Thomas Bernhard ist mein Held

Bei Siegfried Unseld traf ich auch Thomas Bernhard, einen eher spröden Mann, der aber ungemein charmant und geistreich werden konnte, wenn er mit einer Frau sprach. Ich besuchte ihn zusammen mit meiner Frau und Freunden in seinem Haus in Ohlsdorf. Die manisch-präzise Ordnung, die dort herrschte, beeindruckte mich. (In der Garderobe präzise nebeneinander vier gleiche Hüte, vier gleiche Mäntel, alle oberösterreichische Machart, vier Paar gleiche Schuhe.) Es faszinierte mich, wie Bernhard die Heuchelei unserer Zeit in einer Sprache auf die Bühne brachte, die durch den Kunstgriff permanenter Wiederholungen die ganze Verzwungenheit der bürgerlichen Gesellschaft auf wunderbare Weise ausdrückte. Für Bernhard war die katholische Heuchelei mit bloßem Auge wahrnehmbar, die protestantische dagegen gut camoufliert. Die katholische sei eine Verneigung des Lasters vor der Tugend, die protestantische die Verneigung der Tugend vor dem Laster. Kein Wunder, dass Bernhards Stücke die Wiener Gesellschaft empörten. Das ging so weit, dass ein Taxifahrer es ablehnte, mich zur Uraufführung von »Heldenplatz« ins Burgtheater zu fahren. »Des is a Stück Scheiße, da fahr I Sie net hin.« Und in der Tat hatten aufgebrachte Österreicher einen Wagen voller Mist vor dem Burgtheater ausgeleert. Das Stück selbst war gut, mit hinreißenden Schauspielern und einem wundervollen Bühnenbild. Es war das erste und einzige Mal, dass sich Thomas Bernhard am Ende der Aufführung auf der Bühne zeigte. Sein Freund Peymann, der Burgtheaterdirektor, hatte ihn dazu überredet. Fühlte er, dass es mit ihm zu Ende ging?

Peymann überredete auch mich einmal, auf der Bühne zu stehen. Zum fünfzigsten Todestag von Bertolt Brecht hatte er im Berliner Ensemble eine Brecht-Gala inszeniert, und ich sollte als Kapitalist (»Der muss bei Brecht dabei sein«, erklärte Peymann) das Gedicht »700 Intellektuelle beten einen Öltank an« vortragen. Bei der Probe machte mir Peymann klar, dass ich mich ausschließlich nach ihm zu richten hätte, ganz anders als sonst in meinem Leben, wo ich den Ton angab. Der kurze Auftritt machte mir viel Spaß, und als ich zum Schlussapplaus beim »te amore« mitmachte, fühle ich mich fast wie ein Schauspieler und genoss die Rufe des Publikums nach einer Zugabe.

Ich liebte Thomas Bernhards Theaterstücke mehr als seine Prosa. Aber auch da wurde ich fündig, wenn ich nach Parallelen zu meinem Metier suchte. In »Holzfällen« etwa, der

Geschichte vom Burgtheaterdirektor und dem Burgtheaterschauspieler, der Dienstantritt und Dienstende des Direktors bösartig kommentiert. Thomas Bernhard, im Ohrensessel sitzend und dem »künstlerischen Abendessen« folgend, hört dem Burgtheaterschauspieler zu: »Ich habe schon viele Burgtheaterdirektoren ihr Amt antreten und wieder verlieren sehen. Kommen und Gehen, sie werden mit offenen Armen aufgenommen und mit Schimpf und Schande wieder aus dem Haus gejagt. Man sagt, sie seien Genies, die Zeitungen schreiben, der Mann sei ein Genie, aber sobald er den Vertrag unterschrieben hat, wird er angefeindet und es wird alles darangesetzt, dass er so bald als möglich wieder verschwindet. Die, die vorher geschrieben haben, er sei ein Genie, schreiben nach einiger Zeit, nachdem er eingewilligt hat, seinen Posten anzutreten, er sei ein Idiot.« Als die »Frankfurter Allgemeine Zeitung« einen Vorabdruck dieses Abschnitts brachte, las ich ihn im Vorstand der AEG vor und ersetzte Burgtheaterdirektor durch Vorstandsvorsitzender, Burgschauspieler durch Abteilungsdirektor, Hotel Sacher durch Frankfurter Hof und Kärnter Straße durch Bokkenheimer Landstraße. Meine Vorstandskollegen hörten mit Erstaunen zu, und als ich geendet hatte, fragte einer: »Welches Schwein hat da geplaudert?«

Was Walther Rathenau uns heute noch zu sagen hat

Die Drei-Kreise-Theorie fand ich später auch bei Walther Rathenau, der mich schon in meiner Schul- und Studentenzeit beeindruckt hatte und meinem Idealbild des Unternehmers entsprach: unternehmerisch, kreativ, gebildet, künstlerisch. Ich verglich ihn mit den Unternehmern und Managern aus meiner Umgebung und fand ganz wenige, die dem Vergleich standhielten. Rathenaus berühmter Satz »Die Wirtschaft ist unser Schicksal« wird meist aus dem Zusammenhang gerissen und entspricht in dieser verkürzten Form nicht dem Denken Walther Rathenaus. Rathenau wollte den Satz nicht so verstanden wissen, dass die Gesellschaft, also die Menschen, sich der Wirtschaft zu unterwerfen hätten. Er sah eine prosperierende Wirtschaft als unverzichtbare Voraussetzung für eine humane Gesellschaft. Aber er sah die Wirtschaft in einer dienenden Rolle. Er hatte klare Wertvorstellungen jenseits des Wirtschaftlichen. Rathenau war wie Goethe ein Seher. Seher können oft nicht rational und allgemein verständlich beschreiben, was sie meinen. Sie bedürfen einer Erklärung oder »Übersetzung«. Deshalb betreiben wir in der Walther Rathenau Gesellschaft, deren Vorsitzender ich ein paar Jahre war, die Edition der Rathenau'schen Schriften und hoffen, mit solchen »Übersetzungen« auch für unsere Zeit Impulse zu geben und Diskussionen anzustoßen. Als Unternehmer faszinierte mich ein Aspekt seines Denkens ganz besonders: Für ihn war der gesamte Bereich der Wirtschaft ein ethischer Bereich. Er postulierte den moralischen Gemeinschaftscharakter der wirtschaftlichen Welt. »Verbrauch ist nicht Privatsache«, schrieb er 1916 in seinem Buch »Von kommenden Dingen«, »sondern Sache der Gemeinschaft, Sache des Staates, der Sittlichkeit und der Menschheit.« Und er ging noch weiter: »Der Sinn aller Erdenwirtschaft ist die Erzeugung idealer Werte. Deshalb ist das Opfer materieller Güte, das sie erfordern, nicht Verbrauchsaufwand, sondern endgültige Erfüllung der Bestimmung. Deshalb scheiden alle echten Werte der Kultur aus der ökonomischen Erwägung, sie sind inkommensurabel mit Gut und Leben, sie sind wertfrei, niemals zu teuer erkauft, es sei denn im Tausche gegen höhere Idealitäten, sind also nicht Mittel und Rechnungsgrößen, sondern Wesenseinheiten aus eigenem Recht.« Damit war er eigentlich nicht weit weg von Hanns Martin Schleyer, der sich nur moderner und direkter ausdrückte. Aber auch für ihn gab es mehr als »Mittel und Rechnungsgrößen«.

Der Gründer der Firma Dürr, Paul Dürr, königlicher Hof-Flaschnermeister (mit Hut) im Kreis seiner Mitarbeiter. Ganz links Sohn Otto, vor einem aus Blech getriebenen Haus, das für den Sohn des württembergischen Königs bestimmt war.

Unternehmerfamilie Dürr im Jahre 1949. Vater Otto, Mutter Betty, die gute Seele und kaufmännisches Gewissen im Betrieb, links Bruder Reiner, der später auch in USA, Mexiko und Brasilien für die Firma tätig ist.

Im April 1943 wurde der väterliche Betrieb in Bad Cannstatt völlig zerstört. Aber mein Vater hatte dennoch Glück im Unglück: Kurz nachdem er die Trümmerstelle verlassen hatte, explodierte ein Blindgänger, dessen Wucht zweifellos tödlich gewesen wäre.

Sämtliche Blechteile für das NSU-Kettenkrad stammten aus der Kriegsproduktion der Firma Otto Dürr.

Als ich 1957 in den Betrieb eintrat, hatten mein Vater (Mitte) und sein Ingenieur Hubert Schillings (links), mit dem der Apparatebau begonnen hatte, bereits die 100. Anlage verkauft – an Daimler Benz in Sindelfingen.

In fünfzig Arbeitsjahren war das Auto mein Schicksal. Aber auch privat galt meine Begeisterung dem Auto. Hier mit einem Bugatti Typ 40, den ich zusammen mit einem Freund von Grund auf renovierte.

Dürr baut immer mehr Auto-Lackieranlagen. Der Lkw transportiert ein Tauchbecken für die elektro-phoretische Glanzlackierung von Karosserien.

Das Zentrum von Peking im Jahre 1981 – und heute, im Jahr 2008.

Der Mann, der mich zur AEG brachte – Bosch-Chef Hans L. Merkle (links) bei der Verleihung der Ehrendoktorwürde der RWTH in Aachen 1996 durch den Rektor Professor Roland Walter.

April 1978: Am Ende einer langen Tarifnacht ein öffentlichkeitswirksamer Handschlag mit Franz Steinkühler nach einem dreieinhalb Wochen dauernden Arbeitskampf im Hotel »Zeppelin« in Stuttgart.

Mit den »gesellschaftlich relevanten Kräften des Landes« in China: Lothar Späth, der damalige Ministerpräsident von Baden-Württemberg, Bischof Moser und Frank Steinkühler, 1979

1. Februar 1980: Arbeitsbeginn bei der AEG.
Rechts im Bild der Aufsichtsratsvorsitzende Hans Friderichs.

9. August 1982: In der fast leeren Halle findet die Gläubigerversammlung der AEG statt.

AEG baut im Vergleich 1982 zwei neue Fabriken in Berlin, eine für die Bahntechnik in Spandau, die andere für Stromrichter in Berlin-Marienfelde. Das Werk Brunnenstraße wurde an den Senat verkauft.

Mit den Daimler Benz-Vorständen Werner Niefer und Edzard Reuter bei der Hauptversammlung 1987 in Stuttgart.

Thomas Bernhard (links) war mein literarischer Held: Geistesmensch, Theatermacher und Übertreibungskünstler. Hier mit Claus Peymann nach der Uraufführung von »Heldenplatz« am Burgtheater in Wien, 1988

Der Mann, ohne den die Bahnreform nicht stattgefunden hätte: Bundeskanzler Kohl bei der Eröffnungsfahrt der ICE-Strecke Berlin-Hannover am 15. September 1998.

Alle wollen die Bahnreform: Bundespräsident Richard von Weizsäcker, Bundesverkehrsminister Günther Krause und Wolfgang Bötsch, der spätere Postminister. Hier bei der Fahrt zum ICE-Start in Kassel am 29. Mai 1991.

Gemeinsame Vorstandssitzung der Bundesbahn und der Reichsbahn in Honeckers Salonwagen.

Die Reichsbahn war ein großes Unternehmen mit 250 000 Mitarbeitern und einem gewaltigen Güteraufkommen. Aber sie bestand zum Teil aus Fahrzeugen, die eher in ein Museum gehört hätten. Die Schmalspurbahn in Oberwiesenthal.

»Stuttgart 21«: Nicht mehr gebrauchte innerstädtische Bahnflächen von 100 Hektar sollen zur Stadtentwicklung verwendet werden. Mit diesen beiden Bildern (Luftaufnahme und Computeranimation) wurde die Politik von dem Projekt überzeugt.

Da freut sich der Verkehrsminister Franz Müntefering. Neben ihm der GdED-Gewerkschaftsführer Rudi Schäfer aus Heilbronn.

Zwei Mitstreiter und ein Nachfolger: Günther Saßmannshausen, Vorsitzender der Regierungskommission Bahn, Bundesverkehrsminister Matthias Wissmann und Nachfolger Johannes Ludewig (von links nach rechts).

»Keine besonderen Vorkommnisse auf dem Rangierbahnhof Seddin«.
Mit Hans Klemm, dem Vorstandsvorsitzenden der Reichsbahn
(zweiter von links), auf Besichtigungsreise.

Zusammenspiel mit Werner Mössinger,
dem Gesamtbetriebsratsvorsitzenden
der DB AG. Hier auf einer
Gewerkschaftsveranstaltung.

So werden Bahnstrecken geplant: Bundesverkehrsminister Matthias Wissmann 1996 beim Spatenstich für die Schnellstrecke Köln-Rhein-Main.

1991 bekomme ich in Warschau für die Eröffnung der Direktverbindung Berlin-Warschau das »Goldene Ehrenzeichen für Verdienste im Verkehrswesen der Republik Polen«.

Stiftungskommissar der Carl-Zeiss-Stiftung: Ich versuche, die Mitarbeiter von den Vorteilen einer Stiftungsreform zu überzeugen.

Mit meiner Frau Heide habe ich die Heinz und Heide Dürr Stiftung gegründet, die vor allem Forschungsprojekte auf dem Gebiet der Humangenetik, die frühkindliche Bildung und das Theater fördert. Bis heute betrug die Förderung circa sechs Millionen Euro.

Auch in der turbulenten Zeit vor dem AEG-Vergleich ging ich ins Theater. Ich hoffte, es könnte mir helfen, meinen Seelenfrieden zu finden. Einmal Volker Braun, »Böhmen am Meer«. Das Weltende. »Für die Welt kann es keine Hoffnung geben. Höchstens Leidenschaft.« Und die hatte ich immer noch. »Onkel Wanja« von Tschechow im Deutschen Theater. Die Langweiligkeit des Lebens. Das verpfuschte Leben. Wirken und Schaffen als Aufgeblasenheit und am Ende nur noch der Wunsch auszuruhen. Ausruhen als Vision? Manchmal war ich sehr müde.

Einige Tage vor der Vergleichsanmeldung waren meine Frau und ich vom Chef der Allianz nach Bayreuth zu den Wagner-Festspielen eingeladen. Man gab den »Parsifal«. Der gesellschaftliche Auftrieb dieses »Events« gefiel mir nicht, aber ich tauchte in die Musik ein. Und dann sah ich die Figur Parsifal, den tumben Tor, den Helden, ohne Sinn für die Wirklichkeit, aber voller Unschuld und Naivität auf der Suche nach dem Gral, dem heiligen Gefäß, das ewige Lebenskraft spendet, und ich sah die bösen alten Männer und den hinterlistigen Zauberer Klingsor – alles Bilder, die zu meiner persönlichen Situation passten. Alles war anregend, aufregend, aber auch tröstlich. Auf der Heimfahrt nach Frankfurt wusste ich, dass ich den Gral finden und am Ende erlöst werden würde. Dass es nicht die heilige Osterblumenwiese, sondern die Festhalle zu Frankfurt war, ahnte ich zu diesem Zeitpunkt nicht. Aber Samuel Beckett kam mir in den Sinn: »Immer versucht. Immer gescheitert. Einerlei: Wieder versuchen. Wieder scheitern. Besser scheitern.«

Meine Entscheidung war gefallen. Die AEG musste durch einen Vergleich gehen. Ein äußerst waghalsiges Unterfangen, da die statistische Erfolgsquote gegen uns sprach. Bis zur Vergleichseröffnung herrschte unglaublich viel Aufregung um die AEG und um mich: pausenlos Besprechungen, im großen Kreis, zu dritt, zu zweit, Telefonate, Briefe, Konzeptpapiere. Und alles im Scheinwerferlicht der Medien. Ich versuchte, Bilanz zu ziehen. Wer zerrt an der AEG? Wer waren die Beteiligten, die Spieler oder »Player«, wie man heute sagen würde? Die AEG war Objekt der Begierde für einige deutsche Konzerne, Objekt der Risiken für unser aus 25 Banken bestehendes Bankenkonsortium, Objekt der Befürchtungen für die Bundesregierung, die Angst hatte, ein Konkurs der AEG würde der sozialliberalen Koalition schaden, die ohnehin Schwierigkeiten hatte. Und während die IG Metall an die Sozialisierung eines Großbetriebs dachte, war die in Turbulenzen geratene AEG ein gefundenes Fressen für die in- und ausländische Presse.

Und wir, der Vorstand, das Management, die Betriebsräte und Mitarbeiter? Wir versuchten, uns zu wehren, indem wir immer wieder unsere Stärken herausstellten. Aber als ich eine Beteiligung der Arbeitnehmer an den Sanierungskosten einforderte, war auch bei uns das Einvernehmen passé. Vordergründig ging es um die Frage, ob die AEG auf privatwirtschaftliche Weise oder mithilfe des Staates saniert werden könne. Die Interessenlage war naturgemäß sehr unterschiedlich. Die Banken, die geringe Kreditrisiken hatten, plädierten für die privatwirtschaftliche Lösung, die mit den größeren Risiken sahen den Staat als Retter an. »Gehen Sie nach Bonn«, empfahl mir ein Banker nach einer Sitzung. Die Regierung war gespalten. Auf der einen Seite wollte sie kein weiteres Engagement in der Wirtschaft, auf der anderen Seite war da die Sorge um die Arbeitsplätze bei der AEG. Je nachdem, mit welchem Minister ich sprach, wurde für die eine oder andere Lösung plädiert. Die IG Metall bevorzugte die staatliche Lösung. Sie wollte ein Exempel statuieren und den Kapitalisten beweisen, dass sie eben doch nicht unfehlbar sind. Auch die Kommentare in den Medien fielen unterschiedlich aus. Aber insgesamt war der Presse das Gezerre um die AEG und um die handelnden Personen, also die »Story«, viel wichtiger als politisch-ideologische Meinungen.

Nachdem auch der Versuch einer »deutschen Lösung«, also Beteiligung der größten deutschen Konzerne, gescheitert war, informiere ich unseren Betriebsratsvorsitzenden und erkläre ihm, dass jetzt ernsthaft an ein Ordnungsverfahren, also an einen Vergleich, gedacht wird. Merkle habe schon eine Auffanggesellschaft ins Spiel gebracht. Dass Siemens nicht einsteigen kann, ist Rubke klar, schon wegen der dortigen Betriebsräte. »Die denken wie wir«, sagt er. Dann spreche ich Rubke auf das Thema Lohnverzicht an. Aber ein Lohnverzicht für alle geht nur mit Haustarif und dazu brauchen wir die IG Metall. Ich frage IG-Metall-Chef Loderer, ob er sich einen Lohnverzicht bei der AEG vorstellen kann. »Man muss über alles sprechen. Die Belegschaft muss sicher Opfer bringen.« Er ginge jetzt in den Urlaub, aber sein Stellvertreter Mayr sei ja da.

Ich fliege für einen Abend nach Moskau, um mit dem Chef von Maschinimport, unserem Kunden, über unseren Großauftrag zu reden. Ich versichere ihm, dass wir auf alle Fälle liefern werden. Er lädt mich mit meinen Mitarbeitern zum Abendessen ins Restaurant Praga ein. Nach ein paar Gläsern Wodka ist uns klar, dass wir auch in schwierigen Zeiten zusammenhalten werden. Die Russen haben großes Verständnis für uns, sie stünden auf der Seite des Schwachen. Überdies bräuchten sie ja unsere Lieferungen. Als Mannesmann in Moskau später das Angebot macht, im Fall der Fälle unsere Lieferungen zu übernehmen, sagt der Chef von Maschinimport: »Die AEG wird überleben, ich würde AEG-Aktien kaufen.« Kein schlechter Tipp, denn zu dieser Zeit kostet die Aktie 30 D-Mark, später wird sie auf über 200 D-Mark steigen.

Der »Spiegel« und die AEG

In den Monaten kurz vor dem Vergleich beschäftigt sich der »Spiegel« ausführlich mit uns. Fast jede Ausgabe enthält einen Artikel über die AEG. Und die »Spiegel«-Leute wissen ziemlich gut Bescheid. Offensichtlich gibt es genügend Informanten. Auch ich führe ein »privates« Gespräch mit dem Chefredakteur und seinem Stellvertreter in meiner Frankfurter Wohnung. Wir reden über die Gesellschaft, die deutschen Unternehmen, über Politik. Ich bitte um Schonung der AEG für die nächste Zeit. »Das steht im Gegensatz zu unserem Auftrag«, erklärt der

Chefredakteur. Wir gehen einige »Spiegel«-Artikel durch und finden erschreckende Ungenauigkeiten. Dann kommt ein Vorschlag »Informationen gegen Schonung«. Wenn's der AEG hilft... Wir trinken bis Mitternacht Champagner.

Dennoch ist die Stoßrichtung des »Spiegel« eindeutig: »Die private AEG-Sanierung ist gescheitert« (5. Juli 1982). Die Ausgangslage im Dezember 1979, als die Mächtigen der Industrie und Banken ein beispielloses Notopfer von 400 Millionen zur Rettung der AEG aufbrachten, um den Staat draußen zu halten, hätte sich total geändert. Das Notopfer und weiteres Geld von den Banken hätten nicht gereicht, und jetzt würde man nur dann nachschießen, wenn der Staat die Rückzahlung verbürge. Versagt hätten das Duo Friderichs und Dürr. Besonders Heinz Dürr mit seinem unverbesserlichen Optimismus hätte die in ihn gesetzten Hoffnungen enttäuscht. Zwar hätte er mit dem Betriebsrat eine Kürzung der Ruhegehälter verabredet, und dank seines freundlichen Umgangs mit den Arbeitnehmern sei es ihm gelungen, den Konzern beträchtlich zu verschlanken. Immerhin seien seit meinem Antritt weltweit 34 000 Stellen ohne nennenswerten Widerstand des Betriebsrats abgebaut worden. Mein Vorgänger Cipa dagegen war schon an der bloßen Ankündigung gescheitert, 13 000 Mitarbeiter zu entlassen. Aber ich hätte zu wenig Fabriken geschlossen, zu wenig in der Organisation durchgegriffen.

Da war etwas dran. Aber der »Spiegel« konzidierte mir immerhin, dass auch die düstere Konjunkturentwicklung eine entscheidende Rolle für unsere problematische Lage gespielt hätte. Immerhin befinde sich Deutschland »in der tiefsten wirtschaftlichen Rezession der Nachkriegszeit«.

Der »Spiegel« hatte auch eine Lösung für das Problem parat: Käme es zu einer Auffanggesellschaft mit Bosch, Siemens und Mannesmann, könnte Bonn auch Staatshilfe gewähren. Mit dieser Lösung würden die Machtverhältnisse in der deutschen Wirtschaft eindrucksvoll bestätigt. Den Häusern Bosch, Siemens und Mannesmann diene ja die Deutsche Bank als Hausbank. So habe das fest gefügte Sechseck der einflussreichsten deutschen Wirtschaftsunternehmen – dazu gehören auch Daimler-Benz und die Allianz – am Ende gesiegt.

Wir brauchen zwei Milliarden D-Mark

Tatsächlich sprach alles dafür, dass es so kommen würde. Aber noch kämpften Friderichs und ich ums Überleben der AEG. Als FDP-Mann war Friderichs für die privatwirtschaftliche Sanierung angetreten, und er nutzte seine Kontakte zur Regierung in Bonn. Aber auch die Gespräche mit seinem Parteifreund Lambsdorff und dessen Mitarbeitern waren alles andere als erfreulich. Offenbar hatte sich Lambsdorff längst auf die Seite des Sechsecks geschlagen, auch wenn er mir noch ein paar Monate zuvor versichert hatte, dass man es sich nicht erlauben könne, die AEG Pleite gehen zu lassen.

Am Sonntag vor Vergleichsanmeldung flogen Friderichs und ich zu Lambsdorff in sein Ferienhaus in Münstereifel und besprachen mit Finanzminister Lahnstein und Staatssekretär Schlecht die nächsten Schritte: Ein Vergleich könne nur dann erfolgreich durchgezogen werden, wenn die in Vergleich gehende Firma zur Weiterführung des Geschäfts neues Geld bekomme, das sogenannte Massedarlehen. Die Banken wollten das Geld jedoch nur im Falle einer Bürgschaft des Bundes geben, der seinerseits nur für einen Teil der Summe bürgen wollte. Wenn wir also zwei Milliarden brauchten, dann käme eine Milliarde von den Banken und eine Milliarde würde vom Bund verbürgt. Die Minister schlossen die Bundesbürgschaft nicht aus, aber fest zusagen wollten sie auch nicht. Am meisten Verständnis für die Situation hatte Staatssekretär Schlecht. Er war es auch, der später den Knoten durchschlug und die Bürgschaft genehmigte.

Dass wir zwei Milliarden D-Mark benötigten, hatten meine Männer aus dem Finanzbereich in der Zwischenzeit ermittelt, in enger Zusammenarbeit mit der Deutschen Bank. Da irrte der »Spiegel«, wenn er mutmaßte, die Deutsche Bank hätte mich fallen lassen. Deren Vorstandssprecher Wilfried Guth hatte mir bei meinem Vorstellungsgespräch im Dezember 1979 gesagt: »Wenn's kritisch wird, stehe ich Ihnen zur Verfügung.« Er stand zur Verfügung und mit ihm die Deutsche Bank.

In den Wochen zuvor hatte ich mich genau informiert, was ein Vergleich ist. Im Gespräch mit einem erfahrenen Vergleichsverwalter erfuhr ich, dass ein Vergleich durchaus zu einem geordneten Rückzug führen konnte. Kritisch sei allerdings die Haltung der Banken, die sich in den vergangenen Jahren grundsätzlich in Richtung einer Schließungs- und Abstoßungsmentalität geändert hätte. Ganz wichtig sei es, einen ordentlichen Reorganisationsplan parat zu haben, denn bisher habe es nur selten einen erfolgreichen Sanierungsvergleich gegeben.

In den unsäglichen Auseinandersetzungen zwischen Banken und Bundesregierung, zwischen den Banken untereinander, zwischen den Führungsbanken und dem Vorstand und insbesondere mir, ging es immer nur um ein Thema: Wer hält am Ende den schwarzen Peter in der Hand? Wer ist daran schuld, dass die AEG in Vergleich gehen muss?

Wie ich das alles ausgehalten hatte, damals im Frühsommer 1982, fragte ich mich heute in der ersten Reihe im Hotel Adlon in Berlin. Ich sah ein Ziel vor mir und wusste, dass Parsifal am Ende auch gesiegt hatte. Aber die persönliche Belastung lag deutlich im Grenzbereich, und der Tinnitus, unter dem ich heute leide, muss sich damals bemerkbar gemacht haben, denn ich stellte in diesen Wochen zum ersten Mal ein unangenehmes Surren im Kopf fest. Wenn ich Besprechungen führte, meine Ideen vortrug, mich mit anderen Menschen beschäftigte, war es weg. Verdrängt.

An dem Wochenende vor dem Vergleich telefoniere ich morgens um sieben Uhr eine Stunde lang mit Merkle und frage ihn, warum er eine Auffanggesellschaft ins Gespräch gebracht habe. »Weil Sie sonst mit den Altlasten nicht fertig werden«, sagt er. Dass ich mich zum Vergleich entschlossen habe, hält er für eine ehrliche und richtige Entscheidung. Die Öffentlichkeit erwarte den Schritt. Und er prophezeit, dass harte Tage auf mich zukommen werden. »Ich werde an Sie denken. Aber mehr kann ich nicht tun.«

Am 9. August 1982 wird Vergleich angemeldet

Am Abend vor der Vergleichsanmeldung treffen sich die Anteilseigner des AEG-Aufsichtsrats. Meier-Preschany erregt mit seinen unklaren Äußerungen Ärger bei den Vertretern der Industrie. Hellmuth Buddenberg, der Chef von BP, fährt ihm in die Parade: »Ihre blumenreiche Sprache kotzt mich an. Sagen Sie doch endlich, was Sie meinen!« Worauf Meier-Preschany antwortet: »Wenn Sie mich nicht verstehen, dann muss das wohl an der unterschiedlichen Intelligenz liegen.« Der Eklat kann gerade noch vermieden werden, aber die Aufsichtsräte beziehen keine klare Position, wie sie zu einem Fortsetzungsvergleich stehen würden. Nur Franz Josef Weisweiler von Mannesmann erklärt, der Aufsichtsrat müsse dem Vorstand wohl den Rücken stärken. Friderichs ist schwankend und schlägt vor, erst einmal essen zu gehen. Danach lese ich eine Presseerklärung für den Fall eines Liquidationsvergleichs, also eines Konkurses, vor, der eine klare Schuldzuweisung an die Adresse der Banken enthält, die ja unsere Eigentümer sind. Das hören deren Vertreter gar nicht gern. Die Stimmung wird hitzig und unsachlich. Kurz vor Mitternacht mahnen mich Weisweiler und Reuter noch mal zur Vorsicht, meiner Person wegen. Gegen ein Uhr bin ich im Bett, fast unerträglich bedrückt, welche Ergebnisse der morgige Tag bringen wird.

Der 9. August 1982 ist ein trüber, regnerischer Montag. Morgens vor dem Aufstehen ist mir angesichts der Ungewissheit, wie die heutigen Sitzungen verlaufen und wie es weitergehen wird, wenn der Vergleich angemeldet ist, fast zum Weinen zumute. Warum bin ich derart traurig? Weil ich jetzt meine Jugend hinter mir lasse? Was das alles für mich und meine Familie materiell bedeuten kann, daran denke ich nicht. Beim Frühstück sagt meine Frau: »Nimm's als großes Theater und denk an die Götter.« Und wenn es doch schiefgeht? Dann gilt das Wort von Karl Jaspers: »Nur im Scheitern kommt der Mensch zu sich selbst.« Aber rechnete ich denn damit zu scheitern?

Um 6 Uhr 30 ist Vorstandssitzung im AEG-Hochhaus. Wir legen fest, dass unsere Mindestforderung für eine Sanierung für eine Vergleichsanmeldung ein Massekredit in Höhe von 1,3 Milliarden D-Mark sein muss. In einer Sitzung vor zwei Tagen gab es lange kontroverse Diskussionen. Die Kollegen hatten einfach Angst, dass sie zur Verantwortung gezogen würden. Und keiner hatte Erfahrung mit einem solchen Vorgang. Ob man sich doch noch mal durchwursteln könne, schlägt einer vor. Ich bleibe hart, stelle sogar meine Person zur Disposition. Das wollen die Kollegen dann doch nicht, und am Ende sind die Aufgaben wieder richtig verteilt.

7 Uhr 30: Im Aufsichtsratspräsidium sind die Herren sehr nervös. Der Vorsitzende Friderichs lässt die Arbeitnehmervertreter Rubke und Kittner kaum zu Wort kommen. Ich trage die Bedingungen des Vorstands für einen Sanierungsvergleich vor. Das wird nur zur Kenntnis genommen: »Wir werden sehen.«

8 Uhr 30: Aufsichtsratsplenum. Ich trage, fast frei redend, die Lage vor und erkläre, wie sich der Vorstand den Ablauf des Fortsetzungsvergleichs vorstellt. Konstruktive Diskussion der Anteilseigner, die Arbeitnehmer sagen nichts. Dann die große Frage: Wo stehen die Banken?

Der Vorstand geht um 10 Uhr zur Dresdner Bank, wo unser Bankenkonsortium versammelt ist. Ich trage wie im Aufsichtsrat die Bedingungen des Vorstands vor, also die Forderung nach einem Massekredit von 1,3 Milliarden D-Mark. Dann ergreift Horst Burgard von der Deutschen Bank das Wort und sagt, seine Bank würde mitmachen und ihre Last am Sanierungsvergleich tragen. Sie wolle diesen Fortsetzungsvergleich. Die anderen Banken haben dann keine Wahl und ziehen mit.

Der Vorstand geht zurück ins AEG-Hochhaus, es ist 11 Uhr 30. Wir beschließen einstimmig, den Fortsetzungsvergleich anzumelden.

12 Uhr: Fortsetzung der Aufsichtsratssitzung. Die Aussage im Bankenkonsortium wird vorgetragen. Das sei ausreichend, meinen die Aufsichtsräte. Aber erst auf mein Drängen fasst der Aufsichtsrat einen Beschluss: »Der Aufsichtsrat begleitet den Vorstand einmütig bei dem vorgesehenen Ordnungsverfahren.«

13 Uhr: Nochmals Anteilseignertreffen mit den Führungsbanken. Burgard verliest die Erklärung der Banken für die Presse. Alle sind einigermaßen zufrieden. In der Zwischenzeit waren unsere Leute beim Gericht, um Vergleichsantrag zu stellen. Ich musste selbst nicht hin, der »schwarze Anzug« bleibt mir erspart.

15 Uhr: Ich telefoniere mit Bundeskanzler Helmut Schmidt und erkläre ihm die Situation. Er reagiert ziemlich sachlich. Er wolle in den Medien eine positive Position beziehen und uns unterstützen.

16 Uhr 30: Auf der Pressekonferenz herrscht riesiger Andrang. Ich muss die Fotografen mehrfach auffordern, den schreibenden Kollegen etwas Raum zu lassen. Ich habe nur einen unvollständigen, nicht besonders ausgefeilten Text vorliegen. Ich erkläre, dass unser ursprüngliches Sanierungskonzept nicht mehr realisierbar sei, weil sich die potenziellen Partner aus der Industrie zurückgezogen hätten. Außerdem seien die Verluste des Jahres 1982 und die Strukturaufwendungen höher als geplant ausgefallen. Verstärkte Sanierungsanstrengungen seien deshalb erforderlich. Die Zahlungsfähigkeit sei nicht mehr gegeben. Dann erläutere ich unseren Vergleichsvorschlag. Die Weiterzahlung der Löhne und Gehälter sei gesichert, da die Führungsbanken des Konsortiums eine Vorauskasse in ausreichender Höhe zur Verfügung gestellt hätten. Ich spreche von einer »neuen AEG«, in der wir uns auf diejenigen Einheiten des technischen Bereichs konzentrieren wollen, in denen die AEG zu den Marktführern zählt und seit vielen Jahren erfolgreich arbeitet. Den Konsumbereich wollten wir in eine Kooperation einbringen. Von entscheidender Bedeutung für die Sanierung sei die Unterstützung der Belegschaft. Die Arbeitnehmervertreter im Aufsichtsrat hätten bereits ihre

Bereitschaft zur Mitwirkung am Sanierungsvergleich erklärt. Auch die Bundesregierung hätte gegenüber Friderichs und mir zum Ausdruck gebracht, dass sie an einem erfolgreichen Sanierungsvergleich der AEG sehr interessiert sei.

Die Journalisten haken nach. Sie wollen Zahlen wissen: Wie viel Geld wir bräuchten und welche Summen die Banken zugesagt hätten, wie viele Leute wir entlassen werden, was mit ATN (der gemeinsamen Telematikfirma mit Bosch, Mannesmann und Allianz) geschehe und wie die Auslandsbanken reagieren würden, die uns ja immerhin Kredite in einer Höhe von 1,2 Milliarden D-Mark gegeben hätten. Ich will mich nicht festlegen und nenne nur einige Zahlen zum ersten Halbjahr 1982, in dem wir beim Umsatz und Auftragseingang fast im Plan liegen. Aber die Öffentlichkeit hätte doch ein Recht darauf, die Zahlen zu erfahren, wirft jemand ein. »Ja«, antworte ich, »aber die nennen wir erst, wenn sie genauer feststehen.« Dann fragt einer der Journalisten, ob Friderichs und ich unsere Posten behielten. Ich erkläre, dass sich die Aufgaben des Aufsichtsrats und des Vorstands bei einem Vergleich nicht ändern. Das Unternehmen werde wie bisher geführt. Der Vergleichsverwalter begleite den Vorstand, helfe ihm, habe gewissermaßen eine überwölbende Funktion, ansonsten aber sei der Vorstand auch im Vergleichsverfahren handlungsfähig und könne zusammen mit dem Vergleichsverwalter Entscheidungen treffen.

Friderichs, der bei der Pressekonferenz unbedingt dabei sein wollte, obwohl das für einen Aufsichtsratsvorsitzenden eher unüblich ist, macht noch einige Bemerkungen zu der äußerst ungünstigen Wirtschaftslage, die auch daran schuld sei, dass die Prognosen von 1979, als die Banken ihr Sanierungskonzept entwickelt hatten, nicht eingetroffen seien. Jetzt müsse man nach vorn blicken. Als Friderichs den Raum noch vor Ende der Konferenz verlässt, ruft ihm ein Journalist nach, was er zu dem Gerücht sage, er würde als Vorstandssprecher der Dresdner Bank abtreten. »Da müssen Sie meinen Aufsichtsratsvorsitzenden fragen«, erwidert Friderichs. Nach einer guten Stunde ist das Schauspiel, das manchmal einen tribunalartigen Charakter hat, beendet. Die meisten Journalisten wissen nicht, was ein Vergleich ist, und sind entsprechend ratlos.

18 Uhr: Sitzung des Vorstandes mit dem Gesamtbetriebsrat. Die Arbeitnehmer sind erstaunlich gefasst, fast entspannt und stellen schon wieder Forderungen, insbesondere was die Pensionen angeht. Auch ich fühle mich erleichtert. Ich telefoniere mit Loderer, dem IG-Metall-Chef, der mir zusagt, dass er sich öffentlich zurückhalten wolle.

21 Uhr: Im ZDF-Studio findet eine Livesendung mit dem Journalisten Balkhausen statt, der mich und den Gesamtbetriebsratsvorsitzenden Rubke in einer Ausführlichkeit, die heute im Fernsehen undenkbar geworden ist, zum Thema »Der wankende Riese« befragt. Ein erstaunlich sachliches Interview, in dem noch einmal dargelegt wird, warum es keine Alternative zum Vergleich gibt. Ich gebe zu, dass es auch für mich ein schwerer Tag gewesen sei und dass es mir nicht leichtgefallen sei, meine Unterschrift unter den Vergleichsantrag setzen zu müssen. Aber wir hätten jetzt die Chance zu einem Neubeginn. Rubke stimmt mir zu.

Gegen 23 Uhr bin ich zu Hause, naturgemäß ziemlich abgespannt. Meine Frau und Tochter Karoline nehmen das Ganze relativ gelassen. Klares Nachdenken fällt mir schwer.

Die Flaschenhalskommission

Am nächsten Tag kommt der vom Gericht bestellte Vergleichsverwalter, Wilhelm Schaaf, in mein Büro. Ein gemütlicher Hesse, gut beleibt, gar nicht aufgeregt, vielleicht, weil er nicht weiß, was auf ihn zukommen kann. Wir sind uns auf Anhieb sympathisch. Er hat schon mehrere Vergleiche mit mittelständischen Unternehmern hinter sich und ist froh, in mir keinen typischen Konzernmenschen vor sich zu haben. Gestern Nachmittag hätte ihn der Oberamtsrichter angerufen und gefragt, ob er Zeit hätte. »Ja, um was geht's?« »Um die AEG.« Er kommt allein und bezieht ein Büro auf meiner Etage. Unterstützt wird er von einem Rechtspfleger und dessen Assistentin, die beide ebenfalls vom Gericht bestellt sind.

Nachmittags einige ich mich mit Klaus Kuhn, dem vormaligen Thyssen-Vorstand, auf ein Beraterverhältnis. Der wird gleich konkret und erzählt, er hätte mit Hans Mayr gesprochen, dem stellvertretenden Vorsitzenden der IG Metall, den er aus seiner früheren Tätigkeit gut kenne. Als plötzlich ein zweiter Vergleichsverwalter ins Spiel gebracht wird, lehnen Schaaf und ich ab: Ein Verwalter genügt.

Am nächsten Tag unterschreiben Schaaf und ich eine Presseerklärung, dass die AEG für alle Verpflichtungen, die nach dem 9. August 1982 entstehen, voll eintreten wird. »Wenn wir das nicht einhalten, haften wir beide persönlich«, erklärt mir Schaaf trocken. »Ich bin versichert. Sie doch hoffentlich auch?« Nein, bin ich nicht. Also geht es jetzt auch um mein persönliches Vermögen.

Das Trio Schaaf, Kuhn, Dürr findet rasch zusammen, obwohl wir drei nicht verschiedener sein könnten: der joviale, schlitzohrige und immer gut gelaunte Schaaf, der Systematiker und brillante Analytiker Kuhn und ich, der Optimist, der das, was wir drei beschließen, im Konzern verkaufen muss. Mit Kuhn arbeite ich sehr eng zusammen. Jeden Sonntag führen wir um 18 Uhr ein Telefongespräch (»Das Wort zum Sonntag«) über alles, was in der Woche ansteht. Kuhn schlägt eine »Flaschenhalskommission« vor, die aus uns dreien besteht und alle wichtigen Entscheidungen absegnen muss. Sie steht praktisch über dem Vorstand, was den Kollegen naturgemäß nicht gefällt. Aber sie müssen sich damit abfinden, denn wenn es um die Rechte des Vergleichsverwalters geht, ist Schaaf unerbittlich. Er bezieht sich auf die Vergleichsordnung aus dem Jahre 1935, bei der es im sechsten Abschnitt der »Verpflichtungs- und Verfügungsfähigkeit des Schuldners nach Eröffnung des Vergleichsverfahrens« in Paragraf 56 über die »Pflicht zur bescheidenen Lebensführung« heißt: »Der Schuldner darf während des Vergleichsverfahrens die vorhandenen Mittel nur insoweit für sich verbrauchen, als es zu einer bescheidenen Lebensführung für ihn und seine Familie unerlässlich ist.« Unter bescheidener Lebensführung versteht Schaaf auch den Verzicht auf überflüssige Vorstände und Betriebsstätten und die Abschaffung von Privilegien aller Art.

In Paragraf 57 über die Stellung des Schuldners gegenüber dem Vergleichsverwalter heißt es: »Verbindlichkeiten, die nicht zum gewöhnlichen Geschäftsbetriebe gehören, soll der Schuldner nur mit Zustimmung des Vergleichsverwalters eingehen. Auch die Eingehung von Verbindlichkeiten, die zum gewöhnlichen Geschäftsbetrieb gehören, soll er unterlassen, wenn der Verwalter dagegen Einspruch erhebt. Auf Verlangen des Verwalters hat der Schuldner zu gestatten, dass alle eingehenden Gelder nur von dem Verwalter entgegengenommen und Zahlungen nur von dem Verwalter geleistet werden.« So sitzen wir jeden Morgen zu dritt über die in einem Pappkarton angelieferten Rechnungen des Tages gebeugt und entscheiden, wer bezahlt wird und wer nicht.

Bis zur Vergleichseröffnung am 1. November 1982 erleben wir stürmische Zeiten. Das Gezerre mit den Banken um das Massedarlehen erreicht teilweise dramatische Höhepunkte, und genauso aufregend ist der Abstimmungsprozess zwischen den Banken und dem Bund, der mit einer Bürgschaft von 1,1 Milliarden D-Mark antreten sollte. Der schwarze Peter rotiert immer schneller, aber endgültig ausgespielt wird er nicht. Dabei kommt dem Gutachten der Treuarbeit, dem offiziellen Wirtschaftsprüfer des Bundes, eine ganz besondere Rolle zu, weil die AEG darin nicht nur als »sanierungsfähig«, sondern auch als »sanierungswürdig« bewertet wird.

Ein weiterer wichtiger Schritt in Richtung Vergleichseröffnung wird intern bei der AEG gemacht. Auf Anregung von Klaus Kuhn schreiben wir ein Sanierungskonzept, das wir dem Bund und den Banken präsentieren. In diesem »weißen Buch« werden alle Maßnahmen der nächsten 18 Monate auf 265 Seiten detailliert aufgeführt und mit Geldbeträgen beziffert. Nachdem wir es an die Banken verteilt haben, bekomme ich wütende Anrufe von den Vorständen: »265 Seiten, das kann doch keiner lesen!« Man fordert eine Zusammenfassung, auf Neudeutsch ein »Management Summary«. Das lehnen wir jedoch ab. Es gilt das gesamte Konzept, jede einzelne Maßnahme, da lässt sich nichts zusammenfassen.

In einer Bankensitzung Mitte September kommt es endlich zum Durchbruch. Die Banken geben 1,1 Milliarden D-Mark Massedarlehen und der Bund eine Bürgschaft für weitere 1,1 Milliarden D-Mark.

Wäre es nicht zu einer Entscheidung gekommen, hätte das den Konkurs bedeutet. Für diesen Fall hatte ich bereits eine Presseerklärung vorbereitet, die ich glücklicherweise nie veröffentlichen musste.

Ein wesentlicher Punkt in unserem Sanierungskonzept war die Neuordnung des Hausgerätebereichs. Zwei Werke sollten geschlossen werden: »Neff« in Bretten und »Zanker« in Tübingen. Wir mussten Kapazitäten vom Markt nehmen. Die beiden Firmen waren ebenfalls in Vergleich gegangen, hatten aber andere Vergleichsverwalter als die AEG. Da trat die Baden-Württembergische Landesregierung auf den Plan und schlug ein Konzept vor, nach dem beide Betriebe erhalten bleiben sollten. Das aber hätte das gesamte Sanierungskonzept für den Hausgerätebereich in Gefahr bringen können, vielleicht sogar für die ganze AEG. Also arbeiteten wir fieberhaft an einem Ausweg. Schließlich schlug Kuhn die Einmarkenstrategie vor, als die Zusammenfassung des Hausgerätebereichs unter der Marke »AEG Hausgeräte«. Das bedeutete zwar einen erheblichen Eingriff in die gesamte Organisation, führte letztlich aber dazu, dass der Bereich erfolgreich saniert werden konnte. Die Auseinandersetzungen mit der Landesregierung und vor allem mit Ministerpräsident Späth waren unerfreulich. Mir gegenüber zeigte Späth Verständnis für die Lage der AEG, in der Öffentlichkeit sagte er aber etwas anderes. Da wir uns seit der China-Reise von 1979 kannten, gab er mir gute Ratschläge: »Hart durchgreifen. Und wenn das nicht geht, gehen.« Meinte er damit, ich solle gehen? Späth war ein Machtpolitiker, der Persönlichkeit Helmut Kohls sehr ähnlich. Aus einfachen Verhältnissen kommend, hatte er sich nach oben geboxt: Verwaltungsschule Stuttgart, Beigeordneter in Bietigheim, dann Bürgermeister und gleichzeitig Geschäftsführer der Neuen Heimat, der gewerkschaftlichen Wohnungsbaugesellschaft. Landtagsabgeordneter, Innenminister und schließlich Ministerpräsident von Baden-Württemberg, der sich besonders um die Wirtschaft des Landes kümmerte, gut vernetzt war und das Land voranbrachte. Ein kluger, schnell denkender und schnell redender Mensch, ein Macher, der nach der Maxime handelte: »Merken ist wichtiger als ableiten.« So merkte er denn auch schnell, dass es für ihn eng wurde, als die Medien berichteten, dass er sich von einem Vorstandsvorsitzenden zu einer Segeltour in der Ägais hatte einladen lassen, und trat Anfang 1991 als Ministerpräsident zurück. Eigentlich ein lächerlicher Anlass. Aber auch hier galt: Riesen stürzen über Maulwurfshügel. Aber Späth merkte auch schnell, dass die Musik inzwischen in Ostdeutschland spielte: Er handelte Frau Breuel und ihrer Treuhand einige Milliarden ab, schuf das thüringische Unternehmen Jenoptik und wurde Unternehmer. Keine Frage: Er ist die ideale Besetzung für einen Job, bei dem das Agieren zwischen Wirtschaft und Politik wichtig ist. Fritz Stern, der große Historiker, hält ihn für eine der größten politischen Begabungen in Deutschland.

Die sozialliberale Koalition am Ende

In einer dramatischen Aufsichtsratssitzung erklärten Kuhn und ich schließlich noch einmal die Lage und welche Maßnahmen wir beim Personal, bei den Kosten, bei den Tochtergesellschaften und hinsichtlich der Struktur des Konzerns ergreifen wollten und welchen Beitrag die Arbeitnehmer (Reduzierung der Pensionen), das Führungspersonal (Verzicht auf Urlaub) und der Vorstand (15 Prozent weniger Gehalt) leisten würden – obgleich Letzteres eher psychologischer Natur war, denn der damit eingesparte Betrag fiel bei den Gesamtkosten kaum ins Gewicht und eigentlich war die Maßnahme widersinnig, denn der Vorstand musste in dieser Zeit mehr arbeiten als je zuvor. Aber die Wirkung nach innen war erheblich.

In der Zwischenzeit war auch die bundesrepublikanische Politik in gewaltige Turbulenzen geraten. Die sozialliberale Koalition hatte sich aufgelöst, und Helmut Kohl war seit dem 2. Oktober 1982 Bundeskanzler. Für uns war das eher positiv, denn wir kamen aus den Schlagzeilen. Und das uns betreffende operative Geschäft des Bundes erledigte die Ministerialbürokratie, die sich vorerst nicht änderte, auf gewohnte und verabredete Weise. Helmut Kohl hatte mir übrigens schon vor einem Jahr den baldigen Regierungswechsel vorausgesagt: Die SPD/FDP würde nicht die ganze Legislaturperiode durchhalten, die FDP verliere ihre »Wagscheißerrolle«, wie das einmal Theodor Heuss formuliert hatte, und die CDU/CSU sei zur Regierungsübernahme bereit. Man müsse den Hund nicht zum Jagen tragen.

Ich hatte Kohl besucht, um ihm die Lage der AEG zu erläutern und dazulegen, welche Auswirkungen ein Fallieren für die deutsche Wirtschaft hätte. Es sei schlecht, wenn in der CDU von Konkurs geredet würde. Kohl verstand. »Ihren Husarenritt habe ich ganz genau beobachtet«, sagte er, »weil ich selbst so etwas durchgestanden habe.« Er war gelassen, bot mir pfälzischen Wein an und wir rauchten Pfeife. Das sei ein ganz besonderer Vertrauensbeweis, erklärte Kohl.

Wie kritisch die Lage der AEG war, wurde mir bei einem Gespräch mit Merkle klar, der mir in aller Deutlichkeit sagte, er rechne mit dem Konkurs. Schon die Vergleichsanmeldung sei ja äußerst problematisch. Er hätte die wahre Lage der AEG nicht gekannt, so Merkle, und mache sich nun beinahe Vorwürfe, mich nicht gewarnt zu haben. Ein Konkurs sei allerdings sehr problematisch, da die meisten Banken ihn 1982 nicht verkraften könnten. Aber nach Jahresende werde das anders sein. Er mache sich Sorgen um mich. Ich müsse mit einem Scheitern rechnen. Er stünde mir aber jederzeit zu einem Gespräch zur Verfügung: »Ich lasse Sie nicht fallen.«

Was ich auf solche Zusagen geben konnte, zeigte sich, als mich ein paar Tage später ein ranghoher Regierungspolitiker

Baden-Württembergs in Feuerbach besuchte und erklärte, ein Konkurs sei vielleicht doch die bessere Lösung. Wenn ich zurückträte, sei das ein klares Signal. Dann käme es gar nicht erst zur Vergleichseröffnung. Mein Schaden solle es im Übrigen nicht sein, denn in Baden-Württemberg gäbe es sehr interessante Jobs für mich.

Mir verschlug es die Sprache. Was für ein Ansinnen! Ich lehnte brüsk ab und sagte nur: »Wir werden den Vergleich hinkriegen.« Aber dass gewisse Leute mich so einschätzten, gab mir doch zu denken – und es spornte mich bei meiner Arbeit an. Meine Frau, die das Gespräch miterlebt hatte, bemerkte nur: »Ich hab's dir immer gesagt.«

Die Bundesbürgschaft für das Massedarlehen war immer noch nicht erteilt, der Bund stritt sich mit den Banken über die »Gedinge«, die Einzelheiten, das Kleingedruckte. Die Bonner Beamten wussten sehr wohl, ihre Risiken zu begrenzen. Sie sprachen mit einer Stimme. Die Banken taten sich viel schwerer, denn sie mussten ja untereinander einig werden. Und da waren viel Animosität, Eifersucht und Konkurrenzneid im Spiel. Am Ende aber wurde unterschrieben. Und was die 1,1 Milliarden D-Mark Bundesbürgschaft betraf, so mussten wir sie nie in Anspruch nehmen. Die Gebühr von sechs Millionen D-Mark haben wir trotzdem gern bezahlt.

Allerheiligen, am 1. November 1982, rief mich Schaaf kurz nach Mitternacht zu Hause an: »Der Vergleich ist eröffnet. Es ist alles in Ordnung.« Das Frankfurter Amtsgericht bestellte den bisher vorläufig amtierenden Wilhelm Schaaf zum ordentlichen Vergleichsverwalter und stellte fest, dass die in den Gutachten des vorläufigen Vergleichsverwalters und der IHK Frankfurt festgestellte Vergleichswürdigkeit und Vergleichsfähigkeit der AEG gegeben war.

Ich schreibe meinem Aufsichtsratsvorsitzenden einen Brief

Am Tag danach führte ich ein langes Gespräch mit Friderichs. Eigentlich war ich entschlossen, mein Amt als Vorstandsvorsitzender der AEG niederzulegen, und hatte schon einen Brief vorbereitet, den ich Friderichs vorlas. Aufgrund der unendlichen Diskussion über die AEG im Allgemeinen und meine Person im Besonderen sei ich zu der Auffassung gelangt, dass jetzt der richtige Zeitpunkt gekommen sei, den Weg für eine unverbrauchte Führung freizumachen. »Die Erwartungen«, so las ich ihm vor, »die mit der Übernahme des Vorstandsvorsitzes durch mich verbunden waren, haben sich nicht erfüllt. Das von mir entwickelte und mit Nachdruck verfolgte Konzept konnte nicht realisiert werden. Die Gründe hierfür sind Ihnen bekannt. Mein Führungsstil, der großes Gewicht auf dezentrale Verantwortung legt, wird in Zweifel gezogen.« Abschließend erklärte ich, die Entscheidung sei mir nicht leichtgefallen, sie läge aber im Interesse des Unternehmens. Friderichs hörte mich an und sagte dann nur: »Lassen Sie mich nachdenken.« Meinen Brief nahm er nicht entgegen. So bewahrte er mich davor, einen unüberlegten Schritt zu tun, wofür ich ihm noch heute dankbar bin. Ich hatte ihn inzwischen ganz gut kennengelernt, denn wir waren aufeinander angewiesen und vertrauten einander, waren aber nicht per Du. Friderichs war ein Sportsmann und vor allem beim Radfahren lebte er auf. Einmal kam er in seiner Radfahrerkluft zu mir ins Büro, denn er war mit seinem Rennrad von seinem Wohnort Mainz bis nach Frankfurt geradelt. Überdies war er an Fotografie interessiert und stolz darauf, für die Dresdner Bank das »Grüne Band der Sympathie« als Logo entworfen zu haben. Schaaf erzählte mir einmal, dass Friderichs ausdauernd Holz hacken würde, und tatsächlich verfügte er über ein enormes Maß an Energie. Diplomatie auf leisen Sohlen war nicht seine Stärke. Dazu war er zu direkt. Und das machte ihm das Leben in der Dresdner Bank nicht immer leicht.

Das Presseecho zur Vergleichseröffnung war einigermaßen positiv. »Eine wichtige Hürde bei den Rettungsbemühungen ist genommen«, schrieb der »Spiegel«. Aber jetzt käme es auf die Gläubigerversammlung im Frühjahr an und da seien Zweifel angebracht. Der Kampf ginge weiter.

Ich kümmerte mich inzwischen wieder ums laufende Geschäft. Da Horst Brandt, der bisherige Finanzvorstand der AEG, seinen Posten aus gesundheitlichen Gründen aufgegeben und im Aufsichtsrat Platz genommen hatte, übernahm ich vorübergehend das Finanzressort. Natürlich brauchten wir dringend einen Nachfolger für Brandt, und so sprach ich mit verschiedenen Leuten, die infrage kamen. Aber alle hatten ihre Bedenken, ob die AEG überleben würde. Und immer wurde ich gefragt, wie lange ich denn bei der AEG bliebe. Kuhn meinte stets: »Sie müssen bleiben! Nur Sie können das machen. Sie verstehen das Geschäft, und wenn erst alles mit den Banken geregelt ist, dann kommt es wieder aufs Geschäft an.« Auch Schaaf und die Betriebsräte redeten mir zu, nicht aufzugeben.

Ein entscheidendes Thema war die Vereinbarung mit dem Pensionssicherungsverein (PSV), unserem größten Gläubiger. Dieser Verein ist eine Selbsthilfeeinrichtung der deutschen Wirtschaft zum Schutz der betrieblichen Altersversorgung bei der Insolvenz des Arbeitgebers, ein Thema, das heute, in Zeiten globaler Unsicherheit, oft eine große Rolle bei Vereinbarungen mit dem Betriebsrat spielt. Der Verein wurde gegründet vom Bundesverband der Deutschen Industrie, von der Bundesvereinigung der Deutschen Arbeitgeberverbände und von der Versicherungswirtschaft. Der PSV hatte erhebliche Probleme mit seinen Mitgliedsfirmen, deren Beiträge aufgrund des AEG-Vergleichs erheblich gestiegen waren. Was das hieß, wurde mir klar, als ein schwäbischer Unternehmer zu mir sagte: »Wegen Ihnen kann ich nicht in Urlaub fahren. Ich muss nämlich 50 000 D-Mark an den PSV zahlen.« Aber wenn die AEG in Konkurs ging, würde es für den PSV noch teurer. Und so einigten wir uns auch mit dem PSV, der in der Gläubigerversammlung die meisten Stimmen hatte.

In der Zwischenzeit hatte Bosch mit seinen Partnern entschieden, unsere Anteile bei der gemeinsamen Telematikfirma, der ATN, zu übernehmen, was sie gemäß Vertrag auch konnten. Allerdings musste über den Preis entschieden werden, der im Vertrag noch offengeblieben war. Bosch hatte die Summe geboten, die beim Verkauf der ersten 49 Prozent gegolten hatte – also etwa 250 Millionen D-Mark –, und dazu ein Gutachten vorgelegt. Zusammen mit Wirtschaftsprüfern und Professor Horst Albach erarbeiteten wir ein Gegengutachten, das auf einen Wert von über einer Milliarde D-Mark kam. Nun musste ein Obergutachter entscheiden, und der grübelte lange, bekam 2 Millionen D-Mark und stellte dann fest, dass unser Anteil 750 Millionen D-Mark wert war, was für unsere Kassenlage naturgemäß ein Segen war.

Erfreulich war überdies, dass sich die Geschäftslage im Oktober nicht weiter verschlechtert hatte und aus den Vertriebsniederlassungen kein Einbruch im Auftragseingang gemeldet wurde. Ich machte ein paar Tage Urlaub, denn irgendwie war ich am Ende meiner Kräfte angelangt. Also fuhr ich nach Marbella, verband die Reise mit einem Management-Meeting der Firma Dürr, um die ich mich ja auch noch kümmern musste, und spannte dort ein paar Tage aus. Dennoch musste ich ständig über die AEG nachdenken. Ich gelangte schließlich zu der Erkenntnis, dass das größte Problem der AEG war, dass ihre Eigentümer, die Banken, sie eigentlich los werden wollten. Also kam nur die Auflösung oder die Suche nach einem neuen Eigentümer infrage. Der war allerdings nicht in Sichtweite.

Auch andere haben Probleme

Meine pessimistische Einschätzung wurde auch durch die allgemeine wirtschaftliche Lage geprägt. In vielen Bereichen der Wirtschaft gab es große Probleme. So berichtete mir mein Aufsichtsratsmitglied Buddenberg, dass er bei BP hohe Verluste machen würde und die Hälfte seiner Tankstellen schließen müsste. Auch in der Stahlindustrie wurde nach dem Staat gerufen und der half mit Subventionen in Milliardenhöhe, wohl rückzahlbar, aber wann? Und während in den USA Chrysler gerade noch mit Staatsbürgschaften gerettet worden war, machte in Deutschland ein anderer Problemfall Schlagzeilen: die »Neue Heimat«, das dem DGB gehörende größte deutsche Wohnungsbauunternehmen. Im Februar 1982 hatte der »Spiegel« aufgedeckt, dass sich mehrere Vorstandsmitglieder persönlich bereichert hatten. Als der Vorstand entlassen war, stellte sich heraus, dass der Konzern mit 16 Milliarden D-Mark verschuldet war und Konkurs anmelden musste. Die gängige Meinung, die »Sozis« könnten nicht mit Geld umgehen, schien sich zu bestätigen. Und die Gewerkschaften hatten ein ziemliches Imageproblem. Als das ganze Unternehmen dann auch noch zu dem symbolischen Preis von einer D-Mark an den Berliner Bäcker Horst Schiesser verkauft wurde, war das der absurde Höhepunkt der Affäre. Das Sanierungskonzept des Bäckermeisters war mehr als dürftig, und da die Banken nicht mitspielten, war der Kaufvertrag hinfällig. Schiesser bekam als Abfindung einige Millionen Mark, die aber für die Bezahlung seiner Anwälte draufgingen. Als mir Schiesser eines Tages abstruse Ideen zur Sanierung der AEG unterbreitete, hatte ich den Eindruck eines leicht gestörten Mannes.

Bei einem Senats-Hearing in Berlin ging es um die Schließung unseres Werkes in der Weddinger Brunnenstraße. Gleichzeitig suchten wir die Unterstützung des Senats für den Neubau von zwei neuen Fabriken. Ich trug anhand von Folien vor. Sachlich und nüchtern. Dann wird noch über die geistige Erneuerung Berlins diskutiert. »Dazu gehört wohl auch, dass die Brunnenstraße durch moderne Fabriken ersetzt wird«, meine ich. Das sahen einige Teilnehmer nicht so. Im Westen würde man nicht viel von Berlin halten, immer mehr Arbeitsplätze würden abgezogen. Einer meinte sogar, was Blockade, Chrustschow und Mauer nicht fertiggebracht hätten, das würden jetzt die Vorstände der westdeutschen Konzerne schaffen. Dass es um zwei neue

Fabriken ging, spielte keine Rolle. Man unterstellte mir vielmehr, ich würde ein Ultimatum stellen und hätte es nur auf zwei Grundstücke und eine günstige Finanzierung abgesehen. Es war absurd. Aber am Ende einigten wir uns: Brunnenstraße wird geschlossen, und die beiden Fabriken werden gebaut.

In einem langen Gespräch mit Gerhard Prinz, dem damaligen Vorstandsvorsitzenden von Daimler-Benz, wird mir unsere Lage noch einmal deutlich vor Augen geführt: Der Vergleich ist objektiv möglich, aber subjektiv gefährdet, weil einzelne Personen ihn nicht wollen. Prinz, der aus einem mittelständischen Unternehmen kommt und den ich seit seiner Zeit bei Volkswagen kenne, gibt mir gute Ratschläge und empfiehlt mir vor allem, engen Kontakt zur Deutschen Bank zu halten. »Auf Siemens und Bosch dürfen Sie nicht hören«, warnt er. Ich hätte den großen Vorteil, unabhängig zu sein. Das würde mir den Rücken stärken. Allerdings gibt er zu bedenken, dass eine konsequente Haltung in der eigenen Position einsam machen könne. Es gehe allen Leuten an der Spitze so. Eine Beteiligung von Daimler, wie sie früher einmal im Rahmen eines deutschen Industriekonsortiums diskutiert wurde, kommt für ihn nicht infrage. Aber er will mir mit ein paar Millionen helfen. Doch wir brauchen kein Geld, sondern Aufträge.

Auf der nächsten Bankenkonsortialsitzung wird wieder offen von Konkurs geredet. Kuhn sagt hinterher: »Die sind wie Wale, die todessehnsüchtig am Strand verenden.« Bahnt sich eine Tragödie an? Das Traditionsunternehmen AEG im Konkurs? Ich rechne mit dem Schlimmsten. Und arbeite trotzdem optimistisch weiter.

Wir verdienen wieder Geld

Über Weihnachten bin ich in unserer Ferienwohnung im Engadin. Am 31. Dezember kommt die erlösende Nachricht: Geldeingang gut, von dem Massekredit der Banken in Höhe von 1,1 Milliarden D-Mark haben wir nur 190 Millionen D-Mark in

Anspruch genommen, von der Bundesbürgschaft nicht einen Pfennig. Also kann uns die Liquidität bis zur Gläubigerversammlung am 9. März nicht ausgehen. Und im Januar haben wir zum ersten Mal seit Jahren mehr Geld eingenommen als ausgegeben. Ein Licht am Ende des Tunnels, wenn auch noch zahlreiche Baustellen vor uns liegen.

Eine davon ist Olympia, die Schreibmaschinenfabrik in Wilhelmshaven, untergebracht in einer früheren Kaserne, in die nach Kriegsende ein paar Männer geflüchtet waren, nachdem die Russen das Werk in Erfurt besetzt hatten. Die Firma war in den Nachkriegsjahren sehr erfolgreich gewesen, hatte über 20 000 Mitarbeiter beschäftigt und die ganze Welt mit Schreibmaschinen vom Typ Erika beliefert. Als die Mechanik durch Elektronik ersetzt wurde, gab es hohe Produktivitätsgewinne, was im Klartext hieß: weniger Leute in der Fabrik. Dazu kamen die aggressiven Konkurrenten aus Fernost, die ihren Anteil daran hatten, dass Olympia seit Jahren große Verluste machte. Im Nachhinein stellte sich als Fehler heraus, dass wir Olympia nicht in den Vergleich der AEG einbezogen hatten, da die Sanierungsanstrengungen bei Management und Belegschaft weitaus weniger effektiv waren als im Mutterhaus. Überdies spielte man mit dem Gedanken, mit der zum Volkswagenkonzern gehörenden Triumph-Adler zusammenzugehen, und die Manager beschäftigten sich mehr mit dieser Fusion als mit dem Geschäft. Triumph-Adler hatte jedoch die gleichen Probleme wie Olympia, weshalb Volkswagen die Firma an Olivetti verkaufte.

Wilhelmshaven war weit weg von Frankfurt, und die Ostfriesen hatten einen sehr eigenen Kopf, insbesondere der dortige Betriebsrat. Aber auch das Management war überfordert. Andere Firmen setzten längst auf elektronische Textverarbeitung anstelle von Schreibmaschinen, und der von Olympia entwickelte PC konnte mit den Modellen aus den USA und Japan nicht mithalten. Eine Zeit lang erwogen wir eine Zusammenarbeit mit der US-Firma Commodore, die von einem ziemlich ruppigen Amerikaner polnischer Abstammung geleitet wurde, der Olympia vor allem wegen des Namens übernehmen wollte, dann aber doch vor dem Verlust zurückschreckte. Vielleicht war ich auch zu zögerlich, Olympia ganz herzugeben. Die Transaktion wäre sehr kompliziert geworden, und hilfreiche Investmentbanker gab es damals noch nicht, zumindest nicht in Deutschland.

Wenn ich heute auch eine etwas zwiespältige Meinung zu Investmentbankern habe, so muss ich im Rückblick doch zugeben, dass die meisten unserer damaligen Kooperationsvorhaben daran scheiterten, dass sie nicht generalstabsmäßig durchdacht waren. Mithilfe guter Investmentbanker wäre das eine oder andere Projekt vielleicht zustande gekommen. Den Begriff »Due Diligence« gab es zwar noch nicht, aber schon damals verlangten die Partner detaillierte Informationen über die zur Kooperation vorgeschlagenen Firmen. Investmentbanker hätten ordentliche Unterlagen vorbereitet, die Verhandlungen geführt, eben die »Deals gestrickt«, wie es so schön heißt. Sie hätten für einen Abschluss gekämpft, schon um ihres Bonus willen. So aber waren die Verhandlungen, die meine Mitarbeiter und ich führten, aus heutiger Sicht eher ein bisschen naiv und dilettantisch. Natürlich gab es Zahlen, Geschäftsaussichten, Investitionen. Aber alles war nicht hinreichend strukturiert, nicht griffig genug, um für die Gremien des Partners genehmigungsfähig zu sein. Auch meinem großen Projekt, der Zusammenführung von GEC und AEG Technik, wäre mit heutigen Investmentbankern vielleicht Erfolg beschieden gewesen.

Telefunken wird verkauft

Eine andere große Baustelle war Telefunken, also jener Bereich, der die sogenannte »braune Ware« wie Fernseher, Radios und Videorecorder herstellte. Auf diesem Markt tobte ein mörderischer Preiskampf. Wenn der zuständige Vorstand für Telefunken in einer Vorstandssitzung wieder einmal ein Ergebnis »abmeldete«, dann lautet die Begründung: »Grundig hat heute den Preis pro Fernseher um 50 D-Mark gesenkt und wir müssen nachziehen. Bei 500 000 Stück, die wir im Jahr verkaufen müssen, macht das einen Verlust von 25 Millionen D-Mark.« So einfach war das.

Eine Lösung für diese Probleme waren naturgemäß größere Stückzahlen, weshalb es auch hier um Kooperation mit Konkurrenten und um die Zusammenlegung von Fertigungskapazitäten ging. Also vereinbarten wir eine Zusammenarbeit mit Grundig. Das deutsche Vorzeigeunternehmen der Nachkriegszeit steckte indes selbst in Schwierigkeiten. So versuchte ich es mit der französischen Firma Thomson-Brandt. Die hatten vorher schon versucht, Grundig zu übernehmen, waren aber auf erbitterten Widerstand der deutschen Industrie gestoßen. Jetzt kamen sie zu mir, und wir brachten den Deal zustande, auch ohne Investmentbanker. Entscheidend war, dass die handelnden Personen den Zusammenschluss wollten und dass das Projekt bis zur letzten Minute absolut vertraulich behandelt wurde, also bis zur Unterschrift beim Notar in Basel. (In Basel deshalb, weil Schweizer Notare billiger sind als deutsche.) Nur wenige Personen auf beiden Seiten waren eingeweiht und arbeiteten die Verträge aus. Eine wichtige Rolle kam unserem Vergleichsverwalter Schaaf zu, der dem Chef von Thomson-Brandt in hessischem Englisch klarmachte, dass er seine Genehmigung zum Verkauf von Telefunken an Thomson-Brandt nur geben würde, wenn der Deal schnell zustande käme: »Nothing in open public before underwriting.« (Auch ein anderer hessisch-englischer Ausspruch von Schaaf ging in die Annalen der AEG ein. Als ein amerikanischer Konzern mit uns über den Kauf einer kleineren AEG-Firma verhandeln wollte, erklärte er: »If you come with a lawyer, nothing happens.«)

Die Unterschrift zum Verkauf der Telefunken erfolgte einen Tag vor der Gläubigerversammlung, also am 8. März 1983. Die Überraschung auf allen Seiten war perfekt. »Ein echter Befreiungsschlag«, kommentierte die »Frankfurter Allgemeine Zeitung«. Das hatte dem angeschlagenen Management von AEG kaum jemand zugetraut. Allerdings handelte ich mir damit ein ziemliches Problem mit dem Aufsichtsrat der AEG ein, den ich vorher nicht eingeweiht hatte (den Aufsichtsratsvorsitzenden Friderichs hatte ich erst drei Stunden vor der Unterschrift informiert) und der sich nun verschaukelt fühlte. Aber das Geschäft war über die Bühne gegangen, der Vorstand hatte unterschrieben und das Einzige, was der Aufsichtsrat noch hätte machen können, wäre gewesen, mich nachträglich wegen Unbotmäßigkeit rauszuwerfen. Das wollte man nun auch wieder nicht, und eigentlich war man ja froh, Telefunken, den großen Verlustbringer, los geworden zu sein.

Wir kamen weiter mit den Aufräumarbeiten. Ich fuhr durch Deutschland, besuchte die AEG-Betriebe, sprach mit den Mitarbeitern und den Betriebsräten, ging zu den großen Kunden, den Energieversorgern, zum Verteidigungsministerium, zu den Schiffswerften und Stahlwerken. Ich besuchte auch die kleinen Kunden, also die Händler für die »weiße Ware«, und hielt dort die Fahne der AEG hoch. Da die Hausgeräte bei der Frage des Image eine große Rolle spielten, produzierten wir einen Aufkleber mit dem Slogan »Ich steh zur AEG« und engagierten die Bayern-Fußballer Paul Breitner und Karl-Heinz Rummenigge als Werbeträger für AEG-Hausgeräte. »Wir retten AEG«, verkündete Breitner vor unseren Fachhändlern. Als in Hans Rosenthals bekannter Fernsehsendung »Dalli-Dalli« der Slogan »AEG – Aus Erfahrung gut« prämiert wurde, konnte man fast von einem psychologischen Durchbruch sprechen.

Für die Gläubigerversammlung am 9. März musste ein Lagebericht erstellt werden. Kuhn und ich fertigten die Endfassung, die von den verschiedensten Abteilungen in der AEG vorbereitet worden war. Wir sitzen oft zusammen in dieser Zeit. Einmal beim Mittagessen, zusammen mit Schaaf, philosophieren wir über die Zeit nach dem 9. März. »18 Monate harte Arbeit, dann kommt einer und kauft den Laden auf«, so Kuhn. »Aber Sie als Vorstand in einem Konzern kann ich mir nicht vorstellen.« Ich mir auch nicht.

Wir legen den Lagebericht dem Arbeitskreis der Führungsbanken vor. Die sind sehr skeptisch. Die Zahlen erscheinen ihnen fast zu gut. Aber die vergangenen Monate liefen besser als geplant. Unsere Finanzleute hatten einen Vergleichsgewinn von einer Milliarde D-Mark berechnet. Das sei doch alles auf »Verkäuflichkeit« ausgerichtet, so ein Banker. »Wer sagt uns, dass die Zahlen so kommen?« Schaaf und Kuhn sagen es.

Am Abend gehe ich ins Theater, »Kalldewey Farce« von Botho Strauß. Ich freue mich an der Absurdität des Stückes und fühle mich wie zu Hause bei der AEG.

Der Lagebericht wird verabschiedet, die Banken stimmen zu und Schaaf gibt seinen Bericht, der aufzeigt, dass der Vergleich auch betriebswirtschaftlich in Ordnung geht. Für 1983 haben wir ein Plus-minus-Null-Ergebnis geplant.

Einen Monat später stand das 100-jährige Jubiläum der AEG ins Haus. 100 Jahre alt und im Vergleich! Für mich war völlig undenkbar, eine große Feier zu veranstalten. Ich schrieb einen Brief an die Mitarbeiter, in dem ich um Verständnis bat, dass wir das Ereignis zu diesem Zeitpunkt nicht angemessen feiern könnten. »Die Verantwortung für das Gesamtunternehmen zwingt jeden von uns, alle Kräfte und Mittel allein für eine positive Entwicklung unseres Konzerns einzusetzen. Der Vorstand hat deshalb beschlossen, zu diesem Anlass keinerlei Veranstaltungen durchzuführen, sondern das 100-jährige Bestehen der AEG zu nutzen, um zusätzliche Leistungen und Erfolge im Konsumgüterbereich für unser Unternehmen zu erzielen. Wir werden unsere Feier nachholen, wenn wir sie uns leisten können.«

Wir arbeiteten solide die Zeit bis zur Vergleichserfüllung ab, also bis zum 18. September 1984. Wir bezahlten pünktlich die Vergleichsquote, konnten uns am Markt einigermaßen behaupten und das auf finanziell sicherer Basis. Schließlich waren wir vier Milliarden D-Mark Schulden einschließlich der Pensionsverpflichtungen los geworden, Kosten, die die deutschen Banken und die deutsche Industrie getragen hatten. (Auch die Firma Dürr trug ihr Scherflein bei, nämlich circa 100 000 D-Mark für den PSV.) Bei allem schlechten Gewissen tröstete ich mich doch mit der Feststellung, dass ein Konkurs für alle noch viel teurer geworden wäre.

Dann trat eine völlig neue Situation ein. An einem schönen Herbsttag im September 1984 unternahm ich mit Edzard Reuter, den ich schon seit den sechziger Jahren kannte, einen langen Spaziergang am Bodensee. Reuter war ein Geistesmensch, wie Thomas Bernhard gesagt hätte. Er hatte vielfältige Interessen, verstand eine Menge von moderner Kunst und hatte für Daimler eine recht ordentliche Kunstsammlung zusammengekauft. Auch gesellschaftspolitische Fragen beschäftigten ihn, und seine unternehmerische Maxime, der Unternehmer müsse sich »gleichrangig gegenüber den Kapitalgebern, gegenüber der Belegschaft und gegenüber der Umwelt verantwortlich fühlen und danach handeln«, entsprach auch meinen Vorstellungen. Reuter, dessen Vater Ernst Reuter im Dritten Reich mitsamt der Familie in die Türkei geflohen und nach dem Krieg Regierender Bürgermeister von Berlin gewesen war, war ein asketischer Mensch und von eher vornehmer Zurückhaltung, obwohl er gern auffallend farbige und gestreifte Hemden trug und Gauloises rauchte. Er war auch insofern ein Ausnahmemanager, als er seit 1946 Mitglied der SPD war, eine bis in die achtziger Jahre absolut unübliche Parteizugehörigkeit. Als es um die Nachfolge des plötzlich verstorbenen Daimler-Benz-Chefs Gerhard Prinz ging, wäre Reuter eigentlich der richtige Mann gewesen, aber der »Spiegel« prophezeite zu Recht: »Eher wird der Grüne Joschka Fischer Kanzler der Bundesrepublik, als dass der herrschende Industrieklüngel einen Sozi auf den vielleicht vornehmsten Chefstuhl der Wirtschaft lässt.« Tatsächlich wurde nicht Reuter, sondern der Entwicklungschef Werner Breitschwerdt zum Nachfolger von Prinz bestellt.

Soweit unsere Persönlichkeitsstrukturen es zuließen, konnten wir uns als Freunde bezeichnen. Als ich Reuter 1983 bat, in den Aufsichtsrat der AEG einzutreten, hatte er ohne Zögern zugesagt, obwohl es in dieser Zeit genügend Bedenken dagegen gab. Wir trafen uns öfter mit unseren Frauen zum Gespräch bei gutem Essen, so auch an diesem Wochenende am Bodensee. Die liebliche Hügellandschaft, in der wir unseren Spaziergang machten, war frühherbstlich gefärbt. Reuter holte weit aus. Die Lage von Daimler-Benz sei derzeit sehr gut, erklärte er. Allerdings käme ein Großteil der Gewinne aus den USA, wo insbesondere die S-Klasse, nicht zuletzt wegen des günstigen Dollarkurses, sehr gute Gewinne abwerfe. Im LKW-Bereich dagegen sei die Lage fast ähnlich schlecht wie in der Stahlindustrie. Und wenn die Ergebniserwartungen für Daimler gegenwärtig auch noch sehr gut seien, müsse man doch die Weichen für die Zukunft stellen, und das bedeute seiner Meinung nach, dass Daimler-Benz sich in seinen Aktivitäten ausdehnen, also diversifizieren müsse – und zwar nicht durch sofortige Übernahmen, sondern durch einen behutsamen Einstieg bei Unternehmen, die zu Daimler passten. Und hier komme die AEG ins Spiel. Denn das Auto der Zukunft werde aller Voraussicht nach viel stärker von Elektrik und Elektronik bestimmt, einem Bereich also, auf dem Daimler bisher keine Kompetenz habe. (Damit lag Reuter zweifellos richtig: Damals betrug der Elektrik- und Elektronikanteil an den Herstellungskosten eines PKW 3 Prozent, heute sind es über 30 Prozent.) Vom Haus- und Hoflieferanten Bosch aber wolle man sich nicht völlig abhängig machen. Außerdem würde die Bedeutung integrierter Verkehrssysteme zunehmen, und auch da hätte die AEG etwas zu bieten. Natürlich werde es Probleme mit seinem Aufsichtsrat und mit Merkle als Aufsichtsratsvorsitzendem der Deutschen Bank geben (die Deutsche Bank war größter Aktionär bei Daimler), in seinem Vorstand aber sei ein eher positives Echo zu erwarten. Was ich von dem Vorschlag eines Zusammengehens von Daimler-Benz und AEG hielte?

Ich war beeindruckt. Ich schilderte unsere Lage, erwähnte das Verhalten der Banken in den vergangenen Tagen, die sich immer noch nicht vorbehaltlos für die AEG entscheiden konnten, und hob natürlich hervor, dass die AEG dank Reuters Vorschlag eine deutsche Firma bleiben würde. Eine nationale Bedeutung hätte ein solches Vorgehen sicher. Aber wir waren uns einig, dass das Ganze nur funktionieren könne, wenn die »Chemie« zwischen den beiden Vorständen stimmen würde.

Am Ende des Spaziergangs kamen wir an den Landungssteg der Bodenseedampfschifffahrt. Der See lag in der Sonne, und ein leichter Wind brachte Kühlung. Wir tranken Kaffee und aßen Zwetschgenkuchen unter den Kastanienbäumen direkt am Wasser. Bei der Verabschiedung erzählte mir Reuter, dass er beide Bände von Poppers »Die offene Gesellschaft und ihre Feinde« gelesen hätte. Die Lektüre sei ein geistiger Jungbrunnen für ihn gewesen.

Zurück in Frankfurt informiere ich Kuhn über Reuters Vorschlag. Der ist ziemlich erstaunt, hält die Idee für wenig realistisch, weil die Widerstände vom Aufsichtsrat, von den Banken und den deutschen Großunternehmen zu groß sein würden. Aber er lehnt die Idee nicht von vornherein ab.

Die nächsten Wochen gehen ihren normalen Gang. Wir verabschieden ein Maßnahmenpaket für die kommenden Jahre und einen Lagebericht zur Situation des Konzerns im September 1984. Der 18. September, der Tag der Vergleichserfüllung, ist der letzte Tag mit Vergleichsverwalter Schaaf. Auch die Flaschenhalskommission wird aufgelöst. Schaaf erklärt in seiner launigen Art, das Ganze hätte ihm viel Spaß gemacht, besonders die Zusammenarbeit mit mir und Kuhn. Er wünscht uns viel Glück. Alle sind zufrieden. Beim gemeinsamen Mittagessen doziert Kuhn über die Risiken eines hohen Intelligenzquotienten bei Vorständen. Der könne sehr gefährlich werden. Er halte es stattdessen mit Goethe: »Genie ist Fleiß.«

Nach Zahlung aller Vergleichsschulden haben wir nun außer den Avalen keine Verbindlichkeiten bei den Banken mehr und sind mit 100 Millionen D-Mark im Plus. Beim Herrenabend der Dresdner Bank wird uns zum gelungenen Vergleich gratuliert. »Der 18. September ist ein wichtiger Tag für die deutsche Wirtschaft«, sagt Friderichs in seiner Begrüßungsrede. »Und die beiden Paradiesvögel sind immer noch da.« Am nächsten Tag unterschreiben Rechtspfleger Wolf und die Justizangestellte Ludwig den Aufhebungsbeschluss. Alles ist geregelt. Wie mir Schaaf am 1. November 1982 vorhergesagt hatte.

Endlich kann ich mich wieder um Projekte kümmern, Kunden besuchen, Personalgespräche führen, Investitionen planen und bessere Organisationsstrukturen ausdenken. Naturgemäß ist noch nicht alles im Lot. Immer wieder gibt es Rückschläge und Ergebniseinbrüche bei einzelnen Bereichen. Die Leute, die schon immer da waren, sind auch jetzt noch da, und nun, wo finanziell keine direkte Gefahr mehr droht, lässt die Bereitschaft zum Umdenken sofort nach. Selbst die guten Leute fragen oft: »Muss sich wirklich etwas ändern?« Aber Kuhn drängt rücksichtslos auf Änderungen, auf Ergebnisse. Wir verabschieden eine neue Führungsstruktur, lassen ganze Organisationseinheiten mit Vorständen und Stäben wegfallen, machen Vorstände zu Generalbevollmächtigten und führen eine ergebnisbezogene Bezahlung ein. Das ist alles sehr mühsam: Unzählige Gespräche müssen geführt werden, und nicht selten fließen Tränen. Aber wir kommen weiter. Für das Geschäftsjahr 1984 weisen wir einen erwirtschafteten Gewinn von 150 Millionen D-Mark aus, bei gleichzeitiger Bildung von nicht unwesentlichen Rückstellungen zur Zukunftssicherung.

Wegen des von Ronald Reagan angekündigten SDI-Projekts (Strategic Defense Initiative), mit dem der amerikanische Präsident die Russen in die Knie zwingen will, fliege ich nach Washington, um zusammen mit meinem technischen Kollegen bei den zuständigen Leuten im Pentagon vorzusprechen. In den fensterlosen Räumen im Innern des gewaltigen Gebäudekomplexes wird uns klargemacht, dass man unsere Mitarbeit will – vorausgesetzt, dass wir die Technologie bieten, die die Amerikaner nicht haben. Und tatsächlich haben wir einiges zu bieten, denn SDI ist eine große Herausforderung für neue Hightech-Entwicklungen, an denen die AEG durchaus interessiert ist. Im Rüstungsarbeitskreis – dem Gremium, das über das deutsche Verteidigungssystem zu befinden hat und in dem der Verteidigungsminister, die Generäle der Waffengattungen und die Chefs der Rüstungsindustrie vertreten sind – wird das zum Teil anders gesehen. »SDI ist eine großartige Marketing- und Sponsoringaktivität der Amerikaner«, bemerkt einer der

Abteilungsleiter aus dem Verteidigungsministerium. (Zehn Jahre später sagt mir ein hoher amerikanischer Beamter: »30 Milliarden Dollar zur Beseitigung des Sowjetregimes ausgegeben zu haben, ist doch eine gute Investition gewesen.«) Wir sitzen in dem großen hellen Saal auf der Hardthöhe, und in der geradezu friedlichen Sitzungsatmosphäre erscheint mir der Gedanke, dass hier im Endeffekt für den Ernstfall, also den Krieg gearbeitet wird, geradezu absurd. Die Generäle sind freundlich und keineswegs martialisch. Aber können sie immer nur üben?

Ich besuche unsere Firmen in Kanada, in Mexiko, in der Türkei, in Bulgarien, in Ägypten und treibe die Leute an, sich ums Geschäft zu kümmern. Einige begreifen auch. Aber leider nicht alle.

Ich ärgere mich über Betriebsräte

Zurück in Deutschland haben Klaus Kuhn und ich einen großen Auftritt auf der Messe in Hannover. Beim Eröffnungsabend sitzen wir in der ersten Reihe. Die AEG ist wieder wer. Immer wieder werden wir auf Beteiligungen und Kooperationen angesprochen: von Mannesmann, von Northern Telekom, von Bosch-Siemens-Hausgeräte, von den Japanern. Ich bin sehr vorsichtig geworden. Zunächst muss der eigene Laden in Ordnung gebracht werden. Dabei hilft auch die bessere Konjunktur. Es geht aufwärts. Nur einmal, bei der jährlichen Betriebsrätekonferenz, werde ich in meinem Optimismus zurückgeworfen. Die Betriebsräte mosern, meckern und greifen auf pöbelhafte Weise den in ihren Augen unfähigen Vorstand an. Jeder Angriff erhält Beifall aus dem Saal. Die Selbstgefälligkeit der Redner ist grotesk. Ich frage mich, ob sie wirklich die Meinung der Mehrheit der Belegschaft zum Ausdruck bringen. Der Betriebsratsvorsitzende merkt, dass die Veranstaltung zu entgleisen droht, und versucht zu glätten. Dennoch treffen mich diese Angriffe mehr, als ich mir selber eingestehe. Ich versuche, rational zu bleiben. Aber kann man die AEG mit einer solchen Truppe dort hinbringen, wohin ich sie bringen will? Und lässt sich ein solches Unternehmen in einen anderen Konzern einbinden? Aber vielleicht stimmt es mich nur verdrießlich, dass wir kein einziges Lob, kein Wort des Dankes für den erfolgreichen Vergleich erhalten haben. An manchen Teilnehmern sind die Ereignisse des Vergleichs offensichtlich spurlos vorübergegangen. Die Atmosphäre im Saal des »Prälaten« in Berlin, wo ich vor genau fünf Jahren zum ersten Mal vor AEG-Betriebsräten gesprochen habe, ist gespenstisch. Auf dem Podium sitzen der Betriebsrat, die Vertreter der IG Metall und der deutschen Angestelltengewerkschaft und der gesamte AEG-Vorstand und thronen gleichsam über dem Volk. Ich starre hinunter in die Gesichter, da und dort eine Frau in Jeans und dünner Bluse. Ich denke an sonnenüberflutete Wiesen, auf die man sich mit einer schönen Frau legen könnte: Draußen ist das Wetter schön, die Sonne scheint. Aber du bist hier, in diesem trostlosen Saal, und verbietest dir solche Assoziationen, du bist der Chef, den die Betriebsräte vor sich haben. Das musst du aushalten. Ist es Angst, die die Betriebsräte treibt oder ist es nur pure Borniertheit? Zwanzig Jahre ist man führerlos dahingetrieben und redet jetzt einfach drauflos. Michael Kittner, der Vertreter der IG Metall, versucht mich am Ende aufzuheitern und zeigt sich von seiner menschlichen Seite. Es hilft alles nichts: Ich muss dieses Ereignis verarbeiten.

Danach ist gottlob die Tagesarbeit wieder an der Reihe. Ein Projekt liegt mir besonders am Herzen: das neue Mobilfunknetz, das Bundespostminister Schwarz-Schilling plant. Vorgesehen ist zunächst ein analoges System. Die AEG-Ingenieure, insbesondere die aus dem militärischen Bereich, plädieren zusammen mit ihren Kollegen von der SEL für ein digitales System, weil das schneller, besser und abhörsicher sei. Am Ende wird aus diesen ersten Ideen das heute übliche GSM-System entstehen, aber erst nach vielen Jahren.

Dann wird Kuhn Aufsichtsratsvorsitzender der AEG. Friderichs tritt im März 1985 als Vorstandssprecher der Dresdner Bank zurück, nachdem das Bonner Landgericht eine Klage gegen ihn zugelassen hat. Die Parteispendenaffäre, auch als Flick-Affäre bekannt geworden, hat ihn mit ganzer Wucht erwischt und seine Karriere zerstört. Die Affäre versetzt die Republik in ziemlichen Aufruhr.

Ihren Anfang hat sie schon am 3. Januar 1975 genommen, als der Industrielle Friedrich Karl Flick den Chef der Deutschen Bank, Franz Heinrich Ulrich, in dessen Feriendomizil in Sankt Moritz besuchte und dem Bankier eröffnete, dass er erwäge, seinen 39-prozentigen Anteil an der Daimler-Benz AG an den Schah von Persien zu verkaufen, der ihm 20 Prozent über Börsenkurs zahlen wolle. Aber lieber sei es ihm, wenn die Anteile in Deutschland blieben. Also übernahm die Deutsche Bank und zahlte Flick am 2. Januar 1976 rund zwei Milliarden D-Mark. Darauf waren fast eine Milliarde D-Mark Körperschaftssteuer fällig. Und die wollte Flick sparen. Es gab einen Ausweg: den Paragrafen 6 b des Einkommensteuergesetzes und den Paragrafen 4 des Auslandsinvestitionsgesetzes. Kern des 6 b: Wer ein altes Wirtschaftsgut gewinnbringend verkauft und mit dem Geld ein neues Wirtschaftsgut einkauft, der braucht den Gewinn nicht zu versteuern. Das galt auch für den Erwerb von »Anteilen an Kapitalgesellschaften«, wenn »der Erwerb der Anteile unter Berücksichtigung der Veräußerung der Anteile volkswirtschaftlich besonders förderungswürdig und geeignet ist, die Unternehmensstruktur eines Wirtschaftszweiges zu verbessern oder einer breiten Eigentumsstreuung zu dienen.« Damit diese Bestimmung nicht als Selbstbedienungsladen missbraucht werden konnte, musste der Wirtschaftsminister in jedem Einzelfall im Einvernehmen mit dem Finanzminister eine Bescheinigung ausstellen. In den folgenden Jahren stellte Flick drei Anträge auf Steuerbefreiung, intern »Geleitzüge« genannt, die von den Wirtschaftsministern Hans Friderichs und Otto Graf Lambsdorf genehmigt und von den Finanzministern Hans Apel und Hans Matthöfer durchgewunken wurden, was eigentlich erstaunlich war, da Matthöfer das Geld ganz gut für seinen Haushalt hätte gebrauchen können.

Dann passiert Folgendes: Per Zufall stößt die Steuerfahndung Mitte der siebziger Jahre auf ein illegales Parteispendennetz einer ominösen »Unions-Betriebs-GmbH« und findet heraus, dass über hundert der besten Adressen der deutschen Wirtschaft Steuern hinterzogen haben, indem sie wertlose Gutachten in Auftrag gaben und sie als Betriebsausgaben von der Steuer absetzten. In Wahrheit waren es Spenden für die CDU. Spätestens als das SPD-geführte Düsseldorfer Finanzministerium die Steuerfahnder zu bremsen versuchte, war klar, dass mehr dahintersteckte. Und tatsächlich waren über Einrichtungen wie die »Staatsbürgerliche Vereinigung« auch SPD und FDP bedacht worden. Ein fein gesponnenes Netz für illegale Parteispenden überzog das ganze Land. Als die Staatsanwälte die Büros des persönlich haftenden geschäftsführenden Gesellschafters des Flick-Konzerns, Eberhard von Brauchitsch, und dessen Chefbuchhalters Rudolf Diehl durchsuchten, stellten sie umfangreiche Unterlagen sicher, so auch die Tageskopien, die Brauchitsch von seinen Vermerken an Flick gemacht hatte, und Diehls Kassenbuch, in dem sorgfältig notiert war, an wen und für was er Bares ausgezahlt hat. Ingesamt hatte Flick 25 Millionen D-Mark »zur Pflege der politischen Landschaft« (von Brauchitsch) ausgegeben. Anfang 1983 erschienen die ersten Berichte über die Fundsachen im »Stern« und im »Spiegel«. Als dann auch noch enthüllt wurde, dass die Schatzmeister der Parteien ein Amnestiegesetz planten, tobte ein Sturm der Entrüstung durchs Land. Das Wort von der »gekauften Republik« machte die Runde. Am 2. Dezember 1983 hob der Bundestag die Immunität von Graf Lambsdorff auf. Die Staatsanwaltschaft wollte ihn, Friderichs und von Brauchitsch wegen Bestechlichkeit beziehungsweise Bestechung anklagen. Nachdem die Klage vom Bonner Landgericht zugelassen worden war, trat Friderichs als Vorstandsvorsitzender der Dresdner Bank zurück.

In dem rund eineinhalb Jahre dauernden Prozess fielen laut Richter Buchholz »nahezu alle Zeugen durch ihr schlechtes Erinnerungsvermögen auf«. Der Vorwurf der Bestechlichkeit beziehungsweise Bestechung konnte aber nicht belegt werden. Von Brauchitsch wurde wegen Steuerhinterziehung zu einer Bewährungsstrafe verurteilt; Friderichs und Lambsdorff wegen Beihilfe zur Steuerhinterziehung zu Geldstrafen.

Auf den damaligen CDU-Vorsitzenden und Bundeskanzler Helmut Kohl wirkte das Urteil, wie sich später herausstellte, keineswegs abschreckend. Am 26. November 1999 erklärte der ehemalige CDU-Generalsekretär Heiner Geißler, dass es in der »Ära Kohl« schwarze Konten gegeben habe. Kohl gab dies einige Tage später zu und teilte mit, er habe 2,1 Millionen D-Mark an illegalen Parteispenden eingesammelt, werde die Namen der Spender aber nicht nennen, da er sein Ehrenwort gegeben habe. Wegen dieses Gesetzesverstoßes wurden der CDU vom Bundestagspräsidenten 7,7 Millionen D-Mark von der ihr zustehenden Wahlkampfkostenerstattung als Strafe abgezogen. Kohl verschweigt – entgegen der gesetzlichen Verpflichtung – die Namen der angeblichen Spender bis heute. Und das, obwohl er fünf Mal bei seiner Vereidigung als Bundeskanzler geschworen hat, »die Gesetze der Bundesrepublik Deutschland zu achten – so wahr mir Gott helfe«.

Mein neuer Aufsichtsratsvorsitzender Kuhn »verordnet« mir Urlaub. Ich fahre zunächst in unsere Ferienwohnung im Engadin und dann in ein Sanatorium, in dem ich eine 14-tägige Kur absolviere. Das ist etwas ganz Neues: Mich mit meinem Körper zu beschäftigen und zu erfahren, was gut für mich ist und was nicht. 14 Tage nehme ich nur Semmeln und Tee zu mir, entschlacke und nehme dabei acht Kilo ab. Ich bin topfit und beginne Golf zu spielen, den Sport, bei dem Körper und Seele in Einklang sein müssen, wenn man erfolgreich sein will. Vier Wochen – so lange war ich noch nie im Urlaub. Aber das Nachdenken und die Suche nach Lösungen für die AEG treiben mich weiterhin um. Ich denke an das Gespräch mit Reuter am Bodensee. Die AEG als ein Teil von Daimler-Benz? Die Pleitefirma und das deutsche Vorzeigeunternehmen, der Stern unter den Bluechips, sollen zusammengehen? Ist so etwas in Deutschland überhaupt machbar?

Daimler-Benz kauft die AEG

Im Januar 1985 meldet sich Reuter und schlägt vor, das Gespräch zusammen mit Kuhn fortzusetzen. Wichtig sei, Alfred Herrhausen, den Sprecher der Deutschen Bank, mit einzubeziehen, der ab Juli Aufsichtsratsvorsitzender von Daimler-Benz werde. Es geht also weiter. Was bedeutet das für mich? Und für die AEG? Für das Unternehmen ist es sicher eine große Chance, die Möglichkeit zur Expansion, ein sicherer Hafen. Für mich aber hieße das, ein Vorstand unter mehreren und nicht mehr der erste Mann zu sein. Ich stelle alle persönlichen Fragen zurück und führe die Gespräche weiter, natürlich höchst vertraulich, denn wenn etwas durchsickern würde, wäre das Projekt tot.

Im Juli kommt es im Hotel »Vier Jahreszeiten« in München zu einem Gespräch mit Edzard Reuter und seinem Kollegen Werner Niefer, dem Produktionschef des Konzerns. Niefer ist vom Typ her der völlige Gegensatz zu Reuter. Der Gastwirtssohn von der Schwäbischen Alb ist der Kumpel, der mit den Leuten redet, der gerne ein paar Viertele trinkt und eigentlich jeden kennt, der in Politik und Wirtschaft im »Ländle« und außerhalb etwas zu sagen hat. Aber Niefers freundliche Art täuscht. Er verfügt durchaus über Energie und Härte und hat es geschafft, über eine Werkzeugmacherlehre bei Mercedes und ein Studium an der Ingenieurschule in den Vorstand von Daimler-Benz zu kommen. Er ist von Technik begeistert, hat in seiner Zeit bei MTU selber den Starfighter geflogen und kennt den baden-württembergischen Ministerpräsidenten Späth sehr gut. So fällt Niefer bei der neuen Strategie eine wichtige Rolle zu. Er ist der Kontaktmann, der Treiber. Jetzt im »Vier Jahreszeiten« legt er Folien auf, die die Synergieeffekte im Falle eines Zusammengehens von Daimler, AEG, MTU und Dornier veranschaulichen sollen.

Dann findet ein Gespräch mit Herrhausen statt, der darauf drängt, dass Daimler sofort die Mehrheit übernimmt. Die Dinge nehmen ihren Lauf, auch wenn ich noch zögere. Der Reiz, etwas Großes zu schaffen, ist stärker als Rücksichtnahme auf mich und meine Familie. Und zurück zur Firma Dürr kann ich ja immer noch. Die gehört mir und hat 1985 30 Millionen D-Mark Gewinn gemacht. Aber was ist ein Privatunternehmer Dürr gegen ein Vorstandsmitglied bei Daimler-Benz?

Im September wird es richtig spannend. Die Vorstände der beiden Unternehmen werden informiert, man bildet Arbeitsgruppen. Entscheidend ist die Frage, wie Daimler auf Anhieb seinen Aktienanteil von über 50 Prozent bekommt. Werden die Banken, die die Hälfte an der AEG halten, an Daimler verkaufen? Und zu welchem Kurs? Haben sie überhaupt noch alle ihre Aktien, oder haben sie sie unter der Hand verkauft?

Am 11. Oktober teilt das Kartellamt mit, dass Daimler einen Antrag auf Mehrheitsübernahme bei der AEG gestellt hat. Einige Tage zuvor haben Kuhn, meine beiden Vorstandskollegen Schad und Molzahn und ich mit dem Daimler-Vorstand im Hochhaus der Deutschen Bank in Frankfurt bei einem Treffen in allen Punkten Einigkeit erzielt. Das ging relativ schnell. Die »Chemie« zwischen den Vorständen stimmte. Ich sah vom 34. Stock auf Frankfurt hinunter, das in der Herbstsonne vor mir lag und glänzte. Ich sah bis in den Taunus hinaus, wo ich meinen Golfplatz Kronberg wusste, und fragte mich, ob wir die Risiken eines solchen Unterfangens richtig einschätzten? Würden wir damit ein Kapitel deutscher Wirtschaftsgeschichte schreiben? Was würde Daimler mit der AEG machen? Das Management von Daimler hatte keinerlei Erfahrung mit dem Zukauf einer größeren Firma, und dass viele Fusionen schiefgegangen sind, wusste man. Reuter und seine Kollegen setzten auf mich: »Der kennt den Laden.« (Was leider nicht genügte, wie sich später zeigte.)

Das Risiko für die AEG war ungleich kleiner. Zum größten und besten Unternehmen Deutschlands zu gehören, gab Sicherheit, die jahrelang gefehlt hatte. Nach zwei Stunden verabschiedete sich Kuhn mit der Erklärung, er müsse in die Festhalle zu Boris Becker, dem Tennis-Champion, was Niefer zu der Bemerkung veranlasste: »Finde ich stark.« Dann kamen die Juristen beider Häuser dazu und formulierten ein verbindliches Angebot, das der AEG-Vorstand benötigte, um selbst einen Beschluss fassen zu können. Das Schreiben sollte uns umgehend per Fahrer zugestellt werden, aber nicht in die Firma, da das zu auffällig gewesen wäre, sondern zu mir nach Hause in die Gustav-Freitag-Straße. Und am nächsten Tag, einem Samstag, läutete es tatsächlich bei mir. Ich sah aus dem Fenster im ersten Stock und fragte, wer da sei. »Ich bin der Fahrer von Professor Breitschwerdt und habe einen wichtigen Brief vom Daimler-Vorstand für Sie.« Ich erschrak, denn seine Worte hallten durch die stille Straße. Jeder hätte sie hören können. Aber gottlob war kein Mensch da.

Am Montag beschließt der Vorstand von AEG, das Angebot von Daimler-Benz anzunehmen. Jetzt muss der Aufsichtsrat einberufen werden, was nicht einfach ist, weil die Vertraulichkeit gewahrt bleiben muss. Das gelingt, obwohl inzwischen immer mehr Personen von der Sache erfahren haben, wie ich bei einem Anruf von Franz Steinkühler merke.

»Tun Sie es der Not gehorchend«, fragt er mich am Telefon, »oder aus eigenem Antrieb?«

»Letzteres«, erwidere ich.

»Dann ist es gut. Aber eine Polarisierung in der Öffentlichkeit werden Sie bekommen.«

»Damit rechne ich.«

Beunruhigend war die Kursentwicklung der AEG-Aktie. Wir hatten uns mit Daimler auf 170 D-Mark pro Aktie für das genehmigte Kapital und damit auch für das Angebot an die Banken geeinigt. Ende Juli hatte der Kurs noch bei 122 D-Mark gelegen, Anfang September bei 140 D-Mark, aber am Freitag vor der Aufsichtsratssitzung begann die Vorbörse mit 182 D-Mark und hohen Umsätzen. Da tauchte in der Presse zum ersten Mal der Name Daimler auf. Und als das Bundeskartellamt dann seine Meldung verschickte, ist die Kugel endgültig aus dem Lauf.

Die Aufsichtsratssitzung am Sonntag verläuft friedlich. Einige Banker murren wegen des angebotenen Kurses, den sie naturgemäß als zu niedrig empfinden, aber die Beschlüsse werden einstimmig gefasst. Am Montag wird das genehmigte Kapital vom Registerrichter eingetragen. Kuhn und ich fahren zur Pressekonferenz nach Stuttgart, in dem gepanzerten Mercedes von Kuhn, der seit einigen Tagen unter Polizeischutz steht, da sein Fahrer eine gesuchte Terroristin im Nachbargrundstück von Kuhns Haus in Essen gesehen haben will. Auch mir hatte das BKA mitgeteilt, ich würde als einer von fünf gefährdeten Männern auf einer Liste der RAF stehen, die man sich »in Bälde greifen würde«. Aber ich habe ja meine AEG-Personenschutztruppe und bin deshalb nicht übermäßig beunruhigt.

Die Pressekonferenz verläuft harmonisch. Beide Vorstände sitzen am Tisch. Niefer beeindruckt die Journalisten, als er ein ständig knackendes Geräusch in der Mikrofonanlage dadurch beseitigt, dass er das Lautsprecherkabel mit seinem Taschenmesser durchschneidet. Breitschwerdt, Reuter, Niefer und ich beantworten die Fragen der Journalisten: Bohrende Fragen, aber alle wurden beantwortet, niemand widersprach sich. Entsprechend ist am nächsten Tag das Presseecho: »Sensation des Jahres« (»Börsenzeitung«), »Bedeutendste Transaktion in der Geschichte der Bundesrepublik« (»Stuttgarter Nachrichten«), »Größte Elefantenhochzeit« (»Kölnsche Rundschau«), »Der neue Riese« (»BZ«), »Größter Firmenzusammenschluss in der deutschen Industriegeschichte« (»Hannover Allgemeine«), »Größte Übernahme in der deutschen Wirtschaftsgeschichte« (»Spiegel«).

Nach einem gemeinsamen Mittagessen in allerbester Stimmung fahre ich zurück nach Frankfurt und informiere im Hotel Sheraton am Flughafen die Führungskräfte der AEG. Überall Begeisterung. »Das Beste, was uns passieren konnte«, heißt es häufig.

Am nächsten Tag geht es weiter wie bisher, nur intensiver, dringender, komplizierter, weil es ja immer noch um eine Sanierung geht. Und langsam macht sich die Beteiligung von Daimler bemerkbar: Wir müssen auf Anforderungen aus

Untertürkheim Antworten geben und für Gespräche mit den Leuten von Daimler zur Verfügung stehen. Der ursprüngliche Plan, dem zufolge Reuter für die AEG im Daimler-Konzern zuständig sein soll, wird geändert, denn der Vorstandsvorsitzende Breitschwerdt drängt mit Macht in das Amt des AEG-Aufsichtsratsvorsitzenden.

Operativ tut sich nicht viel zwischen Daimler und AEG. Offensichtlich hat Daimler kein ausgefeiltes Konzept für die Integration der AEG und für die Verknüpfung mit den anderen Technologiefirmen MTU und Dornier. Reuter will die drei Technologiefirmen unter einen Vorstand bei Daimler zusammenfassen. Diese Aufgabe soll ich übernehmen. Aber will ich in den Daimler-Vorstand? Reizt mich nicht viel mehr, endlich wieder selbstständiger Unternehmer zu sein und richtig Geld zu verdienen? Kann ich das mir ans Herz gewachsene Unternehmen einfach so verlassen? Zumal bei der AEG kein Nachfolger zur Verfügung steht. Würde das nicht als Fahnenflucht ausgelegt werden?

Bei der AEG treibe ich die Sanierung weiter. Weniger produkt-, mehr marktorientiert. Noch immer haben wir zu viele Einbrüche und Baustellen. Die Prognose für 1986 sagt kein besseres Ergebnis als das von 1985 voraus. Meine Kollegen orientieren sich immer mehr in Richtung Untertürkheim. Und als Daimler seine Definition des Betriebsergebnisses auf die AEG anwendet (bei Betriebsergebnis null ist bereits eine Dividende von 10 Prozent berücksichtigt, die Pensionsrückstellungen sind mit drei statt mit den üblichen sechs Prozent verzinst und alle nur denkbaren Risiken sind einkalkuliert), sackt die Stimmung ab. Wenn wir bisher ein Ergebnis von plus 200 Millionen D-Mark gemacht haben, dann ist das nach dem Daimler-Betriebsergebnis ein Minus von 200 Millionen D-Mark. Wie sollten wir Vorgaben von acht Prozent Betriebsergebnis erfüllen, wie sie der Pkw-Bereich erreicht? Das können ja nicht einmal unsere starken Konkurrenten. Wir tun uns schwer, Synergien in dem neuen Verbund zu realisieren. (»Der AEG wurden die Leitungssysteme von Daimler aufoktroyiert, obwohl sie nicht auf die AEG passten«, schrieb Professor Horst Albach in einer Studie 1997 über den Untergang der AEG.)

Breitschwerdt besucht mich in Frankfurt – ein offenes Gespräch zwischen schwäbischen Ingenieuren. Er findet unsere neue Organisation gut und möchte etwas Ähnliches bei Daimler einführen. Er fühle sich zuständig für die AEG und wolle demnächst auch den Aufsichtsratsvorsitz übernehmen, vielleicht in der Hauptversammlung 1987. Wir verabreden, wer mit wem wann reden soll. Beim Abschied erklärt Breitschwerdt: »Wenn Sie mal eine Leiche entdecken, sagen Sie es mir gleich.« Also doch: Er ist der Chef.

Über Weihnachten versuche ich, für das Jahr 1985 Bilanz zu ziehen. Die AEG ist neu strukturiert nach innen und außen, die Führungsstruktur steht. Die finanzielle Position ist durch Daimler abgesichert. Außerdem haben wir den Namen von AEG Telefunken in AEG geändert und das alte Logo von Peter Behrens wieder eingeführt. Zurück zu den Wurzeln. Für 1985 werden wir ein ausgeglichenes Ergebnis ausweisen, allerdings mit erheblichen Zuweisungen zu den Rücklagen und Rückstellungen. Am Jahresende sind unsere flüssigen Mittel höher als die Finanzschulden. Also eigentlich alles ganz positiv.

In den Medien wird süffisant über Querelen im Daimler-Vorstand berichtet. »Reichlich Arbeit«, schreibt der »Spiegel«. »Daimler-Benz fällt es schwer, seine Neuerwerbungen sinnvoll in den Konzern einzugliedern.« Es geht dabei um die Frage, wie der Daimler-Benz-Konzern, der mit seinen Neuerwerbungen zum größten deutschen Unternehmen geworden ist, organisiert wird. Breitschwerdt steht gegen das Gespann Reuter/Niefer. Er will im Prinzip so weitermachen wie bisher. Die beiden anderen Vorstände wollen den Konzern mit einer Holdinggesellschaft führen, was allerdings eine ziemliche Verschiebung in der Bedeutung der einzelnen Vorstände bedeutet. Im April besucht mich noch einmal Breitschwerdt und erläutert mir ausführlich seine Ideen. Er ist ein sehr umgänglicher Mensch, offen und geradeheraus, für den Vorstandsvorsitzenden eines solchen Riesenunternehmens fast zu offen. Ich hatte da meine eigenen Erfahrungen. Intrigen liegen ihm völlig fern, weshalb er sich auch schlecht gegen sie wehren kann. »Breitschwerdt ist ein Mann, der nicht so schlecht denken kann, wie andere handeln«, hat ein Aktionär in der letzten Hauptversammlung erklärt.

In unserem Gespräch macht Breitschwerdt den offiziellen Vorschlag, ich solle in den Vorstand von Daimler kommen. »Eigentlich kommen Sie für alle Positionen infrage, aber am besten wäre natürlich, wenn Sie die Zuständigkeit für AEG und die anderen Hightech-Bereiche übernehmen würden.« Wenn es dem Projekt nützt, kann ich mich kaum versagen. Obwohl mein Berater Kuhn zuvor gemeint hatte: »Die zermürben Sie.« Aber auch meine Kollegen in der AEG und der Betriebsratsvorsitzende Rubke halten es für richtig, wenn die AEG durch mich im Daimler-Vorstand vertreten sei. Die Diskussion bei Daimler dagegen wogt hin und her. Entscheidend ist am Ende die Meinung der sogenannten »schwarzen Direktoren«, die die Ebene direkt unter dem Daimler-Vorstand bilden. Das sind die Männer (Frauen gab es damals noch nicht in diesen Positionen), die das operative Geschäft machen, sich aber mit den Vorständen abstimmen müssen und deshalb nicht immer die allerbeste Meinung von diesen haben, die aber naturgemäß bei einer Holding-Konstruktion mit selbstständigen Geschäftsbereichen zusätzliche Posten und Aufstiegschancen wittern.

Ende April sage ich Breitschwerdt zu, das Vorstandsmandat bei Daimler zu übernehmen. Ich bin zuversichtlich, dass ich die Doppelbelastung bewältigen werde. Vorstand bei Daimler zu sein, bedeutet gemäß deutschem Aktienrecht Mitverantwortung für den ganzen Konzern. Ich fühle mich vielleicht auch deshalb stark genug, weil der österreichische Bundeskanzler Sinowatz vor einigen Wochen bei mir angefragt hat, ob ich mir vorstellen könne, nach gelungener AEG-Sanierung den in Schieflage geratenen österreichischen Voest-Alpine-Konzern zu sanieren. Das habe ich zwar abgelehnt, aber nicht ohne die Zusage, Sinowatz über meine Erfahrungen bei der AEG zu berichten. Eine andere Idee beschäftigte mich mehr. Der Anwalt

Theye fragte mich im Auftrag von Leo Kirch, dem 26 Prozent von Springer gehörten, ob ich mir vorstellen könnte, in diesem Konzern Vorstandsvorsitzender zu werden. Sei so eine Idee, man wolle Springer mit SAT1 fusionieren, und da bräuchte man einen »Konzernschmied«. Aber die Sache verlief im Sande.

Große Betriebsrätekonferenz in Dortmund. Eine »runde Sache diesmal«, meint der Betriebsratsvorsitzende Rubke, ganz anders als im »Prälat«. Auch diesmal gibt es vereinzelte Pöbeleien, aber ich nehme alles viel gelassener, beruhige die Leute, und sie scheinen Vertrauen zu mir gefunden zu haben. Kein Wort gegen Daimler. Auf der Veranstaltung treffe ich zum ersten Mal Johannes Rau, den damaligen Ministerpräsidenten von Nordrhein-Westfalen und späteren Bundespräsidenten. Er spricht vor den Betriebsräten, hält eine Wahlrede und erwähnt dabei die »vor kurzem noch bankrotte« AEG. Rau, den ich später noch mehrere Male treffe, ist äußerst umgänglich. Nach einer schwierigen Verhandlung über den Landeszuschuss zu einer neuen Gasturbinenfabrik in Essen ließ er in meinem Umfeld nachfragen, ob ich Pietist sei. Er wolle nur wissen, ob man mir trauen könne.

Reisen nach Indien

Ich fliege nach Pakistan und Indien. In Pakistan ist die AEG ganz gut aufgestellt. Der dortige Geschäftsführer macht seine Sache gut, wird von der Zentrale aber oft mit unnötigen Arbeiten belastet. Und wenn dann ein Revisor aus Frankfurt kommt, der kein Wort Englisch spricht und auf die Erfüllung der deutschen Handelsbilanz II drängt, gibt es Probleme. Weiter nach Indien mit Indian Airlines, in einer klapprigen Boeing 737. In Bangalore volles Programm. Wir sind an einer Firma NGEF beteiligt. Unser Partner, der Staat Karnataka, vertreten durch einen dynamischen, kleinen Inder, der erstaunlicherweise Staatsbeamter ist. Die Fabriken veraltet, aber gut aufgeräumt, nur zu viel Material steht herum. Ich zeige mich interessiert, ich bin mein Leben lang durch Fabriken gestapft. Und die Arbeiter registrieren, dass da einer kommt, der schon mal in einer Fabrik war, wenn ich beim Vorbeigehen an einer Schweißerei die Hand vor die Augen halte, um nicht »geblitzt« zu werden.

Großer Empfang, arrangiert von unserem Partner, denn NGEF ist ein Staatsunternehmen. Die Staatsdiener kennen sich alle untereinander. Wir könnten aus dieser Verbindung viel mehr Nutzen ziehen. Aber meine Männer aus Frankfurt denken nicht politisch. Es sind alles brave Leute, gebeutelt von den Wirren der AEG, festgefahren. Das Regierungsgebäude in Bangalore im englischen Stil, fast vornehm. Aber überall Menschenmassen, Bittsteller, Boten, Beamte. Wir fahren durch die ärmlichen Straßen. Die Menschen sitzen auf der Erde, breiten irgendetwas zum Verkauf aus. Menschen wie du und ich? Nicht wie ich. Schon immer plagt mich die Vorstellung, einmal in Armut zu fallen, so leben zu müssen wie diese Leute hier. Jetzt wird knallhart verdrängt: So etwas passiert mir nicht, ich bin 53 Jahre alt, eine wichtige Persönlichkeit in der Bundesrepublik Deutschland und ein wohlhabender Mann. Wer zwingt mich eigentlich, in Gegenden mit dieser ungeheuren Armut zu reisen? Der Geschäfte wegen bin ich hier, des eigenen Profits wegen, sicher, aber das wäre ja auch in Deutschland möglich. Soll ich über den Dreck hinwegsehen, ihn gar nicht zur Kenntnis nehmen? Das kann ich schon wegen meiner Erziehung nicht.

Im Jahr 2008 bin ich wieder in Indien und besuche die dortigen Dürr-Firmen. Was für eine Entwicklung hat dieses Land seit damals genommen! Ein Land im Aufbruch. Mit unglaublichen Bruchzonen: Hightech neben tiefster Armut, hochstrebende Glasfassaden neben dreckigen Bretterbuden, vor denen Menschen auf dem Boden sitzen, stoisch dem vorbeifließenden Auto- und Motorradverkehr nachstarrend. Aber wie sieht es auf dem Land aus, wo zwei Drittel der indischen Bevölkerung leben und im Durchschnitt mit 1000 Euro pro Jahr und Familie auskommen müssen? Es gibt sehr reiche Industriefamilien in Indien wie zum Beispiel die Tatas (die gerade in einer Art »Rekolonisation« die britische Traditionsautofirma Jaguar übernommen haben). Sie spielen eine ähnliche Rolle wie die Großunternehmer in den USA im 19. Jahrhundert, und von ihren Investitionsentscheidungen hängt das Schicksal ganzer Landstriche ab. Vergleiche ich die Verhältnisse mit denen in China, so gibt es auch dort Persönlichkeiten, die wirtschaftlich etwas bewegen, aber meist sind es angestellte Manager, die vom Willen der kommunistischen Partei abhängen.

Soll ich in den Daimler-Vorstand?

Wieder zurück in Frankfurt führe ich ein langes Gespräch mit Reuter. Es läuft alles planmäßig auf meinen Vorstandsposten zu. Ich muss mich noch bei den Arbeitnehmervertretern vorstellen, und auch einige Anteilseigner müssen noch überzeugt werden. Überdies ist ein Synergie- und Strukturausschuss (SSA) unter Reuters Führung geplant, der direkt an den Aufsichtsratsvorsitzenden Herrhausen berichten und die zukünftige Strategie festlegen soll. Breitschwerdt wird Aufsichtsratsvorsitzender in den drei Gesellschaften AEG, Dornier und MTU. Das wird konzerninternes *Powerplay*, denn sowohl Breitschwerdt als auch Reuter berichten jetzt direkt an Herrhausen.

Immer wieder frage ich mich, ob ich wirklich in den Vorstand bei Daimler gehen soll? Aber nur dort kann ich etwas bewirken. Und meine Frau Heide sagt: »Du hast A gesagt, jetzt musst du auch B sagen. Du kannst Reuter doch nicht hängen lassen.«

Breitschwerdt will etwas für den inneren Zusammenhalt im Konzern tun und lädt die Vorstände aller vier Unternehmen auf den Lämmerbuckel ein, das Weiterbildungszentrum von Daimler auf der Schwäbischen Alb. Dreißig Männer stellen sich vor, eine zum Teil recht kurzweilige Veranstaltung. Allerdings braucht der eine fast eine Stunde für seine Vorstellung, der andere nur fünfzehn Minuten. Nach drei Stunden ist alles vorbei.

Eine große Rolle spielt der Großmotorenbau, also MTU, schon deshalb, weil Werner Niefer von dort kommt. Eine ausgeprägte Aufbruchstimmung für den neuen Konzern spüre ich nicht. Die Leute sind vorsichtig: Man weiß ja nie, wie der Aufsichtsrat am Ende entscheidet und wo man selbst bleibt. Später verrät mir ein Daimler-Vorstand beim Kegeln: »Um beim Daimler etwas zu werden, muss man entweder bei den Großmotoren, bei Krupp oder Assistent bei Zahn (dem früheren Vorstandsvorsitzenden von Daimler) gewesen sein.«

In Flims findet eine Tagung der Leiter der Auslandsfirmen von Daimler statt. Auch einige »schwarze Direktoren« aus Stuttgart sind dabei. Ich stelle die AEG mit vielen Beispielen vor, bin gut in Form und treffe ins Schwarze. Die Leute von Daimler sind offenbar sehr angetan. Der Auftritt macht mir Mut. Die Zweifel, ob ich mich zum Konzernmenschen eigne, werden schwächer. Und die Erfahrung, einige Jahre im Vorstand eines Unternehmens wie Daimler-Benz gesessen zu haben, möchte ich eigentlich nicht missen. Ab 1990 kann ich mich dann ja wieder mehr um mein eigenes Geschäft kümmern.

Ein Thema, um das ich mich bei der AEG besonders kümmere, ist die Ökologie, also der Umweltschutz. Schon in meiner Firma habe ich mit dieser Problematik zu tun gehabt, da die Lackierung von Automobilen ein Prozess mit hohem Energie- und Materialverbrauch ist. Ein Auto hat etwa acht Kilogramm Farbe auf seiner Außenhaut, verspritzt werden aber viel mehr. Der Überschuss wird übers Dach geblasen und muss technisch beseitigt werden, seit es entsprechende Umweltgesetze gibt. Wenn diese Gesetze verschärft wurden, gab es für Dürr mehr Geschäft. Denn Dürr baute die Anlagen zur Abluftreinigung. Deshalb hielt ich auch Vorträge über »Ökonomie und Ökologie – zwei Seiten einer Medaille«. Bei einer BDI-Tagung zum Thema Energieknappheit wunderte ich mich, dass im Sitzungssaal die Lampen brannten, obwohl draußen die Sonne schien. Und die Klimaanlage lief auf Hochtouren, um die durch die Lampen verursachte Wärme abzuführen.

Zu einem öffentlichkeitswirksamen Thema wurde Ökologie für die AEG, als wir den »Ökolavamat« auf den Markt brachten, der weniger Wasser und Energie verbrauchte als die Konkurrenzprodukte. Technisch ging es um ein simples Dreiwegeventil, das 30 D-Mark im Einkauf kostete. Aber da die Kunden bereit waren, für den Schutz der Umwelt einen Preis zu zahlen, konnten wir 150 D-Mark mehr für die Waschmaschine verlangen. Und in der Hoffnung, Kunst, Kommerz und Ökologie unter einen Hut zu bringen, kreierten wir einen »AEG Kunstpreis Ökologie«. Der mit 20 000 D-Mark dotierte erste Preis ging an eine junge Künstlerin, die in einem bayerischen Dorf ein neun Hektar großes Weizenfeld gepachtet und dort Mohnblumen in Form einer 30 Meter langen Eidechse gesät hatte. Sie habe der Ausrottung von sogenannten Unkräutern wie Mohn- und Kornblumen ein Symbol entgegensetzen wollen, sagte die Studentin.

Schirmherrin unseres Ökopreises war Hannelore Kohl, die den Preis zusammen mit Umweltminister Klaus Töpfer überreichte. Das Ganze war natürlich auch eine PR-Veranstaltung für die AEG und kam in den Medien gut an. Allerdings mokierten sich einige Unternehmerkollegen: Der Dürr solle doch erst mal ordentliche Gewinne machen, bevor er große Reden über Kunst und Ökologie schwinge. Aber wenn ich heute sehe, wer alles auf der Ökowelle reitet und sich für Nachhaltigkeit an allen Fronten einsetzt, dann kann ich damals, im Jahre 1988, so falsch nicht gelegen haben.

Von Klimawandel, CO_2, Erderwärmung war zu jener Zeit allerdings noch nicht die Rede. Und einen Friedensnobelpreisträger in Sachen Klima gab es auch nicht. Al Gore beeindruckt mich sehr, als ich ihm bei seinem Standardvortrag »Eine unangenehme Wahrheit« zuhörte. Doch er zeigte nur die kommende Katastrophe auf, aber kaum Lösungen. Klar ist: Die Ingenieure sind gefordert. Sie müssen die Lösungen für die Probleme finden, die sie mit ihren Erfindungen erst geschaffen haben. Oder waren sie jahrzehntelang nur die Erfüllungsgehilfen in einem System, das als oberstes Glaubensziel den Konsum gepredigt hatte? Wie immer man es wendet: Sie müssen den Schaden, den sie angerichtet haben, auch wieder beheben.

Beim Abendessen saß ich neben unserer Schirmherrin und wir kamen bald ins Gespräch. Frau Kohl erzählte von ihrer Stiftung ZNS, die sich um Unfallopfer kümmerte, bei denen das zentrale Nervensystem beschädigt war. Sie beschwerte sich, dass Daimler noch nie gestiftet habe. Das gehe auch gegen ihren Mann. Dann klagte sie über die Einkommensunterschiede zwischen Politikern, Staatsdienern und Managern. Vieles könne sie sich einfach nicht leisten. »Da stimmt was nicht.« Sie selbst habe viel zu tun, ständige Presseauftritte, Fernsehinterviews, aber das mache ihr nichts aus. Irgendwie hörte ich eine gewisse Unzufriedenheit heraus. Dann fragte sie mich: »Finden Sie mich immer noch gut?« Ihre direkte Art gefiel mir, und so hörte ich mir auch ihre Vorwürfe über das deutsche Establishment an. Als wir uns verabschiedeten, bedankte sie sich. »Das war seit langem ein angenehmes Gespräch«, sagte sie. »Es hat mir gutgetan, mit Ihnen zu reden, sehr gut sogar. In ein paar Jahren kann ich Ihnen vielleicht sagen warum.« Doch dazu kam es nie.

Die AEG-Hauptversammlung 1986, die dieses Mal von Breitschwerdt geleitet wird, verläuft stinknormal. In der anschließenden Aufsichtsratssitzung wird mein Eintritt in den Vorstand von Daimler-Benz einstimmig genehmigt, denn ich bleibe ja Vorstandsvorsitzender der AEG. Nach dem Abendessen noch ein Umtrunk mit den Arbeitnehmervertretern. Rubke ist jetzt voll auf meiner Linie, mit Lucy, dem Betriebsratsvorsitzenden von Daimler, würde er Montag sprechen. Ich müsse jetzt unbedingt in den Daimler-Benz-Vorstand. Wenn ich es nicht von mir aus täte, würde er mich darum bitten.

Ich stelle mich bei den Arbeitnehmervertretern im Daimler-Benz-Aufsichtsrat vor. Im Mannheimer Büro des Gesamtbetriebsratsvorsitzenden Lucy trage ich meine Meinung zur neuen Konzernstruktur vor. Es gibt einige Fragen, auch zur Doppelbelastung AEG *und* Daimler. Aber mit den Betriebsräten von Daimler komme ich gut klar, ebenso mit den IG-Metall-Leuten im Aufsichtsrat von Daimler. Mit Herrhausen hatte ich vorher am Telefon gesprochen, ob man sich nicht mal persönlich treffen solle, um alles zu besprechen, auch über meinen Vertrag. Aber Herrhausen ist zu beschäftigt, er findet keinen Termin.

Daimler-Benz-Hauptversammlung

Dann findet die Aufsichtsratssitzung von Daimler-Benz im 14. Stock des Untertürkheimer Hochhauses statt. Zusammen mit Johann Schäffler von Dornier und Hans Dinger von MTU warte ich drei Stunden im vierten Stock. Die beiden sollen ebenfalls in den Vorstand berufen werden, zuständig für ihre Gesellschaften, gemäß dem Gleichstellungsprinzip der drei Konzerntöchter. Drei Stunden sind lang, wenn es um Persönliches geht. Gibt es Probleme? Warum dauert das so lange? Endlich werden wir in den 14. Stock, in den Aufsichtsratssaal, gebeten. Freundliche Blicke, ein paar der Aufsichtsräte und Vorstände nicken uns aufmunternd zu. Herrhausen, der Aufsichtsratsvorsitzende, steht auf und verkündet den einstimmigen Beschluss zu den drei Vorstandsernennungen, gratuliert, wünscht gute Zusammenarbeit und sagt, was der Aufsichtsratsvorsitzende eben bei einer solchen Gelegenheit zu sagen hat. Leichtes Trommeln auf den Tischen. Ich stehe als Erster auf, bedanke mich für das Vertrauen, das ich sehr wohl zu schätzen weiß, sage, dass die Aufgabe interessant, aber nicht einfach ist, mit der Hilfe des Aufsichtsrats und der vertrauensvollen Zusammenarbeit mit dem Vorstand aber gelingen müsste. Was man bei einer solchen Gelegenheit eben sagt. Ich setze mich. Erneut leichtes Trommeln auf den Tischen. Auch die beiden anderen neuen Kollegen sagen etwa das Gleiche wie ich. Wieder leichtes Trommeln auf den Tischen.

Die Aufsichtsratssitzung ist zu Ende. Imbiss im vierten Stock. Viel Zutrunk. Alle scheinen zufrieden. In der Sauerlandstraße in Feuerbach mit Heide und Tochter Alexandra noch ein Glas Champagner. Das war's.

Auf der Hauptversammlung von Daimler am nächsten Tag ist die Hanns-Martin-Schleyer-Halle mit 8000 Aktionären, Aktionärsvertretern, Gästen und Daimler-Leuten bis auf den letzten Platz gefüllt. Ich sitze mit dem Vorstand, dem Aufsichtsratsvorsitzenden und dem Notar in der ersten Reihe auf dem Podium, erhöht gegenüber dem Aktionärsvolk. Hinter uns alle Aufsichtsräte. Vorne, direkt unter uns, sitzen die Frauen der Vorstandsmitglieder, alle herausgeputzt, einige mit gewagten Hüten. Bevor die Versammlung beginnt, stehen die Leute herum und schwatzen. Einige kommen nach vorn ans Vorstandspodium, plaudern mit den Vorständen. Viele Fotografen, es blitzt ständig. Mein 82-jähriger Vater ist auch da. Er drückt mir die Hand und hat fast Tränen vor Stolz in den Augen. »Dass ich das noch erleben durfte! Mein Heinz im Daimler-Vorstand!«

Die Hauptversammlung dauert neun Stunden. Zuerst verliest der Aufsichtsratsvorsitzende die Formalien, dann folgt der Bericht des Vorstandsvorsitzenden und anschließend die Wortmeldungen der Aktionäre und ihrer Vertreter. Neun lange Stunden wird geredet, gefragt und geantwortet: über Bilanzen, Dividenden, die neuen Mercedesmodelle, über Verkaufszahlen, wie viele Bäume in Boxberg (dem neuen Testgelände von Daimler) abgeholzt wurden und wie der Konzern zur Apartheid in Südafrika steht (die Bundestagsabgeordnete Herta Däubler-Gmelin hält dazu ein ausführliches Referat), wie es um Aufarbeitung der Firmengeschichte in der Nazizeit steht und so weiter. Die vielen Fragen beantwortet der Vorstand anhand von Zetteln, die ihm die hinter der Bühne sitzende Mitarbeiterschar aufgeschrieben hat. Alles muss juristisch sauber abgeklärt sein. Der Vorsitzende lässt lange Leine und weist nur einmal den wortgewaltigen Kleinaktionär Kurt Fiebich in Schranken, als dieser behauptet, dass alle Beamten Faulenzer seien. Langsam leert sich die Halle, nach drei Stunden sind nur noch etwa 3000 Aktionäre im Saal, die anderen laben sich an Bier und Würstchen in einem Zelt, das der Konzern vorsichtshalber aufgestellt hat. Etwa 1500 Aktionäre besichtigen das Werk in Sindelfingen, wohin sie mit Mercedes-Bussen gebracht wurden. Alle Beschlüsse werden mit über 99 Prozent der anwesenden Stimmen gefasst. Zur Erhellung der Frage, wie komplex Wirtschaft ist und worin der Beitrag eines einzelnen Unternehmens eigentlich besteht, trägt auch diese Veranstaltung nur bedingt bei.

Ich habe Zeit und Muße, den Ablauf und das ganze Theater (teilweise sind die Auftritte der Aktionärssprecher bühnenreif) zu verfolgen. Es stimmt schon: Eine Hauptversammlung ist eine vom Gesetzgeber verordnete Zwangstherapie des Vorstandes. Ich versuche, einzelne Personen im Plenum zu erkennen, hin und wieder verschämtes Winken. Nach der Hauptversammlung bringt mich der Firmenflieger, eine Falcon 20, nach Klagenfurt in Kärnten, wo ich meinen Urlaub verbringe. Der Pilot begrüßt mich höflich als »neuen Vorstand« und wünscht eine angenehme Reise. Ich bin allein in der Maschine und genieße den Flug. So ist es also, Vorstand in einem angesehenen Großkonzern zu sein. Was für Privilegien! Ich lehne mich zurück und strecke meine Beine auf dem gegenüberliegenden Sitz aus. Bin ich jetzt zufrieden, in der ersten Reihe bei Deutschlands größtem und bestem Unternehmen zu sitzen? Bin ich am Ziel? Richtiger Stolz kommt nicht auf. Dazu sind die Probleme bei der AEG zu mannigfach. Der heutige Tag ist auch kein Endpunkt. Man muss immer für die Zukunft planen.

Dass ich heute hier im Hotel Adlon in Berlin in der ersten Reihe sitzen würde, davon ahnte ich damals naturgemäß nichts. Obwohl das Jahr 1990, in dem ich dann zur Bahn kam, in allen meinen Überlegungen für die Zukunft ein gewichtiges Datum war. Irgendwo hatte ich gelesen: »Wer fertig ist, dem ist nichts recht zu machen. Ein Werdender wird dankbar sein.« Ich war eher für Dankbarkeit.

Im Daimler-Vorstand hatte ich nun Gelegenheit, Erfahrungen hinsichtlich der Unternehmensführung in einem Großkonzern zu sammeln. In solchen Konzernen gibt es eine Hierarchie: Ganz oben steht der Vorstand, der nach Paragraf 16 des Aktiengesetzes »unter eigener Verantwortung die Gesellschaft zu leiten hat und vom Aufsichtsrat berufen wird, aber diesem nicht untersteht«. Nach deutschem Recht handeln die Vorstände im Kollektiv. Alle haben die gleiche Verantwortung für den Konzern. Der Vorstandsvorsitzende koordiniert die Arbeit im Vorstand und legt die Tagesordnung der Sitzungen fest. Beschlüsse im Vorstand können mit Mehrheit gefasst werden, aber normalerweise erfolgen sie einstimmig. Dafür hat der Vorsitzende zu sorgen. Wenn ein Vorstandsmitglied in einer wichtigen Frage anderer Meinung als der Vorsitzende und die Mehrheit seiner Kollegen ist, hat er die Möglichkeit, dem Aufsichtsratsvorsitzenden seine Meinung mitzuteilen. Das führt in der Regel dazu, dass entweder der Vorstand oder der Vorstandsvorsitzende geht. Gefährlich wird es, wenn sich innerhalb des Vorstandes Fraktionen bilden, was meist dann passiert, wenn der Vorsitzende zu wenig oder gar nicht führt und die Vorstandssitzungen zur Plauderstunde verkommen lässt. Die einzelnen Vorstände haben naturgemäß unterschiedliche Interessen. Die Bereichsvorstände – also diejenigen, die für ein ganz bestimmtes Geschäft zuständig sind – denken in erster Linie an ihren Bereich, vor allem, wenn es um Geld für Investitionen geht oder wenn nach dem Gewinn gefragt wird. In einem gut funktionierenden Vorstand geht es zu wie in einem Orchester: Es gibt die Solisten, es gibt die Musiker, die begleiten – und es gibt den Dirigenten, der für das Gesamtkunstwerk zu sorgen hat. Die Violinen »adagio« und die Bläser »allegro« spielen zu lassen, führt zu einer unerträglichen Dissonanz.

Unter dem Vorstand gibt es die zweite und dritte Ebene: die Direktoren und die Generalbevollmächtigten, die das, was der

Vorstand beschließt, in die Tat umsetzen. Kernstück der Beschlüsse sind Vorstandsvorlagen, die normalerweise von der zweiten und dritten Ebene ausgearbeitet werden, und die zum Teil zwischen den Vorständen abgestimmt werden müssen. Will etwa ein Bereich ein Werk schließen, muss er das mit dem Arbeitsdirektor, der für das gesamte Personal im Konzern zuständig ist, abstimmen. Bei diesem Abstimmungsprozess spielen die Stäbe, also die engsten Mitarbeiter, die jeder Vorstand um sich hat, eine wichtige Rolle. Die einzelnen Vorstände haben in der Vorstandssitzung auch über die Geschäftslage in ihrem Bereich zu berichten. Da darf diskutiert werden: über das Geschäft, über die finanzielle Lage oder über besondere Vorkommnisse. Dass all diese Vorgänge ordnungsgemäß und zügig im Vorstand behandelt werden, dass eine gewisse Disziplin in der Diskussion herrscht, dafür hat der Vorstandsvorsitzende zu sorgen. Bei strittigen Angelegenheiten wird ein kluger Vorstandsvorsitzender versuchen, Unstimmigkeiten zwischen einzelnen Vorständen und ihren Ressorts im persönlichen Gespräch *vor* der Sitzung zu klären.

Eine große Rolle spielt in jedem Konzern die Öffentlichkeitsarbeit: Welcher Vorstand äußert sich wann und wo zu was. Unerlässlich ist, dass alle Aussagen in der Öffentlichkeit zentral abgestimmt sind. Und dafür hat der Vorsitzende zu sorgen, dem normalerweise die Öffentlichkeitsarbeit unterstellt ist. Gefährlich wird es, wenn die Medien glauben, unterschiedliche Meinungen der einzelnen Vorstände heraushören zu können. Am schlimmsten ist, wenn Unstimmigkeiten in sogenannten Hintergrundgesprächen durchgestochen werden. Dass die Medien, vor allem die Presse, an Querelen in einem Unternehmen äußerst interessiert sind, muss vorausgesetzt werden. Denn: »Only bad news are good news.« Schwieriger ist es, die Aufsichtsräte davon abzuhalten, sich in der Öffentlichkeit zu äußern. Deshalb suchen die Journalisten gern den Kontakt zu ihnen, und manchmal wird für eine vertrauliche Information sogar gezahlt, wie mir ein AEG-Aufsichtsrat einmal in einer schwachen Stunde verriet.

Besonders schwer für einen Vorsitzenden ist die Koordinierung in einem Unternehmen, das neu formiert wird, das durch Zukäufe entsteht, bei denen verschiedene Unternehmen unter ein Konzerndach kommen. Da ist die hohe Schule der Integration gefragt, denn man will ja als *ein* Unternehmen nach außen antreten. »One-face-to-the-customer« heißt die Losung. Aber das ist ein schwieriger Prozess.

Im Aufsichtsrat der Berliner Bankgesellschaft

Eine nicht besonders geglückte Integration erlebte ich als Aufsichtsrat der Bankgesellschaft Berlin, die 1994 aus der Landesbank Berlin, der Berliner Bank AG und der Berliner Hypotheken- und Pfandbriefbank auf Initiative von Eberhard Diepgen, dem damaligen Regierenden Bürgermeister, und Edzard Reuter zusammengebastelt worden war, nach dem Motto: »Berlin muss eine große und starke Bank haben.« Mehrheitseigentümer war das Land Berlin. Die drei Institute hatten eine völlig unterschiedliche Herkunft: Die Sparkasse war öffentlich-rechtlich, die Berliner Bank eine Aktiengesellschaft, und die Hypothekenbank hatte ein ganz anderes Geschäftsmodell. Drei verschiedene Unternehmenskulturen, die im Aufsichtsrat und im Vorstand zusammen- und aufeinandertrafen. Im Vorstand gab es Rangeleien um die Positionen, die Aufsichtsratsmitglieder (zwei Senatoren, acht Privatpersonen, Betriebsräte, Gewerkschaft ÖTV) konkurrierten bei der Durchsetzung der jeweiligen Agenda. Reuter als Aufsichtsratsvorsitzender versuchte das Konstrukt zusammenzuhalten. Aber derart unterschiedliche Spieler war er nicht gewohnt. Er versuchte, es möglichst vielen recht zu machen. So wechselte der Sprecher des Vorstandes bei jeder Sitzung vom Sparkassenchef zum Vorstandsvorsitzenden der AG und umgekehrt. Dann wurde ein Vorstandsvorsitzender von außen geholt. Aber auch der war mit der Integration überfordert. Er kaufte kleinere Banken zu und drehte ein richtig großes Rad im Investmentbanking. In die Schlagzeilen geriet er, als er ein bankeigenes Haus, das er selber nutzte, für Millionen umbauen ließ, am Wochenende aber immer in sein Haus im Taunus fuhr.

Edzard Reuter hatte mich in den Aufsichtsrat der Bankgesellschaft geholt. Ich saß meist neben einem der Senatoren, die allerdings aufgrund der sich verändernden politischen Konstellationen häufig wechselten. Ich sah, wie die Senatoren während der Sitzung ihre Akten lasen und sich dann bei irgendeinem Tagesordnungspunkt plötzlich zu Wort meldeten und einen Text vom Blatt ablasen, den ihre Beamten ihnen aufgeschrieben hatten. Die Integration der drei Teilbanken kam einfach nicht voran. Jeder machte seine Geschäfte auf seine Art: Die Investmentbanker zockten mit Derivaten, die Sparkässler legten fragwürdige Immobilienfonds auf, und die Berliner Hyp vergab schnell faul werdende Kredite. (Die Immobilienfonds konnte man auch als Angehöriger der Bank zeichnen, ein ordentlicher Gewinn war gesichert, und wenn einmal ein Objekt nicht so richtig florierte, stieg die Bank eben selbst als Mieter ein.)

In der Vorahnung, dass Milliardenverluste drohten, verlangte der Aufsichtsrat Klarheit. Als ein zuständiges Vorstandsmitglied eines Tages das Thema Investmentbanking als große Powerpoint-Präsentation vortrug und dabei viel Investmentbanker-Englisch einfließen ließ, beklagten einige Aufsichtsräte, dass sie Verständnisprobleme hätten. »Das geht uns manchmal auch so«, sagte der Vorstandssprecher. Auf einer Sitzung erklärte ich, dass es sich bei der Bankgesellschaft um einen Sanierungsfall handle. Der Vorstandsvorsitzende bestritt das vehement und sorgte dafür, dass meine Aussage im Protokoll gestrichen wurde, worauf ich in der nächsten Sitzung auf einer Korrektur bestand – ein Verlangen, das eher selten ist. Mehrere Beraterfirmen wurden engagiert, die großartige Vorschläge machten, aber entscheidend war, dass der Vorstand und vor allem der Vorstandschef den Laden nicht im Griff hatten. Das sagte ich der Finanzsenatorin, die den Eigentümer vertrat, und empfahl ihr, den ersten Mann auszuwechseln. Sie gab mir recht, tat aber nichts. Da legte ich mein Amt nieder.

Der Ausgang der Geschichte, die sogenannte Berliner Bankenaffäre, ist bekannt. Der Senat musste Bürgschaften in Milliardenhöhe übernehmen, und die Gerichte nahmen sich des Falles an. Und das alles nur, weil die drei Teilbanken nicht zu einer Bank verschmolzen worden waren, die Integration also nicht zustande gebracht werden konnte. Erst ein neu eingesetzter Vorstandsvorsitzender tat dies dann konsequent, und inzwischen ist die Bank (heute Landesbankholding) wieder profitabel.

Hätte der Aufsichtsrat das Desaster verhindern können? Ja, wenn die Vertreter des Haupteigentümers zu enschiedenem Handeln bereit gewesen wären. Nein, weil die sogenannten unabhängigen Aufsichtsräte zwar ihre Meinung äußerten, am Ende aber wohl hofften, der Eigentümer werde es schon richten. Und die Arbeitnehmervertreter, die Betriebsräte, schwankten zwischen Angst um die Arbeitsplätze und betriebswirtschaftlicher Erkenntnis. Zu Entscheidungen waren auch sie nicht bereit. Für mich war dies die schon öfter erfahrene Bestätigung der Ohnmacht eines einzelnen Aufsichtsratsmitglieds.

Die Seele eines Unternehmens

Jedes Unternehmen hat seine Unternehmenskultur, vielleicht sogar eine Seele. Und wie beim Menschen die Seele auf den Körper einwirkt, so wirkt die Seele eines Unternehmens auf die Organisation, auf die Zahlen und auf das Verhalten der Menschen im Unternehmen. Wenn ein Unternehmen krank wird, leidet die Seele: Die Leute beschäftigen sich mit sich selbst, die Leistung lässt nach, man tut nicht mehr das Vernünftige. Es gibt heute viele Manager, die sich um die Tradition eines Unternehmens und deren Bedeutung für die Menschen wenig scheren. Sie achten nur auf die Bilanz, sind immer auf Soll und Haben fixiert. Das sind für mich Manager ohne Leidenschaft und Begeisterung, deren Fokus häufig auch auf die Abfindung gerichtet ist – für den Fall, dass sie gefeuert werden. Aber die

Menschen, die ein Unternehmen führen, müssen sich um die Seele des Unternehmens kümmern, und das erfordert viel psychologisches Geschick vom Vorsitzenden, der einen diversifizierten Konzern zusammenhalten und ausbauen will, erst recht, wenn die Beiträge der einzelnen Bereiche zum Gesamtgewinn (der ja auch Basis für die Tantieme der Vorstände ist) unterschiedlich sind. Und eben das war bei Daimler der Fall: Der Pkw-Bereich, also Mercedes, dominierte absolut, der Lkw-Bereich war in den roten Zahlen und Dornier, MTU und AEG lieferten kaum Gewinnbeiträge. Entsprechend fiel der Redeanteil in den Vorstandssitzungen aus. Der Daimler-Vorstand diskutierte gern, machte aber keine straffe Vorstandsarbeit. Dabei gab es durchaus Fragen, die entschieden werden mussten, das Qualitätsthema bei Mercedes beispielsweise, denn Daimler war in den USA in einer wichtigen Konsumentenumfrage vom ersten auf den siebten Platz abgerutscht. Die Unstimmigkeiten im Vorstand drangen aus dem Vorstandssitzungszimmer in den Konzern und in die Öffentlichkeit. Herrhausen merkte, dass im Vorstand etwas nicht rund lief, und bestellte die Herren zu sich, damit klar wurde: Jetzt spricht der Chef mit seiner Mannschaft.

Ich kannte Herrhausen schon aus meiner AEG-Zeit. Damals war er Vorstand der Deutschen Bank gewesen und hatte sein Büro in Düsseldorf. Ich hatte ihn für das Thema AEG gewinnen wollen. Er gab mir gute Ratschläge, blieb aber doch äußerst distanziert. So erlebte ich ihn auch jetzt bei Daimler. Auf der einen Seite war er ein Mann der Medien, der freien Rede mächtig, eine Lichtgestalt im sonst eher trüben Umfeld der Bankenwelt, der mutig bekannte: »Wir brauchen Glasnost für den Kapitalismus, auch und gerade für die kapitalistische Wirtschaft.«

Auf der anderen Seite plagten ihn Zweifel, ob seine Entscheidungen richtig sein würden und ob er den Erwartungen gerecht werde. Ungemein diszipliniert und hart arbeitend, unterhielt er zugleich seltsame Beziehungen zu Menschen, die der Welt des Geldes, in der er zwar Bewunderer, aber wenig Freunde hatte, ziemlich fernstanden. Ich rätselte oft, ob die

Adolf-Hitler-Schule in Feldafing, die er drei Jahre besucht hatte, ihn stärker geprägt hatte als er sich eingestand? Dort hatte er gelernt, was ein allmächtiger Staat zu leisten vermag, wie er neue Ziele gnadenlos verfolgt und Widerspruch unmöglich macht. Fehlerhaftes Denken, über das Herrhausen einen Essay verfasst hatte, stand für ihn »im Widerspruch zu der jeweiligen Realität, mit der es sich befasst. Und dies hat mit einem elementaren psychologischen Sachverhalt zu tun, der mit der ständig größeren Differenzierung unserer Lebensverhältnisse immer mehr an schädlicher Bedeutung gewinnt, mit der Tatsache nämlich, dass die meisten Menschen es sich gleichsam als Überlebensmethode ›einfach‹ machen wollen. Unsere Welt ist aber vielfach.« Das war sie bei Daimler allerdings.

Der Tod meines Vaters

Während einer Vorstandssitzung im April 1987 erreicht mich die Nachricht, dass mein Vater gestorben ist. Er hat sich abends ins Bett gelegt und ist für immer friedlich eingeschlafen, völlig überraschend. Ich rufe meine Frau an und bitte sie, nach Rottach-Egern zu fahren, wo mein Vater mit seiner zweiten Frau gelebt hat, und sich um die Beerdigung zu kümmern. Sie fährt nach Bayern und erlebt dort, wie mein Vater in den Sarg gelegt wird. Da er ein großer Mann war und der Sarg zu lang ist, um ihn die Treppen hochzutragen, nehmen die Sargträger meinen Vater auf eine Bahre und rollen ihn später unten im Erdgeschoss mit Getöse in den Sarg.

Ich will das alles nicht wissen. Ich arbeite weiter, pausenlos, nehme Termine wahr, fahre zur Hannover Messe, halte Ansprachen, spreche mit Kunden, verdränge die Traurigkeit. Der Tod ist weit weg. Das war schon bei meiner Mutter so, die ein paar Jahre zuvor gestorben ist. Sie lag im Krankenhaus, musste operiert werden, und aus der Narkose ist sie nie mehr so richtig aufgewacht. Ich habe nicht mehr mit ihr gesprochen. An ihre Beerdigung kann ich mich nur vage erinnern.

An die Beerdigung meines Vaters auf dem Uff-Friedhof in Bad Cannstatt dagegen schon. Sie findet in würdiger Form statt. Zahlreiche Mitarbeiter sind da, der Chef der Geschäftsführung und der Betriebsratsvorsitzende sprechen sehr persönlich über Otto Dürr und würdigen seine Persönlichkeit. Meine Bedrückung der vergangenen Tage löst sich beim Leichenschmaus. »Du hast einen Teil deiner Kindheit verloren«, sagt meine Frau. »Ich, der Rationalist?« Sie lacht: »Gerade du.«

Ist der Tod meines Vaters für mich eine Bruchzone, ein neuer Anfang? Keine Berechtigung mehr durch ihn, keine Enttäuschung mehr darüber, einen einfach gestrickten Vater zu haben. Kein Vorbild, wie ich es mir vorstellte, aber einer, dem ich immer zeigen wollte, was ich kann. Jetzt muss ich es mir selbst beweisen.

Im Juli tritt Breitschwerdt »aus gesundheitlichen und persönlichen Gründen« zurück. Im Übrigen sei er ja sechzig Jahre alt, da könne man schon aufhören. Doch es fällt ihm schwer. Breitschwerdt aber ist weiterhin loyal gegenüber dem Unternehmen. Er hat einen Beratervertrag und kümmert sich um die Bauprojekte des Konzerns am Potsdamer Platz in Berlin. Nachfolger von Breitschwerdt wird Edzard Reuter, stellvertretender Vorsitzender wird Werner Niefer, eine Position, die es bis dahin im Konzern noch nicht gegeben hat. Jetzt führte uns ein Duo. Und drei weitere Vorstände werden bestellt: Jürgen Hubbert, Jürgen Schrempp und Helmut Werner, der von Continental kommt und von Herrhausen vorgeschlagen worden ist.

Unter Reuter wird die Vorstandsarbeit gestrafft. Nach der Sitzung (intern OVS genannt) wird ein Kurzprotokoll, als »Veranlassungen« gekennzeichnet, verteilt. Das eigentliche Protokoll kommt später. Für meine Begriffe zu spät. Weiter jeden Dienstag OVS. Manchmal Tennis-Doppel vor der Sitzung, um sieben Uhr: Schrempp und ich gegen Werner und Liener, Hightech gegen Lowtech. Der Verlierer muss das Frühstück bezahlen, das in seinem Büro serviert wird. Beim Tennis, wie bei jeder Sportart, erfährt man mehr über den Charakter der Leute, als das im normalen Leben der Fall ist, wo sich die meisten zusammennehmen. Schrempp war der aktivste, der aggressivste Spieler, stand vorn im Netz und zielte immer auf den Gegner. Werner, ungeheuer laufstark, immer am Ball, so wie er redete, oft Nebelkerzen zündend, aber immer ein Ziel im Auge. Liener, unser Finanzchef, war eher zurückhaltend. Aber Tennis spielen konnte er. Das wusste ich von früher, denn ich hatte mit ihm in der baden-württembergischen Jugendmannschaft gespielt. Später verlegt Reuter die Vorstandssitzungen auf jeden zweiten Dienstag. Wir residieren in der Zwischenzeit im Neubau in Möhringen, in der Konzernzentrale. Ein moderner Bau, bestükkt mit moderner Kunst, die Edzard Reuter persönlich ausgewählt hat. Auch ich habe im 11. Stock ein Büro. Einen Tag in der Woche bin ich dort, sonst in Frankfurt oder auf Reisen.

Wir arbeiten weiter am Aufbau des integrierten Technologiekonzerns. Viele Sitzungen, Gespräche, Präsentationen. Einmal schickt Reuter vier Kollegen in Klausur, einer davon bin ich. Wir sollen Vorschläge zur neuen Konzernstruktur machen. Im besten Hotel Baden-Württembergs, in der »Traube« in Tonbach, tagen wir drei Tage, reden, diskutieren, streiten und malen unzählige Flip-Charts voll. Das Ergebnis ist eine Management-Holding mit starken Geschäftsbereichen. Die Holding selbst soll schlank sein, 200 Mitarbeiter, eine Größenordnung, wie sie auch in anderen Konzernen üblich ist. Leider sind die Abteilungen, die man zur Holding zählen kann, bei Daimler fast 2000 Mann stark. Hier Schnitte und Umbesetzungen durchzuführen, fällt schwer. Also wird es nicht gemacht. Dann erörtern wir die Frage, wie die Holding heißen soll. Bleiben wir bei Daimler-Benz oder wäre es besser, einen Namen zu finden, der nach Weltkonzern klingt? Ich gebe zu bedenken, dass Daimler-Benz in der Öffentlichkeit für das Auto steht, weshalb der Eindruck entstehen könnte, die neue Holding sei ein integrierter Autokonzern mit ein paar Anhängseln wie etwa der AEG? Eine neue Marke, einen neuen Namen zu schaffen, der für eine ganz bestimmte Strategie steht, ist dagegen schwer und dauert seine Zeit. Dennoch plädiere ich für einen neuen Namen.

Aber das geht den Daimler-Leuten dann doch zu weit. Also bleibt es bei Daimler-Benz, dem integrierten Technologiekonzern. Reuter, der diese Bezeichnung erdacht hat, weiß natürlich genau, was er damit will und was dahintersteht. Aber ein Signal, ein Schlagwort für etwas ganz Neues, das über das Auto hinausreicht, ist dem Begriff nicht anzusehen. Und so haben es die Kritiker leicht, wenn sie süffisant fragen, für was dieser integrierte Technologiekonzern denn stehe.

Wie Daimler-Benz grösser wird

Dann wird der Konzern noch größer. Die Bundesregierung drängte Daimler, die Firma Messerschmitt-Bölkow-Blohm (MBB) zu übernehmen, ein Hightech-Unternehmen, das vor allem im Rüstungsgeschäft tätig war. (Bei Daimler sagten wir Verteidigungstechnik, weil das friedlicher klang.) MBB war aus der Fusion der Bölkow GmbH, der Messerschmidt AG und der Hamburger Flugzeugbau GmbH, einer Tochter von Blohm + Voss, entstanden und hatte auch noch die Vereinigten Flugtechnischen Werke (früher Focke Wulf) und den Raumfahrtkonzern Erno übernommen. Besonders ertragsstark war das Unternehmen mit sieben Milliarden D-Mark Umsatz nicht, aber es gab viel Technologie und ein gut gefülltes Auftragsbuch mit 14 Milliarden D-Mark. Die Beteiligungsverhältnisse aber waren äußerst kompliziert. Insgesamt gab es 14 Beteiligte – Personen, Unternehmen, Banken, Länder bis hin zur Republik Frankreich –, die direkt oder indirekt Beteiligungen an MBB hielten. Über mehrere Zwischenholdings wurde versucht, eine gewisse Machtbalance zu halten. Aber eine klare Führung gab es nicht. Die stärkste Stellung hatte der Freistaat Bayern, der 24 Prozent an MBB hielt.

Als Reuter das Thema MBB im Mai 1988 zum ersten Mal zur Sprache brachte, waren die Meinungen im Vorstand geteilt. »Dann sind wir endgültig ein Rüstungskonzern«, hieß es, und einige Kollegen befürchteten sogar, dass diese Tatsache Auswirkungen auf den PKW-Verkauf haben könnte. Reuter hielt dagegen, das Geschäftsfeld sei interessant und müsse unbedingt konsolidiert werden; zum anderen sei es ja gerade der Verteidigungsbereich, in dem die neuen Technologien entwickelt und in die Praxis umgesetzt würden, etwa beim Mobilfunk, beim Radar und in der Mikroelektronik. (Auch das heute die Welt beherrschende Internet hat ja seinen Ursprung in militärischen Überlegungen zu Zeiten des Kalten Krieges.) Und rein strategisch passe der größte Teil von MBB zu Dornier und AEG, da diese Firmen bei den großen deutschen Verteidigungsprojekten schon immer beteiligt gewesen seien – beim Tornado, beim Transall, beim Eurofighter, bei den militärischen Hubschraubern, bei den Panzerabwehrlenkwaffen, aber auch bei zivilen Projekten wie dem Hochleistungsfernsehsatelliten, der Raumsonde Galileo, dem Spacelab, der Ariane sowie dem Transrapid und ICE.

Alles in allem passte MBB also zu Reuters Konzept vom integrierten Technologiekonzern. Ein besonderes Thema war dabei der Airbus, der sich am Markt durchzusetzen begann, zu dieser Zeit aber noch mit hohen staatlichen Subventionen gestützt werden musste – und überdies das Dollarrisiko zu tragen hatte, da Flugzeuge weltweit in US-Dollar abgerechnet werden. Eine Luft- und Raumfahrttochter schien also durchaus sinnvoll, und ein paar Politiker sahen das auch so, allen voran der bayerische Ministerpräsident Strauß und Bundeswirtschaftsminister Bangemann. Man sprach damals zwar nicht von »nationalen Champions«, dachte aber durchaus in solchen Kategorien, in der SPD mehr als bei CDU und FDP.

Im Grunde ging es dabei um Industriepolitik. Und auch ich sah durchaus positive Aspekte und sprach damals von »marktorientierter Industriepolitik«, in der Wirtschaft, Staat und Gewerkschaften bei den großen Zukunftsthemen zusammenarbeiten sollten.

Wie war ich, der selbstständige Unternehmer Dürr, der eigentlich jeden Staatseinfluss ablehnen musste, auf solche Ideen gekommen? Einmal hatte ich in meiner AEG-Zeit durchaus unternehmerisch denkende Politiker und Beamte kennengelernt; auf der anderen Seite sah ich, mit welchen Methoden die Japaner auf dem alles bestimmenden Gebiet der Mikroelektronik dabei waren, den Weltmarkt zu dominieren, koordiniert durch das Ministry of International Trade and Industry (MITI). Und wie auch die Amerikaner über das Pentagon Hightech-Bereiche vorantrieben. Dennoch handelte ich mir mit meinen Aussagen einige unfreundliche Kommentare ein. Der BDI-Präsident Till Necker widersprach mir massiv – »Wehret den Anfängen« – und sah die wettbewerbsorientierte Wirtschaft gefährdet, Graf Lambsdorff begrüßte mich mit »Mr. Miti«.

Meine Bemerkung, dass die »unsichtbare Hand des Marktes«, auf die sich die Liberalen mit Adam Smith beriefen, manchmal die falschen Hebel betätige, war als Warnung gedacht, wurde aber als Angriff auf die Marktwirtschaft gesehen. Was hatte denn der schottische Moralphilosoph in seinem »Wohlstand der Nationen« gesagt: Das Zusammenwirken der Menschen in Märkten werde »von einer unsichtbaren Hand geleitet«, sodass jeder von ihnen »einen Zweck fördert, den zu erfüllen er in keiner Weise beabsichtigt hat«. Wenn also der Bäckermeister Geld verdienen will und deshalb gutes Brot backt, so haben seine Kunden den Vorteil, gutes Brot essen zu können. Aber wenn heute in den Kapitalmärkten auf Teufel komm raus spekuliert wird, sodass am Ende die reale Wirtschaft leidet, dann kann man darin wohl kaum noch einen sinnvollen Zweck im Sinne Adam Smith's erkennen. Man bräuchte nur mehr Transparenz (also eine »sichtbare Hand«), heißt es nun, dann würden es die Märkte schon richten.

Ich bin da eher skeptisch, besonders wenn ich als Definition der »unsichtbaren Hand« lese: die Selbstorganisation von chaotischen oder zufallsbedingten Systemen, die sich so verhalten, als seien sie von einer »unsichtbaren Hand« gesteuert. Wem ist diese »unsichtbare Hand« eigentlich zuzuordnen? Und gibt es da nicht manchmal ein »unsichtbares Händeschütteln«, wenn die Märkte mal wieder »ihren Zweck« verfehlen? Wenn dann der Deutsche-Bank-Chef feststellt, die Märkte seien außer Kontrolle geraten, und den Staat zu Hilfe ruft, dann fühle ich mich in meiner Skepsis bestätigt. Und Industriepolitik, wie ich sie in den achtziger Jahren propagiert habe, scheint da nicht so ganz falsch zu sein.

Industriepolitik gilt naturgemäß vor allem für die Verteidigungstechnik, denn hier vergibt der Staat die Aufträge, da er ein originäres Interesse daran haben muss, dass effizient gewirtschaftet und eine Zersplitterung der Kräfte vermieden wird. Und nichts anderes wollte Daimler mit der Übernahme von MBB und der Zusammenführung mit den übrigen verteidigungstechnischen Aktivitäten im Konzern.

Aber dann kam das Schlagwort von der Marktmacht ins Spiel, und die Diskussion wurde immer hektischer. Reuter wehrte sich vehement, sprach von Heuchelei, Feigheit und Opportunismus. »Mancher mag verstehen können«, sagte er in einem Vortrag, »dass Politiker am liebsten in öffentlicher Schönheit totale Abstinenz von jeglicher Ausfuhr, lieber noch von jeglicher eigener Produktion, selbst für den Eigenbedarf von Verteidigungsgütern, verkünden würden.«

Auch im Vorstand und Aufsichtsrat von Daimler wurde die MBB-Übernahme heftig diskutiert. Im Vorstand einigten wir uns, nachdem die Posten verteilt waren. Die Arbeitnehmer im Aufsichtsrat waren strikt gegen die Übernahme und votierten bei jeder Sitzung einheitlich gegen das Projekt. (Steinkühler in einer Sitzung: »Wenn Daimler schon ein großes Unternehmen kaufen will, warum dann nicht die Deutsche Bundesbahn?«) Den Ausschlag bei den Abstimmungen gab dann die Vertreterin der leitenden Angestellten im Aufsichtsrat von Daimler.

Die Position Herrhausens war gespalten. Auf der einen Seite sah er die unternehmerischen Chancen für Daimler und die Notwendigkeit zur Konsolidierung, auf der anderen Seite war da die marktwirtschaftliche Ordnungspolitik, für die er sich in seinen öffentlichen Auftritten immer vehement einsetzte. Auch in der entscheidenden Aufsichtsratssitzung trug er diese ordnungspolitischen Bedenken vor: Er könne nur zustimmen, wenn es am Ende eine europäische Gesamtlösung gäbe. (Und die gab es dann auch mit Gründung der EADS im Jahre 2000, als sich die Deutschen (DASA), Franzosen (Aero Spatial Matra) und Spanien (Casa) zum zweitgrößten Luft- und Raumfahrtkonzern – nach Boeing – zusammenschlossen.) Die DASA, eine 100-prozentige Tochter von Daimler, übernahm MBB schlussendlich mit einer Ministergenehmigung, nachdem vorher das Bundeskartellamt abgelehnt hatte. Dazu kamen die Verteidigungstechnik von AEG und große Teile von Dornier. Chef von DASA wurde Jürgen Schrempp, mit dem ich schon vorher einen Jour fixe vereinbart hatte, in dem wir klären wollten, welche Überlappungen es zwischen MBB und AEG gab. Aber Schrempp nahm das locker, wie er überhaupt alles sehr locker nahm. Irgendwie fehlte ihm die Ernsthaftigkeit, die in solcher Position gefordert war. Dass er gerne den besten französischen Rotwein trank und zu später Stunde Trompete blies, konnte man ihm nicht übel nehmen. Er war der Kumpel per se – vor allem für die, die ihm nutzten. Und er war der neue Star bei Daimler mit einer Bilderbuchkarriere im Konzern: vom KFZ-Mechaniker zum Niederlassungsleiter, vom Chef in Südafrika zum Vorstand, jetzt betraut mit einer der spannendsten Aufgaben im Konzern, bei der für Daimler ja alles neu war und man kaum prüfen konnte, was richtig und was falsch war. Und das mit Sitz in München, 250 Kilometer von Stuttgart entfernt.

Wir bauten weiter am Großkonzern Daimler, führten unzählige Gespräche mit Mitarbeitern aus den verschiedensten Bereichen des Konzerns, versuchten Ordnung in den aufgewühlten, ja aufgeschreckten Konzern zu bringen. Die Gründung eines vierten Geschäftsbereiches (neben dem für Mercedes, der AEG und der DASA) wurde beschlossen, der alle Dienstleistungen im Finanz- und IT-Gebiet zusammenfasste und 1989 als Daimler-Benz Interservices AG, kurz DEBIS (heute die Daimler Bank), auf den Markt trat.

Im Konzern wurde jetzt nur noch an Expansion gedacht. Die AEG kaufte eine führende US-amerikanische Firma auf dem Gebiet der Fabrikautomatisierung, von Westinghouse den Transportbereich »Peoplemover« und von MAN die Schienenfahrzeuge; der Nutzfahrzeugbereich sprach mit seinen europäischen Konkurrenten ENDASA, Renault und MAN über eine große europäische Lösung für Nutzfahrzeuge, und die DASA erwarb den niederländischen Flugzeugbauer Fokker. Kurz gesagt: Wir wollten die Größten sein. Aber irgendwie blieb dabei das Kerngeschäft auf der Strecke, und das Betriebsergebnis des Konzerns sank gegen null.

Die Mauer fällt

Dann beschleunigte sich plötzlich die Geschichte. Die Gesetze der Zwei-Lager-Welt wurden aufgehoben. Mit Gorbatschow und seiner Perestroika hatte es begonnen. Im Herbst 1989 erreichte das Beben die DDR. Am 19. Oktober wurde Honecker gestürzt, und am 9. November öffnete sich die deutsch-deutsche Grenze. Jetzt gab es völlig neue unternehmerische Aufgaben. Die AEG hatte im Zweiten Weltkrieg 90 Prozent ihrer Betriebe in Ostdeutschland verloren, und so fuhr ich sofort in die DDR und besuchte die früheren AEG-Betriebe, um zu prüfen, ob und wie man mit ihnen zusammenarbeiten oder sie gar übernehmen könne. Schon vorher, noch vor dem Mauerfall, hatte ich in einem Aufsatz im »Spiegel« am 6. November Vorschläge gemacht, wie wir mit der neuen Situation in der DDR umgehen sollten. Unter der Überschrift »Was man tun könnte...« schrieb ich:

»Ohne Freiheit der Menschen gibt es keine effiziente Wirtschaft. Das heißt: In der DDR ist ›Modellwechsel‹ angesagt, aber nicht das Kopieren bundesdeutscher Verhältnisse. Wir sollten uns weder als reiche Onkel noch als Verkünder einer Heilslehre aufspielen. Zum ›Modellwechsel‹ gehört auch, zu sagen, dass Wohlstand nicht über Nacht kommt, sondern dass davor sehr schmerzhafte Härten liegen, die vom Abbau der unbeweglichen und überbesetzten Staatsapparate bis zur Übergangsarbeitslosigkeit reichen. Gebraucht werden Unternehmer, die nicht das schnelle Geld machen wollen; eine Infrastruktur mit einer ›dienenden Bürokratie‹ statt einer selbstherrlichen; ein durchschaubares Steuersystem, das dem Staat die Mittel verschafft, die er zum Ausbau der Infrastruktur und für soziale Ausgleichsmechanismen braucht; freie Preisbildung, eine konvertible Währung und Privateigentum. Der ›Plan‹ muss auf die unerlässlichen Rahmenbedingungen schrumpfen, innerhalb derer alles erlaubt ist, was nicht verboten ist. Die alles erdrückende Krake Planwirtschaft muss weg. Dann kann es deutsch-deutsche Gemeinschaftsunternehmen und vielfältige Formen der Zusammenarbeit geben. Die Politik muss hier die Führung übernehmen und einen gesellschaftlichen Konsens erarbeiten. Dazu gehört zentral, den Menschen im Westen zu sagen, dass dieses geschichtlich einmalige Experiment große Chancen, aber auch Risiken und finanzielle Belastungen mit sich bringt. Ehrlichkeit gegenüber allen Beteiligten ist die Grundvoraussetzung für Akzeptanz und Erfolg.«

Dass die Mauer wirklich fallen könnte, war zu diesem Zeitpunkt kaum denkbar. Nur Reuter hatte den richtigen Riecher gehabt, als er im Mai 1989 in einer Vorstandssitzung unter »Verschiedenes« beschließen ließ, ein großes Grundstück in Berlin, direkt an der Mauer gelegen, den späteren Potsdamer Platz, für den Konzern zu kaufen.

Die Mauer. Man muss das Wort in Anführungszeichen setzen. »Mauer« ist mehr als eisenbewehrter Beton in handhabbarer Plattengröße, stacheldrahtbewehrt, hin und wieder durch Wachtürme aufgelockert. »Mauer« steht für Feindbild, Mord, Freiheitsdrang, für Schlagworte, die man für die eigenen Zwecke nutzen kann. So wie der Künstler Joseph Beuys, der sich darüber ärgerte, dass »die Mauer um 5 cm zu niedrig« sei. Ästhetisch gesehen könne er das so nicht akzeptieren. »Vor und nach der Mauer« – eine Datumsgrenze, ein Zeitsprung, das vermeintliche Ende der Geschichte einleitend. Der britische Schriftsteller Ian McEwan wundert sich heute noch, dass die Deutschen keinen Roman über die Mauer geschrieben haben. »Das ist allenfalls ein Thema für Journalisten«, hätten ihm seine deutschen Freunde gesagt. Und einer habe erklärt: »Wenn ich über die Mauer schreibe, muss ich gegen die Mauer schreiben, und wenn ich gegen die Mauer schreibe, werden mich die Kritiker hassen, denn sie werden sagen, ich sei proamerikanisch.« 1989 waren wir noch nicht so weit.

Jetzt ist die Mauer weg, und ich fliege mit der Lufthansa nach Berlin. Früher, mit der PanAm, war es der Flug zu einer aufregenden Insel, eine Flucht vor der Enge der westdeutschen Bundesrepublik. Man konnte den Osten riechen und nach »drüben« fahren, um ins Theater zu gehen, ins Deutsche Theater etwa, für das ich Karten von einem befreundeten Kombinatsdirektor bekam, der ungern ins Theater ging, der aber Flagge zeigen musste, weil bei Premieren sichere Kantonisten gefragt waren.

Aufbruchstimmung allenthalben. Erste deutsch-deutsche Zugfahrt von Berlin nach Hamburg mit Halt in Schwerin. Der Zug wird von Loks gezogen, die der DDR-Betrieb in Henningsdorf zusammen mit der AEG gebaut hatte (für die griechische Eisenbahn, die mit Apfelsinen bezahlte), mit Waggons aus westdeutscher Produktion. Eisenbahner aus West und Ost, erstklassiger Service, geliefert von der Lufthansa. Eine feucht-fröhliche Klassenfahrt. Und die kontrollierenden Volkspolizisten dürfen mitmachen. In Hamburg eine gemeinsame Pressekonferenz von Bundesbahn und Reichsbahn. Großer Medienauftrieb, denn ein Reichsbahnpräsident hat noch nie öffentlich in der Hansestadt geredet. Nur die ostdeutschen Kaderleute machten sich Sorgen, wie es in ihrem Land (und mit ihnen) wohl weiterginge. Einer meint: »Bei uns regiert der Mob.«

Für mich ging das normale Unternehmerleben weiter, mit gewissen Ausweitungen, alles im Rahmen meiner Arbeit bei AEG und Daimler. Das Thema DDR beherrschte jetzt fast alles. Die Kommentare aus dem Ausland waren unterschiedlich. Die »Sunday Times« sah das »Vierte Reich« am Horizont heraufziehen, den großen wirtschaftlichen Gegenpol zu Japan, neutralisiert in der Mitte Europas, ohne NATO. Man glaubte ja, die DDR sei die zehntgrößte Industrienation der Welt. Und was für einen Schrottladen fanden wir dort schließlich vor! Der Ministerpräsident von Thüringen, Bernhard Vogel, fragte mich, fast fassungslos: »Habt ihr von der Industrie denn gewusst, wie es in der DDR aussieht?« In etwa schon, aber die in Bonn hatten offensichtlich keine Ahnung, und ich fragte mich, was eigentlich das Ministerium für innerdeutsche Fragen gemacht hatte, von den Geheimdiensten ganz zu schweigen. Die deutsche Einheit war doch in allen Sonntagsreden seit Jahren beschworen worden. Hätte man da nicht besser wissen müssen, auf was man sich einließ?

Es gab keinen einzigen Betrieb in der DDR, der mit unseren Spitzenunternehmen konkurrenzfähig gewesen wäre. Ein Abgesandter von Robotron, dem völlig überschätzen Computerhersteller in der DDR, besuchte mich, bat um Hilfe und bot »Gestattungsproduktion« an, da die Russen alle Aufträge abgezogen hätten. So offen, wie es vor dem 9. November undenkbar gewesen wäre, erzählte er von unglaublichen Missständen, hervorgerufen durch das sozialistische Plansystem. »Wenn wir beim Genossen Mittag (dem DDR-Wirtschaftsminister) über die Lage unseres Unternehmens vortragen mussten, bekamen wir vorher von seinem Büro eine Liste, was der Genosse hören wollte und was nicht.«

Allenthalben war die DDR *das* Thema: intern bei Daimler, bei der AEG, im Zentralverband der Elektroindustrie, bei Gesprächen mit Politikern, aber auch in der Firma Dürr. Und immer wurde die Frage laut: Was machen wir aus dieser neuen Lage? Wir waren ja nicht im Geringsten darauf vorbereitet – obwohl es genug Hinweise auf einen Zusammenbruch gegeben hatte. Bei der Weihnachtsfeier 1988 hatten mir Dürr-Monteure, die zu dieser Zeit im Trabantwerk in Zwickau arbeiteten, erzählt, wie schwierig die Lage dort war: kaum noch Material, keine Ersatzteile, verbitterte Leute. »Spätestens in einem Jahr kommen die rüber und wollen die D-Mark«, prophezeite damals ein erfahrener Dürr-Monteur.

Auch uns Daimler-Managern war aufgefallen, dass da etwas nicht stimmte, als wir im Oktober 1988, also ein Jahr vor dem Mauerfall, mit unseren Frauen von Berlin nach Dresden fuhren und im Hotel Bellevue an der Elbe beim Essen saßen, während sich Einwohner der Elbe-Stadt die Nasen am Fenster platt drückten, um zu sehen, was es für die Westler alles zum Essen gab. Am Abend »La Traviata« in der Semperoper, Empfang durch den Intendanten und örtlichen Parteisekretär. Wir nahmen unsere Plätze in den ersten Reihen ein, als alle anderen Besucher aus Dresden schon ihre Plätze eingenommen hatten. Irgendwie peinlich.

Edzard Reuter führte damals mit dem SED-Bezirkssekretär Modrow, dem späteren ersten Ministerpräsident der DDR, ein Gespräch unter vier Augen und erfuhr wenig Erfreuliches. »Ihr müsst uns helfen – mit eurem Know-how und eurem Geld.« So oder ähnlich sprach Modrow zu Reuter im Herbst 1988. Im Januar 1990 klang das anders. In Rahnsdorf bei Berlin, der ehemaligen SED-Schulungsstätte für Ökonomie (der »Mittag-Schmiede«), trafen sich die Spitzenvertreter der deutschen Wirtschaft und die Generaldirektoren der DDR-Kombinate. Modrow war nur Teilnehmer, geleitet wurde die Sitzung von Christa Luft, der damaligen DDR-Wirtschaftsministerin, die erklärte, man wolle »weg von der Kommandowirtschaft, hin zur effizienten Marktwirtschaft«. Details nannte sie nicht. Sie tat überzeugt, redete formelhaft, und die Generaldirektoren wunderten sich, dass sie das Wort Marktwirtschaft (»zum ersten Mal«) in den Mund nahm. Die Beiträge von unserer Seite waren eher profilerleuchtend, gegen die Grundaussage von Frau Luft war ja nichts einzuwenden. Ich konnte mir nicht verkneifen zu fragen, ob in der marktwirtschaftlichen DDR auch an die Einführung eines Betriebsverfassungsgesetzes gedacht sei, bekam aber keine Antwort.

Nach der Plenarsitzung wurden Einzelgespräche über konkrete Projekte geführt, etwa über die Frage, ob die AEG auf dem Gebiet der Mikroelektronik mit Robotron zusammenarbeiten solle. Beim abschließenden Empfang erzählte mir Modrow mit dem Sektglas in der Hand, seine einzigen praktischen Erfahrungen in einer Fabrik habe er bei der AEG in Hennigsdorf gesammelt. (Er sagte tatsächlich AEG und nicht Kombinat

Hans Beimler.) Modrow machte auf mich einen ehrlichen und bemühten Eindruck. Aber er war ratlos, wie es mit dem »demokratischen Sozialismus« weitergehen sollte, der doch offensichtlich am Ende war. (Das zu verstehen, fällt ihm heute noch schwer, wenn er bei der Linkspartei als sogenannter »Elder Statesman« seine Reden schwingt, denen aber die SPD-Granden genau zuhören sollten, wenn sie vom »demokratischen Sozialismus« schwärmen.)

Das glücklichste Volk der Welt

Wir machten unsere Erfahrungen mit der DDR. Völlig neue Bilder: der DDR-Verteidigungsminister mit Baskenmütze auf Auslandsreisen, eine völlig durcheinandergeratene Parteienlandschaft – und jeder, der die Chance dazu hatte, sagte etwas zum Thema. Aber obwohl die Deutschen nach dem 9. November eigentlich »das glücklichste Volk der Welt« (Walter Momper) hätten sein können, geschah etwas, das uns im Westen schockierte: Am 30. November 1989 wurde Alfred Herrhausen durch eine Autobombe der RAF getötet, zwei Monate vor seinem 60. Geburtstag. Eine fast traumatische Lähmung befiel uns, ähnlich wie bei Hanns Martin Schleyer im Jahr 1977. Musste das sein? Hatten wir nicht geglaubt, die RAF gehöre längst der Vergangenheit an?

Aber auch diesmal musste das Leben weitergehen. Business as usual. Nachfolger von Herrhausen und alleiniger Sprecher der Deutschen Bank wurde Hilmar Kopper, von dem nicht bekannt war, wie er zum integrierten Technologiekonzern und insbesondere zur MBB-Akquisition stand.

Zunächst lief alles weiter wie bisher. Die Trauerfeier für Alfred Herrhausen im Frankfurter Dom war ergreifend: Requiem von Verdi, Messe mit Pater Augustinus, einem persönlichen Freund von Alfred Herrhausen, der von der Sintflut und ihrem Ende sprach, als die weiße Taube sich auf Noahs Hand niederließ, so »wie jetzt Diener Alfred auf Gottes Hand«.

Der gewaltige Dom, die Musik, die Predigt – vielen war zum Weinen zumute. Einer der Trauergäste flüsterte: »Er ist gefallen im Kampf.« Im Kampf gegen wen eigentlich? Wir hatten Personenschützer, fuhren gepanzerte Autos, ließen schusssichere Fenster in unsere Häuser einbauen und gingen im Übrigen unseren Geschäften nach.

Mein Geschäft war auch, die Firma Dürr an die Börse zu bringen. Wir brauchten zusätzliches Kapital, um eine Firma zu kaufen, die unser Produktionsprogramm ergänzte. Der von der Deutschen Bank begleitete Börsengang war ein Erfolg. Am 4. Januar 1990 wurde Dürr zum ersten Mal offiziell notiert: 630 D-Mark pro Aktie. Jetzt konnte ich im Börsenteil der Zeitung jeden Tag nachlesen, wie reich ich war. Reich? Ich war vermögend, aber nicht reich. In der Familie ging es immer noch sparsam zu. Doch wir konnten uns einiges leisten. So wie Seneca meinte: »Ich liebe Reichtum nicht, aber in Armut möchte ich nicht leben.« Meine Familie und ich waren naturgemäß sehr zufrieden, und als Aufsichtsratsvorsitzender achtete ich darauf, was in der Firma passierte. Meine Frau übernahm den Aufsichtsratsvorsitz in der wichtigsten Tochtergesellschaft, sodass die Familie im Unternehmen präsent war.

Aber meine täglichen Anstrengungen waren auf Daimler gerichtet, wo alle wichtigen Leute mit dem Kauf von MBB beschäftigt waren. Ich musste mich darum kümmern, die AEG in den integrierten Technologiekonzern zu überführen, was genügend schwierig war, da die Autoleute, besonders die Ebene unter dem Vorstand, mit der AEG und ihrer Technologie wenig anfangen konnten. Zwanzig Jahre nach der Übernahme von AEG durch Daimler erklärte Reuter resigniert: »Nach den Treffen mit den leitenden Leuten sind immer 60 bis 70 Prozent der Mitarbeiter nach Hause gegangen und haben gesagt: Die können uns viel erzählen, wir machen so weiter wie bisher.« Das Zusammenwachsen war ungemein mühsam, der Vorstand agierte oft zu zaghaft, und das große Projekt DASA/MBB hatte Vorrang – und war überdies spektakulärer, weil sich der eine oder andere Manager dort weitaus besser profilieren konnte als bei der mühsamen Integrationsarbeit vor Ort. So wurde der Slogan »Aus Erfahrung gut« rasch in »Anhang eines Giganten« umgeschrieben.

In einer Sitzung des Daimler-Benz-Aufsichtsrates, an der nur die Kapitalvertreter teilnahmen, wurde mir das besonders deutlich. Die vier Geschäftsbereichsleiter – Niefer/Pkw, Werner/Lkw, Dürr/AEG, Schrempp/DASA – trugen über ihre Bereiche vor, aber nur Schrempp erhielt Beifall. Flugzeuge, Raketen, Weltraumfähren hatten eben mehr Sexappeal als schnöde Hausgeräte. Und als der neue Aufsichtsratsvorsitzende Kopper im Hinblick auf die AEG die Frage stellte, ob all die Geschäfte wie Kabel, Zähler, Hausgeräte eigentlich notwendig seien (obwohl gerade diese drei Bereiche Gewinne ablieferten), war mir klar, wie jetzt gedacht wurde. Das machte mich traurig. Zu Kopper hatte ich kein Vertrauen, seine Art lag mir nicht, vor allem nicht der Ton, in dem er von der »klassischen Arroganz« sprach, die die Mitarbeiter der Deutschen Bank an den Tag legen würden.

Werde ich Industrieminister der DDR?

Aber da war der Umbruch in der DDR. An den runden Tischen bemühte man sich um Demokratie. Am 18. März 1990 sollten allgemeine Wahlen in der DDR stattfinden. Am 12. März rief mich Hans-Jochen Vogel, der SPD-Parteichef, an. Er hätte mit seinen Kollegen im »anderen Teil Deutschlands« gesprochen, und da es nach dem 18. März 1990 wohl eine Regierung aus mehreren Parteien geben würde, frage er mich, ob ich es für völlig ausgeschlossen hielte, »in herausragender Position« mitzuarbeiten. Wenn ja, sei dies ein »Gütesiegel« für die Unterstützung von »dieser Seite«. Ich war naturgemäß überrascht und murmelte etwas von Rahmenbedingungen, die stimmen müssten. Gut, erklärte Vogel, er würde mit seinem Ost-Kollegen Ibrahim Böhme reden, und dann sollten wir einen Termin zu dritt machen. Da war sie also, die Dürr-in-die-Politik-Situation. Jetzt musste ich mich entscheiden. Und Daimler? Die AEG? Meine

Firma? Und was war mit der »herausragenden Position« gemeint?

Einen Tag später rief mich Hans-Jochen Vogel in aller Herrgottsfrühe noch einmal an, um mir zu erläutern, wie er sich die weitere Entwicklung vorstellen würde. Nach der Wahl werde sehr rasch eine breite Koalitionsregierung gebildet, voraussichtlich mit Ibrahim Böhme als Ministerpräsident. Und dem sei klar, dass der Wirtschaft eine ganz besondere Rolle zukomme. Mit Dürr glaube er, einen Wirtschaftsminister zu bekommen, dessen Mitarbeit für die Menschen in der DDR ermutigend sei. Diese Idee Böhmes würde von ihm, Vogel, sehr unterstützt.

»Keiner aus ihrer hiesigen Partei?«, frage ich.

»Das ist gerade der Reiz, einen Parteilosen zu nehmen.«

»Aber ich bin CDU-Mitglied.«

»Das regle ich mit Kohl.«

Ich sprach dann meinen laufenden Vertrag an, und erklärte, auf alle Fälle mit Reuter reden zu müssen.

»Machen Sie das, der ist ja wohl für Berlin und die DDR«, so Vogel.

Wir vereinbaren absolute Vertraulichkeit (»wenn was rauskommt, voll dementieren«) und einen Termin am Sonntag, dem Wahltag.

Am gleichen Tag ist Vorstandssitzung in Stuttgart. Nach der Sitzung informiere ich Reuter unter vier Augen über mein Telefongespräch mit Vogel. »Das ist ja eine Sensation!«, entfährt es ihm. Dann analysiert er in bewährter Weise die parteipolitische Lage, die Chancen der Parteien und wie ein solcher Schritt zur CDU passe. Er hat große Bedenken. Andererseits sei das Angebot durchaus reizvoll, da könne man etwas bewegen, im Gegensatz zu Bonn, wo der Wirtschaftminister eher eine Art Frühstücksdirektor sei. Meine Erfahrungen im Konzern und im Mittelstand seien sicher hilfreich. Aber als ich ihn frage, was mit der AEG geschehen werde, zuckt Reuter zurück: Er müsse nachdenken, und zwar gründlich. Das schien mir angebracht.

Am Abend rede ich mit meiner Frau über Vogels Vorschlag. Wir sind unentschlossen. Eine gewaltige Aufgabe, eine Sanierung allergrößten Ausmaßes. (»Sanierung« war sicher richtig. Die DDR als Ganzes und ihre einzelnen Betriebe waren in vergleichbarer Lage wie die AEG vor dem Vergleich, weshalb ein radikaler Umbau der ganzen Volkswirtschaft unvermeidbar war – und das »unterm rollenden Rad«, wie die Eisenbahner sagten.) »Und du wirst persönlich im grellen Scheinwerferlicht stehen«, sagt meine Frau. »Viele Freunde wirst du nicht haben.« Dachte sie an Herrhausen?

Die ganze Woche über bin ich in der DDR, besuche Betriebe und unterschreibe auf der Leipziger Messe eine Absichtserklärung für eine groß angelegte Zusammenarbeit auf dem Gebiet Schienenfahrzeuge mit den DDR-Betrieben. Empfang für unsere DDR-Geschäftspartner in einem Leipziger Theater (gesponsert von Moët & Chandon), wohin ich das Ensemble des Frankfurter »Tigerpalastes«, ein Variété der Spitzenklasse, verpflichtet habe. Aber unsere Gäste aus der DDR können mit dem Transvestitenstar Georgette Dee wenig anfangen. Am Abend treffe ich auf einer Ausstellung in Berlin Edzard Reuter, der irgendwie irritiert zu sein scheint und mir gegenüber geradezu abweisend ist.

Am Wahltag treffe ich mich mit Ibrahim Böhme und Hans-Jochen Vogel in dessen Neuköllner Bürgertreff-Büro in einem Hinterzimmer. Eine fast konspirative Stimmung herrscht. Böhme, ein eher schüchterner und unsicherer, aber nicht unsympathischer Mann, entschuldigt sich mehrfach, dass er mich hergebeten hat, und fragt mich, ob ich mit einem sozialdemokratischen Finanzminister und Helmut Schmidt als Berater zusammenarbeiten könnte. Von Wirtschaft verstehe er nicht viel, sagt Böhme. Aber die Gewerkschaften seien wohl wichtig, und da hätte ich ja genügend Erfahrung. Und die IG Metall sei auch einverstanden. Vogel spricht mehrfach die Signalwirkung an, die mit meiner Person verbunden sein könnte.

»Obwohl ich ein echter Kapitalist bin?«, gebe ich zu bedenken.

»Das war Alex Möller auch«, erwidert Vogel und spielt damit auf den ersten sozialdemokratischen Finanzminister unter Willy Brandt an, der Generaldirektor einer großen Versicherungsgesellschaft war. Zahlen, konkrete Vorstellungen oder Ideen werden nicht erörtert. Aber Böhme, der leicht vornübergebeugt auf einem spießig geblümten Sofa in Vogels Büro sitzt und eine Zigarette nach der anderen raucht, erklärt noch, dass er Hegelianer sei. Dass er auch IM bei der Stasi gewesen ist, erwähnt er naturgemäß nicht. Bei der Verabschiedung sagt er, er würde gerne ein paar Jahre »mit einem Kapitalisten zusammenarbeiten«, und wünscht mir Gesundheit. Vogel zeigt beim Hinausgehen mit dem Daumen nach oben.

Nach anderthalb Stunden fahre ich zum Flughafen Tegel und nehme den Pan-Am-Clipper nach Frankfurt. Ich brauche ein Glas Sekt. Wenn die Ost-SPD heute gut abschneidet und die Führung einer Koalitionsregierung übernimmt, dann werde ich Wirtschaftsminister der DDR (oder sagten die beiden Industrieminister?) mit Doppelbürgerschaft und einer der schwierigsten und gefährlichsten Aufgaben in Deutschland. Über Geld haben wir nicht gesprochen. Aber ich kann es mir ja leisten. Walther Rathenau kommt mir in den Sinn. Industrieller und Politiker. Und das alles mit dem Kettenraucher Ibrahim Böhme als Ministerpräsident? Revolutionäre Zeiten bringen sonderbare Personalkonstellationen zustande.

Als wir in Frankfurt ans Gate rollen, gibt der Pilot die Hochrechnungen der DDR-Wahl über Lautsprecher durch: Die SPD hat etwa 20 Prozent, die CDU über 40 Prozent der Stimmen erhalten. Die Konservativen bilden die Regierung. Und ich werde weiter meinen Job bei Daimler machen.

Rückblickend frage ich mich, was ich als Wirtschaftsminister in der DDR anders gemacht hätte. Sicher hätte ich keine »blühenden Landschaften« versprochen, bei allem Optimismus, der mir immer vorgehalten wurde. Ich hätte die Treuhand mit professionelleren Leuten besetzt, den DDR-Betrieben eine Übergangsfrist mit Lohnsubventionen für eine gewisse Zeit gewährt und Unternehmer gefördert, die nach »drüben« gegangen und dort geblieben wären. Denn Unternehmer gab es im Osten kaum noch, einer der Gründe, weshalb die wirtschaftliche Lage in den Ostländern so viel schlechter als im Westen war (und auch heute noch ist). Das war nach dem Zweiten Weltkrieg anders. Auch damals lag alles am Boden, aber Leute, die etwas unternehmen wollten, gab es genügend, denn in der Nazizeit waren sie ja gefördert worden und hatten dafür gesorgt, dass die Fabriken bis zum bitteren Ende produzierten. (Als Hitler gefragt wurde, warum er die Wirtschaft nicht sozialisiere, antwortete er: »Was haben wir das nötig: Sozialisierung der Banken und Fabriken. Wir sozialisieren die Menschen.«)

Aber zurück zu Daimler-Benz und zur AEG. Fast sechs Jahre nach unserem Treffen am Bodensee unternahm ich mit Reuter wieder einen langen Spaziergang in dieser lieblichen Gegend. In den Wochen zuvor hatte ich viel über »meinen« Geschäftsbereich nachgedacht und machte Reuter nun Vorschläge, wie unsere damalige Strategie am besten umgesetzt werden könne: Die klassischen AEG-Bereiche Starkstromelektrik und Automatisierung könnten eine gemeinsame Firma mit der französischen Gruppe Schneider bilden, Telefunken-Mikroelektronik, die Hochfrequenztechnik und die technischen Röhren in Ulm sollten zur DASA kommen, die AEG-Bahntechnik zu MBB, die in Donauwörth Waggons produziert hatte und sich jetzt an der Technologie der Hochgeschwindigkeitsmagnetbahn, dem späteren Transrapid versuchte.

»Und was willst du mit den Hausgeräten und Olympia machen?«, fragte Reuter, mit dem ich seit Weihnachten 1989 nach einer ziemlichen Sauferei per Du war.

»Verkaufen!«, erwiderte ich.

Aber Reuter fürchtete negative Reaktionen in der Öffentlichkeit, wenn große Teile der AEG abgegeben würden. Dann sei sein, nein unser Konzept ja gescheitert. Je weiter wir beiden wanderten, desto mehr trat die AEG in den Hintergrund. Reuter machte sich große Sorgen über die Zukunft von MBB und DASA. Viel zu viele Ressourcen (auch geistige) waren für dieses Projekt gebunden. Und auch der PKW-Bereich bereitete ihm Kopfzerbrechen. Sein Freund Werner Niefer sei am Limit. Und gäbe es dort Einbrüche, dann werde es schwierig für den Konzern. Doch wir kamen zu keinem Schluss, legten nicht einmal die nächsten Schritte fest. Also ging es mit der AEG weiter wie bisher.

Ein Mann sieht rot

Dann erschien im »Industriemagazin« unter der Überschrift »Ein Mann sieht rot« ein böser Artikel über mich und die AEG, der viele Interna preisgab und detaillierte Hinweise auf die Probleme der AEG und auf Fehler von Heinz Dürr enthielt. Einige Tage später traf ich zwei Mitarbeiter von McKinsey. Wir besprachen laufende Projekte, und gegen Ende gab einer der beiden eine sogenannte Outside-Inside-Analyse der AEG zum Besten, in der er aufzählte, was bei uns nicht stimme, wo die Lücken und andere Schwachstellen seien. Der Tenor entsprach genau dem Artikel im »Industriemagazin«. Quasi Originalton. Ich war wirklich überrascht, ja verblüfft, und sagte dem McKinsey-Mann auf den Kopf zu, dass ich die gleiche Analyse bereits gelesen hätte. Er zuckte mit den Achseln: »Nichts für ungut.« So sind sie eben, die immer adrett und sauber gekleideten Berater.

Und noch etwas beunruhigt mich. Bei einem Gespräch mit dem Chef-Controller, einem langjährigen Daimler-Mann, erfahre ich, dass die Situation im Konzern durchaus nicht rosig ist und das Betriebsergebnis 1990 laut neuester Prognose zum ersten Mal überhaupt ins Minus rutschen kann. Und doch tun viele im Konzern, als seien wir noch immer die reichste Firma in Deutschland.

Unterdessen kämpft Reuter weiter um die Struktur des um MBB erweiterten Konzerns. Großes Thema ist die Schnittstelle der Holding und der Geschäftsbereiche, also die Frage, wer was macht und wer wofür Verantwortung trägt. Viele offene Fragen, denn jeder Leiter eines Geschäftsbereiches versuchte naturgemäß, seine eigene Position nicht nur zu halten, sondern nach Möglichkeit auszubauen. Reuter spricht kein Machtwort. Dabei müssten wir wirklich etwas Entscheidendes tun. Mir fällt auf, dass man mit Reuter nur schwer übers Geschäft, über Aufträge, über Projekte reden kann. Er weiß wohl, um was es sich handelt, kennt unsere Produkte, sieht sich aber in erster Linie als Konzernherr, als Stratege. Fürs Geschäft sind die Vorstandskollegen zuständig.

Das andere große Thema im Daimler-Vorstand ist weiterhin die DDR – oder vielmehr die neue Gesamtweltlage. Kein »Kalter Krieg«, keine Bedrohung aus dem Osten mehr. Was heißt das für den Daimler-Konzern und insbesondere für unsere Verteidigungstechnik, die wir so großartig neu aufgestellt haben? Haben wir zu viele Kapazitäten auf diesem Gebiet?

Im abhörsicheren Sitzungsraum des Bundeskanzleramtes gibt es Sitzungen zum Thema DDR und Wiedervereinigung, geleitet vom Bundeskanzler und mit großer Besetzung aus der Industrie. »Aufschwung Ost« ist die Devise. Auch der DDR-Staatssekretär Krause tritt vehement für das Konzept ein und bekommt am Ende sogar Beifall. Ich darf Krause ergänzen, nachdem mich Kohl freundlich aufgefordert hat, doch auch etwas zu sagen. Dann treten zwei ostdeutsche Mittelständler auf. Einer sagt: »Der Chef eines Treuhandunternehmens braucht sich um Liquidität keine Sorgen zu machen. Ich aber kann nachts nicht schlafen mit den Krediten und mit der Sorge, ob ich morgen noch die Löhne zahlen kann. Dabei war ich dreieinhalb Jahre im Zuchthaus.« Man ist angerührt. Hilfe wird zugesagt. Aber wie entscheidet man später im Betrieb? Die Hilflosigkeit der Regierung ist zu spüren. Da helfen auch die markigen Worte der Politiker wenig. Kohl macht sich für den Zusammenschluss der beiden Deutschland stark. Ich lerne de Maizière kennen, einen bescheidenen und nachdenklichen Mann, der überzeugend auftritt und keine Allüren hat. Als jemand vom »Experiment DDR« spricht, sagt de Maizière: »Das ist kein Experiment. Da gibt es nichts zu probieren. Entweder es klappt oder alles ist kaputt.« Aus heutiger Sicht war es doch ein Experiment. Und vielleicht ein nur teilweise gelungenes.

Dann kommt der 1. Juli 1990, der Tag der Währungsunion, der das Ende der DDR einläutet und ihre Übernahme durch die Bundesrepublik vorbereitet, schleichend, aber effektiv – wie später bei Bundesbahn und Reichsbahn, an die ich damals, im Sommer 1990, naturgemäß nicht dachte. Ich werkelte mit »meiner« AEG, so wie das mit Reuter abgesprochen war – pflichterfüllt, aber ohne das innere Feuer der Begeisterung, das ich verspürt hatte, als ich zur AEG gegangen war. Und dann, eines Tages im September, kam der Anruf von Roland Berger.

Heute, an diesem Festtag im Hotel Adlon in Berlin, erinnere ich mich daran, wie ich damals von Daimler und der AEG verabschiedet wurde. Im Hotel Gravenbruch bei Frankfurt findet ein großes Fest statt. Die Mitarbeiter sind ausgesprochen liebenswürdig. Man hat einen Film über Heinz Dürr, den Retter und die Lichtgestalt, gedreht – wie sich Werbeleute das eben so vorstellen. Tolle Dias und schöne Musik. Meine Freunde aus dem Tigerpalast, dem wunderbaren Frankfurter Varieté, sorgen für Einlagen und danken mir für die Unterstützung der AEG in schwierigen Anfangszeiten. In der Tat hatte ich dem Chef des Tigerpalastes, Johnny Klinke, nach einem Einblick in seine Geschäftszahlen auf einer Serviette vorgerechnet, dass er in ein paar Wochen pleite wäre, wenn nichts passiere. Also musste die AEG helfen. Und so hatten wir unseren Kunden immer etwas zu bieten, wenn sie in Frankfurt waren.

Ernst wird es, als der Gesamtbetriebsratsvorsitzende der AEG spricht und am Ende seiner Rede sagt: »Hätten wir ein Arbeitszeugnis für Sie auszustellen, würden wir nur einen Satz hineinschreiben: Herr Dürr hat sich um die AEG und deren Arbeitsplätze verdient gemacht.« Das tat gut und erinnerte zugleich an die schweren Zeiten, die wir durchgestanden hatten. Auch Edzard Reuter sagt freundliche Worte. Ich habe nicht den Eindruck, dass er froh ist, mich los zu werden.

Die Bahn ist Aktiengesellschaft

Zu diesem Zeitpunkt konnte ich nicht ahnen, dass ich ein paar Jahre später, am 1. Januar 1994, beim Notar in Frankfurt sitzen würde, zur offiziellen Gründung der »Deutschen Bahn AG«.

Über eine Stunde lang verlas der Notar das Gründungsprotokoll und die Satzung vor den Herren Reinhardt und Gern vom Bundesverkehrsministerium und meinem Finanzkollegen Sack und mir. Ich zitterte fast ein wenig, als ich meine Unterschrift unter die Papiere setzte. Zu oft hatte ich Zweifel gehabt, ob wir überhaupt so weit kommen würden, und zu laut waren die Stimmen der Kritiker gewesen. Aber zum Glück des Handelnden gehörte eben auch die Torheit des Kritikers. Erst vor vierzehn Tagen hatte der Bundesrat der Bahnreform zugestimmt, zwei Wochen nach dem Bundestag. Bis zum letzten Tag rang der Bund mit den Ländern um Zustimmung. Und immer ging es um Geld. Vor allem darum, wie viel Geld der Bund den Ländern aus seinem Steueraufkommen für den Regionalverkehr zukommen lassen sollte.

Das neue Bahngesetz sah vor, dass die Länder bei der DB AG (aber auch bei anderen Eisenbahngesellschaften) Verkehrsleistungen, also Züge bestellen konnten. Die Länder pokerten hoch, ihr Verhandlungsführer war der damalige Ministerpräsident von Hessen, Hans Eichel, der sich beinhart gebärdete. (Die Ironie der Geschichte wollte es, dass Eichel später als Bundesfinanzminister den Ländern unbedingt einen Teil dieser großzügigen Regionalmittel wieder wegnehmen wollte, um seinen Haushalt zu entlasten.)

Spannend wurde es in einer Sitzung des Haushaltsausschusses, in dem die »Könige des Bundestags« sitzen, wie der »Spiegel« einmal schrieb, die Herren über das Geld. Es war die sogenannte »Bereinigungssitzung«, in der alle offenen Punkte eines Jahreshaushalts geregelt werden und die Ressortminister persönlich zum Rapport antreten müssen. Wir, die Bahn und das Verkehrsministerium, waren für elf Uhr bestellt, mussten aber bis 22 Uhr 30 warten, bis wir endlich an der Reihe waren. Die um den großen Sitzungstisch versammelten Abgeordneten schienen aufgeräumter Stimmung und hatten offenbar schon den Ausstand einiger Abgeordneter feucht-fröhlich begossen. Der Vorsitzende rief den Tagesordnungspunkt »Bahnreform« auf und bat mich ums Wort. Kurz vor Mitternacht sagte ich zusammenfassend: »Meine Damen und Herren, Sie alle wissen, was die Bahnreform für Deutschland bedeutet. Die Details sind Ihnen seit Monaten bekannt. Jetzt geht es um Ihre Entscheidung. Und auf die warten 300 000 Eisenbahner mit ihren Familien, also alle die, die von der Bahn leben. Sie wollen wissen, wie ihre Zukunft aussieht und die hängt davon ab, zu welchem Ergebnis Sie heute kommen.« Leichtes Klopfen auf den Tisch. Danach kurze Diskussion. Eine Abgeordnete will wissen, warum wir in ihrem Wahlkreis auf einem Bahnhof drei Gleise stilllegen wollen. Ich verspreche, mich um den Fall zu kümmern. Dann erfolgt die Abstimmung, und der Vorschlag Bahnreform wird mit allen finanziellen Prämissen zur Umsetzung an den Bundestag überwiesen.

Erst einen Tag vor der zweiten und dritten Lesung im Bundestag findet eine Bonner Runde unter Bundeskanzler und SPD-Chef eine Einigung. Ich erinnere mich an ein Gespräch mit Kohl. Er hatte wenig Zeit, denn er war auf dem Sprung zu Konsultationsgesprächen in Paris. Ich erklärte ihm, dass die Bahnreform auf gutem Wege sei, dass es aber Probleme mit den Ländern und ein paar Mitgliedern seiner Fraktion gäbe, die das ganze Projekt verzögern wollten. »Das sind die gleichen, die dreißig Jahre nichts getan haben«, sagte er ungehalten. »Aber wir machen es jetzt.«

Ich erfuhr, dass Biedenkopf einen Brief an Kohl geschrieben und auf große Probleme in Sachen Bahn hingewiesen hatte. »Das sagt er jetzt«, fuhr Kohl fort, »und wenn wir dann verschieben, sagt er in acht Wochen, das sei Führungsschwäche von mir.« Er kenne diese Leute alle seit langem, auch einer aus Stuttgart gehöre dazu, aber da würde man ja bald sehen, was der in Jena machen würde.

Am 2. Dezember 1993 sitze ich auf der Pressetribüne im Bonner Wasserwerk und verfolge die Reden der Protagonisten der Bahnreform, die alle ziemlich stolz und zufrieden mit sich sind, es so weit gebracht zu haben. Ich frage mich, wer von den knapp 600 Abgeordneten wirklich alles verstanden hat, was das Bundesverkehrsministerium und wir auf fast 1000 Seiten zusammengeschrieben haben. Das Abstimmungsergebnis ist überwältigend: Bei 575 abgegebenen Voten stimmen 558 der Grundgesetzänderung zu, nur 13 lehnten sie ab, und vier Abgeordnete enthalten sich der Stimme. Beim Bundesrat ist das Stimmenverhältnis 61 zu 66.

Mit der Veröffentlichung der Änderung des Grundgesetzes und des Gesetzes zur Neuordnung des Eisenbahnwesens im Bundesgesetzblatt treten die Gesetze zur Bahnreform am 23. Dezember 1993 in Kraft. Das Gesetzgebungsverfahren ist abgeschlossen. Drei Jahre habe ich für diesen Moment gekämpft, immer wieder von Zweifeln geplagt, ob das, wofür meine Mitstreiter und ich uns bei Bahn und Politik so eingesetzt haben, auch richtig war. Als Minister Wissmann und ich zu einer Kaminrunde der Ministerpräsidenten eingeladen werden, um Fragen zu beantworten, kommt Oskar Lafontaine ohne Jacke, mit leicht gelockerter Krawatte, den Cognacschwenker in der Hand, auf mich zu und fragt: »Was wollen Sie eigentlich mit der Bahnreform?« Und das, nachdem wir zwei Jahre auf allen Kanälen getrommelt haben! (Ihm persönlich hatte ich das Projekt ausführlich bei einem opulenten Mittagessen in der saarländischen Landesvertretung in Bonn erläutert.)

Aber ich hatte gelernt, mich in Geduld zu üben, und sagte mein Sprüchlein auf. Denn inzwischen wusste ich, dass große politische Prozesse (immerhin ging es ja bei der Bahnreform um eine Änderung des Grundgesetzes) oft mäandernd und iterativ verlaufen, immer auf der Kippe stehend, weil irgendjemand das Ganze auf den Sanktnimmerleinstag schieben könnte, quasi aus Angst vor einem Ergebnis, für das er hinterher zur Verantwortung gezogen werden könnte. Deshalb war auch mein Auftritt in den Bundestagsfraktionen der CDU und SPD von einiger Bedeutung. Ich konnte offensichtlich überzeugen, in der SPD unterstützt von Rudi Schäfer, dem Vorsitzenden der GdED, wie die spätere Abstimmung zeigte. Dass einige der Abgeordneten in der Sitzung Zeitung lasen, beunruhigte mich naturgemäß. Aber die hatten ja auch andere Themen als die Bahnreform.

Von meinem Presse-Tribünenplatz sah ich auf das Gewimmel der Abgeordneten (es war ja namentliche Abstimmung angesagt) und war zufrieden mit mir. Bemerkbar machen konnte ich mich nicht, denn »nach der Hausordnung des Deutschen Bundestages sind *Beifalls-* oder *Missfallenskundgebungen* auf der Publikumstribüne *nicht gestattet*«, wie auf meiner Einlasskarte geschrieben stand. Aber ich wusste auch, dass dieser Bundestagsbeschluss nur der erste Schritt war, um aus der Bahn ein richtiges Unternehmen zu machen. Und als wir beim Notar mit »Dom Perignon« auf das Jahrhundertwerk anstießen, waren wir eigentlich nur froh, dass das jahrelange Gezerre auf politischer und juristischer Ebene ein Ende hatte und wir mit der eigentlichen Arbeit beginnen konnten. Jetzt brauchten wir nur noch die Anmeldung ins Handelsregister Berlin-Charlottenburg. Wir hatten uns für Berlin als Sitz der DB AG entschieden, obwohl der Bundeskanzler eher für Bonn gewesen war. Aber ich wollte in die Hauptstadt und habe dafür gekämpft. Die Anmeldungen mussten zwei Tage später von allen Vorständen und allen vorgesehenen Aufsichtsräten unterschrieben werden.

Die Zusammensetzung des Aufsichtsrats war eine komplizierte Aufgabe, die Sassmannshausen und ich in vielen Gesprächen vorbereiteten. Im Mai hatten wir einen »Gründungsaufsichtsrat« zusammengestellt, in dem mit Beamten und Unternehmern alles geübt wurde, was bei einer AG so anfiel. Gesetzt waren die vier Vertreter des Eigentümers, die Staatssekretäre Horst Köhler und Gert Haller vom Finanzministerium, Wilhelm Knittel vom Verkehrsministerium und für das Wirtschaftsministerium der FDP-Mann Roland Kohn. Für das Unternehmerische waren Hermann Franz von Siemens, Helmut Maucher von Nestle (ein Vorschlag des Bundeskanzlers) und Hermann Krämer von der VEBA zuständig und den Bankensektor vertrat Friedel Neuber von der West LB. Für die neuen Länder war der Feinkostunternehmer Dr. Doerr aus Sachsen da, der allerdings kurz darauf vom Saatguthändler und IHK-Präsidenten Chrestensen aus Erfurt abgelöst wurde. Vorsitzender war Günther Sassmannshausen. Der Vorstand der DB AG hatte zu diesem Zeitpunkt dreizehn Mitglieder, DB und DR mussten vertreten sein.

Bei der Unterschrift waren alle guter Stimmung. Man gratulierte sich gegenseitig, und die Aufsichtsräte versicherten, ihren Beitrag zu leisten, um die AG zum Erfolg zu führen. Staatssekretär Köhler versprach, die DB AG vor zu viel Einfluss aus der Politik zu schützen. (Im Jahre 2007 rede ich mit Bundespräsident Köhler, bei Kaffee und Kuchen in seinem Wohnsitz in Berlin, dem Haus, in dem mir Kohl am 4. Oktober 1990 den Job des Bahnchefs angeboten hatten, wieder über Politik, Staat und Privatwirtschaft. Köhler machte sich große Sorgen, wie es mit der sozialen Marktwirtschaft weitergehen sollte. Nur noch 28 Prozent der Bevölkerung seien für das System. Er hätte mit den Chefs von einigen Großunternehmen gesprochen und die hätten auch keine befriedigende Antwort gegeben, was da zu tun sei. »Der Staat kann es allein nicht richten, auf die Eliten in der Privatwirtschaft kommt es an.«) Als mich Wolf von Lojewski abends im »Heute-Journal« fragte, wie viel die neue AG schon eingenommen hätte, erklärte ich: »Ein paar Mark sind es schon.«

Zehn Jahre Bahnreform

Obwohl die Tatsache, dass die Bahn jetzt eine Aktiengesellschaft war, unseren Status veränderte, ging die Sanierungs- und Restrukturierungsarbeit wie bisher weiter. Wir hatten uns einen Zeitraum von zehn Jahren vorgenommen – danach sollte die DB AG *die* Bahn sein, wie ich als »Wanderprediger« immer versprochen hatte. Und sie sollte bis dahin auch ordentliche Gewinne machen.

Das zehnjährige Jubiläum der Bahnreform im Jahre 2004 wurde übrigens standesgemäß im Hotel Ritz Carlton in Berlin gefeiert. Die Vorgaben der Regierungskommission Bahn und meine Zusagen waren einigermaßen eingehalten worden. Bundeskanzler Schröder erklärte in launiger Stimmung, er hätte sich schon als junger Mann bei der Bundesbahn in Hameln beworben, sei aber abgelehnt worden und deshalb Bundeskanzler geworden. Der Bahnchef Mehdorn und der Gewerkschaftsvorsitzende Hansen verkündeten, dass alles großartig gelaufen sei. Im Übrigen hätte man mit der Bahnreform über 100 Milliarden Euro Steuergelder gespart.

Dass keiner der Festredner dabei gewesen war, als die Bahnreform umgesetzt wurde, fiel an diesem Abend nicht ins Gewicht. Alle waren zufrieden und lobten sich gegenseitig. So wie heute, im Jahre 2008, wo endlich der dritte Schritt der Bahnreform einschließlich privater Beteiligung vollzogen wird – in einer etwas verqueren Form, mit viel politischem Tamtam zuwege gebracht und nicht gerade Vorbild für Corporate Governance. Aber die Zeiten ändern sich eben: Alles, was heutzutage mit Privatisierung zu tun hat, wird mit allergrößter Skepsis gesehen. So waren auch die Kommentare eher zurückhaltend, fast negativ, als der Bundestag endlich am 30. Mai 2008 grünes Licht gegeben hatte. Ganz anders als damals, am 3. Dezember 1993, als die eigentliche Bahnreform beschlossen wurde, wo viel von Aufbruch und Neubeginn die Rede war. Ob heute die Art und Weise, wie Mehdorn den Börsengang verkauft, oder eher die zögerliche Haltung der Bundesregierung zu der negativen Einstellung der Bevölkerung geführt hat, ist schwer zu sagen. Natürlich freue ich mich über alle Fortschritte, die bei der Bahn gemacht werden – auch weil ich weiß, dass sie ohne die Bahnreform von 1993, also die Umwandlung zur Aktiengesellschaft, nicht möglich gewesen wären. Ein klein wenig traurig stimmt mich allerdings, dass man unser großes damaliges Ziel – mehr Verkehr auf die Schiene – heute manchmal aus den Augen zu verlieren scheint. Aber vielleicht betrübt mich das nur deshalb, weil ich selbst nicht mehr mitmischen kann.

Im Jahr eins der Deutschen Bahn AG, also 1994, gab es nicht viel zu loben. Da musste hart gearbeitet werden. Zunächst stellten wir im Vorstand ein Aktionsprogramm für die nächsten achtzehn Monate auf, dessen über 150 Einzelpunkte strikt abgearbeitet werden mussten. Mir war ein Thema besonders wichtig:

ein Leitbild für die DB AG, die Grundprinzipien des Konzerns. Darin wurden Leitlinien für Führung und Zusammenarbeit festgelegt. In langen Gesprächen und Verhandlungen formulierten wir neun Punkte und die übergeordneten Geschäftsziele. Das Aktionsprogramm selbst wurde in drei Kategorien eingeteilt: Maßnahmen, die auf den Markt gerichtet waren, Maßnahmen zur Produktivitätssteigerung und Maßnahmen zur Verbesserung der Führung und Steuerung. Wichtig war auch ein »Bündnis für Arbeit«. Wir sicherten zu, für mindestens fünf Jahre auf betriebsbedingte Kündigungen zu verzichten, und die Gewerkschaften und der Betriebsrat wollten dafür die nächsten Schritte der Bahnreform konstruktiv begleiten.

Am 10. Januar 1994 fand im Berliner Ostbahnhof die große Eisenbahnwiedervereinigungsveranstaltung statt. Ein ICE aus dem Westen und eine Dampflok aus dem Osten fuhren aus entgegengesetzten Richtungen in den Bahnhof ein und wurden vor den Augen der Festgemeinde zusammengekuppelt. Große Reden vom Bahnchef, vom Aufsichtsratsvorsitzenden und von Bundesverkehrsminister Matthias Wissmann, der zu Recht besonders stolz und glücklich war, denn er hatte ganz wesentlich dazu beigetragen, dass die Bahnreform im politischen Raum zustande gekommen war.

Wissmann hatte am 13. Mai 1993 Günther Krause abgelöst. Er kam aus Ludwigsburg, war also Schwabe, was der Zusammenarbeit naturgemäß zugute kam, hatte einen guten Draht zum Bundeskanzler und war in der CDU vernetzt. Er betrieb das Projekt Bahnreform mit großem Engagement, war meist für mich zu sprechen und hatte viel Verständnis für meine Besorgnis hinsichtlich des Bundesrechnungshofes (BRH). Die Herren und Damen dieser Oberbehörde, die von allen Politikern, die in einem Amt Geld ausgeben müssen, gefürchtet werden, standen der Aktiengesellschaft eher ablehnend gegenüber, bedeutete sie doch wesentlich weniger Dienstposten in ihrem Amt und damit geringere Aufstiegschancen im höheren Dienst.

Als ich dem Präsidenten des BRH 1992 die Pläne zu einer Aktiengesellschaft zum ersten Mal vortrug, lachte er nur und erklärte sie zu »Hirngespinsten«. Jetzt, nach dem 1. Januar 1994, hatten wir eine ganz normale Wirtschaftsprüfungsgesellschaft, die uns prüfte und bewertete. Die Beamten vom BRH wollten trotzdem mitreden, genauso wie die Leute aus den verschiedenen Ministerien, mit denen wir zu tun hatten. Aber der Vorteil der Aktiengesellschaft lag ja gerade darin, dass die große Linie vom Aufsichtsrat als Vertreter des Eigentümers vorgegeben wurde (dass wir mit den Mitteln des Staates, also den Steuergeldern, sachgerecht umgingen, war in Finanzierungsvereinbarungen festgelegt) und dass der Vorstand diese Vorgaben dann auch umsetzte. Zwischen den Politikern und dem Vorstand stand der Aufsichtsrat, der den Vorstand gegenüber unzulässigen Eingriffen abschirmte. Und Aufsichtsrat und Vorstand arbeiteten zum Wohle des Unternehmens zusammen, so wie es heute im Corporate Governance Kodex geschrieben steht – wobei das Wohl des Unternehmens in der Bahnreform in aller Klarheit formuliert war: Mehr Verkehr auf die Schiene, ein umfassender Service und betriebswirtschaftlicher Erfolg.

Die Auseinandersetzungen mit dem BRH waren ziemlich enervierend, vor allem der ständige Hinweis auf die Vorschriften, die eingehalten werden mussten, während das ökonomische Ergebnis kaum zu zählen schien.

»Sie bücken sich nach einer Mark, und fünf Mark fallen Ihnen aus der Tasche«, sagte ich einmal in ziemlicher Erregung zu einem Mitarbeiter des BRH.

»Kann sein«, erwiderte der. »Aber die eine Mark sehe ich und was ich in der Tasche habe, weiß ich nicht.«

Auf der anderen Seite gab es zahlreiche interessante Projekte, die geplant, durchgesetzt und realisiert werden mussten. Das machte Spaß und lohnte die Mühe. Da waren einmal die Investitionsprojekte, um die ich mich besonders kümmerte. Die Bahn hatte einen gewaltigen Investitionsrückstand gegenüber der Straße, da wir keine Lobby besaßen. (»Kein Deutscher soll mehr als 15 Kilometer zur nächsten Autobahn fahren müssen«, hatte Verkehrsminister Georg Leber einst postuliert.) Mit dem Bund war vereinbart worden, in den nächsten Jahren jeweils zehn Milliarden D-Mark in die Bahn zu investieren, was anfangs auch geschah und erst nach dem Regierungswechsel im Herbst 1998 zu wünschen übrig ließ. Wir nahmen Neubaustrecken in Angriff, planten Ausbaustrecken, kümmerten uns um Güterverkehrszentren und führten erste Untersuchungen für einen Großflughafen Berlin durch, der unbedingt einen ICE-Anschluss haben sollte.

Renaissance der Bahnhöfe

Eines unserer großen Themen waren die Bahnhöfe, für die man jahrzehntelang sehr wenig getan hatte. Sie waren so verwahrlost, dass die Bahnhofsviertel häufig zu Rotlichtbezirken verkommen waren. Wenn wir kundenfreundlicher werden wollten, brauchten wir nicht nur neue Züge, sondern auch saubere, gut zugängliche und helle Bahnhöfe. So starteten wir eine Offensive für schönere Bahnhöfe und versuchten, mit den Städten und Gemeinden ins Gespräch zu kommen. »Das ist neu für uns«, meinte ein Stadtdirektor. »Bisher beschäftigte sich die Bahn nur mit sich selbst, quasi als Staat im Staate.«

Bei der Biennale 1996 in Venedig präsentierten wir eine Ausstellung über die »Renaissance der Bahnhöfe«, die ein großer Erfolg wurde, über den sich ganz besonders der damalige Bauminister Töpfer freute, der uns tatkräftig unterstützt hatte. Für die Renovierung der Bahnhöfe brauchten wir viel Geld. Deshalb suchten wir nach Möglichkeiten einer privaten Finanzierung. Der Leipziger Bahnhof, ein großartiger Kopfbahnhof, wurde mit privatem Geld komplett renoviert – ein Modell, das vor der Bahnreform kaum möglich gewesen wäre. Eine besondere Rolle in den Bahnhöfen spielten die Bahnhofsbuchhändler, eine Vereinigung von cleveren Geschäftsleuten, die in den Bahnhöfen gute Geschäfte machten. Und jetzt wollte die Bahn plötzlich höhere Mieten. Der Vorsitzende der Bahnhofsbuchhändlervereinigung kam zu mir und wir fanden eine Lösung. Bahnhöfe ohne Buchhandlungen konnte ich mir einfach nicht vorstellen.

Die meisten Bahnhöfe, insbesondere die Kopfbahnhöfe, hatten noch gewaltige Gleisanlagen, die aus der alten Eisenbahnzeit stammten, als viel rangiert und umgestellt werden musste. Für die modernen Züge brauchten wir diese Gleisanlagen nicht mehr, konnten sie also freiräumen, das Gelände verkaufen und damit unsere Investitionen zumindest teilweise finanzieren – mit dem Nebeneffekt, dass wir weniger Wartungspersonal benötigten. Wir nannten diese Projekte »München 21«, »Frankfurt 21«, »Mannheim 21«, »Neu-Ulm 21« (das als erstes Projekt im November 2007 in Betrieb genommen wurde), »Magdeburg 21«, »Saarbrücken 21« und so weiter.

Am konkretesten wurden wir in Stuttgart, wo es seit 1991 die Schnellstrecke Mannheim-Stuttgart mit 35 Minuten Fahrzeit gab, während es von Stuttgart in Richtung München nur sehr langsam über die Schwäbische Alb voranging. Professor Heimerl hatte die sogenannte »Heimerl-Trasse« entworfen, die entlang der Autobahn von Stuttgart nach Ulm führen sollte. Aber wie war diese Strecke von Kornwestheim aus, wo die Schnellstrecke aus Mannheim aufhörte, zu erreichen? Die Lösung war, den Hauptbahnhof als Durchgangsbahnhof auszulegen: Die acht Gleise, die wir für diesen Durchgangsbahnhof benötigten, konnten entweder oberirdisch auf Stelzen oder unterirdisch als Tiefbahnhof gelegt werden. Für das beschauliche Stuttgart kam nur der Tiefbahnhof infrage. Zusammen mit dem Architekten Meinhard von Gerkan, der auch den Flughafen Stuttgart gebaut hatte, fertigten wir zwei Luftaufnahmen an: den heutigen Kopfbahnhof mit seinen riesigen Gleisanlagen und zum anderen eine Computeranimation des bebauten Bahngeländes mit dem tiefer gelegten Bahnhof. Wie sich zeigte, ergaben sich völlig neue Perspektiven für die Stadt Stuttgart. Im engen Talkessel entstand städtischer Raum für ein neues Viertel, das auch als Regierungsviertel für die Landesregierung geeignet war.

Mit diesen beiden Aufnahmen ging ich zusammen mit meinem Kollegen Ulf Häusler und zwei Planungsingenieuren zum Stuttgarter Oberbürgermeister Manfred Rommel. Wir erklärten ihm das Konzept, und er sah sich die beiden Fotos lange an.

»Das ist ja ein gewaltiges Projekt!«, erklärte er dann. »Und teuer wird es sicher auch. Aber wir brauchen solche Visionen!« Verkehrsminister Matthias Wissmann präsentierte ich das Projekt während eines Flug in der Regierungsmaschine von Berlin nach Köln-Bonn. Er war auf Anhieb begeistert. »Das müssen wir machen!«, rief er aus. Jetzt musste nur noch Ministerpräsident Teufel überzeugt werden, was uns am Rande einer CDU-Tagung in Rauenberg zusammen mit Wissmann und Rommel gelang.

Am darauffolgenden Montag stellten wir der völlig überraschten Presse das Projekt »Stuttgart 21« im Landtag vor. Nichts war vorher durchgesickert. Umso mehr Aufmerksamkeit bekamen wir für unseren Vorschlag. Aus dem Verkauf der nicht mehr gebrauchten Gleisgrundstücke konnte der Tiefbahnhof weitgehend finanziert werden. Außerdem wurde das System des Regionalverkehrs im Großraum Stuttgart wesentlich verbessert. Da auch noch eine Messe auf den Fildern im Gespräch war, konnte man eine elegante Anbindung an die ICE-Strecke nach München machen. Leider blieb das Projekt nach dem Regierungswechsel von 1998 stecken, als Baden-Württemberg plötzlich ein »B-Land« wurde und die Prioritäten sich verschoben. Erst 2007 gelang der Durchbruch und 2010 soll nun mit dem Bau der Strecke begonnen werden. Vielleicht kann ich als 85-Jähriger noch an der Eröffnungsfahrt teilnehmen.

Der Transrapid

Ein anderes Thema, das die Gemüter bewegte, war der Transrapid, die Hochgeschwindigkeitsmagnetbahn, die dem Radschienesystem Konkurrenz machte und von den Eisenbahnern deshalb mit großer Skepsis betrachtet wurde. Da der Transrapid aber weniger Energie verbrauchte und leiser war, drückte Wissmann, der das Projekt noch aus seiner Zeit als Forschungsminister kannte, aufs Tempo. Man erwog eine private Finanzierung, die sich aber nicht rechnete, weshalb wir das Projekt wie alle Eisenbahnprojekte aufsetzen mussten: Die Finanzierung der Infrastruktur sollte der Staat übernehmen, der Betrieb hätte privat finanziert werden können. Thyssen, Federführer im Industriekonsortium mit Siemens und Adtranz (früher AEG), entwickelte zusammen mit der Deutschen Bank ein Konzept, und im Beisein von Bundeskanzler Kohl wurde der Öffentlichkeit am 25. April 1997 ein von allen Beteiligten unterschriebenes Eckpunktepapier für die Strecke Berlin-Hamburg vorgestellt. Würde die Strecke gebaut, so lautete mein Argument, ergäbe sich eine völlig neue regionale Struktur für das Gebiet zwischen Berlin und Hamburg. Immerhin würde der Transrapid die Strecke von Berlin nach Hamburg (ohne Halt in Schwerin) in 50 Minuten schaffen, also in etwa die Fahrzeit benötigen, die Beschäftigte aus dem Umland von Berlin ins Zentrum der Stadt brauchen.

Wir legten die Bahnhöfe in Berlin und Hamburg fest, trassierten die Strecke zusammen mit Umweltminister Platzeck, da ein großer Teil der Strecke durch Brandenburg führte, und wollten spätestens im Jahr 2000 mit dem Bau beginnen und 2005 in Betrieb gehen. Aber dann gewannen wieder die Bedenkenträger die Oberhand. In dem Jahr, in dem eigentlich mit dem Bau begonnen werden sollte, wurde das Projekt endgültig zu den Akten gelegt. Eine große Chance war vertan, denn mit der Strecke Berlin-Hamburg hätte Deutschland ein verkehrs- und technologiepolitisches Großprojekt vorzeigen können, das auch internationalen Erfolg gehabt hätte. Stattdessen bauten die Chinesen die erste kommerziell betriebene Transrapid-Strecke in Schanghai.

Erst 2007 wurde erneut über eine Strecke vom Münchner Hauptbahnhof zum Flughafen Franz Josef Strauß diskutiert. Aber so, wie der damalige bayerische Ministerpräsident Edmund Stoiber den Transrapid anpries, waren Zweifel angebracht, ob das Unternehmen unter einem glücklichen Stern stand: *»Wenn Sie vom Hauptbahnhof in München mit zehn Minuten, ohne dass Sie am Flughafen noch einchecken müssen, dann starten Sie im Grunde genommen am Flughafen am am Hauptbahnhof* *in München, starten Sie Ihren Flug – zehn Minuten – schauen Sie sich mal die großen Flughäfen an, wenn Sie in Heathrow in London oder sonst wo, meine s, Charles de Gaulle äh in Frankreich oder in äh in in äh in Rom wenn Sie sich mal die Entfernungen ansehen, wenn Sie Frankfurt sich ansehen, dann werden Sie feststellen, dass zehn Minuten – Sie jederzeit locker in Frankfurt brauchen um ihr Gate zu finden – Wenn Sie vom Flug- vovom – vom Hauptbahnhof starten Sie steigen in den Hauptbahnhof ein, Sie fahren mit dem Transrapid in zehn Minuten an den Flughafen in an den Flughafen Franz Josef Strauß dann starten Sie praktisch hier am Hauptbahnhof in München – das bedeutet natürlich, dass der Hauptbahnhof im Grunde genommen näher an Bayern an die bayerischen Städte heranwächst, weil das ja klar ist, weil auf dem Hauptbahnhof viele Linien aus Bayern zusammenlaufen.«*

Und tatsächlich wurde das Projekt im März 2008 zu Grabe getragen. Aber schon am Grab wurde heftig gestritten, wer denn nun für die massive Kostenüberschreitung die Schuld trage – der Bund, die Bahn, die Ausrüster oder die Bauindustrie? Meiner Ansicht nach waren alle gleichermaßen schuld. Der gemeinsame Wille fehlte, und die in der Öffentlichkeit auftretenden Matadore verstanden zu wenig von der Sache, zumindest was die Technik anging. Und so galt am Ende die alte Buchhalterregel: »Erkenne dich selbst, belaste den anderen.«

Neben all den hochinteressanten Projekten, die mich als Ingenieur besonders reizten (ich liebte es, mit unseren »Eisenbahn-Professoren« zu diskutieren, etwa über die automatische Kupplung, den fahrerlosen Zug, den modernen Brückenbau oder automatische Container-Verladung), arbeiteten wir intensiv an der inneren Bahnreform, das heißt an einer neuen Unternehmenskultur, schulten fast 100 000 Mitarbeiter und zogen neue Strukturen in der Organisation ein. Anstelle der früheren Präsidenten in den einzelnen Bundesländern gab es jetzt die sogenannten Beauftragten der Konzernleitung (BKLs), die den Kontakt zur Politik hielten und unsere Infrastrukturprojekte vorantrieben. Ich drängte sehr darauf, dass sich die Bahn nach außen öffnete.

So führte ich mit dem Verband der Automobilindustrie (VDA) Gespräche, eine absolute Premiere, wie einer der Autovorstände beim ersten Treffen erklärte. Zuerst beschwerte man sich allerdings über eine Werbung in unseren Fahrplänen: Ein in die Weltkugel gesteckter stinkender Auspuff erregte Unwillen. Obwohl die Anzeige vom Umweltministerium geschaltet worden war, also eigentlich gar nicht unsere Sache war, ließ ich die sehr populistisch-plakative Anzeige verschwinden, denn es ging mir um Zusammenarbeit mit der Autoindustrie: beim kombinierten Ladungsverkehr, bei der PKW-Verladung über lange Strecken und beim Güternahverkehr, wofür Daimler sogar ein eigenes Projekt entwickelt hatte.

Interessant und weiterführend waren Gespräche zwischen den Landesregierungen und dem DB AG-Vorstand, an denen auch die Ministerpräsidenten teilnahmen, die auf den anschließenden Pressekonferenzen verkündeten, was mit der Bahn besprochen und vereinbart worden war. Die Landesherren wussten natürlich, wie man mit den Medien umging, und da die meisten Journalisten gern mit der Bahn fahren, ging es auf solchen Veranstaltungen immer recht friedlich zu. Im Übrigen lernte ich bei solchen Gelegenheiten auch, wie Politiker die Journalisten dazu brachten, ihnen praktisch aus der Hand zu fressen. Gerhard Schröder und Oskar Lafontaine waren Meister in dieser Disziplin. Bei einem Abend im Hannoveraner Landtag erklärte mir Schröder, damals noch Ministerpräsident von Niedersachsen, nach einer Sitzung der Parlamentarischen Gruppe Bahn seinen Regierungsstil. »Sehen Sie, Herr Dürr, ich sitze bei Ihnen und Ihren Leuten, trinke mit Ihnen Sancerre, erfahre einiges und Sie finden mich gut, weil ich mit Ihnen Sancerre trinke. Mein Kontrahent Wulff sitzt in seinem Büro und liest Akten. Der kriegt das nicht mit, was ich mitkriege. Verstanden?« Ich verstand, wenngleich es nicht ganz meinem Arbeitsstil entsprach, denn ich trank gern Sancerre *und* las Akten.

Ein spezielles Thema war der Einkauf bei der Bahn. Mit unserem Bestellvolumen gehörten wir zu den größten Einkäufern in

Deutschland, aber wir nutzten diese Macht nicht bei den Einkaufsverhandlungen. Da die Bahn wenig Ehrgeiz hatte, zu günstigeren Kosten zu kommen, war sie ein pflegeleichter Kunde für die Lieferanten. Aus der Autoindustrie war ich aber anderes gewohnt, und so schulten wir unsere Einkäufer mit der Hilfe des früheren Einkaufschefs eines Autoherstellers. Vor meiner Zeit hatte die Bahn Angebote von den drei deutschen Lokherstellern AEG, BBC und Siemens erhalten, und am Ende wurde der Auftrag zwischen den drei Anbietern gedrittelt. Jetzt wurde hart verhandelt, und wenn ein Lieferant nicht mitzog, blieb er eben draußen vor – was mir dann allerdings Anrufe der Politiker bescherte, in deren Einflussbereich das Werk des Verlierers lag. Die Einsparung für die DB AG im ersten Jahr nach der Bahnreform betrug 1,5 Milliarden D-Mark.

Ein weiteres Problem hatten wir bei Bauleistungen. Da galt die Verdingungsordnung für Bauleistungen (VOB), in der ein lieferantenfreundlicher Prozess festgelegt war, der eigentlich Preisverhandlungen ausschloss. Aber ich wollte nicht nur über Preise, sondern auch über technische Optimierungen und marktmäßige Möglichkeiten unserer Baufirmen verhandeln, wie ich dem Bundeswirtschaftsminister schrieb. Wir brauchten eine Öffnung der starren Vorschriften. Die Auseinandersetzung über das Thema, das extrem juristisch geprägt war, eskalierte bis in die Spitze der Bundesregierung. »Der Dürr gefährdet den Mittelstand«, meinte Wirtschaftsminister Graf Lambsdorff. Das war natürlich Unsinn, denn wenn es um den Mittelstand ging, wusste ich Bescheid und kannte als Chef der Firma Dürr gar nichts anderes als knallharte Preisverhandlungen mit den Kunden. In der Sache ging es mir um Wettbewerb, um neue Ideen, um bessere Qualität. Bei der Bahnindustrie war es einfacher. Aber auch da musste ein Umdenken einsetzen. Was nützte ein billiger Preis für eine Lok, wenn sie öfter repariert werden musste? So gingen wir dazu über, nach Lebensdauerkosten (»life cycle costs«) zu bestellen. Wenn die deutsche Bahnindustrie heute eine Spitzenposition auf dem Weltmarkt hat, ist das nicht zuletzt darauf zurückzuführen, dass die DB AG ihre Aufträge im Wettbewerb vergibt und die Industrie damit zu Höchstleistungen anspornt. Mit dem Vorwurf, ich hätte die deutsche Bahnindustrie viel Geld gekostet, kann ich leben. Lernkurven kosten eben Geld.

Das Schöne-Wochenende-Ticket und andere Projekte

Der Nahverkehr, auch Regionalverkehr genannt, war damals wie heute der größte Umsatzträger der Bahn und zudem hoch subventioniert. Aber er hatte kein gutes Image. Deshalb investierten wir und setzten einen neuen Chef ein, Klaus Daubertshäuser, verkehrspolitischer Sprecher der SPD, der auch wusste, wie man mit Landespolitikern umging. Die waren wichtig, da sie seit der Bahnreform bei uns die Leistungen bestellten. Früher lag es im Ermessen der Bahn, wo, wie und wann gefahren wurde. Daubertshäuser wurde ein sehr engagierter Vorstand bei der Bahn: Als stellvertretender Vorsitzender des Verkehrsausschusses hat er die ganze Genesis der Bahnreform nicht nur mitgemacht, sondern mitgestaltet.

Ein Problem im Nahverkehr war, dass die Züge unter der Woche, also vor allem im Berufsverkehr, gut bis sehr gut besetzt waren, am Wochenende aber fast leer fuhren. So erfanden wir das »Schöne-Wochenende-Ticket«, ein sehr preisgünstiges Ticket, mit dem man am Samstag und Sonntag so weit fahren konnte wie man wollte. Die Aktion war ein voller Erfolg, teilweise waren die Züge an den Wochenenden sogar überfüllt. Endlich war die Bahn im Gespräch und nicht im Gerede.

Eine positive Nachricht war mir ganz besonders wichtig: Wir wollten nicht mehr der größte Verlustmacher in Deutschland sein, sondern zumindest ein ausgeglichenes Ergebnis, also die sogenannte »schwarze Null« erwirtschaften, die sich als Begriff schnell einbürgerte. Es war ja frustrierend für einen Eisenbahner, abends in seiner Kneipe höhnisch gefragt zu werden, ob er sich angesichts der Riesenverluste bei der Bahn überhaupt noch ein Bier leisten könne. Dass wir die »schwarze Null« bereits im ersten Halbjahr erreichten, ging natürlich nur in der neuen Struktur nach der Bahnreform. Der Bund hatte uns die Schulden abgenommen und bezahlte die Altlasten sowie die Restrukturierungskosten bei der Reichsbahn. Bei allen Gesprächen mit unserem Eigentümer, also der Politik, hatte ich klarzumachen versucht, dass die »schwarze Null« ganz entscheidend für den Erfolg der Bahnreform war. (Auch für die Bahn gilt eben die Faustregel, dass Wirtschaft zu 50 Prozent Psychologie ist.) Nur so war eine übergeordnete Motivation der Mitarbeiter und ihrer Umgebung zu erreichen.

Die finanzielle Sanierung der Bahn war naturgemäß ein Thema für den Finanzminister, der von Amts wegen zugeknöpfte Taschen hatte. Übrigens waren die Fronten zwischen Verkehrsministerium und Finanzministerium auch schon vor der Bahnreform verhärtet. Bei einem Gespräch beim Bundeskanzler ging es einmal um die Entschuldung der Bahn, also immerhin um 67 Milliarden D-Mark, die der Bund nach unserem Konzept übernehmen sollte. Helmut Kohl hatte für 8 Uhr 30 zum Gespräch geladen. Er saß in Strickjacke oben am Tisch, neben ihm Minister Krause, der zuständige Verkehrsminister, gegenüber Finanzminister Theo Waigel, Kanzleramtsminister Rudolf Seiters, Abteilungsleiter Johannes Ludewig, Pressesprecher Vogel und ich. Kohl begrüßte uns freundlich und meinte zu Waigel: »Theo, dein Vorgänger (gemeint war Franz Josef Strauß) hat um diese Zeit immer ein Glas Sekt getrunken. Wie sieht's mit dir aus?«

»Da sage ich nicht nein. Aber nur wenn's auch eine ordentliche Wurstplatte gibt.«

Also ließ Kohl Sekt und Wurstplatte bringen, und es entspann sich ein anregendes Gespräch über die Gepflogenheiten, mit denen der frühere bayrische Ministerpräsident und CSU-Vorsitzende in Bonn gepunktet hatte. Dann erklärte Krause wortreich und in sehr komplizierten Formulierungen seine Position, während Waigel mit dem Hinweis auf die Kosten dagegenhielt. Der Bundeskanzler machte hin und wieder einen Einwurf, hielt sich aber aus der eigentlichen Diskussion heraus. Gegen 10 Uhr erklärte er: »Ich sehe, ihr werdet euch einigen.« Und er wies seinen Pressesprecher Vogel an: »Gehen Sie zur Bundespressekonferenz und sagen Sie, dass die Bahnreform kommt.« Da meldete ich mich zu Wort: »Herr Bundeskanzler, könnte Herr Vogel wohl sagen, dass die Bahnreform bis spätestens Ende 1993 kommt?« Kohl stimmte zu: »Vogel, sagen Sie, die Bahnreform kommt bis spätestens Ende 1993.« Ich war beeindruckt zu erleben, wie in der großen Politik die Entscheidungen fielen. Und tatsächlich kam die Bahnreform Ende 1993.

Die Bahn hatte viele Ausbesserungswerke, Betriebswerkstätten und Betriebsstützpunkte, die fast alle noch aus der Zeit der Dampfbahn stammten, in der ja viel mehr repariert und generalüberholt worden war, als das heute der Fall ist. In diesem Bereich bestand ein großes Rationalisierungspotenzial, ein heikles Projekt, bei dem es in erster Linie um Arbeitsplätze und Menschen ging. Während bei Lokführern, Zugbegleitern und Servicepersonal eher neue Stellen geschaffen werden mussten, gab es bei den Werken und Reparaturbetrieben (dazu gehörte auch der Gleisbau) zu viel Personal. Und das war naturgemäß ein Thema für unsere Gewerkschaften, denen klar war, dass wir einen großen Personalüberhang hatten, auch wenn sie es nicht offen zugaben. In unseren Planungen für die nächsten drei Jahre war ein Wegfall von 40 000 Arbeitsplätzen pro Jahr ausgewiesen, was dazu führte, dass die Planung im Aufsichtsrat nur mit den Stimmen der Kapitalvertreter und den leitenden Angestellten verabschiedet wurde. Die Arbeitnehmer enthielten sich der Stimme.

Ende des Jahres führten wir auch normale Tarifverhandlungen mit den Gewerkschaften. Dabei wurde immer wieder das Thema der betriebsbedingten Kündigungen angesprochen, von dem ich wenig hielt: Wäre es dazu gekommen, hätte es uns viele gerichtliche Auseinandersetzungen und am Ende eine Sozialauswahl beschert, das heißt die Jungen, die wir eigentlich für die Bahnreform brauchten, hätten entlassen werden müssen und die Älteren wären geblieben. Mit dem »Bündnis für

Arbeit« konnten wir die größten Bedenken der Gewerkschaften und Betriebsräte ausräumen.

Ein besonderes Thema für die Gewerkschaften war die Wahl der Arbeitnehmer in den Aufsichtsrat. (Beim ersten Aufsichtsrat wurden alle Vertreter gesetzlich bestellt.) Das deutsche Mitbestimmungsgesetz ist hier äußerst kompliziert. Wir hatten 40 000 Betriebsräte und mussten in sechs Teilbetriebsversammlungen zu einem Ergebnis kommen. Auf der abschließenden Wahlveranstaltung im Sportpalast in Berlin, in der die Aufsichtsräte gewählt wurden, machten die Eisenbahner noch einmal Stimmung und pfiffen mich bei meiner kurzen Ansprache aus. Aber am Ende wurde ordentlich gewählt, und wir bekamen eine konstruktive Arbeitnehmerbank im Aufsichtsrat.

Alle Vorstände der Bahn hatten in der Zwischenzeit ordentliche Vorstandsverträge bekommen, wie in einer Aktiengesellschaft vorgesehen. Vorher hatte für alle ein öffentlich-rechtliches Dienstverhältnis gegolten. Wir versuchten, zu einer normalen Vorstandsarbeit zu kommen, richteten Videokonferenzen ein, denn wir hatten ja zwei Sitze, in Berlin und in Frankfurt. Auch unsere Pressesprecherin nahm an den Sitzungen teil – wobei ich die Beobachtung machte, dass eine Frau in einer solchen Runde durchaus Einfluss auf das Verhalten der Männer hatte, zumindest was die Ausdrucksweise anging.

Bei einem derart großen Vorstandsgremium bedurfte es schon einiger Anstrengungen, um zu Ergebnissen zu kommen, und manchmal kam ich mir wie ein Dompteur vor, denn die meisten meiner Kollegen hatten ja keine Erfahrung mit einem aktienrechtlichen Vorstand.

Wir beschäftigten uns mit großen Projekten wie dem neuen Hauptbahnhof in Berlin, für den ein Tunnel unter dem Tiergarten und unter der Spree gebaut werden musste, was im märkischen Sand gar nicht so einfach ist. Für die Unterquerung der Spree holten wir Spezialisten aus Paris, die über Erfahrungen bei der Untertunnelung der Seine verfügten. Beim Bahnhof am Flughafen Frankfurt überdachten wir die Gleise mit einer Platte, auf der später größere Gebäude errichtet werden konnten.

Eine große Rolle spielte die internationale Zusammenarbeit. Da gab es die Gemeinschaft der europäischen Bahnen (deren Vorsitzender ich in der Zwischenzeit geworden war) und die internationale Eisenbahnvereinigung, die Union International de Chemin de fer. Hier zu Ergebnissen zu kommen, war äußerst zeitaufwendig, denn die anderen Bahnen waren ja fast alle noch national ausgerichtet und dementsprechend schwerfällig. Einmal lud ich die Chefs aller europäischen Bahnen an den Bodensee ein, wo wir auf einem der Deutschen Bahn gehörenden Dampfer so lange auf und ab schipperten, bis wir zu einem Ergebnis für eine zukunftsgerichtete Zusammenarbeit gekommen waren. Alle Bahnchefs sprachen englisch, nur der Franzose bestand auf der Anwesenheit einer Übersetzerin, denn ihm war von seinem Außenministerium vorgeschrieben worden, dass die Verhandlungen auf Französisch zu führen waren.

Aber auch andere Themen nahmen den Vorstand in Anspruch. Da war der Bundesverkehrswegeplan, der schon seit Jahren Makulatur war, denn die geplanten Strecken entsprachen keineswegs den Haushaltsmitteln, die für den Bau zur Verfügung standen. Der Stückgutverkehr musste neu organisiert werden, und wir vereinbarten ein Joint Venture mit der Firma Thyssen. Kollege Reinhardt schlug ein »3-S-Konzept« (Service – Sicherheit – Sauberkeit) für die Bahnhöfe vor und installierte es auch. Wir führten die Bahncard ein, wobei wir das schweizerische System des »Halbpasses« zum Vorbild nahmen und 50 Prozent Reduzierung des Fahrpreises für den Besitzer einer Bahncard gewährten. Als finanziellen Partner für die Bahncard gewannen wir die Citibank, die sich auch personell auf dieses Thema einstellte und 500 neue Arbeitsplätze schuf.

Zum ersten Mal wurde in der Bahn ein Forschungs- und Entwicklungsplan erstellt, in dem die einzelnen Entwicklungsvorhaben detailliert beschrieben waren. Das Projekt Netz 21 war ein Schlüsselprojekt und wurde in vielen Sitzungen ausgearbeitet. Dabei ging es um eine Entzerrung zwischen schnell fahrenden Personenzügen und langsamen Güterzügen, die eine bessere Auslastung unseres 35 000-Kilometer-Netzes ermöglichen sollte. Wir wollten unsere Züge beschleunigen, denn nach einer Wirtschaftlichkeitsrechnung, der sogenannten »Breimeier-Formel«, erbrachte eine Minute Fahrzeitverkürzung ein Prozent mehr Fahrgäste. Erst viel später stellte ich fest, dass diese Faustformel wissenschaftlich kaum begründet war.

Wir verkauften unsere Verkehrsbank, die DVB, weil ich der Auffassung war, dass Bankgeschäft nicht zu unserem Kerngeschäft gehörte. Wir führten Gespräche mit der russischen Eisenbahn über eine Schnellverbindung Berlin-Moskau, was insofern problematisch war, als wir durch Weißrussland fahren mussten und dabei eine sehr lange Aufenthaltszeit beim Zoll in Brest, also beim Übergang von Weißrussland nach Russland, in Kauf nehmen mussten.

Die Vergangenheit der Bahn

In einer Klausursitzung des Vorstands in unserer Weiterbildungsstätte in Zabeltitz bei Dresden, einem wunderbaren alten Jagdschloss, das der Reichsbahn gehört hatte und inzwischen renoviert worden war, beschlossen wir einen Zehnjahresplan einschließlich eines Investitionsprogramms von 77 Milliarden Euro, der weitgehend eingehalten wurde, wie ich aus heutiger Sicht feststellen kann.

Bei dieser Klausurtagung zeigte ich meinen Kollegen auch einen Film aus der Nazizeit, der Adolf Hitler bei der Abnahme einer Lokparade in Nürnberg zeigte. Der oberste Reichsbahner, gleichzeitig auch Reichsverkehrsminister, hielt eine flammende Rede über die bedingungslose Treue der Eisenbahner zum Führer. »Meine Herren, das ist auch unsere Geschichte, mit der wir leben müssen«, sagte ich den Kollegen. Bei einer Verabschiedungsfeier für einen altgedienten Eisenbahner saß neben mir ein etwa 80-jähriger Mann, der nicht ohne Stolz erzählte, dass die Reichsbahn 1941 unter seiner Leitung 14 000 Sonderzüge für die Aktion »Barbarossa« (den deutschen Einmarsch in

Russland) bereitgestellt hatte, ohne dass der normale Betrieb darunter gelitten hätte.

Gegen Jahresende bekam ich Probleme mit Verkehrsminister Wissmann, der ungehalten war, dass wir nicht alle für die Bahn geplanten Haushaltsmittel bis zum Jahresende abgerufen hatten. (Ob das Jahr 1994 für die Bahn insgesamt erfolgreich gewesen war, interessierte ihn weniger.) Ich hielt unser Vorgehen eigentlich für sinnvoll, denn die Mittel waren ja genehmigt, und ich war der Meinung, man sollte sie erst dann in Anspruch nehmen, wenn sie tatsächlich gebraucht würden. Aber da hatte ich meine Rechnung ohne die Wirte des Haushalts gemacht. »Wenn ihr nicht alles bis zum Jahresende angefordert habt, verfallen die Mittel«, sagte mir ein Beamter des Finanzministeriums. Ein Jahr später riefen wir ab und hatten am 31. 12. zwei Milliarden D-Mark flüssige Mittel in unserer Bilanz. (Die Übertragung der Mittel ins nächste Jahr war erst viel später möglich.) Mit Wissmann sprach ich mehrmals über das Verhältnis des Eigentümers Bund zur Bahn. Es ging mir um den Artikel 14 des Grundgesetzes, der da lautet: »Eigentum verpflichtet.« Der Eigentümer, also der Bund, den der Verkehrsminister vertrat, musste sagen, was er mit der Bahn wollte.

Bei einem Hintergrundgespräch im Sparkassenverband wurde mir vorgehalten: »Der Steuerzahler gibt Ihnen, Herr Dürr, viel Geld und was hat der Staat eigentlich noch zu sagen?« Ich: »Dem Staat gehört die Deutsche Bahn AG. Er kann mit ihr machen, was er will und was er für richtig hält. Und so lange er den Vorstand nicht rauswirft, können Sie davon ausgehen, dass er mit der Politik des Vorstands einverstanden ist.« Das verstanden die Leute. (Im Jahre 2008 kümmert sich der SPD-Vorsitzende um die Bahn und handelt nur nach Parteiräson. Wo bleibt da der Artikel 14 des Grundgesetzes?)

Auch für das ganze Jahr 1994 erreichten wir die »schwarze Null« und konnten sogar einen Gewinn von 400 Millionen D-Mark ausweisen. »Aus meiner Erfahrung ist es ein Wunder«, erklärte der Aufsichtsrat Neuber von der West LB, »wie Sie von der Kameralistik zur Betriebswirtschaft gekommen sind.«

Ich konnte zufrieden sein – besonders nachdem mir beim Weihnachtsessen der pensionierten Bahnvorstände im IC-Restaurant in Frankfurt der frühere Arbeitsdirektor (GdEB) und vormals sehr mächtige Mann im Vorstand dafür dankte, was ich für die Bahn getan hätte. »Davon haben wir früher immer geträumt«, sagte er mit Tränen in den Augen. Der 91-jährige Heinz Maria Oeftering, langjähriger Präsident der Bundesbahn, hielt die Dankesrede frei und ohne sich ein einziges Mal zu versprechen. Ich bewunderte diese Disziplin.

Mit Günther Sassmannshausen ziehe ich noch einmal Bilanz für das erste Jahr Bahn AG: Wir sind entschlossen, die Sanierung noch konsequenter voranzutreiben.

»Und was machen Sie nächstes Jahr?«, fragt er mich beim Abschied.

»Das überlege ich mir in den Weihnachtsferien.«

Mit dem letzten Zug der Rhätischen Bahn fahre ich am 23. Dezember nach St. Moritz, wo meine Familie mich erwartet. Und die Familie ist größer geworden. Am 4. Juli bin ich Großvater geworden, Héloïse heißt meine Enkelin, die in Paris geboren ist.

Meine persönliche Bilanz für 1994? Es hat Spaß gemacht, Vorstandsvorsitzender der Deutschen Bahn AG zu sein. Die Gesundheit ist zufriedenstellend, nach dem Check in der Uniklinik Frankfurt erfahre ich: »Sie sind kerngesund, und das verdanken Sie ihren Genen.«

Die Stadt Berlin dankt mir

Ein neues Amt habe ich auch übernommen: Aufsichtsratsvorsitzender von »Partner für Berlin«. Die vom Senat und 20 privaten Großunternehmen gegründete Gesellschaft, eine sogenannte Private-Public-Partnership (PPP), sollte etwas für den Ruf der Stadt tun, deren Hälften noch nicht so richtig zusammengewachsen waren. Es ging also um Hauptstadtmarketing, was mit einem Ex-Senator als Geschäftsführer ziemlich gut gelang. Wir veranstalteten »Events«, errichteten die rote »Infobox« am Potsdamer Platz, die im Wesentlichen durch die Bahn finanziert wurde, die »Schaustelle«, mit der die an und für sich lästigen Baustellen zu szenischen Vorgängen umgestaltet wurden, und führten die »Berliner Rede« ein, eine jährliche Rede zum Stadtjubiläum, die erstmals von Bundespräsident Roman Herzog mit seiner berühmten Ruck-Rede gehalten wurde. Und ich lernte Berlin von einer anderen Seite kennen, traf Menschen, die wenig mit der Bahn zu tun hatten, aber am Bahnchef interessiert waren. Ich fuhr nach Dublin und nach Paris und verkaufte die Hauptstadt Berlin als den Ort, an dem man entweder leben, investieren oder sich amüsieren musste. Es bereitete Vergnügen und ich saß oft in der ersten Reihe. 2002 bekam ich den Verdienstorden des Landes Berlin, überreicht von Klaus Wowereit, der seit Juni 2001 Regierender Bürgermeister von Berlin war und einer SPD-PDS-Regierung vorstand. In seiner Laudatio erklärte er: »Als Aufsichtsratsvorsitzender wirkten Sie erfolgreich an der Aufgabe mit, Berlin nach außen und innen attraktiver zu machen, Berlin zu vermarkten und Investoren für Berlin zu gewinnen. Heinz Dürr hat sich in seinen verschiedenen Funktionen stets für den Standort Berlin eingesetzt. Die Stadt hat ihm zu danken.«

Aber wie dankt eine Stadt eigentlich? Indem sie einen zu allen möglichen Veranstaltungen einlädt, zu Lesungen, zu Staatsbesuchsempfängen, zum Stadtfest? Du stehst auf einer Liste und bekommst die Einladungen. Nur wenn du auf den Listen für die Einladungen stehst, bist du jemand für die Stadt. Dann kann sie dir auch danken.

Wowereit hatte ich schon vor seiner Zeit als Bürgermeister kennengelernt, als er noch im Hauptausschuss der Stadt war. Zusammen mit Freunden hatten wir ihn zum Golfspiel mitgenommen, bei dem er sich überaus ehrgeizig und nicht untalentiert zeigte. Industriepolitik interessiert ihn weniger, obwohl sie ja ein Schwachpunkt in Berlin ist. Dafür setzt er auf Kultur, Medien, Entertainment und Film, und da hat er etwas bewegt. Berlin ist »in«. Die das finden, stört die Rot-Rote-Koalition wenig, zumal die PDS/Linke eine einigermaßen vernünftige Stadtpolitik mitträgt. Wowereit sei umtriebig, fleißig und ein »Aktenfresser«, sagen seine Mitarbeiter. Mit ihm und seinem Lebensgefährten, einem Psychiater, führten meine Frau und ich eine Reihe interessanter Gespräche. Einmal sagte Wowereit zu meiner Frau: »Ich mag Ihren Mann, weil er nichts von mir will.«

Der Verdienstorden des Landes Berlin war nicht meine erste staatliche Auszeichnung. Schon früh bei der Bahn hatte mich der Chef der polnischen Eisenbahn für meine Verdienste bei der Einrichtung einer direkten Verbindung Berlin-Warschau, einem Zug namens »Berolina«, mit dem »goldenen Ehrenzeichen für Verdienste im Verkehrswesen der Republik Polen« dekoriert. Bei den Fernsehaufnahmen zur Ordensübergabe wankte ich ein bisschen: zu viel Wodka beim vorausgegangenen Mittagessen. Im Juli 1994 heftete mir dann Minister Wissmann in einer schlichten Zeremonie das Bundesverdienstkreuz erster Klasse ans Revers, später kam noch das große Verdienstkreuz der Bundesrepublik Deutschland dazu. Ich fühlte mich nie als Ordensträger und stecke mir die Ordensnadel auch heute ganz selten ans Revers, vielleicht auch deshalb, weil meine Frau und meine Töchter das übertrieben finden.

Die Arbeit an der Bahnreform ging auch im neuen Jahr weiter. Es gab viel zu tun. Unter anderem ließ die Pünktlichkeit unserer Züge zu wünschen übrig, und immer wieder kam es auch zu Verspätungen wegen Selbstmördern. Durchschnittlich zwei Fälle pro Tag wurden (und werden heute noch) registriert. Wenn sich ein Mensch vor den Zug geworfen hat, kommt der Zugbetrieb zum Stillstand und Staatsanwalt und Polizei müssen den Fall aufnehmen. Die Durchsage im Zug lautet lapidar: »Wir haben Verspätungen wegen Personen im Gleis.« Schlimm sind solche Unfälle auch für die betroffenen Lokführer, von denen manche ihren Beruf trotz psychologischer Betreuung aufgeben müssen.

Wir fuhren noch einmal nach Japan, um uns die Japan Railway East anzusehen, die als extrem pünktlich galt, und machten bei diesem Besuch die Beobachtung, dass die Japaner im Einsatz moderner Informationstechnologie sehr viel weiter waren als wir. Unsere japanischen Kollegen hatten eine weitreichende Zusammenarbeit mit allen großen japanischen Hightech-Konzernen wie Sony, Hitachi und NEC vereinbart, die sie uns in einem Symposium vorstellten. Eine solche Öffnung nach außen zu Firmen aus anderen Bereichen, insbesondere aus dem Technologiebereich, war immer noch ein Problem für die deutschen Eisenbahner, die der Ansicht waren, selber alles am besten zu wissen.

Kann mir Bill Gates helfen?

Um das zu ändern, traf ich mit Bill Gates zusammen, den ich fragte, ob er uns mit seinem Know-how helfen könne. Gates war noch nie mit einem Zug gefahren, aber als ich ihm erklärte, dass wir 3,5 Millionen Fahrgäste pro Tag haben, begriff er. »Das sind ja 3,5 Millionen Kunden pro Tag!«, rief er aus und wandte sich an seine deutschen Geschäftsführer. »Denen können wir doch einen PC-Pocket geben, damit die vom Zug aus ins Internet können. Hat die Bahn nicht ein Telekommunikationsnetz, das über das ganze Gleisnetz verteilt ist?« Gates machte den Eindruck eines bescheidenen und konzentrierten Mannes, der auf seinem Stuhl hin und her wippte, solange er nachdachte, aber still sitzen blieb, wenn er das Wort ergriff. Wir verabredeten weitere Treffen, die aber leider nicht zustande kamen, da die Eisenbahn offensichtlich nicht im Fokus von Microsoft stand.

Bei meinen Besuchen in Japan fuhr ich mehrmals auf dem Führerstand des »Shinkansen« mit, des japanischen Hochgeschwindigkeitszuges, und sah, mit welchem Engagement die japanischen Mitarbeiter ihrer Arbeit nachgingen. Für mich bestand der größte Unterschied zu unseren Angestellten darin, dass die Japaner irgendwie disziplinierter waren und nicht ständig fragten, warum Anweisungen so und nicht anders waren. In dieser Hinsicht bestand bei uns noch Nachholbedarf, ganz besonders bei den Führungskräften. In einer konzernweiten Umfrage wurde uns im Vorstand vorgehalten, dass die Mitarbeiter wenig Vertrauen zum Management der DB AG hätten. (Erstaunlicherweise traf das weniger auf die Reichsbahner als auf die Bundesbahner zu.) Besonders kritisch waren die Betriebsräte. Immer wieder ging es um die Führung in unserem Unternehmen. Ich plädierte für Offenheit und Transparenz, ganz im Sinne der Gesellschaftlichen Veranstaltung und einer personal ausgerichteten Organisation. Ich wurde verstanden, und manchmal fiel sogar das Wort vom »Kollegen Dürr«. Aber oft war ich selbst zu kritisch, besonders, wenn ich zu Führungskräften sprach. Ich wollte die Leute eben aufrütteln und merkte dann mitunter, dass ich zu weit gegangen war, dass ich gleichsam oben auf dem Hügel stand, meine Truppen mir aber nicht gefolgt waren.

Mehr noch machten mir aber die Schwierigkeiten mit unserem Eigentümer, dem Bund, zu schaffen. Insbesondere der Finanzminister bremste uns in unserem Elan, da die Haushaltslage inzwischen kritischer geworden war und die Steuereinnahmen sanken. Wir vereinbarten einen Jour fixe mit Finanzminister und Verkehrsminister, bei dem wir alle offenen Fragen ansprachen – wobei es im Grunde immer um das Geld ging, das wir gemäß Bahnreform für unsere Investitionen beanspruchen konnten, das aber der Haushalt im Moment nicht hergab. Auch die Parlamentarier erkannten allmählich, was die Bahnreform für sie bedeutete und dass der alte direkte Zugriff nicht mehr gegeben war. Sogar der Bundeskanzler erklärte in einer Fraktionssitzung der CDU: »Herr Dürr und sein Vorstand heften sich die Erfolge der Bahnreform ans Revers und laden bei der Politik ihre Probleme ab.«

Das war ungerecht und naturgemäß ziemlich frustrierend, und manchmal fragte ich mich, ob ich mir das alles antun musste. Aber es gab so viel Neuland und so viele neue Projekte, an denen ich mich immer wieder aufrichtete. Wir dachten uns eine neue Werbekampagne aus und ersetzten den alten Slogan »Bahn Unternehmen Zukunft« durch das Schlagwort »Die

Bahn kommt«. Wir beschäftigten uns mit einem Bahn-TV, für das wir auf unser bahninternes Kommunikationsnetz zurückgreifen wollten. Ich sprach mit Leo Kirch, mit Bertelsmann und mit Pro Sieben. Auch das ZDF hatte Interesse. Schließlich aber machte mir Helmut Thoma von RTL klar, wie viel Geld ein solcher Sender schon im Anlauf kosten würde. Da wurde ich stutzig, denn wenn das stimmte, gab das unsere Finanzlage nicht her.

Ein anderes Projekt war erfolgreicher: der Einsatz unseres Kommunikationsnetzes für die Telekommunikation. Wir gründeten eine Gesellschaft DB Com, in die wir diese Aktivität ausgliederten, und wollten 49 Prozent der Gesellschaft entweder an die Börse bringen oder einen Partner suchen, der von dem Geschäft mehr verstand als wir. Nach einer großen Ausschreibung, die von Morgan Stanley gemanagt wurde, bewarben sich die großen Energieunternehmen VEBA, RWE und VIAG um eine Beteiligung, aber auch Mannesmann, der Betreiber des D2-Netzes. Wir sprachen mit der Japan Telecom, die aus der Japan Railway East ausgegliedert worden war und praktisch das schon vollzogen hatte, was wir noch planten. Selbst mit World Com, einer amerikanischen Telefonfirma, die damals groß im Vormarsch war, später dann grandios Konkurs machte, redeten wir, genauso wie mit der DEBIS vom Daimler-Benz-Konzern. Auch Thyssen war interessiert, denn der damalige Vorstandsvorsitzende Dieter Vogel wollte die Telekommunikation in seinem Konzern zu einem mächtigen Geschäftsfeld ausbauen.

Der ganze Vorgang war ziemlich politisch, da zum gleichen Zeitpunkt die Deutsche Telekom an die Börse gehen sollte und der Bund nicht unbedingt an Konkurrenz interessiert war. Insbesondere schien das bei Mannesmann der Fall, da die mit dem amerikanischen Telekomriesen AT&T verbunden war. Auf der anderen Seite war Mannesmann aus meiner Sicht gerade deshalb der interessanteste Partner, auch weil der Leiter des dortigen Telekombereichs, Peter Mihatsch, der das D2-Netz aufgebaut hatte, auf mich den kundigsten Eindruck machte. Am Ende lief es auf einen Zweikampf zwischen Thyssen und Mannesmann hinaus. In der entscheidenden Aufsichtsratssitzung meinte der Betriebsratsvorsitzende Mössinger: »Wenn Mannesmann mit AT&T die schärfste Konkurrenz für die Deutsche Telekom ist, müssen wir die nehmen. Dann haben wir den stärksten Partner.« Nach Rücksprache mit dem Bundeskanzler wurde tatsächlich so entschieden. Wir bekamen eine Milliarde D-Mark für die 49 Prozent der DB Com, die unseren Investitionen zugutekamen, und fusionierten die DB Com mit der Mannesmann Gesellschaft zur Arcor, die heute die zweitgrößte Telefongesellschaft nach der Deutschen Telekom ist.

Das größte Investitionsprojekt, das die Bahn je hatte, war die Neubaustrecke Köln-Rhein-Main. Nach jahrelanger Arbeit an den Ausschreibungen begannen die Verhandlungen mit dem Bund über die Finanzierung der Strecke. Ich einigte mich mit Finanzstaatssekretär Overhaus auf einen Festbetrag, bei dem die Kosten gegenüber der Planung um 30 Prozent reduziert waren. Um den Auftrag begann ein großes Gerangel der Bauindustrie. Am günstigsten wäre es gewesen, ihn an eine Firma zu vergeben, aber das ging aus politischen Gründen nicht. So wurden drei Teilstücke an eine Arbeitsgemeinschaft der großen deutschen Baufirmen, an ein österreichisches Konsortium, das besondere Erfahrungen im Tunnelbau hatte (die Strecke hatte insgesamt 30 Tunnel) und an ein Mittelstandskonsortium vergeben, was besonders im Interesse der Politik lag. Eine Neuerung auf dieser Strecke war die sogenannte feste Fahrbahn, also die Befestigung der Schienen auf Betonplatten, deren Vorteil gegenüber einem Schottergleisbett die wesentlich niedrigeren Instandhaltungskosten waren, da bei einer normalen Schotterverlegung immer wieder von Hand »nachgestopft« werden musste, was naturgemäß mehr Personal bedeutete. Problematisch war, dass die Länder Rheinland-Pfalz und Hessen im Rahmen der Planfeststellung, also praktisch der Genehmigung zum Bau der Strecke, verlangten, dass sowohl in Montabaur wie in Limburg Halte einzurichten waren, was nicht nur eine Kostenfrage war, sondern auch eine Verlängerung der Fahrzeit von Frankfurt nach Köln bedeutete. Andererseits wurde damit der Raum Limburg mit dem ICE besser an den Großraum Frankfurt angebunden. Im Raum Siegburg mussten wir die Strecke um einen Friedhof herumführen und der zunächst vorgesehenen Untertunnelung wurde vom zuständigen Pfarrer massiv mit dem Argument widersprochen, die Toten müssten ihre Ruhe haben. So liefen die Kosten aus dem Ruder. Aber als die Strecke 1998 in Betrieb genommen wurde, waren alle begeistert.

Wir fuhren auch in die USA, wo die Güterbahnen nach einer Reform privatisiert worden waren und einen beachtlichen Aufschwung erlebt hatten. Ich hielt einen Vortrag bei der American Association of Railroads in Washington und lernte dabei die Leute von CSX, einer der größten Güterbahnen der USA, kennen. Mit ihrem Chef, John Snow, dem späteren US-Finanzminister, stand ich von Anfang an in engem Kontakt und zusammen mit der holländischen Bahn gründeten wir schließlich eine gemeinsame Firma, die sich speziell mit dem kombinierten Ladungsverkehr (KLV) beschäftigen sollte.

Die Firma (NDX) wurde im Kurhaus Schevenigen unter Beisein der holländischen Verkehrsministerin gegründet und nahm ihre Arbeit auf. Sie sollte europaweit agieren, scheiterte aber daran, dass die nationalen Interessen der einzelnen Eisenbahngesellschaften nicht mit dem übergeordneten Konzept von NDX in Einklang gebracht werden konnten. (Heute sind die europäischen Bahnen diesem Thema gegenüber viel aufgeschlossener. Wir waren unserer Zeit also voraus.) Bei einem Besuch der CSX in Jacksonville wurde mir noch einmal klar, dass die Vorteile der amerikanischen Güterbahnen nicht nur in den langen Strecken, sondern auch in einer sehr flachen Organisationsstruktur lagen.

Bei meinem Besuch in Washington besuchte ich auch das dortige Holocaust-Museum, in dem die Rolle der Reichsbahn beim Genozid auf eine äußerst bedrückende Weise dargestellt wird. Zurück in Deutschland schickte ich dem Direktor des Museums Fahrpläne der Reichsbahn, aus denen hervorging, wie viele Züge damals in die KZs gefahren waren.

Ich führte Gespräche mit Ministern der Bundesregierung, auch mit Jürgen Rüttgers, dem Minister für Forschung und Technologie. Nach einem allgemeinen Gespräch über die Bahn kamen wir zu den Details. Ich sagte Rüttgers, ich fände es erstaunlich, dass der Bund die Entwicklung einer Bremse für den ICE bei Siemens mitfinanziere, da doch schwer vorstellbar sei, dass Siemens seine Züge ohne Bremse verkaufe. Rüttgers war perplex. Als er seinen Beamten später von dem Gespräch mit mir berichtete, verstanden die die Welt nicht mehr.

Ich treffe Frau Merkel

Auch mit Frau Merkel, der damaligen Umweltministerin, führte ich ein ausführliches Gespräch über die Bahn. Sie war nicht besonders vorbereitet, verstand es aber, ihren Sprechzettel zu nutzen. Auf einer gemeinsamen Pressekonferenz stellten wir die Umweltfreundlichkeit der Bahn heraus, was Wissmann ein wenig zu irritieren schien: »Als Minister bin ich für Sie zuständig«, erklärte er mir.

Der Umgang mit Frau Merkel gefiel mir vielleicht auch deshalb, weil sie als Frau in der reinen Männerwelt der Bahn eine Seltenheit war. Überdies machte sie auf mich einen eher zurückhaltenden, ja fast verschämten Eindruck. Bei einem späteren Treffen im Haus des Versandhauschefs Michael Otto, bei dem es um Ökologie im Allgemeinen und Ökosteuern im Besonderen ging, hörte sie aufmerksam zu, schien für die Ideen anderer aufgeschlossen und trat durchaus sympathisch auf. Auch nachdem sie sich von ihrem Übervater Kohl mediengerecht mit einem Artikel in der »Frankfurter Allgemeinen Zeitung« emanzipiert hatte, drängte sie sich nicht in den Vordergrund, wenngleich man spürte, dass sie jetzt etwas bewegen und die Dinge selbst in die Hand nehmen wollte – vor allem, nachdem sie erlebt hatte, wie schwach die christlich-soziale Männerschar um sie herum war. Dass sie einmal Bundeskanzlerin werden würde, ist mir damals nicht in den Sinn gekommen.

Im Wahlkampf 2005 erlebte ich sie noch einmal in einer kleinen Runde von Wirtschaftsführern. Sie wirkte bescheiden, war aber äußerst aufmerksam. Als ihr ein Großmeister der Wirtschaft vorrechnete, dass sie die Wahl nur gewinnen könne, wenn die CDU auch in Nordrhein-Westfalen die Mehrheit erziele, was mit Rüttgers nicht zu erwarten sei, mit dem man deshalb nicht in den Wahlkampf ziehen dürfe, antwortete sie trocken: »Da gibt es aber einen Landesverband und der bestimmt den Kandidaten. Sie haben es als Vorstand offensichtlich leichter mit dem Rauswerfen.«

Als Physikerin kann Frau Merkel ableiten, in Strukturen denken und auch mal ein Experiment wagen, so wie das Experiment mit dem Steuerexperten Kirchhof, der sich mit seinen schlichten, an und für sich richtigen, zum Teil aber widersprüchlichen Vorschlägen als echte Steilvorlage für den politischen Gegner, die SPD, erwies. (»Was für ein Geschenk das war, haben wir bei der SPD erst nach einiger Zeit erkannt«, so Wowereit in einer privaten Runde.)

Was mir an Frau Merkel gefällt, ist, dass ihr das Imponiergehabe ihrer meisten Kollegen fremd ist. Ob sie die Gesetze der Marktwirtschaft wirklich verinnerlicht hat und dafür zu kämpfen bereit ist, weiß ich nicht. Dass sie aus dem Osten Deutschlands kommt, scheint mir ein Vorteil zu sein. Dort hat sie erfahren, was es heißt, sich ohne öffentlichen Krawall durchzusetzen. Und wenn sie mit leicht eingezogenen Schultern und abgewinkelten Armen am Rednerpult steht und versucht, Klartext zu reden, dann spürt man, dass diese Frau sich wehren kann.

Wir legen die erste Bahnanleihe in Höhe von einer Milliarde D-Mark auf. Wir sind also am Kapitalmarkt angekommen. Kollege Sack und ich machen Roadshows in Frankfurt, in Zürich und in London. Unsere Story kommt an und die Anleihe wird überzeichnet. Ich trage vor, was die Bahn alles kann, Kollege Sack erläutert die Zahlen. Man nimmt uns unsere Zukunftsaussichten ab.

Wir prüfen eine Zusammenarbeit mit der Post, von der politisch verlangt wird, dass sie mehr Transporte auf der Schiene durchführt. Wir finden einen Weg, und gemeinsam mit dem Chef der Post, Klaus Zumwinkel, gebe ich eine Pressekonferenz, in der wir unsere Zusammenarbeit verkünden, für die die Post sogar noch zahlt. (In der Praxis allerdings fahren die Postler dann doch lieber mit dem Lkw.)

Mein Vertrag mit der DB AG wird vom Aufsichtsrat verlängert. Meine Vorstellung war 750 000 D-Mark Gehalt (375 000 Euro), aber die Staatssekretäre im Aufsichtsratspräsidium sind der Meinung, 700 000 D-Mark (350 000 Euro) sähen besser aus, es gäbe ja auch noch einen Bonus. Ich erkläre mich einverstanden.

Ich lese Lukas 10 im Berliner Dom

Immer wieder gibt es völlig neue Erlebnisse, etwa die Begegnung mit der Bahnhofsmission: Einfache Menschen helfen anderen Menschen, die aus irgendeinem Grund aus der Bahn geworfen worden sind. Am Bahnhof Frankfurt besuche ich die Mission, fast angewidert von manchen der Typen, die dort Hilfe suchen. Aber als ich mit den Frauen spreche, die sich um diese Leute kümmern, wird mir klar, was soziales Engagement auf dieser Ebene ist, also in einer Welt, die so ganz anders ist als die, in der ich lebe. In Berlin findet dann eine große Veranstaltung zum 100-jährigen Jubiläum der Bahnhofsmission mit einem ökumenischen Festgottesdienst im Berliner Dom statt. Ich darf das Evangelium lesen. Lukas 10. *»Die 72 aber kamen zurück voll Freude und sprachen: Herr, auch die bösen Geister sind uns untertan in deinem Namen. Er sprach aber zu ihnen: Ich sah den Satan vom Himmel fallen, wie einen Blitz. Seht ich habe euch Macht gegeben zu treten auf Schlangen und Skorpione und Macht über alle Gewalt des Feindes und nichts wird euch schaden. Doch darüber freuet euch nicht, dass euch die Geister untertan sind, freuet euch aber, dass eure Namen im Himmel geschrieben sind.«*

Ich singe und bete mit. Bete ich wirklich? Was ist Beten? 2000 Menschen im Dom, einfache Menschen zumeist, einfach gläubig, beten. Die Stimmung im Dom bewegt mich. Mein Grußwort fällt mir leicht, das Evangelium zu lesen, schwer.

Ich frage mich: Habe ich Macht? Ich habe mich das schon früher gefragt, zu Tarifzeiten. Jetzt ist das anders. Ich bin der Chef eines sehr großen Unternehmens, zumindest was die Zahl der Mitarbeiter angeht. Habe ich jetzt die Macht, meine Konkurrenten draußen im Markt und drinnen im Unternehmen (»Schlangen und Skorpione«) zu »treten«, sprich zu besiegen und alle »Gewalt« zu brechen? Laut Aktiengesetz habe ich nur die Macht, den Vorstand zu leiten, ich kann nicht anweisen. Aber es gilt die normative Kraft des Faktischen. Und als Vorstandsvorsitzender kann ich Privilegien verteilen. Die Art und Weise, wie ich das tue, spielt eine große Rolle. Auch mir stehen Privilegien zur Verfügung. Ich bin umgeben von einem »Hofstaat«, wie mein Freund Sassmannshausen meint. Und ein Mächtiger hat heutzutage immer Bewacher um sich, dezent den Knopf im Ohr, stets präsent.

Dennoch habe ich mich eigentlich nie wirklich mächtig gefühlt, sondern habe nur darauf bestanden, dass man mir zuhörte, dass man mich nicht unterbrach und offen zu mir war. Meine Macht, etwas zu bewegen, beispielsweise bei der Bahnreform, kam nicht aus dem Amt, sondern aus meiner Fähigkeit, andere überzeugen zu können. Entscheiden muss man als Mächtiger, knallhart lieben es die Leute, besonders die, die nicht direkt von der Entscheidung betroffen sind. So gesehen habe ich schon »Macht über alle Gewalt des Feindes« – und bin naturgemäß froh, dass »nichts mir schaden« wird. Der wahrhaft mächtige Vorstandsvorsitzende weiß, seine Macht vorsichtig zu dosieren, und »freut sich nicht, dass ihm die Geister untertan«. Auch weil er weiß, dass Macht selten auf Dauer verliehen ist. Ich habe viele Leute mit Macht getroffen. Oft wollte ich etwas von ihnen, war freundlich und entgegenkommend, und wenn ich herablassend behandelt wurde, gehörte das irgendwie dazu. Aber wie hat ein mächtiger Einkaufschef zu mir in meinen jungen Jahren gesagt: »Die Arschleckerei geht immer reihum.« So zu denken, fällt nicht leicht im Dom zu Berlin, auch wenn man in der ersten Reihe auf einer harten Kirchenbank sitzt.

Mit Aussenminister Kinkel unterwegs nach Sarajewo

Im Dezember 1995 soll ich mit Außenminister Kinkel nach Sarajewo fliegen, zur Inbetriebnahme einer Elektrizitätsstation bei der dortigen Bahn. Im vornehm eingerichteten Regierungsairbus fliegen wir von Köln-Wahn zum Nato-Stützpunkt Falconara und steigen dort in eine Transall zum Weiterflug nach Sarajewo. Noch im Airbus gibt ein Luftwaffenhauptmann Anweisung: »Im Transall werden wir Ihnen Splitterschutzwesten und Fallschirme anlegen.« Die muntere Unterhaltung bricht ab, die Journalisten sehen sich gegenseitig an. Fallschirme? Die Luftwaffensoldaten in der Transall sind hilfreich und befestigen uns mit dem Fallschirm an einer Leine. Und wie geht das, wenn der Fallschirm gebraucht wird?

»Dann machen wir hinten die Klappe auf und Sie springen raus.«

»Und wenn ich in einem Baum hängen bleibe?«

»Wir holen Sie schon runter.«

Wir fliegen los, sitzen an der Bordwand aufgereiht wie sonst die Soldaten. Es wird kaum noch geredet, auch die geschwätzigsten Journalisten werden still. Aber wir kommen nicht bis Sarajewo. Nebel und Schnee hindern uns daran. Wir fliegen zurück nach Falconara. Auf dem Luftwaffenstützpunkt gibt Kinkel ein Spaghetti-Essen aus. Von den Soldaten erfahren wir, dass zur gleichen Zeit die französische Herkules in Sarajewo gelandet ist. (Wollte der Verteidigungsminister Rühe nicht, dass sein Kollege Kinkel die große Show in Sarajewo abzieht?)

In einer Klausurtagung des Vorstands geht es um die zweite Stufe der Bahnreform, vor allem um Fragen der Divisionalisierung, also um das Problem, wie die einzelnen Aktivitäten auf Gesellschaften aufgeteilt werden könnten, so wie es in der

Bahnreform vorgeschrieben war. Wissmann, Sassmannshausen und ich hatten uns einen Zeitrahmen von zehn Jahren für die Erfüllung der Bahnreform gesetzt. Würde ich so lange Bahnchef bleiben, wäre ich am Ende dieser Zeit 71 Jahre alt. Das erschien mir und meinem Aufsichtsratsvorsitzenden zu alt. Wir kamen deshalb überein, schon für 1997 einen Nachfolger für mich zu suchen. Ich hätte dann noch die Möglichkeit, die Bahnreform bis zum Jahre 2004 als Aufsichtsratsvorsitzender zu begleiten. In diesem Amt ist man ja nicht so unter Stress wie als Vorstandsvorsitzender.

Am 3. Februar 1995 ging ich zu Bundeskanzler Kohl und schlug ihm vor, bis zur Hauptversammlung 1997 Vorstandsvorsitzender zu bleiben und anschließend den Aufsichtsratsvorsitz zu übernehmen. Günther Sassmannshausen werde dann zurücktreten. Kohl hielt das für eine gute Lösung und plädierte dafür, diese Regelung sofort zu verkünden, da es Gerüchte gäbe, ich wolle aufhören. Auch Verkehrsminister Wissmann und die entscheidenden Aufsichtsräte waren damit einverstanden.

Die Begegnung mit Kohl dauerte länger als geplant. Ich empfand das Gespräch als freundschaftlich, fast vertraut und berichtete ihm, wie es bei der Bahn aussehe: dass wir jetzt viel günstiger einkaufen würden und dass ich an die Bauindustrie rangehen wolle. »Das müssen Sie unbedingt«, so Kohl. Dann erzählte er mir von seinen Erfahrungen aus seiner Zeit als Ministerpräsident in Rheinland-Pfalz, als die Experten ihn beim Bau der Bundesautobahn hatten hängen lassen. »Sie müssen einfach anfangen, dann bekommen Sie auch das Geld für den Ausbau bis zum Ende.« Kohl interessiert sich auch für Daimler und für den Nachfolger von Reuter, den er offenbar nicht näher kennt. (Den Namen Schrempp nennt er nicht.) Herrhausen hätte ihm den anderen, also Helmut Werner, vorgestellt. Der hätte ihm gefallen.

Wir kommen auf Hanns Martin Schleyer zu sprechen. Kohl erzählt, dass er Anfang der siebziger Jahre mit Schleyer auf dem Wolfgangssee gerudert sei. Als das Boot in einem plötzlich aufziehenden Sturm gekentert sei, hätte er Schleyer vor dem

Ertrinken gerettet. Danach seien sie echte Freunde geworden. (Wie ich später herausfinde, konnte Schleyer durchaus schwimmen.)

Wer wird mein Nachfolger bei der Bahn?

Sassmannshausen und ich erstellen ein Anforderungsprofil für den Vorstandsvorsitzenden der Deutschen Bahn AG. Er solle ein Unternehmer mit Erfahrung in der Führung von Großunternehmen sein, am besten ein Techniker mit kaufmännischen Kenntnissen und Erfahrungen mit der Mitbestimmung, ein Teamarbeiter, 45 bis 50 Jahre alt, ein Deutscher. Wir beauftragen einen Personalberater, der auch schon für die Deutsche Telekom in Vorstandsfragen unterwegs war und uns zu verstehen gibt, dass der Kreis der Kandidaten angesichts des Gehalts, das die Bahn einem Bahnchef zahlen könne, sehr eingeschränkt sei. Dann der übliche Ablauf einer solchen Suche: Longlist, Shortlist, viele Gespräche. Am Ende bleiben vier Kandidaten übrig, die wir gemeinsam bewerten. Favorit ist Hartmut Mehdorn von Heidelberger Druck, vorher bei Airbus.

Der sehr umfangreiche Prozess, der bereits im Juli 1996 begann, wird in enger Abstimmung mit Verkehrsminister Wissmann und seinem Staatssekretär Henke durchgeführt und vertraulich gehandhabt. Von verschiedenen Seiten werde ich angesprochen, ob ich nicht zwei Jahre verlängern wolle, insbesondere diejenigen Politiker, die mich aus dem Verkehrsausschuss kannten, drängen darauf. Aber ich bleibe bei meinem Plan.

Über Weihnachten treffe ich mich mit Mehdorn in St. Moritz und erkläre ihm die Bahn und was von ihm erwartet wird. Mehdorn ist sehr interessiert und hat sich ausführlich mit dem Thema beschäftigt. Er scheint meine Grundeinstellung zu teilen, dass die Zielsetzung bei der Bahn nicht in der kapitalistischen Maximierung des Gewinns, sondern in der Erbringung guter Leistungen für die Gesellschaft liegen müsse – allerdings unter der Voraussetzung, dass die Einnahmen größer als die Ausgaben sind. (Von Börsengang war nicht die Rede, von Inanspruchnahme des Kapitalmarkts schon.) Am Ende eines langen Spaziergangs im Schnee fragt er: »Können Sie mich denn auch politisch durchsetzen?«

Dass diese Frage berechtigt ist, zeigt sich einige Wochen später, als Sassmannshausen und ich zusammen mit Matthias Wissmann beim Bundeskanzler über die Frage der Nachfolge sprechen. Kohl beginnt das Gespräch, indem er noch einmal darlegt, wie er zur Bahn stehe und wie wichtig sie für ihn sei. Dasselbe hatte er mir schon am 4. Oktober 1990 erklärt, als er um mich als Bahnchef warb. Dann erläutert Sassmannshausen, wie wir auf Mehdorn gekommen sind, nennt das Anforderungsprofil und erwähnt die Gespräche mit dem Verkehrsminister. »Ich habe einen besseren Kandidaten«, erklärt uns Kohl, »meinen Staatssekretär Johannes Ludewig. Das ist der richtige Vorstandsvorsitzende.« Er begründet dies mit dem Hinweis, dass sich die Bahn in den nächsten Jahren sehr stark im politischen Raum bewegen würde. Ludewig sei ein Unternehmer, hätte auch Angebote aus der Industrie und einen glänzenden Ruf bei den Gewerkschaften. Und mit den kleinen Leuten könne er besonders gut.

»Herr Bundeskanzler«, gebe ich zu bedenken, »Herr Ludewig hat keine Erfahrung im Führen eines Großunternehmens. Und wenn jetzt ein Beamter Vorstandsvorsitzender wird, so ist das ein falsches Zeichen, nach innen und nach außen.«

»Aber der Heidelberger«, so Kohl, »den ich für einen guten Mann halte, hat zu wenig politische Erfahrung.«

Sassmannshausen und ich sind bestürzt. Da suchen wir in Abstimmung mit dem Verkehrsminister acht Monate nach einem Kandidaten, präsentieren dann endlich einen vernünftigen Vorschlag, aber der wird von Kohl vom Tisch gewischt. Einfach so. Für mich ist das ein Vertrauensbruch.

»Wie wirkt so eine politische Lösung?«, hake ich nach.

»Das ist keine politische Lösung«, widerspricht Kohl. »Ich habe mir alles genau überlegt.«

Er lässt nicht mit sich diskutieren. Stattdessen kommt er auf Jelzin zu sprechen, auf die Osterweiterung der Nato, auf die Medien und ihre Oberflächlichkeit, und beklagt, wie es um die Tugend der Diskretion bestellt sei. Das Thema Bahnchef scheint abgehakt.

»Also müssen wir jetzt mit Ludewig sprechen?«, frage ich.

»Machen Sie das«, so Kohl. »Und dann kommen wir noch mal zusammen. Vorab absolutes Stillschweigen. Ich habe mit niemand gesprochen. Erst wenn wir klar sind, werde ich mit den Koalitionsspitzen sprechen.« (Was sollte da noch zu besprechen sein?)

»Tut mir leid, dass ich anderer Meinung bin«, sagt Sassmannshausen noch beim Hinausgehen.

»Ist doch recht so«, erwidert Kohl.

So ist das also mit dem Vertrauen bei Politikern. Ich frage mich, warum Kohl nicht früher mit mir gesprochen hat? (Später erfuhr ich, dass die Personalie Ludewig schon im November 1996 im Kanzleramt besprochen worden war.) Ludewig war hochrangig ausgebildet und Kohls engster Berater in Wirtschaftsfragen und hatte sich überdies einen Namen als Ostbeauftragter gemacht. Aber mit mir hatte Kohl doch einen Unternehmer geholt. Und jetzt sollte wieder ein Beamter an der Spitze der Bahn stehen?

Am nächsten Tag sprechen Sassmannshausen und ich ausführlich mit Ludewig. Der präsentiert sich sehr geschickt, stimmt unseren Vorstellungen allseits zu und bekräftigt, wie sehr er sich für die Aufgabe einsetzen würde. Ich will mehr von ihm wissen und besuche ihn zu Hause, zusammen mit meiner Frau. Wir reden lange über Familie und Herkunft. Ludewig war mit sieben Geschwistern aufgewachsen, sein Vater war Unternehmer (auch Lieferant der Deutschen Bahn), harmonische Familienverhältnisse. Im Gespräch gibt er sich durchaus selbstkritisch. Das Prozedere zur Findung des Vorstandsvorsitzenden findet auch er nicht gut. Aber er geht nicht darauf ein, warum mich Kohl nicht ins Vertrauen gezogen hat. Am Ende des Tages sehe ich mehr das Positive, verdränge das Negative, also Ludewigs fehlende Erfahrung im Führen eines Unternehmens, und sage mir als Optimist, dass alles schon gut gehen werde. Aber welche Alternative hätten Sassmannshausen und ich gehabt? Hätte ich aus Protest mein Amt niederlegen sollen? Dann hätte der Blätterwald drei Tage lang gerauscht und anschließend wäre ich vergessen gewesen. Und die DB AG wäre ins falsche Fahrwasser geraten. Ich beruhige mich damit, dass ich Ludewig als Aufsichtsratsvorsitzender ja an seine Aufgaben heranführen kann.

Das letzte Gespräch mit Helmut Kohl

Aber ich will doch noch einmal mit Helmut Kohl sprechen. Sein Überraschungscoup nagt in mir. Ich bekomme einen Termin und wir reden lange miteinander. Kohl ist entspannt, trägt seine übliche Strickweste und keine Krawatte. Dass vor dem Bundeskanzleramt Tausende von Bergleuten gegen den Abbau der Kohlesubventionen demonstrieren, scheint ihn nicht zu stören. Mich schon, denn ich muss zu Fuß ins Kanzleramt gehen, bedrängt von pfeifenden Demonstranten.

Er freue sich, den reichen Mittelständler aus Schwaben zu sehen, erklärt Kohl leutselig.

»Stimmt, Herr Bundeskanzler, ich bin sogar reicher geworden seit Januar, denn der Kurs der Dürr-Aktie ist gestiegen.«

Das veranlasst Kohl, mir die Geschichte vom Sparkassendirektor aus der Vorderpfalz zu erzählen, der früher mit Mittelständlern Kredite verhandelt hätte und jetzt nur noch in seinem Zimmer säße und Aktien managen würde. Das sei sein Fall nicht: Als Sohn eines Obersteuerinspektors hätte er sich nie richtig mit diesem Thema beschäftigt. Aber sein Sohn Walter würde bei Morgan Stanley in New York arbeiten, sechzehn Stunden am Tag, und mehr Geld als sein Vater verdienen. »Und das mit 34 Jahren!«

Dann kommt Kohl wieder einmal auf Daimler-Benz zu sprechen. Man sei ja jetzt wohl wieder dort, wo man vor zwölf Jahren begonnen habe, beim Auto. Immerhin würde Daimler davon ja etwas verstehen. Ich gebe zu bedenken, dass Reuters Idee eines integrierten Technologiekonzern im Grundsatz richtig war. Leider habe die Umsetzung nicht geklappt.

»Reuter war eben kein Verkäufer«, sagt Kohl. Und er behauptet, Herrhausen habe Reuter eigentlich nur wegen des Namens gewollt.

Dann ist das Thema Bahn dran.

»Wie läuft es mit Ludewig?«, fragt Kohl. »Sie werden gut zusammenarbeiten und ein gutes Gespann sein.«

»Kann sein«, erwidere ich. »Aber ich will noch eine Frage klären: Warum haben Sie mich nicht früher von Ihrer Entscheidung in Kenntnis gesetzt? Hatten Sie kein Vertrauen zu mir?«

»Doch natürlich. Aber ich dachte, Sie würden weitermachen.«

»Aber ich habe Ihnen doch hier in diesem Zimmer gesagt, dass ich nur bis zum Juli 1997 Vorstandsvorsitzender der Bahn bleiben wolle.«

»Ja, aber ich habe immer wieder gehört, Sie würden noch zwei Jahre weitermachen.«

»Von wem?«

Darauf erhalte ich keine Antwort. »Ihr seid ein gutes Gespann«, wiederholt Kohl. »Aber zur Einführung von Ludewig komme ich nicht. Das sieht ja aus, als würde die Tante ihren Neffen einführen.«

»Herr Bundeskanzler, wir müssen eine Übergabeveranstaltung machen. Es geht auch um zwei Männer, die sieben Jahre für die Bahn und für die Bundesrepublik gearbeitet haben, und das für einen Gotteslohn.«

Kohl holt seinen Kalender heraus und fragt nur: »Geht der 22. Juli? Ist von mir aus okay.« Dann ruft er in meiner Gegenwart Ludewig an: »Hier sitzt Ihr Aufsichtsratsvorsitzender in spe. Lässt sich nicht abwimmeln. Könnten Sie am 22. Juli oder gehen Sie in Urlaub? Gut, dann also der 22. Juli.«

Das war Kohls meisterliche Art und Weise, mir klarzumachen, wem er wirklich vertraute. Beim Abschied sage ich, dass ich ab Juli mehr Zeit haben würde, auch für politische Aufgaben. »Sehr gut«, erwidert er. »Wir haben eh zu wenig gute Leute. Ich komme auf Sie zu.« Seine Büroleiterin lächelt mir zu. Ich danke ihr, dass sie den Termin für mich gemacht hat. Es ist sehr still im Bundeskanzleramt. Draußen ist Frühling, und der Schlachtenlärm der Demonstration ist verstummt.

Es war mein letztes persönliches Gespräch mit Helmut Kohl. Das wusste ich damals naturgemäß nicht. Aber so, wie sich die Dinge mit seinem Kandidaten Ludewig entwickelten, war das Ende unserer Bekanntschaft vorauszusehen. Kohl war nachtragend und hatte ein ungeheures Gedächtnis. In meinen Jahren bei der Bahn hatte ich ihn als Politiker schätzen gelernt, auch wenn mir seine barocke Art nicht lag. Aber mir imponierte, wie er den Staatsapparat in Griff hatte und Menschen für seine Ziele einsetzte. Er wusste, dass es in der Politik um Mut, Klugheit und Unerbittlichkeit, nicht um Aufrichtigkeit, Vernünftigkeit und Milde ging. Er konnte die politische Willensbildung in seinem Sinne gestalten. Dass deren Mechanismen eher anti-innovativ sind, störte ihn nicht. Die nächste Wahl war das alles entscheidende Kriterium.

Dass Kohl »ein Umdenken in den Köpfen« forderte (wo sonst?) oder davon sprach, man sei »mit der Grenze des Finanziellen am Ende«, fand ich naturgemäß nicht so beeindruckend. Die »geistig-moralische Wende«, die er bei seinem Antritt als Bundeskanzler verkündete, gefiel mir zwar, aber später stellte ich fest, dass er den Begriff selbst gar nicht gebraucht hatte, sondern laut Bundestagsprotokoll vom 13. Oktober 1982 lediglich in einer Zwischenüberschrift von einer »geistig-politischen Krise« die Rede gewesen war. Was er damals in seiner Bestandsaufnahme sagte, hätte sechzehn Jahre später auch Gerhard Schröder und weitere sieben Jahre später Frau Merkel sagen können: Arbeitslosigkeit, fehlende Ausbildungsplätze, zu hohe Abgabenbelastungen und reale Einkommensverluste der Arbeitnehmer, zu hohe Staatsverschuldung und eine daraus resultierende Neuverschuldung, die Überforderung der sozialen Sicherungssysteme und die Talfahrt der Wirtschaft – das waren alles Stichworte, die bis heute nicht an Aktualität verloren haben.

Im Deutschland-Union-Dienst hatte Kohl im September 1981 einen Aufsatz mit der Überschrift »Unser Land braucht einen neuen Anfang« veröffentlicht und darin erklärt: »Und in über 32 Jahren Bundesrepublik Deutschland hat sich, meiner Meinung nach, die Frage nach der geistigen Grundhaltung, der geistig-moralischen Herausforderung, nie so entschieden gestellt als in der Gründungszeit und heute wieder.« Das war auch meine Meinung und ist sie heute noch. Aber was wurde aus dem gut gemeinten Vorhaben? Der Haushalt wurde konsolidiert, die Arbeitslosenversicherungsbeiträge, die Mehrwertsteuer und die Rentenbeiträge wurden erhöht, die Leistungen beim Kinder- und Wohngeld gekürzt, die Anpassung bei den Renten und der Sozialhilfe verschoben, eine Zwangsabgabe für Besserverdienende wurde eingeführt und ein Vorruhestandsgesetz verabschiedet, das es den Arbeitnehmern ermöglichen sollte, vorzeitig in den Ruhestand zu treten – eine Maßnahme, für die wir heute den Preis zahlen, weil erfahrene Mitarbeiter inzwischen selten sind. Dass sich die Unternehmen dabei auf Kosten der Allgemeinheit entlasteten, kommt erschwerend hinzu.

Eine Wende war das alles nicht, eher die Fortschreibung des »Weiter so« und eine Vorlage für zukünftige Regierungen. Wenn Angela Merkel 2006 feststellt, dass »Deutschland ein Sanierungsfall« ist und Maßnahmen zur »Vermeidung des Konkurses« (der gar nicht möglich ist, denn ein Staat kann rechtstechnisch nicht Konkurs gehen) vorschlägt, dann kann sie ruhig Kohls Rede von 1982 zur Hand nehmen. Die Zwangsabgabe heißt dann eben »Reichensteuer«.

»Geistig-moralisch« hat sich unter Helmut Kohl nichts gewendet.

Aber eine entscheidende Wende gelang ihm dennoch: die Wiedervereinigung der beiden Teile Deutschlands, und das ist und bleibt sein historisches Verdienst, genauso wie sein Eintreten für Europa und den Euro. Das Historische spielte für Kohl immer eine große Rolle. Und er wusste um symbolische

Gesten, wie die Handreichung mit dem französischen Präsidenten Mitterrand auf den Schlachtfeldern von Verdun oder das Treffen im Kaukasus mit Gorbatschow zeigten. Mich beeindruckte das. Bei einem großen Festakt in der Dresdner Bank anlässlich der Einsetzung eines neuen Aufsichtsratsvorsitzenden und eines Vorstandsvorsitzenden sprach Kohl als Festredner vom Traum des 9. November 1989, aber auch von den Problemen, die wir jetzt in Deutschland hätten. Jetzt sei Pflichterfüllung angesagt, wie damals im Krieg, »als wir nebeneinander im Dreck lagen«. Die Formulierung gefiel mir irgendwie, sie hatte Bezug zu meiner Jugend, auch wenn ich selbst nie »im Dreck« gelegen hatte.

Mir gefiel, wie Kohl mit den Medien umging, frei nach dem Motto: »Was schert's die deutsche Eiche, wenn sich eine Sau an ihr reibt.« Aber Kohl verlangte eben absolute Loyalität, sogar Ergebenheit, und die konnte und wollte ich nicht liefern. Das war der Unterschied zwischen Ludewig und mir. Ich würde heute ganz gern noch einmal mit Kohl über Tendenzen in unserer heutigen Gesellschaft reden, aus dem historischen Bauch heraus. Rückblickend, für die Zukunft lernend. Das geht nicht mehr, aber vielleicht bin ich für ihn ja auch nur »eine Sau, die sich an der Eiche reibt«. (Im dritten Band seiner Memoiren über die Zeit von 1990 bis 1994 ist die Bahnreform mit keinem Wort erwähnt. Trotz »Jahrhundertwerk«. Aber es soll ja auch noch einen vierten Band geben.)

Ludewig beginnt am 1. Mai. Am ersten Arbeitstag ruft er mich aus seinem Büro bei der Bahn an. Sein Vater, der an diesem Tag 95 Jahre alt geworden sei, hätte ihm nochmals ins Gewissen geredet, dass er seine Sache bei der Bahn gut machen solle. Ich bin noch bis zum 9. Juli Bahnchef und gehe weiter meinen Geschäften nach, immer Ludewig einbeziehend. Zum letzten Mal bin ich im Verkehrsausschuss des Bundestages: Fragen, Kommentare, aber auch Dank und Lob für das Management und die Mitarbeiter der Deutschen Bahn. Und immer wieder die Frage: »Wird Ihre Politik fortgesetzt?« Ich antworte mit einem festen »Ja«.

In der Sitzung wird aber auch deutlich, wie viel bei der Bahn noch zu tun ist, bis sie ein ganz normales Unternehmen ist. Ich versuche, Ludewig das klarzumachen. In meiner letzten Vorstandssitzung ziehe ich noch einmal Bilanz, die naturgemäß nicht schlecht ausfällt. Das wird mir auch jetzt im Hotel Adlon in Berlin bestätigt, wo ich noch immer in der ersten Reihe sitze. Und ich erinnere mich, wie einer meiner Vorstandskollegen am Schluss der letzten Sitzung zusammenfasst: »Wir haben die Zeit mit Ihnen genossen, trotz aller Schwierigkeiten und Auseinandersetzungen, die wir mit Ihnen hatten. Eigentlich war es eine richtig gute Demokratur.«

Dann ist im Hotel Adlon die Reihe an mir, mich bei meinen Vorrednern für die freundlichen Worte und guten Wünsche zu bedanken, was ich in geziemender Weise und in der gebotenen Kürze tue. Normalerweise gibt man dem Nachfolger bei einer solchen Gelegenheit gute Ratschläge, Empfehlungen und Ermahnungen. Dieser Versuchung erliege ich nicht, denn der Weg für die nächsten Jahre ist ja vorgezeichnet: Mehr Verkehr soll auf die Schiene und die Bahn soll Dienstleister Nummer eins in Deutschland werden. Dass die Aufgabe nicht leicht sein würde, geht aus den Worten Manfred Rommels hervor, die er mir zu Beginn meiner Bahnfahrt geschrieben hatte: »Es ist nicht leicht, aus einem alten Kassenschrank ein Motorrad zu machen.«

Alle spüren den Einschnitt, und so lauschen wir fast ergriffen dem abschließenden Musikstück der Berliner Symphoniker, Abteilung »Kleine Lachmusik«. Und als zu den Klängen »Auf der Schwäb'schen Eisenbahn« die Lehrlinge aus dem Werk Eisenach mit ihrem selbst gebauten Modellzug (Maßstab 1 zu 10) in den Saal fahren, wird es richtig schön. Dann Imbiss, ein Glas Bier, Händeschütteln, Schulterklopfen.

Ich fahre mit meiner Frau in unser neues Haus, das sie mit dem englischen Architekten David Chipperfield im Grunewald gebaut hat. Wir sitzen im Garten, die Bäume sind noch klein, es ist friedlich und der Großstadtlärm ist ganz schwach in der Ferne auszumachen. Zu später Stunde ruft Günther Sassmannshausen an: »Das war doch schön heute. Für uns beide. Wir sollten Du zueinander sagen. Ich heiße Günther. Mach's gut, Heinz.« Jetzt hatte ich einen Freund. Dabei hätte ich wissen müssen: »Jeder Freund ist auch ein Lehrer«, wie die Chinesen sagen. Und Günther war immer ein guter Lehrer gewesen.

Freundschaft war für mich immer schwierig. Beim 70. Geburtstag meines alten Mitstreiters Franz Steinkühler wurde mir das so richtig klar. Empfang der IG Metall in einem Hotel in Königstein. Festsaal mit Terrasse. Hundert Gäste sind geladen. Viele alte Kämpfer, Pensionäre. Ich bin der einzige Kapitalist. Von den Anwesenden kennen mich mindestens die Hälfte. Ich finde es schön, dass ich als Unternehmer nicht nur unter meinesgleichen bekannt bin. Ich habe zwar nie Freundschaft geschlossen mit solchen Leuten, aber ich habe Bekanntschaften gepflegt. Was Freundschaft ist, weiß ich eigentlich nicht. Ich stelle mir darunter ein Sich-öffnen, ein Offenlegen von Wünschen und Verletzungen vor. Freundschaft heißt, für den Freund da zu sein, ihm zu helfen und das Gleiche vom Freund zu erwarten. Geholfen habe ich vielen, denen ich begegnet bin. Ich helfe gerne, wenn es um Sachliches geht: um Geld, um Kontakte, um Jobs. Aber ich kann nicht helfen, wenn einer seelisch in Not ist, wenn er seinen Kopf an meine Brust legen will. Das mag ich nicht. Irgendwie habe ich Angst vor Menschen. Aber das weiß bisher nur meine Frau Heide. Meine Kinder haben mit mir darüber nie geredet. Vor Freunden brauchst du keine Angst zu haben, sage ich mir. Da kannst du auch mal traurig sein und jammern. Aber ich jammere immer nur bei meiner Familie. Eben weil ich wenig Freunde habe. Ein Chef jammert nicht. Und die Leute finden mich gut, weil ich optimistisch bin.

Und wenn ein Großmeister zu mir sagt: »Ich freue mich immer, wenn ich Sie sehe. Sie sind so positiv!«, dann bin damit naturgemäß zufrieden.

Es wird dunkel in unserem Garten. Und was machen wir jetzt? Zwei Pensionäre aus Stuttgart in Berlin? »Aber du kannst doch gar nicht leben, ohne ständig etwas zu tun«, sagt meine Frau. »Du willst doch weiter in der ersten Reihe sitzen.« Wo sie recht hat, hat sie recht. Denn das kann's wirklich nicht gewesen sein, was wir heute gehört haben.

Und ich hatte ja meine Ehrenämter. Neue kamen dazu. Mein Terminkalender war gefüllt wie eh und je. In der »Stiftung Lesen« lernte ich in extenso kennen, was westdeutsche Konsensgesellschaft war, wenn das Kuratorium zusammentrat, in dem alle gesellschaftlich relevanten Kreise vertreten waren, und die aus den Texten das herauslasen, was ihren jeweiligen Zielen diente. Am meisten war ich daran interessiert, Geld für Bücher zu beschaffen, die wir in Kindergärten verteilen konnten, nachdem Untersuchungen ergeben hatten, dass Lesen in Kindergärten zu besseren schulischen Leistungen führt. Naturgemäß war die Bahn das ideale Verkehrsmittel für Lesende. Meine Idee, im Zug kleine Bibliotheken einzurichten, war allerdings wenig erfolgreich. Wer sollte da die Verwaltung übernehmen? Die Zugbegleiter? Immerhin gelang es mir, Sten Nadolny, den »Entdecker der Langsamkeit«, für einige Lesungen zu gewinnen. Sein Buch hatte mir sehr gefallen. Und als ich dann noch bei Peter Handke las: »Vielleicht sollte man statt Langsamkeit treffender Bedachtsamkeit sagen. Nie schnell werden, nie suggerieren, immer Abstand halten zu den Dingen und Schicksalen«, hatte ich fast so etwas wie eine Philosophie für Manager zur Hand.

Am Welttag des Buches, am 23. April, dem Todestag von Shakespeare und Cervantes, gab die Stiftung Lesen zusammen mit dem Börsenverein ein Verschenkbuch heraus, eine Aktion, die es heute noch gibt. Das Amt machte viel Freude – bis der Bertelsmann-Konzern Ansprüche geltend machte und ich an einen seiner Manager übergab.

Eine Erfahrung besonderer Art machte ich als Mitglied des Kuratoriums der Freien Universität Berlin, das den Senat in wirtschaftlichen Fragen beraten sollte, aber auch eigene Kompetenzen hatte, zum Beispiel bei der Bestellung des Verwaltungsdirektors für ein zur Universität gehörendes Krankenhaus. Vorlage an das Kuratorium: Beauftragung einer Firma in München, die Verwaltung des Krankenhauses zu übernehmen. Auftragswert 500 000 D-Mark. »Wir suchen doch einen Verwaltungsdirektor«, werfe ich ein. »Warum soll das jetzt eine Firma machen?«

»Wir haben zwar einen Kandidaten«, belehrt man mich. »Aber der will 200 000 D-Mark Gehalt und unser Besoldungssystem gesteht ihm nur 180 000 D-Mark zu.«

»Wir zahlen also 300 000 D-Mark mehr, nur weil die Vorschriften 20 000 D-Mark mehr nicht zulassen?«

»Ja, so ist es.«

Diesem absurden Beschluss kann ich nicht zustimmen. Der Punkt wird vertagt, und später einigt man sich doch noch mit dem Kandidaten. Nach der Sitzung sprechen mich zwei Personalräte der FU an: »Das hätten wir nicht gedacht, dass Sie als Kapitalist den Vorschlag der Leitung ablehnen.«

»Kapitalisten müssen eben nicht unbedingt unvernünftig sein«, erwidere ich.

In der Freien Universität mache ich auch einen ersten Versuch, meine Erfahrungen als Unternehmer an Studenten weiterzugeben. In der betriebswirtschaftlichen Fakultät halte ich ein Seminar zum Thema: »Die Sanierung eines Unternehmens«. Die Studenten sind engagiert, obwohl sie keine Noten bekommen. Allerdings wundert mich, wie wenig sie von unternehmerischer Praxis gelernt haben. So war ihnen das Betriebsverfassungsgesetz weitgehend unbekannt. Aber wie wollten sie als Betriebswirte in einem Betrieb etwas bewirken, wenn sie nicht wussten, welche Rechte ein Betriebsrat hat? Ihr Professor wusste es übrigens auch nicht.

Natürlich hatte ich nun auch mehr Zeit, mich als Aufsichtsratsvorsitzender um die Firma Dürr zu kümmern, in der meine Familie größter Aktionär ist. Seit 1995 gab es einen neuen Vorstandsvorsitzenden, Hans Dieter Pötsch, der auf Expansion setzte und einige größere Akquisitionen machte. (Pötsch wurde 2002 Finanzchef von Volkswagen, was mich zu der Bemerkung veranlasste, dass Automobilzulieferer jetzt wohl auch Vorstände zu liefern hätten.) Die Firma beging ihr 100-jähriges Bestehen. Große Feier im Werk Stuttgart-Zuffenhausen. Reden des Ministerpräsidenten, des IHK-Präsidenten und des Oberbürgermeisters. Das Übliche. Gute Stimmung bei den Mitarbeitern, die aus der ganzen Welt zusammengekommen waren. Ein Dürr-Familien-Fest.

In meiner Dankesrede fragte ich, ob die Firma in 25 Jahren wohl noch Dürr heißen werde, warf also die Frage nach der Zukunft eines familienorientierten Unternehmens auf. Das wurde im Jahr 2005 dann ganz aktuell, als Hedgefonds aus London eine Attacke auf die Dürr AG einleiteten, nachdem sie von einer unserer Hausbanken Kredite der Firma Dürr gekauft und unser damaliges Management die Übersicht verloren hatte. Vor allem auf der Finanzseite waren wir in Bedrängnis. Unsere Banken wurden unruhig, machten Druck. Und wenn sie uns helfen wollten, dann über den Verkauf ihrer »Produkte«. Und die waren ziemlich teuer. Als unser Vorstand darauf hinwies, dass die Firma die nächsten fünf Jahre ja nur noch für die Banken arbeiten würde, wenn er auf diese Bedingungen einginge, meinte ein Banker: »Ein Verdurstender fragt auch nicht, was die Flasche Wasser kostet.«

Wir lösten unser Problem, indem wir eine Tochtergesellschaft, die nicht zu unserem Kerngeschäft gehörte, zu einem guten Preis verkauften. In dieser Zeit ging ich für einige Monate nach Stuttgart zurück, wohnte in unserem Haus in Feuerbach, lief in den Weinbergen spazieren und genoss das nostalgische Gefühl, dort zu sein, wo ich aufgewachsen war. Aber ich spürte auch, dass eine Rückkehr an die Orte der Jugend das Älterwerden nur beschleunigt: Alle um einen herum altern gleichermaßen.

Ich machte den besten Mann im Unternehmen, Ralf Dieter, zum Vorstandsvorsitzenden, der ein umfassendes Restrukturierungsprogramm einleitete und umsetzte. Ich sprach persönlich mit den Banken, bei denen mein Wort und mein Festhalten an der Firma offensichtlich noch zählten, denn sie standen zu der Firma. Heute ist die Dürr-Gruppe wieder unangefochtener Weltmarktführer auf ihrem Spezialgebiet, der Produktionstechnik für Automobile und Flugzeuge. Auch langfristig gesehen sind die Aussichten gut. Alle Aktivitäten der Firma Dürr beschäftigen sich mit den großen Themen der Menschheit: Energie, Wasser, Klima.

In der kritischen Zeit der Hedgefondsattacke, die durch einen Artikel im »Manager Magazin« mit dem schönen Titel »Der Lack ist ab« noch angeheizt wurde, verfolgte mich manchmal der Gedanke, ob es vielleicht nicht doch besser gewesen wäre, ich hätte mich mehr um meine Firma gekümmert, als Vorstandsvorsitzender eines Konzerns und Bahnchef zu werden, wenn ich also nach altschwäbischer Art mein Vermögen gemehrt hätte, um als Reicher gottwohlgefällig in den Himmel zu kommen. Ich tröstete mich damit, dass dann vielleicht alles nicht der Mühe wert gewesen wäre. Und nach Calvin hatte ich mich ja gerichtet: »Man darf überall nie müßig gehen, sondern soll beständig tätig sein.«

Meinen Töchtern hatte ich ein paar Jahre zuvor Anteile an der Firma übertragen, ansonsten aber ich hatte sie vernachlässigt, und sie bekamen von dem, was ich all die Jahre machte, nur wenig mit. Dass ich in Deutschland eine bekannte Figur war, merkten sie dagegen schon. Wenn sie sich mit ihrem Nachnamen vorstellten, kam oft die Frage: Von *dem* Dürr? Das ging ihnen mitunter auf die Nerven, da sie von meiner Frau sehr selbstständig erzogen worden waren. Spannend, aber auch sehr unangenehm wurde es für sie in den dramatischen Tagen der RAF-Zeit, wenn sie von der Tanzstunde nach Hause kamen und an der Haustür von Polizisten nach Namen und Ausweis gefragt wurden.

Alle drei studierten zunächst in Deutschland, aber dort wurde es ihnen nach einiger Zeit zu eng, und so gingen sie ins Ausland, nach England, Frankreich und in die USA. Heute haben sie aufregende Jobs: Die älteste ist im Entertainmentgeschäft, die mittlere, Neurologin und Genetikerin, kümmert sich in Paris um Erbkrankheiten, und die jüngste, Journalistin, ist TV-Producerin bei CNN in London und New York. Alles Tätigkeiten, die mich naturgemäß interessierten, von denen ich aber wenig verstand. Nur bei meiner Tochter Nicole war mein Rat gefragt. Sie hatte in Kuba eine Tanz- und Musiktruppe aufgebaut, die auf Tournee um die Welt ging, und war schließlich in Las Vegas gelandet (die kubanischen Künstler waren ihr nach Las Vegas gefolgt und hatten politisches Asyl beantragt), wo sie inzwischen eine hochmoderne, hightechgetriebene Show entwickelt hat. Ich besuchte sie mehrfach und lernte eine völlig andere Welt mit viel Glitzer und Rummel kennen, in der es aber genauso knallhart zuging wie in den Bereichen, in denen ich mich auskannte. Vielleicht sogar noch härter.

Was ist mit der Finanzwelt los?

Das englische Bankhaus Schroders berief mich 1997 zum European Senior Advisor. Mit meinen Verbindungen zur Deutschen Wirtschaft sollte ich Kontakte herstellen und bei Akquisitionen helfen. Mich reizte diese Aufgabe, zumal sich der zeitliche Aufwand in Grenzen hielt und Schroders eine sehr honorige Adresse war. Nach einigen Jahren übernahm die Citigroup, damals die größte Bank der Welt, das Investmentbanking von Schroders, und so kam ich mit dem amerikanischen Arbeitsstil in Berührung. Ein früherer französischer Finanzminister, ein früherer polnischer Finanzminister, ein vormaliger italienischer Außenminister und andere Koryphäen waren meine Kollegen im Advisory Board. Ich lernte, wie die große

Finanzwelt die Welt sah, wie Deals eingefädelt und abgeschlossen wurden. Wachstum ging über alles. Im Jahr 2005 verkündete der CEO (Vorstandsvorsitzende) der Citigroup, dass man in fünf Jahren 50 Milliarden US-Dollar Gewinn machen wolle. Wie das?

»2005 haben wir 18 Milliarden Dollar Gewinn gemacht und da wir bisher immer in fünf Jahren verdoppelt haben, rechnen wir jetzt mit 36 Milliarden Dollar. Aber wir wollen noch eine Schippe drauflegen.«

»Mit welchen Geschäften?«

»Das wird man sehen.«

Ich war tief beeindruckt, fast verstört und fühlte mich sehr klein. Das änderte sich, als die Bank im Jahr 2007 Verlust machte und derselbe CEO gehen musste. Schuld war die weltweite Finanzkrise, die uns auch heute noch beschäftigt, eine Krise, die nicht wie eine Sintflut über die Branche hereinbrach, sondern von den Betroffenen selbst verursacht wurde, inszeniert von Managern, die den Hals nicht vollkriegen konnten. Begonnen hatte alles damit, dass die Banken in den USA Leuten Kredite aufschwatzten, die diese eigentlich gar nicht zurückzahlen konnten. Die Kredite wurden dann gebündelt (verbrieft) und an andere Banken und sonstige institutionelle Anleger weiter verkauft, jeweils mit gutem Aufschlag. Aber als die Leute nicht mehr zahlen konnten und außerdem die Zinsen stiegen, mussten die Banken hohe Abschreibungen machen und Verluste zeigen. Von einigen 100 Milliarden Dollar ist die Rede. Wo sind diese Riesenbeträge hingekommen? Geld verschwindet ja nicht so einfach. Oder hat man sich möglicherweise nur Bewertungen »hochgeredet«, wie das ja auch auf dem Kunstmarkt geschieht? Hat man sich gegenseitig also nur etwas vorgemacht?

Jetzt jedenfalls kehrt Nüchternheit ein und der hohe Preis beziehungsweise der Wertansatz ist weg. Einfach verschwunden. Sicher haben die Hausverkäufer und die beteiligten Makler Geld bekommen, wie auch die Verkäufer von Konsumgütern, die auch mit Krediten bezahlt wurden. Eine große Summe blieb aber bei den Banken als Kommissionen und bei den

Managern als Boni hängen. Und bei denen hatte »die Gier das Hirn ausgeschaltet«, wie Finanzminister Steinbrück meinte. (Aber ist das wirklich so? Schließlich sind die absurden Finanzkonstrukte, die sich die Branche einfallen ließ, äußerst komplex, und es bedarf viel Hirn, sich so etwas auszudenken.)

Die Bonität der Kredite wurde von den sogenannten Rating-Agenturen bewertet, die offenbar auch keinen Durchblick mehr hatten, sich für ihre Begutachtungen aber reichlich bezahlen ließen.

Auch jetzt ist die Finanzkrise nicht ausgestanden. Sie frisst sich in die reale Wirtschaft und ruiniert Menschen, die keine Ahnung haben, warum es gerade sie trifft. Verwirrung macht sich breit. Alle Vorstellungen von gut und böse, Recht und Unrecht, wahr und unwahr sind über den Haufen geworfen. Niemand ist sich seiner Sache noch sicher. Dass die Welt der Ökonomie in Finanzwirtschaft und Realwirtschaft aufgeteilt wird, zeigt das ganze Dilemma. Denn fast alle Menschen leben von der Realwirtschaft, in der die Güter zum täglichen Leben geschaffen werden und auf die im Übrigen auch die Leute aus der Finanzwirtschaft angewiesen sind. Aber bei denen, die die Finanzwelt auf die Spitze treiben, haben wir es mit einer Geldaristokratie zu tun, die selbstgefällig im Luxus lebt und Staat und Politik genauso verachtet und kritisiert wie das gemeine Volk, den sogenannten Mann auf der Straße, dem Faulheit und Nichtstun vorgeworfen wird. Und dabei sichert der Staat diesem Geldadel sein schönes Leben, während das arbeitende Volk die Güter erwirtschaftet, mit denen die Reichtum schaffenden Spekulationen betrieben werden können.

Noch einmal: Wie konnte es zu dieser Finanzkrise kommen? Klar ist, dass die Bankenindustrie einen schrecklichen Schlamassel angerichtet hat. Risiken wurden einfach übersehen, bewusst nicht zur Kenntnis genommen oder falsch gehandhabt. Mehr Umsatz, mehr Profit, mehr Boni, war die Devise.

»Es sei unzweifelhaft«, so der frühere US-Zentralbankchef Paul Volcker, »dass ein fragiles Finanzsystem, welches unvorstellbaren Reichtum für wenige produziert und gleichzeitig den

Zusammenbruch eines ganzen Systems riskiert hat, reformiert werden muss.«

In das gleiche Horn stößt der Populist Lafontaine, wenn er auf dem Parteitag der Linkspartei im Jahre 2008 in Cottbus schreit: »Wie begegnet Politik dem finanzmarktgetriebenen Kapitalismus? – Darum geht es«. Naturgemäß findet er mit dieser Rhetorik großen Beifall bei den Delegierten. Er weiß eben, was bei den Leuten ankommt.

Also ist Umkehr angesagt. Wir müssten zu dem bewährten Modell einer sicheren und vorsichtigen Kreditvergabe zurückkommen und die Banken zu öffentlicher Verantwortung verpflichten, schrieb mir der frühere US-Finanzminister John Snow. Die Banken sollten sich in erster Linie als Dienstleister für die reale Wirtschaft fühlen, sich um sinnvolle Verteilung der Finanzmittel kümmern und insgesamt bescheidener werden – auch bei der Bezahlung ihrer Manager.

Meine Betätigung im European Advisory Board der Citigroup und im Verwaltungsrat der Landesbank Baden-Württemberg haben mich jedenfalls nachdenklich gemacht, was die Zukunft der sozialen Marktwirtschaft angeht. Ich stimme dem französischen Staatspräsidenten Sarkozy zu, der kürzlich gesagt hat: »Ein System, in dem man in wenigen Stunden gigantische Gewinne ebenso wie gigantische Verluste erwirtschaften kann, ist nicht akzeptabel. Ich bin für einen Kapitalismus mit Regeln, die dem Unternehmer mehr Platz einräumt als dem Spekulanten.« Und ich halte es mit dem »ehrbaren Kaufmann«, für den der Satz gilt: »So etwas tut man nicht.«

Ich arbeite für die EU-Kommission

Als Aufsichtsratsvorsitzender der Deutschen Bahn AG übernahm ich einige Aufgaben, die über das normale Spektrum hinausgingen. So wurde ich Mitglied in einer »High Level Group« bei der EU-Kommission. Der Verkehrskommissar wollte herausfinden lassen, wie man die Kosten der Infrastruktur (Straße,

Schiene, Wasserwege, Luftkorridore) einschließlich der Umweltkosten sinnvoll und gerecht auf die verschiedenen Verkehrsteilnehmer umlegt. Wer soll beispielsweise die Kosten für Auswirkungen durch Unfälle, Belästigungen durch Lärm und Erschütterungen sowie Luft- und Wasserverschmutzung tragen? Ein Schwede (Volvo), ein Grieche (Olympic Airways), ein Franzose (Cofiroute), ein Engländer (Universität), eine Deutsche (Abgeordnete europäisches Parlament) und ich diskutierten sehr offen die unterschiedlichsten Vorschläge, wagten uns weit in die Zukunft (Klimawandel war damals noch kein gängiger Begriff) und lieferten schließlich einen Bericht mit Vorschlägen für die Kommission ab. Eigentlich wollte die Gruppe noch mehr für den Umweltschutz tun, aber der Kommissar erklärte abschließend, dass das alles zwar sehr vernünftig, aber politisch derzeit nicht machbar sei. Heute will die Kommission über Kostenbelastungen den CO_2-Ausstoß reduzieren und die Verkehrsinfrastruktur durch Auflagen und Maut kostenmäßig den einzelnen Verkehrsträgern zuordnen.

Ich fuhr für die Deutsche Bahn nach China, wo großes Interesse an unserer Bahnreform bestand. Der chinesische Eisenbahnminister legte dar, dass man sich bei der chinesischen Reform auf drei Hauptpunkte konzentrieren wolle: auf die Verringerung des Staatseinflusses, auf die Reduzierung des Personals um zwei Millionen Beschäftigte (insgesamt waren fast fünf Millionen Chinesen bei der Bahn beschäftigt) und auf die Vernichtung der Verluste. Erstaunt fragte ich bei der Dolmetscherin nach: die *Vernichtung* von Verlusten? Ja, ich hatte richtig verstanden: So lautete in China die ultimative Formel für unternehmerisches Tun. (Wieso war ich darauf bei der AEG nicht gekommen?) Ich fuhr mit dem Zug die 1300 Kilometer lange Strecke von Peking nach Schanghai, um zu sehen, ob sie für den Transrapid geeignet war. Sie war es. Aber die Chinesen hatten eine eigene Entwicklung für eine Magnetschwebebahn, die sie mir auch zeigten. (Die Teststrecke hatte eine Länge von 500 Metern.)

Als ich für die DB AG die große Immobilienmesse »MIPIM« in Cannes besuchte, wo die Bahn mit ihren »Projekten 21« einiges zu bieten hatte, fragte mich der damalige Regierende Bürgermeister von Berlin, Eberhard Diepgen, ob ich Lust hätte, Senator für Wirtschaft in Berlin zu werden. Also doch in die Politik? Das klang reizvoll und das Angebot ehrte mich. Aber wollte ich mich wirklich noch einmal mit Behörden herumschlagen? Ich lehnte dankend ab, obwohl ich bei Platon gelesen hatte: »Leute, die zu klug sind, um sich in der Politik zu engagieren, werden dadurch bestraft, dass sie von Leuten regiert werden, die dümmer sind als sie selbst.«

Zu jener Zeit kündigte sich ein gravierender Umbruch an: Die Wirtschaftszweige, in denen ich mich auskannte, wurden zur »Old Economy« erklärt und in den Hintergrund gedrängt. Jetzt war »New Economy« angesagt, die virtuelle Welt, das virtuelle Geschäft. Thomas Middelhoff, der damalige Chef des Bertelsmann-Konzerns, der das Angebot, mein Nachfolger bei der Bahn zu werden, naturgemäß abgelehnt hatte, denn Bahn war ja nun wirklich Old Economy, erzählte mir begeistert von einer Firma namens Pixel Park, in der die digitale Zukunft gemacht würde. Der Börsenwert sei gigantisch.

»Was machen die denn?«, fragte ich einigermaßen eingeschüchtert.

»Ganz tolle Sachen«, schwärmte er, »im Vertrieb, im Marketing, im Research – und alles digital.«

Ich konnte mit diesen Ideen für meine Firma nichts anfangen, fühlte mich aber irgendwie unwohl. (Damals kostete die Aktie von Pixel Park 140 Euro, heute 70 Cent.)

Am Gendarmenmarkt

In Berlin bezog ich ein Büro am Gendarmenmarkt, von wo aus ich Restaurants und Kneipen zu Fuß erreichen und in aller Ruhe zu Mittag essen konnte, statt im Büro beim Aktenstudium ein Brötchen zu kauen, wie ich das all die Jahre auf ungesundeste Weise getan hatte. Gerne gehe ich ins »Borchardt«, wo ich mich hervorragend bedient fühle und meine Bestellungen mit

Fingerzeig (Daumen nach oben: »Bier«, Daumen nach unten: »Weißweinschorle«) aufgeben kann.

Das Angebot der Bahn, in der Hauptverwaltung in Berlin meinen Sitz zu nehmen, lehnte ich ab, denn ich wollte die Bahn nicht mit meinen anderen Aktivitäten vermischen. Ich beriet und überwachte den Vorstand, insbesondere den neuen »V1«, wie die Kurzbezeichnung des Vorstandsvorsitzenden bei der Bahn hieß. Ludewig gab sich viel Mühe, war ungemein fleißig, setzte die Vorstandssitzungen wöchentlich an (bei mir hatten sie alle zwei Wochen stattgefunden) und führte jeden Morgen eine Lagebesprechung mit seinen engsten Mitarbeitern ein, so wie er es offensichtlich im Kanzleramt gelernt hatte. Aber er tat sich etwas schwer mit dem Delegieren von Aufgaben. Er war gewohnt, strikt zu fordern, und erwartete, dass alle funktionierten. (Der normale Bahnalltag wird ihn schon einholen, sagte ich mir.) Einmal gestand er mir enttäuscht: »Als Staatssekretär konnte ich auf meine Beamten bis in die vierte Ebene direkt zugreifen.«

Ich versuchte ihm klarzumachen, dass das bei einem hierarchisch gegliederten Unternehmen mit 250 000 Mitarbeitern schlecht funktionierte, und beriet ihn in vielen Gesprächen, die wir auch bei mir zu Hause führten. Er war stets sehr gut über die Bahn informiert und konnte überall mitreden. Aber ziemlich bald zeigte sich, dass es mit seiner Führung haperte. Er war der Meinung, dass die Vorstände zu wenig arbeiteten, aber die kamen zu mir und beklagten die fehlende Führung und beschwerten sich, dass Ludewig nicht offen mit ihnen reden würde. Ein Vorstand wollte hinschmeißen, weil er mit Ludewig nicht klarkam: »Für Ludewig ist der Vorstand Sachbearbeiter und Befehlsempfänger, das geht alles in Richtung Oberbehörde.«

Auch große Lieferanten waren verärgert, dass sie von Ludewig wie Schulbuben abgekanzelt würden, und Mössinger, mein Stellvertreter im Aufsichtsrat, und der Gewerkschaftsvorsitzende Schäfer erklärten, die Stimmung in der Bahn sei schlecht, es ginge nur noch ums Kostendrücken, man sei zurück bei »DB 80«. (»Die Ressourcen bestimmen die Leistung.«) In langen, teilweise sehr persönlichen Gesprächen versuchte ich, meinem

Nachfolger die Probleme aufzuzeigen und ihm mit meiner Erfahrung zu helfen. Er hörte zu, fragte aber nicht um Rat, sondern berichtete nur. Eine Liste der mit mir zu besprechenden Punkte hatte er nie bei sich.

Dann ereignete sich der schreckliche Unfall eines ICE in Eschede. Jetzt mussten die Bahner zusammenstehen. Die Ursachenforschung war schwierig und beschäftigte alle sehr. Hatte es Fehler bei der Wartung gegeben? Dass dann auch noch ein pensionierter Direktor der Bahn erklärte, beim Amtsantritt von Heinz Dürr seien Vorschriften außer Kraft gesetzt worden, war ungeheuerlich. Denn wenn ich auf eines Wert gelegt hatte, dann war es die Sicherheit der Bahn gewesen. Tatsächlich waren die Sicherheitsvorgaben in meiner Zeit eher verschärft worden.

Die offizielle Trauerfeier findet in einer Kirche in Celle statt. Großer Politikerauftrieb: Bundespräsident Herzog, Bundeskanzler Kohl, Ministerpräsidenten und Minister sind da. Es ist Wahlkampf. Tröstliche Worte des evangelischen Bischoffs. Herzog sagt, es gäbe keine subjektive Schuld; man müsse bei aller Trauer für die Unglücksopfer auch an die Eisenbahner denken, die mit der Katastrophe fertig werden müssten. Kohl sagt außer »Guten Tag« kein Wort zu mir, seine Gunst ist mir entzogen, so wie es zwischen mir und Ludewig steht. Der kümmert sich sehr um die Betroffenen und Hinterbliebenen. Die Bahn zahlt insgesamt 25 Millionen Euro. In dem anschließenden Prozess werden drei Ingenieure angeklagt, aber das Verfahren wird nach 53 Verhandlungstagen mit Geldbußen eingestellt.

Müntefering und das Dilemma des Politikers

Im Herbst grummelt es bei der Bahn, nicht zuletzt wegen Ludewig. Man denkt über Veränderungen nach. »Vor der Wahl im September 1998 können Sie nichts machen«, sagt mir ein Aufsichtsrat in einem vertraulichen Gespräch. Die Wahl wird von Rot-Grün gewonnen und Franz Müntefering wird Verkehrsminister. Ich gehe zu ihm und erläutere ihm die Situation der Bahn. Er hört aufmerksam zu. Ich spreche auch die Probleme mit dem Vorstandsvorsitzenden an und sage, ich könne es verstehen, wenn er mich als Aufsichtsratsvorsitzenden und CDU-Mitglied ablösen wolle. »Nein«, wehrt Müntefering ab, »wir entscheiden nicht nach parteipolitischen Gründen.« (Gleichwohl hatte er sechs von seinen acht Abteilungsleitern in seinem Ministerium ausgewechselt.)

Die drei Regierungsvertreter im Aufsichtsrat der Bahn werden durch Mitglieder ersetzt, die zur neuen Regierung gehören. In einer Präsidiumssitzung wird offen über die Ablösung Ludewigs diskutiert. »Die Bahn ist im freien Fall«, so einer der neu hinzugekommenen Staatssekretäre. Aber die Entscheidung liege nun mal beim federführenden Ministerium, und das ist das Verkehrsministerium. Und Müntefering entscheidet nicht. Später höre ich, dass er gesagt haben soll, er lasse sich von einem »grünen Arschloch« nicht vorschreiben, wie seine Personalpolitik auszusehen habe. Ein grüner Abgeordneter hatte sich nämlich zur Frage des Vorstandsvorsitzenden der Bahn geäußert und seine Ablösung gefordert. So gesehen befolgte Müntefering konsequent die Spielregeln der Politik. Als Politiker musste er recht haben, die Bahn als Unternehmen war da zweitrangig. »Politiker können sich nur über Konfrontation profilieren«, verriet mir einmal eine prominente Politikerin, »Vorstände auch dann, wenn sie einen Konsens zustande bringen.«

»Ist das der tiefere Grund für das permanente Missverständnis zwischen Politik und Wirtschaft?«, frage ich zurück.

Müntefering ist mir nicht unsympathisch, zumal er auch gern Zigarillos raucht wie ich. Ob er den Nimbus, genau zu wissen, was er will, zu Recht hat, weiß ich nicht. Dazu sind seine Gedanken und Entscheidungen manchmal zu sprunghaft. Ich habe ihn nicht als Geistesgröße empfunden. Aber weil er immer gute Sprüche draufhat, lieben ihn die Medien, und sein sauerländisches Image hilft ihm dabei. Er glaubt noch immer, die SPD sei eine Partei der Arbeiter, und versteht es, sich als ehrliche Haut zu verkaufen. Als er im November 2007 wegen seiner krebskranken Frau von allen Ämtern zurücktritt, erklärt er: »Es gibt auch noch etwas anderes als Politik.« Ihm nehme ich diesen Satz ab, im Gegensatz zu vielen seiner Kollegen.

In der Bahn wurden inzwischen immer hektischer Sitzungen angesetzt und zahllose Gespräche geführt. Die Presse bekam das natürlich mit und berichtete entsprechend genüsslich. Ich selbst goss auch noch Öl ins Feuer, als ich mich in einem Interview mit der »Welt am Sonntag« zu dem Problem äußerte. Die Zeitung titelte: »Herr Ludewig hat andere Fähigkeiten«.

Dann wollte auch noch der Finanzvorstand der Bahn zurücktreten, nachdem schon der Vorstand Personenverkehr das Unternehmen verlassen hatte. Eine gewaltige Unruhe griff um sich. Auch Wirtschaftsminister Müller redete mit mir, nachdem ihn sein Staatssekretär über die desolate Verfassung der Bahn informiert hatte. »Bieten Sie Ludewig eine ordentliche Abfindung, Geld gegen Ehre«, schlug Müller vor. Aber Ludewig wertete seine Ehre sehr hoch. Eine Entscheidung war nötig, aber Müntefering entschied nicht und auch der Aufsichtsrat war zögerlich.

Ich hielt mich an Seneca: »Wäge ab, ob du lieber dich selbst aufgibst oder dein Amt.« Zwischen zwei Sitzungen in Bonn sprach ich noch einmal mit Müntefering und versuchte ihm klarzumachen, dass er etwas unternehmen müsse. Dazu war er nicht bereit. Deshalb entschied ich. Ich schrieb ihm einen Brief, in dem ich feststellte, »dass von Ihrer Seite keine Vertrauensbasis für mich als Vorsitzenden des Aufsichtsrats vorhanden« sei und ich deshalb mein Amt mit sofortiger Wirkung, also am 24. Februar 1999, niederlegen würde. Mein Nachfolger als Aufsichtsratsvorsitzender wurde Dieter Vogel, der frühere Vorstandsvorsitzende von Thyssen, der beruflich frei war, da Thyssen mit Krupp fusioniert hatte und Vogel seine Position hatte aufgeben müssen. Ich sagte ihm alle Unterstützung zu, übergab ihm die Unterlagen und erklärte ihm die zentralen Punkte der Bahnreform. Er nickte, aber meinen Rat brauchte er nicht. Als ich Ludewig persönlich über meinen Schritt informierte, sagte er nur: »Das ist aber nicht gut für die Bahn.«

Da hatte er nicht einmal Unrecht, wie ich den Briefen entnehmen konnte, die mir Eisenbahner und Mitarbeiter schrieben und in denen von Betroffenheit und Bedauern die Rede war, aber auch Anerkennung für einen »mutigen Schritt« geäußert wurde.

Hatte ich zu spontan gehandelt, als ich Müntefering die Zusammenarbeit aufkündigte? Hätte ich das ganze Gezerre aussitzen müssen? Mir war ja hinreichend klar, dass jetzt die Gefahr eines Rückfalls in die alte Behördenbahn bestand. Aber schließlich war nicht ich, sondern der Bund Eigentümer der Bahn, und der musste schließlich wissen, was er mit seinem Eigentum machen wollte. So legte ich es mir zurecht und wusste doch, dass ein auf Zeit gewählter Minister so nicht denken konnte. Für den zählte nur seine persönliche Position. So war ich um eine Erfahrung reicher – und zugleich ein wenig traurig, dass es mir nicht gelungen war, meine Vorstellung von der gesellschaftlichen Veranstaltung Unternehmen bei der Bahn hinreichend deutlich gemacht zu haben.

Alles in allem fühlte ich mich befreit. Ein paar Monate später wurde ich zusammen mit dem stellvertretenden Vorsitzenden des Aufsichtsrats, Rudi Schäfer und einigen anderen Aufsichtsratsmitgliedern der Arbeitnehmerseite im Hotel »Four Seasons« in Berlin offiziell verabschiedet. Nach der musikalischen Einleitung durch einen Solo-Vibraphonisten sprach Vogel, der sich viel Mühe mit seiner Laudatio gab: »Es war eine tolle Sache, die am 22. Juli 1997 geendet hat«, sagte er. Auch Müntefering sagte etwas, aber ich, der wieder einmal in der ersten Reihe saß, konnte mich später nicht erinnern, was er gesagt hatte. Irgendwie berührte mich das Ganze wenig. Obwohl die Bahn in einem »beschissenen Zustand« war, wie mir meine alten Mitstreiter bei der Veranstaltung und beim Umtrunk erzählten.

Mich berührte etwas ganz anderes, etwas, das ich nicht im Geringsten beeinflussen konnte: Brustkrebsverdacht bei meiner Frau, Operation in einem Stuttgarter Krankenhaus, die Angst vor den Folgen. Unsere Kinder kommen ins Krankenhaus. Heide hängt am Tropf, an Schläuchen, durch die Vitaminlösungen, Betäubungsmittel und Antibetäubungsmittel fließen. Sie lacht, aber sie hat Angst und sagt dann doch: »Dann werde ich eben nur 70 Jahre alt.« So einfach ist das nicht. Und doch. Bisher war mein Leben in Ordnung. Etwas wirklich Schlechtes oder Böses war mir nie begegnet. Ich war zwar betrogen und belogen, bewundert und angefeindet worden und hatte mit gleicher Münze heimgezahlt. Aber ich hatte niemals in der Nähe des Todes gestanden, hatte nie einen Toten aus der Nähe gesehen (außer im Sarg, beim Abschiednehmen). So gesehen war mein Leben – bisher – fast langweilig gewesen. Aber jetzt saß ich am Bett meiner krebskranken Frau und etwas schlich sich in mein Leben, mit dem wir nicht gerechnet hatten, etwas, das in dem Businessplan unseres Lebens nicht vorgesehen war. Der tägliche Arbeitsfluss stockte. Und ging doch weiter. Wir planten große Kooperationsprojekte in Deutschland und Frankreich, mit Lothar Späth diskutierte ich eine Zusammenlegung der Jenoptik mit der Firma Dürr zu einem Großunternehmen des Anlagenbaus, meine Ehrenämter und Aufsichtsratsmandate nahmen mich weiterhin in Anspruch. Dann kam die erlösende Nachricht: Der letzte Untersuchungsbericht zeigte keine Metastasen, die Lymphgefäße waren nicht angegriffen, keine Chemotherapie.

Also alles weiter wie bisher? Eigentlich schon. Aber vorsichtiger, dankbarer, lebensnäher. Auf langen Spaziergängen im Engadin erzählt mir Heide, über was sie im Krankenhaus, in den angstvollen Stunden vor dem Ergebnis des Untersuchungsberichts, nachgedacht hat. Wie ist das, wenn wir die Töchter, die Enkel, die Firma und unser Haus verlassen müssen? Wir müssen darauf vorbereitet sein. Aber das sagt sich so leicht. Und auf welchem Friedhof wollen wir beerdigt sein? In Berlin? In der Schweiz? Alles muss irgendwann verwaltungsmäßig entschieden werden.

Heide und ich gründen die Heinz und Heide Dürr Stiftung. Anfangskapital 14 Millionen Euro in Dürr-Aktien. Ziele der Stiftung: Forschung in der Humangenetik, frühkindliche Erziehung und Unterstützung des deutschsprachigen Theaters. Es macht Spaß, sich mit Dingen zu beschäftigen, bei denen der betriebswirtschaftliche Erfolg nicht im Vordergrund steht. Besonders beim Thema frühkindliche Erziehung erzielt die Stiftung Erfolge. Das englische System »Early Excellence« wird in einem Musterkindergarten in Berlin eingeführt und danach in weitere Kindergärten in Deutschland übertragen. Hauptzielrichtung dieses Systems liegt darin, jedes Kind als eigenständige Person zu sehen und die Eltern in die Erziehung einzubeziehen. »In Deutschland braucht man für alles eine Berechtigung oder einen Führerschein«, sagt Heide, »nur Kinder kann jeder erziehen, wie er es gerade will.« Im Dezember 2008 wird die Stiftung zehn Jahre alt und hat dann insgesamt fünf Millionen Euro Stiftungsmittel ausgegeben.

Einige Monate später ruft mich der Bahn-Aufsichtsratsvorsitzende Vogel an und teilt mir mit, dass Ludewig aufhört und der von mir vorgeschlagene Hartmut Mehdorn nun doch Vorstandsvorsitzender der Deutschen Bahn AG wird. So schließt sich der Kreis. Doch wir haben zwei Jahre verloren. Ludewig wird Berater der CDU-Fraktion in Bahnfragen und von Frau Merkel später als oberster Bürokratieüberprüfer eingesetzt – was ich etwas befremdlich finde, denn in der Bahn hat er sich nicht gerade als Bürokratieabbauer gezeigt.

Für mich war das Kapitel Bahn abgeschlossen. Ich wurde zwar immer wieder zu Veranstaltungen der DB AG eingeladen, aber mein Rat war nicht mehr gefragt. Ich habe immer wieder festgestellt, dass Erfahrung wenig zählt, wenn sie von einem Vorgänger kommt. Ist das Arroganz oder die Furcht, die anderen könnten der Meinung sein, man sei selbst nicht kundig genug? Amtsinhaber müssen alles selbst wissen. Und wissen es auch. Zu Vorgängern ist man freundlich. Das reicht. Habe ich auch an mir beobachtet.

In der Carl-Zeiss-Stiftung

In der Zwischenzeit hatte ich eine neue Aufgabe übernommen. Hermann Franz, der frühere Siemens-Chef und Aufsichtsratsmitglied bei der Deutschen Bahn AG hatte mich gefragt, ob ich das Amt des Stiftungskommissars bei der Carl-Zeiss-Stiftung übernehmen wolle. Er müsse diesen Posten aus Altersgründen abgeben. Da ich sowohl die Firma Zeiss als auch das Schwesterunternehmen Schott aus meiner AEG-Zeit kannte und wusste, dass es zwei hochinteressante Hightech-Unternehmen waren, reizte mich die Aufgabe und ich sagte zu. Am 1. Januar 2000 wurde ich Stiftungskommissar der Carl-Zeiss-Stiftung und saß wieder einmal in der ersten Reihe, diesmal in einer ganz besonderen Position und mit weitgehenden Rechten ausgestattet, die in dem Statut der Carl-Zeiss-Stiftung festgeschrieben waren, das Professor Ernst Abbe 1896 verkündet hatte. Bereits fünf Jahre vorher war die Carl-Zeiss-Stiftung mit den Rechten einer privaten juristischen Person gegründet worden. Sie war Alleininhaber der optischen Werkstätte (heute Carl Zeiss) und der Glaswerke (heute Schott Glas). Das Statut hatte 122 Paragrafen und enthielt alle für die Führung eines Unternehmens wichtigen Bestimmungen. Die Zwecke der Stiftung waren wie folgt beschrieben: »Pflege der Zweige feintechnischer Industrie, dauernde Fürsorge für die wirtschaftliche Sicherung der genannten Unternehmungen – als der Nahrungsquelle eines zahlreichen Personenkreises und Erfüllung größerer sozialer Pflichten, als persönliche Inhaber dauernd gewährleisten würden.« (Da war sie wieder, die gesellschaftliche Veranstaltung Unternehmen.)

Abbe war ein großartiger Wissenschaftler gewesen, der neuartige Mikroskope entwickelt und mit seinen Partnern Carl Zeiss, dem eigentlichen Unternehmer, und Ernst Schott, dem Glasspezialisten, ein erfolgreiches Unternehmen aufgebaut hatte, um dessen Zukunft er sich aber Sorgen machte. Seine Grundüberlegungen: »Bisher führten zwei Wege den Unternehmer zum Ruin, wenn er entweder nicht zu fabrizieren verstand oder wenn er nicht verstand, seine Fabrikate abzusetzen. Und zu diesen Wegen hat sich noch ein dritter gesellt: Wenn er nicht versteht mit seinen Arbeitern umzugehen.«

Es ging Abbe also um die Verknüpfung von Kapital und Arbeit, um die Auflösung des von Karl Marx beschriebenen Gegensatzes. Aber Abbe war alles andere als ein Sozialist oder gar Kommunist. Ihm ging es nur darum, dass die Menschen vernünftig miteinander umgingen. Die Unternehmer sollten dabei eine gewichtige Rolle spielen. Im Statut war sehr wohl von Gewinn die Rede – Abbe verlangte zehn Prozent Umsatzrendite –, aber der Zweck des Unternehmens waren die Produkte und die soziale Verantwortung für Mitarbeiter und Gesellschaft. »Das höchste Jahreseinkommen, auch für die Mitglieder der Geschäftsleitung« durfte das »Zehnfache des durchschnittlichen jährlichen Arbeitseinkommens der in gewöhnlichem Lohnverhältnis stehenden Arbeiter« nicht überschreiten.

Wie gewohnt bereiste ich die Firmen und Betriebe der Stiftung, sprach mit den Mitarbeitern, den Managern, den Betriebsräten und war bald in die Geschichte des Unternehmens eingewoben. Der Gründer Abbe war allgegenwärtig. Dafür sorgte das Statut. Aber auch die Nachkriegsgeschichte. Denn Zeiss und Schott hatten ihren ursprünglichen Sitz in Jena/Thüringen und waren im Dritten Reich ein wichtiger Rüstungsbetrieb gewesen. Nach Kriegsende luden die Amerikaner, die kurzzeitig das Kommando in Jena innehatten, die 120 führenden Köpfe der Unternehmen auf Lastwagen und brachten sie in die amerikanisch besetzte Zone. Zeiss ließ sich in Oberkochen in Baden-Württemberg nieder, Schott zog nach einigen Wirren in Mainz ein. In Jena entstand das Kombinat VEB Carl Zeiss, in das die Betriebe Zeiss und Schott integriert waren. Zeiss West und Zeiss Ost wurden erbitterte Konkurrenten.

Nach der Wiedervereinigung wurden die Betriebe in Jena von Zeiss und Schott übernommen, wobei der Personalstand von circa 40 000 auf 4000 reduziert wurde, was naturgemäß zu erheblichen sozialen Problemen führte, nicht nur in Jena, sondern auch in Oberkochen, denn dort befürchtete man die Konsequenzen einer Verlagerung der Produktion nach Jena, wo die Kosten niedriger waren. In offiziellen Veranstaltungen und auf Betriebsversammlungen wurde naturgemäß die deutsch-deutsche Zusammenarbeit beschworen. Aber wenn es um Arbeitsplätze vor Ort ging, wurden derartige Bekenntnisse deutlich schwächer. Da waren Zeiss und Schott allerdings keine Ausnahme im Wiedervereinigungsprozess. Schon im Verwaltungsrat der Bundesbahn hatte es eine lange Diskussion gegeben, ob man die Instandhaltungsbetriebe der Reichsbahn nicht einfach zumachen sollte, da die westdeutschen Betriebe die Arbeit ohne Weiteres übernehmen konnten. Das war wohlgemerkt der Vorschlag westdeutscher Politiker im Verwaltungsrat der westdeutschen Bundesbahn gewesen.

Als ich mein Amt antrat, florierte Schott, Zeiss dagegen war in wirtschaftlichen Schwierigkeiten und machte Verluste. Ich hatte es also wieder einmal mit einem Sanierungsfall zu tun. Laut Statut führte der Vorstand die Geschäfte. Er brauchte aber bei sehr vielen Angelegenheiten die Zustimmung des Stiftungskommissars, der praktisch ein Ein-Mann-Aufsichtsrat war. Der ebenfalls nach dem Statut gebildete Unternehmensrat hatte nur beratende Funktion.

Bei den Mitarbeitern des Unternehmens, vor allem bei denen von Carl Zeiss, hatte sich im Lauf der Jahre die Meinung verbreitet, das Unternehmen gehöre eigentlich ihnen, und das, obwohl es keineswegs dem Willen des Stifters entsprach. Denn Abbe war zwar ein sehr sozialer Unternehmer gewesen, der den 9-Stunden-Tag und 1900 dann den 8-Stunden-Tag eingeführt, für eine großzügige Pensionsregelung, eine Betriebskrankenkasse, bezahlten Urlaub und für eine feste Bezahlung mit Prämien für Sonderarbeiten gesorgt und überdies Arbeiterausschüsse geschaffen hatte, der aber aus Prinzip ein Gegner der Mitbestimmung gewesen war. Für ihn war wichtig, dass die Mitarbeiter angehört wurden (»denn wenn man anhört, muss man immer auch eine Antwort geben, die anständigerweise auch immer mit Gründen versehen sein muss«), aber er hatte die Auffassung vertreten, dass in personellen und Lohnfragen allein die Geschäftsleitung ein unparteiisches Urteil führen könnte. Und laut Statut gehörten die Firmen nicht den Arbeitern und Angestellten, sondern der Stiftung, die vom Staat (damals dem Herzogtum Weimar) verwaltet und geführt wurde.

Das Statut war mehrfach geändert worden, da manche Regelung schon wegen neuer gesetzlicher Vorgaben revidiert werden musste, und war mit seinen 122 Paragrafen so komplex (und in der Sprache des 19. Jahrhunderts abgefasst), dass sich bei ganz normalen Diskussionen zwischen Vorstand und Betriebsräten eine Seite immer auf das Statut berufen konnte und man zur Klärung einen Juristen hinzuziehen musste. Mich interessierte der ganze Komplex sehr und ich versuchte, mich in die Gedanken und Absichten Ernst Abbes zu versetzen. Zu seinem Nachfolger Czapski hatte er kurz vor seinem Tode gesagt: »Wenn du jetzt Leiter eines Unternehmens wirst, wo so viele von dir abhängig sein werden, so soll dein Arbeitsverhältnis in diesem Unternehmen so sein, dass auch ein Mann wie du selber in ihm als Arbeiter tätig werden könnte, ohne dass dein Stolz daran Anstoß nehmen müsste.« Als ich dies zum ersten Mal las, stellte ich unwillkürlich den Vergleich mit der Gegenwart an. Wie weit haben wir es gebracht? Wie viele Vorstände von Aktiengesellschaften denken heute noch ähnlich? Es werden nicht allzu viele sein.

Das Statut war aber insofern problematisch, als die beiden Firmen mit rund vier Milliarden Euro Jahresumsatz rechtlich wie ein Einzelkaufmann geführt wurden und die Verantwortung, die das Statut dem Stiftungskommissar zuwies, sehr groß war. Konnte ein Einzelner es verantworten, über alle wichtigen Geschäfts- und Investitionsentscheidungen am Ende allein entscheiden zu müssen? Das war schon wegen der Haftungsfragen prekär. Ich beschäftigte mich also mit der Reform des Statuts, zumal es im Paragraf 118 hieß: »Sollten in einer späteren Zeit wesentliche Voraussetzungen des gegenwärtigen Statuts

(1896!) hinsichtlich der rechtlichen Grundlagen oder hinsichtlich der technischen und ökonomischen Bedingungen für die Wirksamkeit der Stiftung in solchem Grad verändert sein, dass die fernere strenge Aufrechterhaltung aller Bestimmungen dieses Statuts entweder direkt unmöglich oder vermöge ihrer Folgen in absehbarer Zeit undurchführbar oder angesichts der erkennbaren Absichten des Stifters offenbar zweckwidrig würde, so soll die statutenmäßige Stiftungsverwaltung der Carl-Zeiss-Stiftung ermächtigt sein, das Statut den geänderten Verhältnissen entsprechend insoweit abzuändern als geboten ist, die vorher genannten Anstände zu beseitigen.«

Insbesondere der Paragraf 37, der die »Veräußerung von Stiftungsbetrieben« betraf, war äußerst hinderlich, wenn man ein auf die Zukunft ausgerichtetes Unternehmen effizient strukturieren und internationalisieren wollte. Eine Gruppe von Mitarbeitern nützte das aus, um jegliche Restrukturierung zu verhindern. So wurden ständig Prozesse geführt, in denen geklärt werden sollte, ob der Vorstand das Statut auch einhielte. Erst als das Oberlandesgericht in Stuttgart 2001 feststellte, dass sich die »technischen und ökonomischen Bedingungen« seit 1896 geändert hatten, kam Bewegung in die Sache.

Aber bei Zeiss war es naturgemäß nicht anders als bei der Bahn: Die Leute mussten erst davon überzeugt werden, dass Änderungen notwendig waren. So führte ich zahllose Gespräche mit Politikern und Gewerkschaftlern und veranstaltete Betriebsversammlungen. Im Ernst-Abbe-Saal in Oberkochen, dem Hauptstandort von Zeiss, zog ich alle Register meiner Überzeugungskraft, berief mich auf Ernst Abbe und seine Vorstellungen, als plötzlich irgendwo ein Handy bimmelte. »Jetzt ruft Abbe aus dem Himmel an«, rief ich und hatte die Mehrheit gewonnen.

Die beiden Wissenschaftsminister von Baden-Württemberg und Thüringen waren die Stiftungsverwaltung, die mich bestellt hatte und an die ich zu berichten hatte. Mein Ziel war ganz einfach: Ich wollte, dass die beiden Firmen Zeiss und Schott als Aktiengesellschaften geführt wurden, die der Stiftung zu 100 Prozent gehören sollten und weder verkauft noch an die Börse gebracht werden durften. Nur bei Tochtergesellschaften sollte das möglich sein. Was den Stiftungskommissar betraf, so sollte er durch einen ganz normalen, mitbestimmten Aufsichtsrat ersetzt werden. Bald hatte ich Mitstreiter, die diese Ideen mittrugen. Naturgemäß war der IG Metall eine solche Lösung genehm. Aber die alten Zeissianer stellten sich quer und gründeten einen »Verein zur Pflege des Abbe'schen Gedankenguts«. Nach vielen, mitunter sehr interessanten Diskussionen wurde das Statut dennoch geändert, der Stiftungskommissar und die Unternehmensräte durch Aufsichtsräte ersetzt und die beiden Aktiengesellschaften gegründet. Bevor das alles formell vollzogen wurde, hatte ich mein Amt im Alter von 70 Jahren niedergelegt – so wie das Statut es befahl.

Ich werde 70 Jahre alt

70 Jahre alt. Das Älterwerden beschäftigt mich, hin und wieder jedenfalls, meist unvermittelt, etwa morgens beim Blick in den Spiegel. Beim flüchtigen Hinschauen ist mir, als sähe ich meinen Vater. Ich rechne, wann das war, als er so alt war wie ich jetzt. 1974. Da war er noch der Vater für mich, er, der Alte, und ich der Junge, das Jüngelchen, getrieben vom Ehrgeiz, es ihm zu zeigen.

Dass ich älter werde, fällt mir beim Treffen mit einem alten Mann auf, der das linke Bein hinter sich herzieht. Oder bei der Verabschiedung lang gedienter Mitarbeiter: freudiges Erkennen, Wiedersehen, Erinnerungen an Früheres, an gemeinsame Taten. Und nur das Gute zählt. Das ist das Schöne an Erinnerungen. Und doch machst du dir mehr Sorgen um die Zukunft als früher. Weil du gesehen hast, was alles danebengehen kann? Eigentlich widersinnig. Wissen sollte beruhigen. Was kommt noch? Unsicheres. Unwägbares. Undenkbares. Was war? Anerkanntes. Abgehaktes. Erfreuliches, meistens. Techniker nehmen das Leben als eine Addition von Ereignissen, an denen ein

Techniker herumbastelt, um sie gangbar zu machen, auch wenn die Teile im Dreck liegen. So zumindest Max Frisch im »Homo Faber«. Ich bin Techniker und habe an vielem herumgebastelt. Dass alles zu Ende geht, kann ich mir jetzt ausrechnen. Mit vierzig fehlte mir dazu die Formel.

Älterwerden: Erkennen, dass nicht alle Träume und Hoffnungen realisierbar sind, auch nicht die Hoffnung, alles noch einmal ganz anders zu machen, ganz anders zu werden. Älterwerden: Schlechter hören, vor allem, nachdem eine zur Unzeit explodierende Neujahrsrakete mein rechtes Trommelfell beschädigt hat. Also ein Hörgerät. Sieht nicht toll aus, aber man trägt ja auch eine Brille. Älterwerden: Die zugewendete Freundlichkeit von Jüngeren aus Respekt oder auch aus freudiger Zufriedenheit, einen bekannten älteren Menschen getroffen zu haben. Älterwerden: Seltener aufbegehren, den Lauf der Dinge annehmen. Reicht das für angenehmes Älterwerden? Oder ist das Alter wirklich ein Massaker, wie Philip Roth gesagt hat? Ich finde nicht. Dass das Gedächtnis nachlässt und man auf dem Golfplatz schon mal den Elektrowagen in Anspruch nimmt, damit muss man leben. Und wenn ein alter Freund mir sagt, er würde noch immer jungen Frauen nachschauen, er wisse nur nicht mehr warum, dann hab ich natürgemäß ein gewisses Verständnis dafür.

Zu meinem 70. Geburtstag gibt die Firma Dürr einen Empfang. Die Feier im Werk Zuffenhausen harmonisch, schöne Reden, Musik von der Dürr-Big-Band und als Überraschung ein Buch über Heinz Dürr: »Annäherung an einen neugierigen Unternehmer«, herausgegeben von Günther Sassmannshausen, der zusammen mit meinem langjährigen Mitarbeiter Werner Heilemann Beiträge von Weggefährten und Elaborate von mir und über mich zusammengetragen hat. Ich wundere mich etwas, was da alles über mich gesagt worden ist. Aber es gefällt mir und ich halte das Buch stolz in die Höhe.

Um die Jahreswende 2001 wird das Thema Bahn plötzlich wieder akut. Die österreichische Verkehrsministerin hat mich um ein Gespräch gebeten, das in Wien am Flughafen stattfindet. Sie fragt mich, ob ich den Aufsichtsratvorsitz bei den österreichischen Bahnen, der ÖBB, übernehmen wolle. Da ich Wien mag und in den siebziger Jahren sogar eine Wohnung im sechsten Bezirk besaß, weil wir unsere Geschäfte mit der Sowjetunion viel besser von Wien aus abwickeln konnten, und weil die Ministerin eine sehr charmante Dame ist, sage ich zu, über das Angebot nachzudenken. Soll ich es den deutschen Bahnpolitikern noch einmal zeigen? Könnte ja anregend sein.

Die Ministerin, Mitglied der FPÖ, arrangiert ein Treffen im abgeschirmten Sitzungsraum des Wiener Hilton-Hotels mit Vizekanzlerin Riess-Passer, Finanzminister Grasser und der grauen Eminenz der Partei, einem gewissen Prinzhorn. Man will mich als Aufsichtsratsvorsitzenden. Aber soll ich mindestens einen Tag pro Woche nach Wien fahren? Und werde ich als Deutscher nicht immer im Fokus einer auf Krawall getrimmten österreichischen Presse stehen? Mein Vorschlag: »Ich helfe ihnen als Vizepräsident. Und Sie finden einen Österreicher als Vorsitzenden.« Das findet Zustimmung. So begebe ich mich also wieder in das Getümmel: Aufsichtsratssitzungen, Gespräche mit Politikern, Treffen mit dem österreichischen Bundeskanzler und seinen Ministern, alles ein Déja-vu. Aber auf Österreichisch: eleganter, gesprächiger, unverbindlicher. Der Aufsichtsratsvorsitzende, ein honoriger österreichischer Kommerzialrat (früher Generaldirektor der General Motors Austria), gibt sich viel Mühe, aber außer den Gewerkschaftlern im Aufsichtsrat und mir hat kein Mitglied Bahnkenntnisse. Alles ist mühsam und zeitaufwendig. Eigentlich hatte ich ja vor, mir mehr Zeit für andere Dinge zu nehmen. Als die mir gewogene Ministerin zurücktritt und ihr Nachfolger, ein Landwirt aus Kärnten, fragt, warum ein Deutscher im Aufsichtsrat ist, lege ich mein Amt nach einjähriger Tätigkeit nieder. Eine amüsante Erfahrung mehr – und was »Felix Austria« bedeutet, das weiß ich jetzt auch.

Eine ganz andere Erfahrung mache ich in der Schweiz, im Verwaltungsrat der Gesellschaft, die den längsten Tunnel Europas quer durch die Alpen bauen soll, in der Alptransit Gotthard

AG. Der Chef der schweizerischen Bahn, der SBB, hatte mich gebeten, meine Erfahrungen mit Großbauten in Deutschland im Verwaltungsrat einzubringen. Auch hier gibt es viele Sitzungen, fast alle in Bern, aber die sind straff geführt. Ein erfahrener Schweizer Banker hat den Vorsitz, und ich bewundere, mit welcher Ingenieurskunst die Schweizer vorgehen. Dass die Kosten überzogen werden, kenne ich ja von der Deutschen Bahn, zumal der Tunnelbau ein Kampf mit der Natur ist. Man weiß nicht, was in einem Berg steckt, und 3000 Meter Gestein über dem Tunnel ergeben mächtigen Druck. Nach vier Jahren, als die größten Auftragslose vergeben sind, höre ich auf. Jetzt bin ich gespannt, ob ich zu der Tunneleinweihung im Jahre 2012 eingeladen werde.

Am 15. Januar 2004 sitze ich wieder einmal in der ersten Reihe, diesmal im Hotel Maritim in Stuttgart. Verabschiedung als Stiftungskommissar der Carl Zeiss Stiftung. Ich bin stolz, an einer Sache mitgearbeitet zu haben, die ich aus ganzem Herzen vertreten konnte. Zeiss ist saniert und hat wieder eine ordentliche Ertragslage und Eigenkapital, Schott erweitert seine Aktivitäten, beispielsweise in die Solartechnik. Beide Unternehmen stehen für beste deutsche Spitzentechnologie und sind nicht in Gefahr, von kurzsichtig denkenden Kapitalmarktstrategen übernommen und zerlegt zu werden.

Die Übernahmeschlacht um Mannesmann

Diesen Fall habe ich auch erlebt. Bei Mannesmann, dem großen deutschen Traditionsunternehmen. Seit Juni 1997 war ich dort im Aufsichtsrat, geholt hatte mich der Vorstandsvorsitzende Funk, den ich noch aus meiner AEG-Zeit kannte, als er Finanzchef bei Franz Josef Weisweiler, dem damaligen Vorsitzenden war. Es war aufregend für mich zu sehen, wie ein Stahl- und Maschinenbaukonzern in neue Geschäftsfelder vorstößt.

1990 hatte Mannesmann die Lizenz für das private Mobilfunknetz D2 bekommen und ein sehr ertragreiches Unternehmen daraus gemacht. (Deshalb hatte die Bahn ja das Joint Venture Arcor mit Mannesmann gegründet.) Im Aufsichtsrat saßen Leute, die nur das traditionelle Geschäft kannten – Röhren, Maschinen, Komponenten, Kompressoren und Anlagen. Insbesondere die Arbeitnehmervertreter waren mit diesen Aktivitäten vertraut. Als im Investitionsausschuss ausführlich über eine Investition von 100 Millionen Euro für den Anlagenbau in USA diskutiert wurde und sich der für die Telekommunikation zuständige Vorstand anschließend zwei Milliarden Euro für eine Beteiligung an einer italienischen Telefongesellschaft (die zu diesem Zeitpunkt noch nicht einmal profitabel war) genehmigen ließ, konnte kaum jemand aus dem Aufsichtsrat sachkundig mitreden. Also wurde Ja gesagt. Mannesmann expandierte stark im Telekommunikationssektor.

Der nächste Schritt war der Kauf einer Telefongesellschaft in Großbritannien. Das aber rief den großen britischen Konkurrenten Vodafone auf den Plan. Der fühlte sich auf seinem Heimatmarkt angegriffen, drehte den Spieß um und machte ein Übernahmeangebot für Mannesmann mit 123 Milliarden Euro, zahlbar in Aktien. Der Aufsichtsrat lehnte ab und beauftragte den Vorstandsvorsitzenden Esser, die Attacke abzuwehren. Das war die Stunde der Berater und Investmentbanker, denen ein paar Hundert Millionen Euro Gebühren winkten und die deshalb sehr motiviert waren. Mit eindrucksvollen Charts stellten sie im Aufsichtsrat dar, dass Mannesmann viel mehr wert sei als die 123 Milliarden, die Vodafone geboten hatte. Das Angebot sei deshalb ungenügend. (Als Bundeskanzler Schröder später eine Kommission einberief, die Regeln für Unternehmensübernahmen festlegen sollte, machte ich den Vorschlag, dass Investmentbanker für ihre Aussagen und Bewertungen haften sollten. Der Staatssekretär aus dem Justizministerium fand das sinnvoll, die anderen Kommissionsmitglieder, eingedenk einer gewissen Abhängigkeit, nicht.)

Eine hektische Zeit begann. Der Aufsichtsrat wurde immer wieder zu außerordentlichen Sitzungen geladen. (Von Oktober 1999, als die englische Gesellschaft übernommen wurde, bis

März 2000, als die Schlacht vorbei war, gab es zwölf Sitzungen.) Da im Aufsichtsrat jedoch nicht alle Mitglieder immer verfügbar waren (nur die Arbeitnehmerbank war stets vollzählig vertreten), wurden die Gesprächspartner per Telefon zugeschaltet, einmal sogar aus dem Flugzeug. Eine konstruktiv gelassene Diskussion, wie sie dem Thema angemessen gewesen wäre, wurde dadurch nicht gefördert – zumal die Zeitunterschiede zu ungewöhnlichen Teilnahmezeiten führten, wenn etwa ein Aufsichtsrat an der amerikanischen Westküste zugeschaltet wurde, wo es erst drei Uhr morgens war.

Der Aktienkurs der Mannesmann-Aktie stieg und stieg. Und der Vorstand präsentierte immer neue positive Fakten. Einmal wurde vorgeschlagen, Mannesmann müsse im E-Commerce tätig werden, einem äußerst zukunftsträchtigen Geschäft. Am Ende der Präsentation war Mannesmann zehn Milliarden Euro mehr wert – obwohl noch kein Euro Umsatz gemacht worden war.

Schließlich versuchte der Vorstand, die Engländer über Verbindungen mit anderen Großunternehmen wie der französischen Vivendi und der amerikanischen AOL abzuwehren, da Mannesmann für Vodafone und seine Mittel dann viel zu groß gewesen wäre. Aber das alles klappte nicht, teilweise wegen persönlicher Eitelkeiten (der Deal mit Vivendi war eigentlich klar, aber Esser schob immer neue Forderungen nach, sodass die Franzosen ins gegnerische Lager überliefen), teilweise weil einfach zu wenig Zeit war, um mögliche Verbindungen sorgfältig zu prüfen. Immerhin ging es um Milliarden. Dabei hätte die Zusammenlegung von Vodafone und Mannesmann eigentlich Sinn gemacht, da man sich regional kaum überlappte.

Aber es ging um die Ehre, ums Ego und darum, ob Mannesmann deutsch bleiben sollte, also mehr um emotionale Gründe, die naturgemäß breit in der Öffentlichkeit diskutiert wurden. Da waren die Engländer im Vorteil. Ihr Wortführer Chris Gent war dem eher introvertierten Esser in Sachen Kapitalmarktbetreuung und Öffentlichkeitsarbeit überlegen. Gent, ein hemdsärmeliger, stets in Hosenträgern auftretender, trickreicher, durchaus unternehmerisch denkender Brite spielte virtuos auf dem Klavier der Medienarbeit und ließ sich auch nicht durch millionenschwere Mannesmann-PR-Kampagnen beeindrucken. Er erhöhte sein Angebot (Bezahlung ebenfalls nur in Vodafone-Aktien) und gewann die Schlacht: Vodafone übernahm Mannesmann D2, also das Telefongeschäft. Die traditionellen Mannesmann-Aktivitäten, also Rexrot, DEMAG, VDO und so weiter, wurden en bloc von Siemens und Bosch übernommen und später einzeln weiterverkauft. Ein deutscher Traditionskonzern hatte aufgehört zu existieren.

War das schlimm für Deutschland? Die einzelnen Bereiche von Mannesmann gibt es heute noch als Rexroth Bosch, als Continental VDO und als börsennotierte DEMAG und alle haben eine gute Entwicklung genommen. Hätte das nicht auch unter Mannesmann geschehen können? Für mich ist das eine Frage der handelnden Personen. Sind sie kapitalmarktorientiert, also auf das schnelle Geld, oder auf Langfristigkeit des Unternehmens ausgerichtet? Auf einem ganz anderen Blatt steht, wie sich der Kurs von Vodafone, mit dem Mannesmann bezahlt wurde, seit März 2000 entwickelt hat. Damals lag der Kurs bei 365 Pence, heute bei 175 Pence. Die Aktionäre, die damals nicht Kasse gemacht haben, haben rein rechnerisch knapp 100 Milliarden Euro verloren.

Als Zeuge im Strafgericht

Die Übernahmeschlacht zwischen Vodafone und Mannesmann hatte ein gerichtliches Nachspiel. Das Präsidium des Aufsichtsrats, die Herren Funk, Ackermann, Zwickel und Ladberg sowie Esser und ein Abteilungsleiter wurden im Jahre 2004 angeklagt, zum Nachteil von Mannesmann Zahlungen an Esser und Funk genehmigt zu haben. Der Mannesmann-Prozess vor dem Landgericht Düsseldorf erregte die Republik, die Medien hatten ihr Fressen gefunden. Ich wurde als Zeuge vernommen und saß wieder einmal in der ersten Reihe, diesmal im Zeugenstand. Vorher hatte mich die Staatsanwaltschaft zum Verhör nach Düsseldorf gebeten, wo ich mit einem mich begleitenden Anwalt zwei Staatsanwälten in einem kahlen Raum gegenübersaß. An der Stirnseite des Tisches hackte eine Justizangestellte das Protokoll in ihren Computer. Die beiden Staatsanwälte – der jüngere, der etwa 40 Jahre alt war, machte einen sympathischen Eindruck, während der ältere durchaus so aussah, als sei nicht mit ihm zu spaßen – wollten wissen, welche Rolle der Aufsichtsrat beim Abschluss mit Vodafone gespielt habe.

Mir fiel auf, dass die beiden Herren kaum Kenntnis über den Ablauf einer Aufsichtsratssitzung in einem mitbestimmten Aufsichtsrat hatten, weshalb ich etwas weiter ausholte und ausführlich erklärte, wie das Verhältnis zwischen Vorstand und Aufsichtsrat, den Kapitalvertretern und den Arbeitnehmervertretern gewesen war, die im Fall Mannesmann vor allem die traditionellen Konzernbereiche im Auge hatten und immer für eine deutsche Lösung plädierten: Mannesmann müsse deutsch bleiben, hatte das Motto gelautet. Das nationale Interesse schwand aber, je höher der Kurs stieg. »Wenn ich meine Belegschaftsaktien jetzt verkaufe«, hatte mir ein Betriebsrat gesagt, »dann habe ich einen zusätzlichen Jahresverdienst. Steuerfrei.«

Ich erläuterte den Staatsanwälten, dass es da eingefahrene Riten gäbe und dass sich ein normales Aufsichtsratsmitglied zwar an der Diskussion beteiligen könne, aber wenig Einfluss habe, wenn der Vorstandsvorsitzende sich zusammen mit dem Aufsichtsratsvorsitzenden und seinem Stellvertreter, dem Gewerkschafter, festgelegt habe. Aber den beiden Staatsanwälten ging es um die Prämie von 30 Millionen Euro für Herrn Esser.

»Was haben Sie sich gedacht, als Sie von der Prämie in Höhe von 30 Millionen für Herrn Esser gehört haben?«, fragte der junge Staatsanwalt.

»Nun, als Schwabe kam mir das schon etwas hoch vor. Aber wir waren im Jahre 2000, dem Höhepunkt der New Economy, wo die Maßstäbe generell etwas verschoben waren«, sagte ich und fügte hinzu: »In den USA sind solche Beträge durchaus nicht unüblich.«

»In den USA vielleicht, aber nicht in Burkina Faso«, meinte der Staatsanwalt trocken.

Die Vernehmung dauerte etwa eine Stunde. Frage und Antwort wurden immer wieder unterbrochen, weil einer der Staatsanwälte der Justizangestellten etwas in den Computer diktierte, wobei ich beeindruckt war, wie er fünfminütige Ausführungen in zwei Sätzen zusammenfasste. Der mich begleitende Anwalt hatte eine Flasche Mineralwasser mit zwei Gläsern in seiner Aktentasche, die er auf den Tisch stellte und aus denen wir tranken. Die Staatsanwälte blieben trocken. »Ich glaube kaum, dass Sie als Zeuge geladen werden«, sagte der Anwalt nach der Sitzung. Aber ich wurde dann doch geladen.

Ich war noch nie vor einem Strafgericht aufgetreten. Im Vorraum des Gerichtssaals freundliche Begrüßung der Angeklagten und ihrer Verteidiger: der Deutsche Bank-Chef Ackermann, der die Welt nicht mehr verstand und dies durch betont optimistisches Auftreten zu kompensieren versuchte, der Aufsichtsratsvorsitzende Funk, dem zwischenzeitlich gedämmert war, was er falsch gemacht hatte, der IG Metall-Vorsitzende Zwickel, den es gewaltig fuchste, dass er damals nicht Nein gesagt hatte, der Gesamtbetriebsratsvorsitzende Ladberg, um dessen Weltverständnis es ähnlich bestellt war wie bei Ackermann, und der Prämienempfänger und frühere Vorstandsvorsitzende Esser, dem es als Einserjuristen nur um Freispruch ging, weil alles andere in seinen Augen eine ungeheuerliche Ungerechtigkeit gewesen wäre und der deshalb eher arrogant wirkte. Journalisten umschwärmten die Gruppe, auf der Suche nach Futter für ihre Leser. Dann wurden die Angeklagten und ihre Verteidiger in den Saal gerufen. Ich wartete auf einer Bank vor dem Saal. Am Ende des Ganges hing eine große runde Uhr, wie sie in allen öffentlichen Gebäuden hängt. Die Uhr hatte keine Zeiger. Repariert wurde hier offensichtlich nichts.

Im Gerichtssaal L 111 fragt mich die Vorsitzende Richterin, eine nicht unattraktive Dame mittleren Alters, nach meinen Personalien, so wie ich es aus Film und Fernsehen kannte. Dann folgten in etwa die gleichen Fragen, die ich auch bei der

Vernehmung durch die Staatsanwälte beantwortet hatte. Auf die Frage, was ich mir gedacht hätte, als ich von den 30 Millionen Euro gehört hätte, ergänzte ich mein »Schwabenargument«: »Die beiden Gewerkschaftler im Präsidium haben den 30 Millionen Euro ja zugestimmt, und Gewerkschaften wissen doch im Allgemeinen, was gerecht ist und was nicht.« Das fand der IG-Metall-Vorsitzende Zwickel naturgemäß wenig schön. Ein Staatsanwalt wollte wissen, wann ich denn mein Amt als Aufsichtsrat niedergelegt hätte.

»Das muss im März 2000 gewesen sein.«

»An welchem Tag?«

»Das weiß ich heute nicht mehr.«

Der Staatsanwalt kam von seiner Bank zu mir an den Zeugenstand und zeigte mir ein Papier. Meinen Niederlegungsbrief.

»Ist das Ihr Schreiben?«

»Ja.«

»Wann haben Sie den abgeschickt?«

Ich warf einen Blick auf das Papier. Es war eine Faxkopie, genau dort gelocht, wo das Absenderdatum war.

»Frau Vorsitzende, ich glaube der Staatsanwalt hat falsch gelocht.«

Die Befragung war beendet. Die Verteidiger hatten keine weiteren Fragen. Vereidigt wurde ich auch nicht.

Ich gehe zu Fuß in das Büro des Anwalts, der mich auch dieses Mal wieder begleitet hat. Es ist ein wunderschöner Tag im Mai. Die letzten Stunden erscheinen mir irgendwie unwirklich, weit weg von meiner Unternehmerwelt, von der das Gericht und die Staatsanwälte einfach zu wenig wissen, um den Dingen auf den Grund gehen zu können. Was mich beunruhigt: Wie können die für Recht sorgen, wenn ich sie einmal für mich in Anspruch nehmen muss?

Der Prozess endet nach Revision beim Bundesgerichtshof in zweiter Instanz wieder vor dem Landgericht Düsseldorf gegen eine Geldauflage in Höhe von 5,8 Millionen Euro aufgrund eines Antrags der Verteidiger, dem die Staatsanwaltschaft zustimmte.

Aus meiner Sicht war die Prämie für Esser nicht berechtigt. (Die für Funk sowieso nicht, er war ja Aufsichtsratsvorsitzender und durfte sich nun wirklich nicht selbst bedienen.) Herr Esser war gut besoldet bei Mannesmann. Er hatte den Auftrag, die Übernahme durch Vodafone abzuwehren. Da er damit gescheitert war, bestand kein Grund für die Zahlung einer Prämie.

Den Mannesmannkonzern gibt es also nicht mehr. Auch der Traditionskonzern AEG existiert heute nicht mehr. Einzelne Bereiche leben wohl weiter, teilweise sogar unter dem Namen AEG. Eigentlich hatte die AEG den integrierten Technologiekonzern Daimler-Benz stark machen sollen. Aber nachdem Edzard Reuter im Jahre 1996 den Konzern verlassen hatte und Werner Niefer im September des gleichen Jahres überraschend gestorben war, wurde dieser Weg aufgegeben.

Über Shareholder-Value und seine Folgen

Jürgen Schrempp, Reuters Nachfolger, war strikt kapitalmarktorientiert, und Shareholder-Value war für ihn die alles bestimmende Maxime, das Ziel, nicht der Maßstab für die Steigerung des Unternehmenswertes. Schrempp hatte die kurzfristigen Ziele im Auge, auch wenn sein Plan der Welt-AG anders klang. Er war kein Mann, der über den Dingen stand. Die Frage seines Egos war ihm wichtig, und die Journalisten liebten ihn, denn er hatte immer gute Sprüche drauf. (»Hochzeit im Himmel« nannte er das Zusammengehen von Daimler und Chrysler.) Kurioserweise profitierte er am Ende ganz persönlich von der Shareholder-Value-Strategie: Als er nämlich vom Amt des Daimler Vorstandsvorsitzenden zurücktrat, seine Welt-AG beerdigt wurde und damit der Kurs der Daimler-Aktie wieder stieg, konnte er seine Aktienoptionen mit ordentlichem Gewinn einlösen. Man spricht von 50 Millionen Euro.

Aber vielleicht bin ich nicht mehr à jour und die heutige Zeit verlangt nach solchen »Rambos«. Schrempps Aufsichtsratsvorsitzender Hilmar Kopper von der Deutschen Bank hätte sich mehr um ihn kümmern müssen, aber der hatte selbst etwas von einem Rambo, allerdings einem Rambo mit Glacéhandschuhen. Den Mitarbeitern, den Analysten und den Medien machte Schrempps Kampfruf »Profit, Profit, Profit!« als Kontrastprogramm zu Reuters langfristig angelegter Strategie tiefen Eindruck. Investmentbanker brachten ihm bei, dass eine Konzentration auf »Cars, Trucks, Planes and Trains« für den Kapitalmarkt und damit die Daimleraktie viel erfolgreicher sei als ein integrierter Technologiekonzern, wie er Reuter – und mir – vorgeschwebt hatte. So wurde beschlossen, über 90 Geschäftseinheiten und Firmen zu verkaufen. Am 15. Juni 1995 fand die letzte Hauptversammlung der AEG in Berlin statt. Danach gab es die AEG als Konzern nicht mehr.

»Der wankende Riese« stürzte nicht mit großem Krach. Er hörte einfach auf. Naturgemäß machte mich das traurig. Aber ändern konnte ich nichts. Sehr viel später, zwanzig Jahre nach der Übernahme der AEG durch Daimler, sprachen Edzard Reuter und ich mit zwei Journalisten vom »Handelsblatt«, die für eine Serie recherchierten, in der sechzig Jahre deutscher Wirtschaftsgeschichte nachgezeichnet wurden. Da kam noch einmal die Frage auf, was wir damals falsch gemacht hatten. »AEG war für Daimler eine verpasste Chance«, sagte ich den Journalisten. Daimler hätte viel von der AEG profitieren können, ganz besonders auf dem Gebiet der Elektronik.

Aber warum ist das dennoch gescheitert? Warum wurde AEG nicht fester Bestandteil von Daimler-Benz? War es die Struktur oder waren es die handelnden Personen? Wahrscheinlich lag es an Letzteren. Herrhausen und Reuter wollten, Kopper und Schrempp wollten nicht. Und ich? War ich mit der Aufgabe überfordert, die AEG abschließend zu sanieren? Im Vergleich hatten wir zwar viel in Ordnung gebracht, aber es gab, wie schon gesagt, noch einige Baustellen. Wollten meine Kollegen im Daimler-Vorstand die Integration nur halbherzig? Ich glaube nicht. Aber sie verstanden das Konglomerat AEG zu wenig. Von vornherein war ja klar, dass nicht alle Teile der AEG zum integrierten Technologiekonzern passten, der im Grunde ein

Konzern für Mobilität werden sollte. Die Hausgeräte, die Bürokommunikation, die Starkstromtechnik, Teile der Automatisierungstechnik hätte man durchaus abgeben oder in Joint Ventures einbringen können. Aber ich drängte zu wenig darauf, ich wollte die AEG zusammenhalten und ließ mir vom Daimler-Benz-Vorstand nicht hineinreden. Andere Teile der AEG dagegen passten sehr gut zum integrierten Technologiekonzern, die Halbleitertechnik und Mikroelektronik beispielsweise, aber auch die Hochfrequenztechnik, also die Wehrtechnik in Ulm (die später dann auch in die EADS integriert wurde). Der Halbleiterbereich landete bei Continental und ist dort außerordentlich erfolgreich. Das muss wohl so sein, wenn man an den Elektronikanteil in heutigen Autos denkt.

Der AEG-kundigste Journalist Hans Konradin Herdt von der »Börsenzeitung« hielt beim letzten Führungskräftetreffen der AEG in 1995 einen Vortrag mit dem Titel »Hommage auf die AEG«, sehr persönlich und nostalgisch. Er sprach über die Herkunft und von den zahllosen Wandlungen des Unternehmens, vom Ehrgeiz der Chefs und von der Beziehung der Journalisten zur AEG, die sie liebten, denn »auf ihren offenkundig unerschöpflichen Cashflow an Nachrichten war Verlass«. Aber am Ende sei der Vorrat an Komplimenten und an Wohlwollen eben erschöpft und das Potenzial der Enttäuschungen umso größer gewesen.

Ich las das alles nach, etwas dazu sagen konnte ich nicht. Und keiner wollte von mir dazu etwas hören. Ich war ja inzwischen bei der Bahn und hatte ganz andere Sorgen und Ziele. Heute weiß ich, dass Reuters Entscheidung für Jürgen Schrempp als Nachfolger der tiefere Grund für den Fehlschlag war. Denn Schrempp war zweifellos der falsche Mann.

Hatte ich mir selbst etwas vorzuwerfen? Ich war ja von Daimler weggegangen und hatte »meine AEG« allein gelassen. Schrempp bastelte dann die (Auto-)Welt AG mit Daimler-Benz, Chrysler, Mitsubishi und Hyundai zusammen und war der »Master of the Universe«. Aber auch diese grandiose Idee scheiterte grandios. Und man fragte sich: War das wesentliche Motiv für das transatlantische Großprojekt vielleicht doch die Geldgier der Manager gewesen? Immerhin stiegen deren Gehälter (einschließlich Boni) in amerikanische Dimensionen und damit in Größenordnungen, die für mich als Anhänger der sozialen Marktwirtschaft eher unappetitlich sind. Aber sicher war auch die große Idee ein Beweggrund, so wie bei mir, als ich die Firma Dürr zum Weltmarktführer für Lackieranlagen entwickeln, den AEG-Konzern retten und die Bahn zu einem profitablen Dienstleiter machen wollte.

Und noch einmal sitze ich in der ersten Reihe, wieder in Berlin, im ICC. Es ist Oktober 2007, und ich lausche den Rednern der außerordentlichen Hauptversammlung der Daimler Chrysler AG, die in wenigen Stunden nur noch »Daimler AG« heißen wird. Der neue Vorstandsvorsitzende Dieter Zetsche zieht einen Schlussstrich unter die Welt AG – Mitsubishi und Chrysler verkauft, Partnerschaft mit Hyundai gekündigt –, und seine Begründungen für diesen Schritt sind das glatte Gegenteil von dem, was vor wenigen Jahren zur Begründung des grandiosen Projektes vorgetragen wurde. Wieder ist ein großer Stratege gescheitert, und die Aktionäre lassen in bekannter Manier kein gutes Haar an den damaligen Protagonisten. Von Entartung des Kapitalismus ist die Rede, von falschen Entscheidungskulturen. Jetzt ist nur noch der Weg zur »Daimler AG« richtig und sonst nichts.

Ein Taxifahrer fragt mich etwas

In der ersten Reihe sitzend, denke ich an die Zeit vor dreißig Jahren, als ich im Verband der Metallindustrie Nordwürttemberg-Nordbaden saß, Heinz Dürr, der Präsident, den später, zu Bahnzeiten, laut einer Umfrage jeder neunte Deutsche kannte. Ein volles Leben. Erfolg und Scheitern halten sich die Waage. So wie jetzt, in der außerordentlichen Hauptversammlung der Daimler AG: Zetsche hat den Erfolg, Schrempp ist gescheitert.

Zu später Stunde fahre ich mit dem Taxi nach Hause.

»Kenne ich Sie nicht von irgendwoher?«, fragt der Taxifahrer.

»Kann schon sein.«

»Ach ja, Sie sind doch mal Bahnchef gewesen!« Und fast vertraulich fügt er hinzu: »Wie ist das denn, wenn man einmal berühmt war und es eines Tages nicht mehr ist?«

Ja, wie ist das eigentlich? Leide ich am Rampenlichtentzugssyndrom wie so viele Politiker? Ist die Entwöhnung von den Medien tatsächlich schwerer als der Verzicht auf Drogen und Ideologien?

»Es geht eigentlich«, sage ich zu dem Taxifahrer. Ganz ehrlich brauche ich ja nicht zu sein. »Aber Ihre Frage ist nicht falsch.«

Es scheint an der Zeit, dass ich mich in die zweite Reihe setze. Aus der zweiten Reihe wird dir zugehört, wenn du von deinen Erfahrungen erzählst. Du willst ja auch nichts mehr von den Leuten, außer ein wenig Aufmerksamkeit. Und wenn mir heute unerschrockene junge Leute von ihren Ideen erzählen und vielleicht sogar meine Ratschläge ernst nehmen, ist das ein wunderbares Erlebnis.

Namensregister

1. Auflage

Schutzumschlag: Dorén + Köster, Berlin
Satz: Dorén + Köster, Berlin
Druck und Bindung: CPI Moravia Books, Korneuburg

ISBN: 9-783-937989-44-0
www.wjs-verlag.de